키라의 경계성 인격장애 다이어리

《키라의 경계성 인격장애 다이어리》는 사실을 바탕으로 한 작품이지만 특정 인물의 사생활을 보호하기 위해 저자가 일부 실명과 상황을 달리했음을 밝힌다.

♥

The Buddha and The Borderline

Copyright ⓒ 2010 by Kiera Van Gelder, and New Harbinger Publications, 5674 Shattuck Avenue, Oakland, CA 94609

No part of this book may be used or reproduced in any manner whatever without written permission except in the case of brief quotations embodied in critical articles or reviews.

Korean Translation Copyright ⓒ 2012 by Purun Communication.
Korean edition is published by arrangement with New Harbinger publications through BC Agency, Seoul.

이 책의 한국어판 저작권은 BC 에이전시를 통한 저작권자와의 독점 계약으로 푸른커뮤니케이션에 있습니다. 저작권법에 의해 한국 내에서 보호를 받는 저작물이므로 무단전재와 복제를 금합니다.

키라의
경계성 인격장애
다이어리

키라 밴 겔더 지음 | 서민아 옮김

The Buddha & The Borderline

P 필로소픽

추천의 글

"《키라의 경계성 인격장애 다이어리》는 경계성 인격장애로 20여 년간 고통스럽게 살아온 저자의 개인적인 경험을 매우 솔직하고 포괄적으로 이야기한다. 밴 겔더는 대단히 박식하고 매력적이며 재능이 많은 작가다. 그녀는 자신이 살아온 과정을 무척 솔직하게 보여주는 한편 감당할 수 없는 엄청난 고통을 적절한 유머감각으로 조절하면서 감동적이고 통찰력 있는 미문으로 표현했다. 이 책은 이 장애를 앓고 있는 사람들과 그 가족들, 그들을 사랑하는 사람들, 그리고 정신 건강 전문가들이 반드시 읽어야 할 필독서다."

로버트 O. 프리델 (의학박사, 《쉽게 이해하는 경계성 인격장애
(Borderline Personality Disorder Demystified)》의 저자)

"키라의 책은 점차 늘고 있는 경계성 인격장애와 관련된 책 가운데 단연 고전이 되리라 믿는다. 나는 고통으로부터 깨달음을 얻기까지의 과정을 그린 칙칙한 이야기일 거라고 짐작했는데, 이 책은 대단히 흥미롭고 솔직할 뿐 아니라 취침시간을 훨씬 넘기면서까지 배꼽이 빠지도록 나를 웃게 만들었다. 《키라의 경계성 인격장애 다이어리》는 대단히 재미있고 진실하며 탁월한 지혜로 가득하다. 이 책은 불교의 사성제를 포함하고 있으며, 핵심적인 고통이 끝없이 이어지는 세계를 고통으로부터 자유로운 세계에 통합시키는 등의 초월적인 소재를 다룬다."

블레즈 아귀레 (의학박사 · 문학석사, 벨몬트 맥클린 병원 의료 감독)

"키라는 심각한 정신질환과 맞서 싸우는 이들의 영혼을 들여다볼 수 있는 창을 만들었다. 그녀는 자신의 경험을 솔직하게 드러내어, 경계성 인격장애 환자들의 고통과 기쁨, 그리고 마침내 회복하기까지의 과정을 보여주었다. 키라의 감동적인 이야기는 인간의 모든 질환 가운데 가장 이해받지 못하고 가장 많은 지탄을 받는 질환 중 하나에 새로운 해결의 빛을 던져주었으며, 나는 이 점에 대해 깊이 감사한다. 그녀의 이야기는 일부 사람들에게는 다소 충격적일지 모르지만, 이 질병을 앓고 있는 사람들과 그들을 이해하려 노력하는 사람들에게는 위로와 설득력을 줄 것이다. 고통과 수치심, 즐거움, 그리고 마침내 우리를 치유와 사랑, 행복으로 이끄는 통찰력과 기술들이 가득한 우리의 세계에 오신 걸 환영한다. 키라는 그 경험을 대단히 훌륭하게 표현했다."

타미 그린 (인생 상담 코치, 정신질환 회복 환자들을 위한 활동가)

"《키라의 경계성 인격장애 다이어리》는 《처음 만나는 자유》와 《브리짓 존스의 일기》를 합쳐놓은 듯한 작품이다. 이 책을 읽는 동안 나는 경계성 인격장애의 절망과 고통을 생생하게 묘사하는 키라의 재능에 감탄하고 '외로움으로 나날이 남자를 밝히는 접수 안내원'의 인생 이야기에 연신 깔깔대고 웃었다. 이 책은 모든 사람에게 도움이 되는 동시에, 키라가 이 치명적인 질병으로부터 회복되기까지의 과정을 자세하게 설명한 부분은 경계성 인격장애를 앓는 이들과 그 가족들에게 커다란 격려가 되어줄 것이다."

랜디 크리거 (《잡았다 네가 술래야 - 경계성 성격장애로부터 내 삶 지키기》의 저자)

프롤로그

　내가 여름 미술학교에서 지미라는 남자아이를 만난 건 열다섯 살 때다. 우리는 베닝턴 중학교 교정 맨 구석의 묘지에서 함께 마리화나를 피웠다. 우리는 그 지역 멕시코 음식점에서 과감하게 마가리타(과일주스와 데킬라를 혼합한 칵테일─옮긴이)를 주문했고, 정말로 마가리타가 나오자 안주로 나온 쌀과 콩이 담긴 접시를 사이에 두고 찝찔한 키스를 나누었다. 나는 교실 뒤에서 그에게 오럴섹스를 해주었다. 그는 나에게 관심은 있지만 이 관심이 정확히 무엇인지 모르겠다고 말했다. 피부가 창백하고 아이라이너를 칠하고 다니던 지미는 내가 지금까지 만났던 여느 남자친구와 다를 바 없었다. 뉴욕의 후미진 동네에서 그가 '진짜' 여자친구가 생겼다고 고백했을 때, 나는 그날 저녁 내내 비닐봉지에 얼굴을 처박고 코를 킁킁대며 수정액 냄새를 맡았다. 잠시 정신을 잃었다가 깨어난 나는 갑자기 머리가 어지러웠고, 마침내 저녁에 먹은 걸 모두 게워내고 말았다.
　그런 다음 내 새끼손가락을 잘라 그에게 주어야겠다고 생각했다. 나는 1미터 길이의 칼날이 달린 종이 재단기가 있는 미술실로 달려가기로 마음먹었다. 손가락을 잘라 곱게 포장을 하는 거다. 그리고는 자, 네가 나한테 무슨 짓을 했는지 봐. 어디 날 떠날 테면 떠나보시지. 나는 지구 끝까지라도 널 따라갈 테니까, 라고 말할 거다. 하지만 나는 내 손가락을 무척 좋아했다. 비록 아무 쓸모없는 새끼손가락일망정.

   그래서 대신 늘 해오던 대로 내 몸을 자해했다. 도구는 너무 날카로워서는 안 된다. 너무 날카로우면 지나치게 깊숙이 뚫고 들어가 중요한 부분들까지 절단될 수 있으니까. 그렇다고 너무 무디면 쓸모가 없다. 나는 일회용 플라스틱 면도기에 끼우는 얇고 잘 구부러지는 면도날을 선호했다. 아무데서나 구할 수 있고 비닐 포장에서 벗겨내기도 쉬웠다. 나는 금속이 피부를 뚫고 미끄러져 들어가는 느낌을 즐겼다. 한 줄 한 줄 면도날을 그을 때마다 화가 누그러졌고, 방안의 색깔들이 선명하게 눈에 들어왔다. 자주 자해를 할 경우 한 부위를 지나치게 혹사시키지 않기 위해 칼을 대는 부위를 차례대로 바꿔주어야 한다. 팔뚝, 손목, 위팔, 그리고 다시 팔뚝, 이런 순서로. 면도날이 지나가고 나면, 피가 흐르기 전 잠시, 살갗이 나 대신 눈물을 흘리기라도 하듯 투명한 액체로 이루어진 아주아주 얇은 막이 올라온다. 그런 다음 석류석 같은 붉은 핏방울이 올라오고 고통과 해방감 사이에서 내가 그은 가느다란 선 위로 기다랗게 핏물이 이어진다.

    나는 피를 흘린 후 늘 그래왔던 것처럼 참을성을 갖고 차분하게 상처 부위를 닦고 솜으로 피를 빨아들였다. 그리고 생각했다. **이걸로 그림을 그릴 수도 있겠구나, 이걸로 글을 쓸 수도 있겠구나.** 엄청나게 많은 피를 흘렸을 거다. "제발", "날 떠나지 마", "난 네가 필요해" 같은 말로 그동안 쓴 혈서만 해도 노트 다섯 장 분량은 족히 나오고도 남았을 거다. 나는 젖은 종이를 바닥에 내려놓고 말렸다. 아침이 되니 커다란 글자들이 고동색으로 변해 밀랍처럼 반질반질해졌고, 글자를 쓰려고 손가락을 누를 때마다 종이에 찍힌 내 지문들이 군데군데 드러났다. 이렇게 쓴 편지들은 지미의 이름이 적힌 봉투에 들어가 이웃 기숙사 그의 침대 위에 놓였다.

    점심시간이 지나고 문학 시간에 나는 상담 선생님에게 불려갔다. 칸막이가 놓인 상담실 책상에는 논문으로 보이는 서류들이 수북이 쌓여 있었다. 이제 나는 자신을 방어해야 했다. 상담 선생님은 나에게 왜 이런 짓을 했느냐고 물었다. 나는 아무런 설명도 할 수 없었다. 딱히 할 말이 없었다. "진짜로든 상상 속에서든 버림받지 않으려고 죽기 살기로 노력한 거예요"라는 말이 얼른 떠오르지 않았다. 그리고 설사 이 상담 선생님이 경계성 인격장애를 알고 있었다 하더라도, 선생님은 그것에 대해 말하지 않았을 거다.

선생님은 엄마에게 전화를 했다. 엄마는 차를 몰고 학교에 왔고 두 사람은 이야기를 나누었다. 그리고 잠시 후 엄마는 집으로 돌아갔다.

나는 여전히 미술 학교에 참여했지만, 마지막 2주 동안은 상담 선생님을 만나 상담을 받기로 약속해야 했다. 선생님은 혈서로 쓴 편지를 나에게 돌려주었는데, 아마도 이 편지 안에 언제나 다른 사람들을 괴롭히는 내 모습, 언제나 나 자신을 내동댕이치는 내 모습이 담겨 있다는 걸 상기시키기 위해서였던 것 같다.

몇 년 뒤에 나는 엄마에게 이렇게 물었다. "그날 학교에서 선생님 만나고 집에 갈 때 무슨 생각했어?"

엄마는 말했다. "원래 사춘기는 힘든 법이지, 라고 생각했어. 그냥 사춘기를 겪느라 그러는 줄 알았지." 엄마는 말했다. "뭘 어떻게 해야 할지 모르겠더구나. 모든 일이 나한테는 너무 벅찼거든." 엄마는 말했다. "상담 선생님이 네가 곧 괜찮아질 거라고 말했어."

그러나 사실은, 나는 경계성 인격장애 환자였다. 하지만 나를 이처럼 고통스럽게 만든 병명을 확인하고 회복 과정을 지나오기까지 나는 수많은 심리치료사와, 수많은 진단과, 수많은 약물과, 수많은 치료를 거쳐야 했다.

이 책은 그 사이에 일어난 일에 대한 이야기다.

● **경계성 인격장애**

　대인관계, 자아상 및 정동(情動)의 불안정성과 현저한 충동성의 광범위한 형태로 성인기 초기에 시작되며 여러 정황에서 나타나고, 다음 중 다섯 가지 (혹은 그 이상) 항목을 충족한다.

1. 실제 혹은 상상 속에서 버림받지 않기 위해 필사적으로 노력한다.
2. 과대이상화와 과소평가의 극단 사이를 반복하는 것을 특징으로 하는, 불안정하고 격렬한 대인관계 양상을 보인다.
3. 주체성 장애: 자아 이미지(self-image) 혹은 자아감(sense of self)이 현저하게 지속적으로 불안정하다.
4. 자신에게 해를 입힐 가능성이 있는 최소한 두 가지 분야에서 충동성을 보인다(예▶ 소비, 섹스, 약물 남용, 난폭 운전, 엄청난 폭식 등).
5. 반복적 자살 시도, 자살을 하려는 몸짓, 위협 혹은 자신의 신체를 훼손하는 행위를 한다.
6. 기분의 뚜렷한 반응성 때문에 생긴 정동의 불안정(예▶ 단편적인 사건들로 이루어진 강렬한 불쾌감, 과민성, 불안. 대개 여러 시간 동안 드물게는 며칠간 지속된다).
7. 만성적인 공허감.
8. 부적절하고 과도하게 화를 내거나, 화를 조절하지 못한다(예▶ 자주 울화통을 터뜨리거나, 늘 화를 내거나, 자주 몸싸움을 한다).
9. 일시적이고 스트레스와 연관된 피해망상적 상상 혹은 심각한 해리 증상을 보인다.

미국 정신의학회 《정신장애의 진단 및 통계 편람(Diagnostic and Statistical Manual of Mental Disorders, DSM-IV-TR)》**(2000)**

| 차례 |

추천의 글 · 4
프롤로그 · 6

연인들
1

1 정신질환, 자살 충동을 일으키는 약물중독 · 16
2 아가씨, 새로 개조하는 게 어때 · 31
3 감히 그 이름을 말하지 못하는 병명 · 42
4 마음관찰과 빅맥 · 54
5 구세주들 · 68
6 다시 제자리로 · 84

최후의 수단
2

7 단기적인 해결책들 · 94
8 악마와 춤을 · 105
9 탈출 작전 · 125
10 절망의 성배 · 138
11 안전 · 151

빛을 향하여
3

12 열쇠들 · 168
13 감정조절장애여, 안녕 · 183
14 첫 데이트 때 오럴섹스 금지 · 201
15 빈 방 · 215
16 오토바이 배우기 · 233

탈출
4

17 첫 번째 손길 · 248
18 노출 · 258
19 수많은 모습들 · 269
20 통제와 비난 · 286
21 엄마에게 한 걸음 더 · 297
22 정점 · 313

고통의 변형
5

23 귀의(歸依) · 328
24 반전들 · 345
25 날라리 불교신자 · 366
26 바즈라야나 불교 · 388
27 고기를 요리하는 남자 · 404
28 참된 본성을 비추는 거울 · 418

감사의 인사 · 428
추천 자료 · 432
참고 도서 · 435
옮긴이 후기 · 436

1
연인들

1

정신질환, 자살 충동을 일으키는 약물중독

　시작이 힘든 적은 단 한 번도 없었다. 글의 첫 줄을 써내려가는 일이든 적절한 복장을 선택하는 일이든, 서막을 그럴듯하게 여는 일이라면 언제나 별로 어렵지 않았다. 상황이 악화되는 건, 특히나 관계 안에서 상황이 악화되는 건 언제나 서막이 지나간 다음이었다. 지미와의 일이 있고 15년이 지난 지금은 제법 기운을 되찾았다고 말할 수 있을 것 같다. 더 이상 남자들 무릎 위에다 먹은 걸 게워낼 때까지 진탕 술을 퍼마시지도 않았고, 알약을 병째 입에 털어 넣고 병원에 입원하지도 않았다. 누군가 처음 나를 만난다면, 한때 내가 자살을 기도했고, 병원에 입원을 했고, 정신병을 진단받았으리라고는 상상도 하지 못할 것이다. 하지만 관계가 좀 더 진행되면, 내가 뭔가 정상이 아니라는 것을 눈치채게 될 것이다. 언제나 처음은 좋았다. 하지만 로맨스가 한창 무르익는 얼마간의 시간이 지나면 내 입가에는 광대처럼 립스틱이 번지고, 나는 백화점에서 엄마를 잃은 아이처럼 또다시 불안과 두려움으로 온몸을 떨며 바닥에 주저앉아 울부짖었다.

서른 살에 만난 베넷과도 예외는 아니었다. 그는 연주자이며 목수였다. 비쩍 마른 체격에 언제나 청바지에 티셔츠를 걸쳐 입고 재즈 연주자답게 끝이 뾰족하게 구레나룻을 기르며 갈색 머리칼을 뒤로 늘어뜨려, 나보다 거의 열 살이나 많은데도 언뜻 소년처럼 보였다. 우리가 만날 때면 나는 코르셋 위로 딱 붙는 치마를 입고 검정색 플랫폼 부츠를 신었다. 나이트클럽이라면 어울릴지 모르지만 그와 내가 참석하는 '약물중독자 자조모임(Narcotics Anonymous, NA)'에서 정기적으로 여는 댄스파티 때 입기에는 상당히 과했다. 하지만 베넷은 내 옷차림에도, 그리고 "나 지금 한 대 빨고 와서 완전 제정신이 아니야"라는 내 말에도 당황하는 기색을 조금도 보이지 않았다.

"우리가 그렇지 뭐." 그가 활짝 웃으며 말했다. "자살하고 싶어 몸살 내는 마약중독자나 이런 데 오지, 정신 멀쩡한 인간이 누가 이런 델 오겠어?" 강당에 들어선 그가 목을 긋는 시늉을 하며 말했다. 우리는 댄스파티에서 빠져나와 주차장을 지나 나무 한 그루가 심어진 작은 풀밭에 다다랐다. 그리고 한 시간 동안 서로 끌어안고 키스를 했다. 그런 다음 마치 솔직한 것이 건강한 것인 양 쉽게 착각하게 되는 이 '약물중독자 자조모임'에서 서로 눈이 맞은 후로 늘 그래왔듯이 마무리는 섹스로 끝내야 제대로 뭔가를 해낸 것 같았다.

나는 이런 구속에 아주 익숙했다. 베넷의 손길이 닿는 순간, 그는 나의 보편적인 기준이 됐다. 그의 몸은 나를 쓰러뜨렸고, 그의 목소리는 내가 걸터앉은 수많은 바위 턱으로부터 나를 내려놓았다. 그는 그럭저럭 내 욕구를 달래주는 것 같았지만, 한 가지 심각한 단점, 그러니까 결국 내가 목이 쉬도록 소리를 질러야 직성이 풀릴 정도로 나를 너무나 고통스럽게 만드는 치명적인 결함이 하나 있었다. 바로 그의 전 여자친구 알렉시스였다.

알렉시스(Alexis)라는 이름은 전기(electricity)라든지 도끼(axes), 그리스 여신들을 떠올리게 했다. 그녀는 눈꺼풀이 짙은 미인에 예술대학에서 영화를 공부한 재원인 데다 똑똑하고 자기주장이 강하며 베이스 기타를 치고 컴배트 부츠를 신고 다니는데, 이거저거 다 떠나서 10년 동안 베넷의 여자친구였다는 사실도 모자라 그의 전 여자친구라는 자격으로 **여전히 그와 함께 살고 있었다.** 그들은 어떻게든 활기를 되찾아보려고 몸부림치는 매사추세츠의 오래된 소도시, 로웰의 한 아파트에서 함께 살았다. 그들의 아파트는 기타와 앰프, 그리고 미술 작품으로 발 딛을 틈이 없었는데, 그 와중에 주방 천장에 철망으로 만든 새장을 걸어놓고는 반차라고 하는 통통하고 색이 화려한 앵무새까지 키웠다. 우리 셋이 저녁을 먹고 나면 베넷이나 알렉시스는 종종 새장 문을 열어 반차가 물이 졸졸 흐르는 수도꼭지 아래에서 즐겁게 장난을 치게 했다. 반차는 어설프게 주방을 날아 그들의 어깨 위에 앉고는 면도칼처럼 날카로운 부리가 마치 물렁물렁한 콧등이라도 되는 줄 아는지 그들의 귀에 연신 부리를 비벼댔다. 물론 나한테라고 예외는 아니었다.

"손가락을 들어봐. 그러면 반차가 손가락 위로 올라갈 거야." 베넷은 몇 번이고 그렇게 알려주었다. 그러나 반차는 내 손가락이 마치 살찐 벌레를 꿰어놓은 낚싯바늘인 줄 아는지, 내가 손가락을 세울 때마다 번번이 손가락 속에 부리를 찔러 넣었다.

"이런, 저 녀석 힘센 것 좀 봐." 이런 세상에, 나는 부리에 찔려 아파 죽겠는데 베넷은 태연하게 이런 말이나 중얼거리다니. 전 여자친구 알렉시스나 저놈의 빌어먹을 새 반차처럼 나한테 이렇게 위협적인 존재도 없을 거다. 그들이 다 함께 주방에 모여 있는 모습을 볼 때면 정말이지 나이프를 던져 버리고 싶은 심정이었다. 하지만 대신 나는 반차가 얼마든지 나를 쪼아대도록 내버려두었다. 그렇게 하면 이 모든 상황들이 그나마 좀 견딜 만했다.

지금까지 내 인간관계는 마치 고무줄 같았다. 길게 늘어났다 짧아졌다가를 수없이 반복하다 결국엔 끊어져 버렸고, 이렇게 망가진 상태를 회복할 방법이 없었다. 베넷과의 관계를 유지하려면 내 감정을 통제할 줄 알아야 한다는 걸 잘 알고 있었다. 불안정한 내 심리상태와 나 자신의 고통을 너무 길게 잡아 늘려서는 안 된다는 것도 잘 알고 있었다. 나는 베넷이 정말 좋았다. 그의 자상함과 강인함이 너무나 마음에 들었다. 그가 나를 집 앞에 내려주기 전, 나는 마약에 취해 욕망으로 이글거리는 눈빛으로 그를 바라보다가 고속도로 갓길에 차를 세우게 해 섹스를 했다. 직장을 잡고 혼자 살 집을 얻을 때까지 나는 '약물중독자 자조모임'에서 만난 한 친구의 집에서 지내고 있었다.

베넷은 나에게 살 집이 없는 것도, 직장이 없는 것도 이상하게 생각하지 않았다. 그러나 상황을 객관적으로 봤을 때, 그나 나나 하마터면 우리를 죽음으로 몰고 갈 뻔했던 물약, 알약, 가루약으로부터 '매일 조금씩' 멀어지게 하는 12단계 회복 프로그램이라는 세계에 발을 딛고 약물중독을 치료하고 있는 처지였다. 퇴직연금은 고사하고 집이니 직장이니 하는 남들 다 갖는 것도 우리 같은 사람들에게는 그저 사치일 뿐이었다. 어휴, 목숨을 부지하고 사는 것도 어딘데. 어쩌면 원래 팔자가 이런지도 모른다. 10년 가까이 재생의 길을 걷고 있는데도 여전히 엉망진창으로 사는 걸 보면. 약물, 우울증, 불안보다 더 심각한 무언가가 지속적으로 내 삶을 파괴하고 있었다. 베넷을 만날 무렵, 나는 두 군데 교사 자리를 그만두었고, 6개월 이상 정신병원에서 지냈으며, 열두 가지 치료약을 복용했고, 그보다 더 많은 수의 심리치료사들에게 치료를 받고 있었다. 고등학교를 중퇴했고, 대학도 중퇴했다. 활발한 아이, 날라리, 고스족(goth. 주로 검은 색 옷, 어두운 화장, 검은 립스틱, 창백한 피부, 음산한 분위기를 드러내는 1970년대 말 영국에서 시작된 집단-옮긴이), 히피, 재즈광…. 나는 아홉 개의 목숨을 지닌 고양이 같았다. 주기적으로 신경쇠약에 걸릴 때마다 어떻게 된 일인지 내 음악적 취향도 달라졌고 그럴 때면 대개 더 많은 병명이 따라붙었다. 우울증, 불안, 외상 후 스트레스 장애, 알코올중독, 그리고 약물중독까지.

이제 나는 자칭 회복 중인 약물중독자에 알코올중독자였으며, 거의 매일 12단계 모임에 참여했다. 이 모임에서는 자신의 중독 상태에 스스로 대처할 능력이 없음을 인정하는 데에서 마음의 건강이 시작된다고 말한다. 모임 사람들이 서로 망가진 과정을 나누고, 자신의 잘못을 솔직하게 인정하고, 속에 감춰둔 이야기를 털어놓으면 그만큼 호전된다고 말해주었다. 밝히고 싶지 않은 내 추접스런 비밀? 나는 언제나 물 위에 떠있으려고 죽을 힘을 다해 발버둥치지만 금방이라도 빠져 죽을 것 같은 상태로 살고 있었다. 내가 물 위에 떠있을 수 있는—삶을 견딜 수 있는—방법은 단 하나, 나를 구조할 사람을 찾는 것뿐이라고 생각했다. 나중에 알게 된 사실이지만 베넷은 약간의 구세주 콤플렉스가 있었다.

하지만 베넷 곁엔 알렉시스가 있었다. 여간해선 그녀의 이름조차 입 밖에 내고 싶지 않았다. 내 존재가 얼마나 초라한지, 질투심이 얼마나 나를 괴롭힐지 잘 알았기에, 나는 나 자신을 다잡기 위해 최선을 다해야 했다. 처음부터 베넷은 자신과 알렉시스는 아주 친한 친구 사이일 뿐 절대 그 이상은 아니라고 주장했고, 나 역시 그의 말을 믿으려 했다. 하지만 솔직히 그렇다는 증거도 없지 않은가? 질투라는 감정은 후회와 수치라는 잿더미만 남긴 채 나를 까맣게 태워버렸다. 여름 내내 나는 최대한 정신을 차려 이 불을 끄고 질투심을 불태울 모든 상황을 피했지만, 이른 가을 약물중독자 교육 일을 시작하면서 마침내 이 댐이 와르르 무너지고 말았다. 일주일에 닷새를 여행하는 동안 나는 매일 밤 약물과 알코올의 위험에 대해 강의를 마치고 나면, 베넷의 목소리를 듣고 싶은 마음이 간절해져 호텔 방에 돌아오자마자 그의 전화번호를 눌렀다. 하지만, 그럼 그렇지, 그때마다 어김없이 그녀가 집에 있었다. 전화를 걸 때마다 예상대로 그녀가 전화를 받았던 것이다.

"베넷, 전화받아." 그녀가 거실에서 소리를 지르는 동안 나는 내 남자친구의 위치를 파악하려 애썼다. "내 서류가방이 어디 갔지?"

베넷은 지친 남편처럼 한숨을 쉬며 말했다. "어디다 뒀겠지."

"그래, 어디 뒀겠지. 근데 **어디다** 뒀냔 말이야." 베넷이 나와 통화를 하고 있으면 그녀는 항상 베넷에게 말을 시켜 통화를 방해했다. 그때마다 베넷은 나에게 미안하다고 사과하긴 했지만, 통화 도중에 나와 대화를 끊고 그녀의 말에 일일이 대꾸하는 방식이 이젠 아주 당연하게 돼버렸다. 그녀가 베넷의 이름을 부르면 베넷은 못 들은 체하지 못했다. 베넷과 통화하는 동안 그녀의 목소리가 들리지 않을 때에도, 나는 둘이 한집에서 아늑하게 함께 지내는 모습을 상상했다. 둘이 같이 저녁을 먹고, 둘이 같이 반차와 노는 모습을 상상했다. 이런 상상들은 나를 침대 위로 끌고 갔고, 나는 부질없는 고통으로 몸을 잔뜩 웅크린 채 펑펑 눈물을 흘려댔다. 자꾸만 베넷이 나보다 알렉시스에게 더 헌신적이라고 믿게 됐고, 아무리 이성적으로 생각하려 해도 한번 생긴 이 믿음은 도무지 머릿속에서 사라지지 않았다.

베넷이 논리적으로 차근차근 설명하며 나를 설득하려 했지만, 그럴수록 결국엔 서로 다투게 될 뿐이었다. 강의실에서 강의를 하거나 워크숍을 이끌 때처럼 일을 할 땐 누구보다 침착하면서, 베넷과 전화를 하거나 차를 몰고 베넷을 만나러 갈 땐 아주 사소한 일들, 그러니까 베넷과 알렉시스가 서로 흘긋 시선을 주고받는다든지, 두 사람이 같이 슈퍼마켓에서 장을 보고 왔다는 말을 듣는다든지 하는 별것 아닌 일들에는 왜 그렇게 신경이 곤두서는지 모르겠다. 애써 분을 삭여보지만 문을 닫고 베넷과 단둘이 있게 되면 도지히 화를 참지 못하고 마치 활활 타는 석탄을 어서 뱉어버려야 한다는 듯 있는 대로 목소리를 높여 소리를 지르고 말았다. 그리고 일단 소리를 내지르기 시작하면 무슨 말을 내뱉고 있는지도 모를 정도로 아무 말이나 마구 튀어나왔다. "야, 이 나쁜 놈아, 넌 아무것도 몰라! 이 나쁜 놈, 머저리 같은 놈아!" 그 순간 나는 다 큰 성인 여자가 아니라 머리를 산발한 채 가구를 발로 걷어차는 계집아이, 토닥토닥 달래주길 간절히 바라며 침대 위에서 발버둥치면서 엉엉 울어대는 어린아이가 돼버렸다.

"넌 나하고 알렉시스 때문에 이러는 게 아니야." 베넷이 주장했다. "단지 **어디에도** 속하지 못한다는 생각 때문에 이러는 거라고. 나 혼자 이 집에 살고 있어도 넌 지금하고 똑같은 문제에 시달리고 있을 거야."

베넷이 이런 식으로 말하면 나는 황당해서 얼굴을 찡그렸다. 그가 알렉시스보다 나에게 더 헌신한다는 것만 증명하면 모든 화가 눈 녹

듯 풀어질 거라는 내 믿음은 아주 확고했기 때문이다. 그러나 베넷의 말이 옳다는 것도 알고 있었다. 내가 어딘가에 속해 있다는 느낌을 한 번도 가져본 적이 없었으니까. 어린 시절 이후, 나는 다른 사람들이 나를 사랑하도록 만들기 위해 마음속으로 계획한 이상적인 모습, 가면을 쓴 가짜 모습으로 나를 꾸며 왔다. 베넷에게도 다르지 않았다. 나는 역겹다는 그의 말 한마디에 성적 도발을 일으키는 옷들을 전부 버렸고, 두 달 전 뉴햄프셔 문신 가게에서 아픈 걸 꾹 참고 힘들게 한 유두 피어싱을 혓바닥 피어싱과 같이 빼냈다. 그리고는 이제 청바지에 티셔츠, 그리고 베넷의 가죽 재킷을 입었다. 마치 그의 심장 소리와 살갗, 그의 목소리와 눈빛만이 나를 나 자신으로 되돌려 놓을 수 있기라도 한 듯, 내 삶은 온통 그의 애정에 매달려 있는 기분이었다. 마치 그가 없이는 내가 더는 존재할 수 없는 것처럼.

한번 사이클이 시작되면 아무것도 막을 수 없었다. 건물 해체용 쇳덩이가 서서히 건물을 무너뜨리는 광경을 속수무책으로 바라본 적이 있는데, 내 질투와 불안이 바로 그 쇳덩이처럼 서서히 관계를 갉아먹기 시작했다. 내가 혼란스러워할수록 베넷은 뒤로 움츠러들었다. 그리고 곁에 있어 주길 바라는 내 갈망에도 불구하고 자꾸만 그가 멀어지면, 나는 돌연한 공포와 두려움 속으로 점점 깊숙이 빠져들었다. 하지만 그의 관심을 사로잡으려 할수록 그의 모습은 보이지 않았고 그의 부재는 거의 폭력에 가까운 힘으로 나를 다시 그에게 몰고 갔다. 이런 식으로 계속 사이클이 굴러갔다. 우리가 만난 지 고작 4개월밖에 안 됐는데 벌써부터 그는 나를 애무하지 않았다. 섹스는 했지만 그렇다고 깨진 관계가 원상태로 돌아올 리는 없었다.

이따금 나는 그에게 깊은 증오를 느꼈다. 그를 향한 욕망에 사로잡혀 있는 순간조차도.

　지난 11월은 결코 즐거운 시기라고 할 수 없었다. 매어 있던 밧줄이 끌러진 것 같은 느낌은 어둑한 늦은 오후에 더욱 심해졌고, 나는 몇 시든 상관없이 그저 아무 때나 눕고 싶은 마음뿐이었다. 지나치게 잦은 출장과 매일같이 반복되는 강연으로 녹초가 되어 가고 있었다. 중독과 관련된 구구절절한 내 사연을 수도 없이 되풀이하는 것도 점점 신물이 났다. 게다가 몸도 말을 듣지 않았다. 사람들 앞에 설 때마다 온몸이 떨렸고, 비 오듯 땀이 흘렀으며, 심장이 요동쳤고, 입이 바싹바싹 말랐다. 모두 내 '불안장애'가 최고조에 이르렀다는 징후였다. 담당 의사는 불안을 진정시키는 데 도움이 된다는 새로 나온 항우울제로 약을 바꿔주었지만 나하고는 맞지 않았다. 사실 나는 매일 점점 악화되는 것 같은 기분이었다. 그러던 어느 날 밤, 마리화나의 위험에 대한 워크숍 기간에 학생들이 나를 공격했고, 그 바람에 나는 50명의 고3 학생들 앞에서 눈물을 터뜨리고 말았다. 나는 자살 충동을 느끼며 엉엉 울면서 차를 몰고 로웰로 돌아갔고, 다음 날 일을 그만두었다.

　사흘 내내 울었다. 이제는 외출하기도 겁이 났다. "내가 뭘 잘못하고 있는 건지 도무지 모르겠어." 나는 베넷에게 말했다. 그래, 끔찍한 워크숍이었다. 하지만 그보다 더 무시무시한 일이 일어나고 있었다. 나는 그것이, 그러니까 내 마음속 저 밑바닥에 들어앉아 언제나 나를 통제하려 드는 바로 그것이 다시 수면 위로 떠오르려 한다는 걸 느낄 수 있었다. 스트레스와 심적 고통으로 숨이 막힐 때면 그것은 어김없이 모습을 드러내 애써 가린 내 허울을 들춰냈다. 나는 시작은 아주 잘하지만 언제나 결국엔 나를 포함한 모든 것을 파괴하고 마는 것 같았다.

"너 회의 가야 되잖아." 베넷이 말했다. 나는 그의 침대 속으로 들어갔다. 일주일 동안 밥 먹고 화장실 갈 때를 제외하면 침대 밖으로 한 발짝도 나가지 않았다. 베넷이 직장에 가기 위해 옷을 갈아입는 동안 나는 이불 속에 푹 파묻혀 몸을 웅크리고 있었다. 그가 집을 나가자 비로소 안심이 됐다. 알렉시스까지 나가니 더욱 마음이 놓였다. 그런데도 이상하게 기분은 더 나빴다. 부글부글 끓어오르는 분노와 무력감에 온몸이 쑤셨지만, 완전히 기진맥진한 상태라 손가락 하나 까딱할 기운이 없었다. 주말에 억지로 몸을 일으켜 예약해 놓은 심리치료를 받으러 갔다. 내 상담사인 안나는 약물중독과 알코올중독 전공이었다. 나는 거의 3년 동안 그녀에게 치료를 받고 있었다. 내가 직장을 그만두었다는 사실에 안나는 꽤나 상심했지만 다시 기운을 되찾을 수 있을 거라며 여전히 낙관하고 있었고, 그러려면 내가 새 직장을 얻을 수 있도록 머리를 맞대고 계획을 세워야 한다고 생각했다.

하지만 나는 안나와 생각이 달랐다. 외출도 간신히 하는 마당에 어떻게 새 직장을 구한다는 건지. 최근 혼자 힘으로 윌섬에 구한 월세 집은 첫 달 월급으로 방세만 지불하고 아직 들어가 보지도 않았다. 대개 이 단계까지 오면 나는 짐을 꾸린 다음, 다른 직장을 구하거나 자상한 남자친구가 생길 때까지 날 좀 데리고 살아달라고 엄마한테 사정을 했다. 하지만 학교 선생님인 엄마는 지금 안식년을 맞아 1년 동안 발리에 가고 없었다.

저녁을 먹으면서 내 상황을 듣던 알렉시스가 의견을 말했다. "정신장애수당 신청하면 되겠네."

"내 상태가 그 정도로 심각해?"

"네가 얼마나 괴로워하는지 생각해봐! 중독이란 게 직접 치료할 수 있는 병이 아니야. 이건 정신병이라고. 교통사고로 치면 넌 지금 걷지도 못해."

나는 문득 베넷이 알렉시스의 목소리만 들으면 왜 하던 일을 멈추고 벌떡 일어나 그녀의 말에 집중하는지 이해할 수 있을 것 같았다. 알렉시스는 당당하고 자신감 넘쳤다. 분명 내가 너무너무 미워하는 경쟁상대인데도 나는 그녀의 제안을 따르고 있다. 불안 발작이 최고조에 달했지만 나는 월섬에 있는 사회보장국과 서머빌에 있는 생활보호 대상자 담당 사무소 등 여러 군데를 돌아다녔다. 가는 곳마다 대기실은 외국어와 아기들 울음소리, 퀴퀴한 담배 냄새로 머리가 어지러울 지경이었다. 장애 신청 과정은 기간이며 복잡한 정도가 대학원서접수 저리 가랄 정도였다. 다른 점이 있다면, 장애 신청 과정은 내가 무능력하다는 걸, 일상생활을 꾸려나갈 능력도 없고 다른 사람들처럼 성인답게 처신할 능력도 없다는 걸 확인할 수 있는 증거를 수집하는 것이 목적이었다. 서류만 보면 과연 내가 정신적으로 장애가 있는 사람이 맞는지 아닌지 혼란스러울지도 몰랐다. 정신적인 능력이 지속적으로 내리막을 달리거나 회복이 불가능할 정도로 갑자기 뚝 떨어졌다는 기록은 어디에도 없었으니까. 어떤 면에서 나는 거의 일반 성인들과 다를 바 **없었다**. 여러 차례 학교를 중퇴했지만 그때마다 어떻게든 다시 돌아왔고, 결국엔 대학까지 졸업했다. 한때는 술도 마시고 약물도 복용했지만, 지금 내 중독 상태는 '차도'를 보이고 있었다. 그러니 어디를 봐도 장애가 있는 사람으로는 보이지 않을 게 분명했다. 그저 약간 지쳐 보이고 2주 동안 내리 운 사람처럼 보일지 모르지만, 입술에 립스틱만 좀 바르면 감쪽같이 말짱한 사람으로 보였다.

장애인 등록 신청이 진행되는 동안 생계에 도움을 받기 위해 생활보호 대상자에게 지급하는 복지카드를 발급받았다. 이 카드에는 일정 금액의 식료품 스탬프가 나오는데, 실제로 카드에 스탬프가 찍혀 있는 건 아니고 식품을 살 때 카드를 내면 구매액 만큼이 차감되는 방식으로 식료품 매장에서만 이용할 수 있었다. 집세며 공과금을 지불하는 데에도 소액을 꺼내 쓸 수 있었다. 다만, 매사추세츠 주가 1950년대식으로 물가를 상정해서 문제이긴 하지만 말이다. 도대체 요즘 세상에 한 달에 3백 달러로 집세에 전기요금까지 해결할 수 있는 사람이 누가 있겠는가?

해가 점점 짧아지고 공기가 차가워지자 월섬에 멀쩡한 내 월세 방이 있는데도, 나는 괴롭든 어쨌든 계속 베넷과 알렉시스와 함께 지냈다. 이렇게 셋이 함께하는 모양새가 플라토닉한 삼각관계 같았다. 나는 갇힌 신세인 동시에 제 발로 이 안으로 걸어 들어온 셈이었는데, 말하자면 사랑을 애타게 갈구하는 어린아이인 동시에 멸시받는 정부 역할이라고 할 수 있었다. 한편 짜증도 났지만 아주 오랜만에 소속감 비슷한 걸 느낄 수 있었기 때문에, 이 희한한 굴레에서 벗어나지 못하고 있었다. 게다가 탈출을 더욱 어렵게 할 만한 이유가 생겼는데, 시간이 지날수록 점점 알렉시스가 좋아진다는 것이었다. 때때로 저녁이면 우리는 마치 일처다부제의 마누라들처럼 식사를 준비하면서 각자의 비밀을 털어놓는다든지, 베넷의 페니스 크기가 아주 바람직하다는 식의 아무데서나 말하기 어려운 정보를 나누었다. 차를 마시며 우리 둘 다 약물에 미쳐 있던 시절을 떠올리기도 했다. 베넷처럼 나도 밤이면 그녀에게 잘 자라고 인사하며 포옹하는 버릇이 생겼다. 나는 동성과의 우정이 몹시 그리웠다. 게다가 알렉시스가 굉장히 섹시하다는 걸 깨달았다.

언젠가 일이 터지고 말리라는 예감이 들었고, 이 예감은 크리스마스 직전에 적중하고 말았다. 나는 베넷의 방에 있었는데 주방에서 일어나는 모든 상황을 들을 수 있었다. 베넷과 알렉시스가 반차와 노는 소리도 들렸고, 반차에게 속삭일 때 내는 멍청한 목소리도 들렸고, 어떤 용무를 누가 언제 처리해야 하는지 의논하는 소리도 들렸다. 그리고 평소처럼 잘 자라고 인사하는 소리도 들렸다. 평소 두 사람은 잠자리에 들기 전, "잘 자. 사랑해"라고 동시에 말하면서 가볍게 포옹을 했다.

그런데 오늘은 잠시 멈칫 하더니 알렉시스가 이렇게 말하는 거다. "입술은 안 돼."

아니, 어쩌면 그건 이런 말이었는지도 모른다. "서툰 짓은 안 돼." 이 말을 다시 짧게 풀이해보면, 우울증을 앓고 있고 마약 금단증상으로 정서가 극도로 불안정한 데다 백수에 미친 듯한 질투심으로 부글부글 끓고 있는 네 여자친구가 오해하면 어쩌려고, 정도가 될 터였다. 물론 그들이 성적으로는 아무런 관계가 없다는 걸 잘 알고 있었지만, 너무나 많은 방식으로 서로 긴밀하게 묶여 있기 때문에 베넷이 알렉시스를 연인처럼 대하는 건 얼마든지 있을 수 있는 일이라고 생각했다. 나는 베넷이 나에게 키스하는 것처럼 알렉시스에게 굿나잇 키스를 하려 했을 거라고 상상하게 됐고, 이 상상은 주저 없이 내 안의 '미친 여자'를 흔들어 깨웠다.

"알렉시스하고 무슨 짓을 하다 온 거야?" 나는 베넷이 침실에 들어와 셔츠를 벗자마자 쉿소리를 내며 따져 물었다. "아, 또 왜 그래. 원래 매일 밤 잘 자라고 인사하잖아. 별것도 아닌 일로 왜 그러는 거야!"

"어떻게 키스했는데? 입술에? 뺨에? 아니면 가볍게 뽀뽀?"

"알렉시스는 내 여동생 같은 애야! 이런 얘기 하기 싫다."

베넷이 침대에 올라왔고, 나는 벽을 향해 돌아누워 베개에 얼굴을 묻으며 흐느껴 울었다. 그리고 12월 엄동설한에 반차를 내보내는 상상을 했다. 기왕이면 베넷이 집에 있을 때 내보내는 게 좋겠지. 그래야 반차가 주방 창가를 지나 겨울 하늘 위로 날개를 파닥이며 날아가는 모습을 볼 수 있을 테니까. 내가 죽는 상상도 해봤다. 자신의 침대에서 약물 과다복용으로 죽어 있는 나를 베넷이 발견하는 장면이 문득문득 머리에 떠올랐고, 이 상상은 특히 샤워할 때 더 자주 떠올랐다. 뜨거운 물속에 몸을 담그고 있으면 종종 창백하고 털 많은 몸뚱어리, 살덩어리가 아닌 고무 같은 느낌이 나는 내 육체와 마주하곤 했다. 나는 그 몸뚱어리가 죽은 듯 뻣뻣하게 큰 대자로 널브러져 있고, 곁에는 "네가 나한테 무슨 짓을 했는지 이제 알겠어?"라고 적힌 유서가 놓여 있는 광경을 아주 쉽게 상상할 수 있었다.

베넷에게 자살을 상상했다는 말은 한마디도 내비치지 않았지만, 아무래도 다음 날 아침 이 상상들이 베넷의 꿈속으로 살그머니 숨어든 모양이었다. 베넷이 내 손을 잡고는 이렇게 말하는 걸 보면. "다른 의사를 알아보는 게 좋겠어." 나는 눈물이 핑 돌아 얼굴을 돌렸다. 그가 이 집에서 이사해 알렉시스와 멀어지기만 한다면 상황은 그렇게 나쁘지 않을 거라고, 아직도 절반쯤은 그렇게 믿고 있다. 상황을 한결 낫게 할 열쇠가 여전히 베넷의 손에 쥐어져 있었다! 베넷이 내 등을 쓰다듬고 눈가의 머리카락을 떼어주었다.

"넌 마음의 병을 앓고 있어. 우리처럼 너도 약물중독으로 자살 충동을 느끼고 있는 거야. 그건 부끄러운 일이 아니야. 단지 더 많은 도움이 필요할 뿐이지."

나는 약물중독자 모임의 댄스파티에서 "마음의 병을 앓고 있다, 약물중독으로 자살 충동을 느끼고 있을 뿐이다"라는 말을 베넷이 처음 사용했을 때 그 말투가 떠올랐다. "물론 우리에게는 문제가 있어. 하지만 시도는 해봐야 한다고 생각해"라고 말할 때의 표정도 떠올랐다. 우리는 주차장 한가운데 작은 풀밭에 심어진 나무에 몸을 기대고 아주 편안하게 부둥켜안았었다. 그 순간 나는 그의 손길이 나를 차분하게 만들 수 있을 거라고, 누군가가 나와 함께 해준다면 나는 우리가 가진 것을 파괴하지 않을 거라고 믿게 되었다.

2

아가씨, 새로 개조하는 게 어때

베넷의 충고를 받아들여 동네 병원의 한 상담사를 찾아갔다. 수년 전 집을 나온 뒤 엄마 손에 이끌려 찾아간 바로 그 병원이었다. 작은 상담실에서 닥터 B의 곁에 자리를 잡고 앉았다. 닥터 B는 품위 있고 말수가 적은 인도 남자로, 몸매가 다부지고 잘생겼으며 눈매가 온화하고 영국식 영어를 사용하는 사람이었다. 상담실은 아담했고 램프 하나, 의자 두 개, 책상 하나가 전부였다.

"어떻게 오셨습니까?" 상담사가 의자를 고쳐 앉으며 물었다.

처음엔 남자친구 권유로 왔다고 말한 뒤, 곧이어 모든 사연을 구구절절 털어놓았다. 제일 처음 자살을 시도한 당시 상황부터 시작해 아주 오랫동안 겪은 감당하기 힘든 이 고통에 대해 상세하게 설명하려 노력했다. 내 팔의 상처들을 보여주었고 우울증, 불안, 외상 후 스트레스 장애, 약물 의존증 등, 진단받은 모든 병명들을 나열했다. 약, 심리치료, 12단계 프로그램, 종교, 영양보충제 등, 시도해온 방법들도 죽 열거했다. 열일곱 살에 이 병원에 입원했던 병력, 열여덟 살이 되기 전 여름 격리 병동에 수용됐던 일, 대학 때 다른 병원에 입원했던 경험, 그때 학교를 중퇴하고 정신을 차려 알코올중독자 자조모임과 약물중독자 자조모임에 참여한 과정을 자세하게 설명했다.

"거의 20년 동안 심리치료사들을 만나왔어요." 내가 말했다. 그리고 울면서 말을 이었다. "카페인과 설탕을 제외하고 전부 다 끊었어요. 정신과 의사들이 주는 약이란 약은 다 먹었고요. 그런데 왜 아무런 차도가 없는지 정말 모르겠어요. 건드리는 일마다 결과는 엉망이 되는 것 같고…, 매번 이런 식인데도 도대체 이유를 모르겠어요. 어디 한 군데 도망갈 틈이 없는 이 지옥 같은 챗바퀴 속에 갇혀버린 것 같아요."

의사는 잠시 자신의 노트를 자세히 들여다보고 고개를 끄덕인 다음 나에게 티슈 상자를 건넸다. "상황을 이렇게 힘들게 만든 원인이 지금의 관계 때문이라고 생각하시나요?"

"그렇기도 하고…, 아니기도 해요…. 지금의 관계는 그러니까 막 울고 싶은 참에 누가 뺨을 때린 경우 같은 거예요."

"안정적인 관계나 그 밖에 지속적으로 유지해온 관계는 없으신가요?" 의사가 물었다.

나는 고개를 저었다. "1년 이상 친구관계를 유지할 수 있으면 다행이게요. 남자친구와 제일 오래 사귄 기간이 2년이에요. 그리고 관계가 끝나면 제 인생도 엉망이 되지요."

의사가 다시 물었다. "누군가가 당신을 떠날 것 같거나 무시하는 것 같다는 생각이 들면 힘들어지나요?" 나는 고개를 끄덕였다. 그렇다, 베넷을 생각할 때면 언제나 가슴이 찢어지는 기분이 들었다. 나는 옛날에 거절당한 기분이 들어 혈서를 써서 보낸 적이 있고, 가까운 친구가 나를 외면하고 남자친구를 만났을 때 발작을 일으키며 주방의 물건이란 물건은 죄다 집어던진 적이 있다고 털어놓았다. 나는 완전히 미친 여자로 보이고 싶지는 않았지만, 한때 남자친구가 다른 여자와 텔레파시를 통해 바람을 피우고 있으며, 셋이 있을 때 내가 간 뒤에 둘이 따로 만나자고 심령술을 이용해 작당을 하고 있다고 믿은 적이 있다고 고백했다.

닥터 B가 뭐라고 마구 휘갈기더니 이렇게 물었다. "분노 조절은 잘되시나요?"

"화를 내는 게 두려워요." 의사는 분노를 표출하기가 힘드냐고 물었다. 나는 그렇다고 대답했다. 그러나 내가 힘든 건 분노를 표현하지 못해서가 아니라, 속에서 너무나 자주 분노가 일어 제대로 다스리지 못해서였다. 나에게 칼을 삼킬 목구멍이 없다 뿐이지, 이건 마치 칼을 삼키는 곡예와 같았다. 마침내 분노가 튀어나온다 해도 대개는 다른 사람들과 나 자신을 겁에 질리게 했다.

"감정은 어느 정도로 강렬한가요? 1부터 10까지 등급을 매긴다면 말이에요." 그가 물었다. 나는 보통 8에서 10 사이쯤이라고 대답했다.

"하나의 감정이 상당히 안정적으로 지속되나요, 아니면 재빨리 바뀌나요?"

"빨리 바뀌어요. 정신없을 정도로 빨리요. 그 바람에 자주 진이 빠지고 감정 속에 쉽게 매몰되기도…."

"자해를 하고 자기 자신에게 화상을 입히는 일이 자주 있나요?"

나는 상황에 따라 다르다고 설명했다. 10대 시절에는 끊임없이 그랬다. 지금은 주기적으로, 주로 남자와 헤어진 후에 그랬다.

"다른 충동적인 행동은 없나요?"

지난 20년 동안 내가 얼마나 많은 남자와 잤는지, 한도액이 초과

된 신용카드가 몇 장이나 되는지, 얼마나 많이 이사를 다녔는지(지금까지 서른네 차례다) 시시콜콜 말하고 싶지 않았다. "심리치료사들은 제가 결과를 생각하지 않고 일단 저지르고 보기 때문에 행동하기 전에 많이 생각해야 한다고 말하더군요."

"하지만 지금까지 술이나 마약에 취하는 일 없이 건강하게 잘 지내고 있잖아요."

"맞아요. 술과 마약을 끊지 않았더라면 지금쯤 아마 다 죽어가고 있었을 거예요. 아마 결과를 생각한 덕분에 이렇게 바뀌었을 거예요."

"어떻게 해서 중독 상태에서 벗어나 건강한 정신을 유지하게 됐나요? 아, 물론, 지금은 죽고 싶다는 생각을 하고 있지만 말이에요."

이 대목에서 나는 잠시 대답을 멈칫했다. 정말이지, 내 다시 술과 마약에 취해 사느니 다리에서 뛰어내리고 말 거다. 그런데 대체 내가 왜 여기에 있는 거지? 모든 상황들이 그냥 다 관둬버리라고 나를 재촉하는 이 마당에 정신과 진료실에 앉아서 나 지금 뭐하고 있는 거지?

내가 입을 열기 전에 닥터 B가 말했다. "당신 마음 안에 있는 무언가가 더 나아지길 원하고 있는 게 틀림없어요."

뭐 꼭 그런 것 같지는 않았다. 난 그저 베넷이 하도 사정을 하니까 소원 한 번 들어주는 셈치고 여기 온 것뿐이니까. 닥터 B는 지금까지 자살하지 않는 이유가 무엇인지 물었고, 나는 아마도 남동생 때문일 거라고 말했다. 내가 열아홉 살 때 남동생은 열여덟 나이에 저세상으로 떠났다. 우리는 약물 과다복용 때문일 거라고 생각했는데, 뇌 바이러스 감염이 원인이라고 밝혀졌다. 매번 자살을 시도하려고 마음먹을 때마다 엄마의 얼굴이, 우리가 중환자실에 도착했을 때 의사가 문을 열고 나와 '죄송하다'고 말하던 당시 엄마의 표정이 떠올랐다. 그 표정은 마치 보이지 않는 곳에서 움직이고 있는 컴퓨터 소프트웨어 프로그램 같았다. 죽고 싶다는 생각이 들 때면 절망스러워하던 엄마의 모습이―그리고 아빠의 모습이―자동적으로 튀어 올랐으니 말이다.

"제가 아직 자살하지 않은 이유는 가족들에게 상처를 줄까봐서예요." 내가 말했다.

"가족을 많이 사랑하시는군요."

"솔직히 많이 미워하지요."

닥터 B는 고개를 끄덕였다. "혹시 정체성에 무슨 문제는 없는지 말해주시겠어요? 가령, 자신이 누구인지 모르겠다거나 다른 사람을 위해 태도를 바꾼다거나 하는 일은 없나요?"

어디 있다 뿐인가. 고등학교 때 한 선생님은 나를 카멜레온이라고 부를 정도였는데. 학교에 열심히 다니던 당시, 선생님이 나에게 그런 별명을 붙인 건 내가 환경에 잘 순응해서가 아니라 늘 다른 모습으로 바뀌었기 때문에, 그러니까 매년 다른 스타일로 하고 다녔기 때문이었다. 지금이라고 다르지 않았다. 누구와 데이트를 하는지, 어떤 음악에 빠져 있는지, 당시 성생활이 어떤지에 따라 나는 수시로 달라졌으니까….

끝으로 닥터 B는 스트레스를 받으면 많이 힘들어하는지 물었다. 나는 스트레스를 받으면 그야말로 눈앞이 깜깜해지고 머리가 멍해질 정도로 너무 힘들다고 말했다. "말하자면 얼이 빠지는 것 같은 그런 분리 현상 같은 걸 느끼시나요?" 나는 고개를 끄덕였다. "그럴 때 사람들이 어떻게 보이나요?"

"그게 무슨 말인지…."

"내가 힘들 때 도움을 받을 수 있다든지 하는 식으로, 세상이 안전하다고 여기시나요?" 이 질문이 아픈 데를 마구 후벼 파는 바람에 나는 그만 울음을 터뜨리고 말았다.

"아무도 날 도와주지 않아요. 가족들도 날 이해하지 못해요. 아무리 상담을 받아도 소용이 없어요. 정말이지 할 수 있는 건 다 해봤어요. 이 상태로 서른이 되면 어떻게 하지요? 이 상태로 열다섯 살 때로 돌아가면 어떻게 하지요?"

닥터 B는 그건 너무 끔찍한 일이라고 말했다. "선생님은 모르세요." 나는 울면서 말했다.

"하지만 나는 당신의 문제가 무엇인지는 확실히 알아요. 그리고 틀림없이 치료할 수 있다는 사실도 말이에요." 의사가 말했다. "당신은 일종의 경계성 인격장애, 즉 BPD(borderline personality disorder)라는 질병을 앓고 있어요. 혹시 들어보셨나요?" 나는 고개를 저었다. "경계성 인격장애란 기분이 극도로 불안정한 상태를 말합니다. 버림받는 것에 대한 공포, 불확실한 자아감 같은 거지요." 그는 의자에 앉아 앞으로 몸을 구부리며 말을 이었다. "이해되시나요?" 나는 고개를 끄덕였다. "마음은 공허함으로 가득하지요." 그는 이제 손가락으로 딱딱 소리를 내면서 말을 이었다. "자살행위. 자해. 통제 불가능한 분노. 불안한 인간관계. 충동적인 행동. 스트레스를 받으면 편집증이 생길 수도 있어요. 심한 경우 다른 인격체로 행동하는 해리현상(dissociate)이 나타나기도 합니다."

"네." 내가 말했다. "네, 네, 네." 정신이 좀 멍했다. 책 한 번 들여다보지 않고 시험을 봤는데 백점을 맞는다면 이런 기분일까. 생전 처음 본 사람이, 그것도 몇 마디 나눠보지도 않은 사람이 지금껏 내가 어떤 식으로 살아왔는지 족집게처럼 딱딱 맞추다니, 어떻게 이럴 수가 있지? 죽 나열된 증상들이 마치 내 일기장을 단어로 요약해놓은 것 같았다. 누가 몰래 내 마음속을 들여다보고 이름을 만들어 붙인 게 아닌지 의심이 갈 정도였다.

"그런데 '경계성 인격장애'가 정확히 뭘 의미하는 거지요?"

닥터 B는 바지의 주름을 펴면서 말한다. "당신과 같은 증상을 쉽게 설명하기 위해 경계성 인격장애라고 말합니다. 그러니까 특정한 형태의 고통을 설명하는 일종의 꼬리표, 용어 같은 거지요. 이름에 너무 신경 쓸 필요는 없어요." 나는 다시 고개를 끄덕였다. 하긴, 뭐라고 부르든 무슨 상관이겠는가. 닭대가리 증후군이라고 부르든, 엉망진창 인격장애라고 부르든. 나는 끝없이 반복되는 내 실패와 고통의 사이클을 단 한마디로 표현한 이 남자의 손에 입이라도 맞추고 싶은 심정이었다. 만일 내가 경계성 인격장애라면 아마 중증 중에서도 **중증**일 터였다.

"안타깝게도 인격장애는 약으로 치료가 불가능합니다." 그가 설명했다. "호전되려면 오랜 시간이 걸리지요. 특별히 경계성 인격장애를 위해 만들어진 치료법을 권해드리겠습니다. 변증법적 행동치료(dialectical behavior therapy)라고 하는 치료법이에요." 그는 바로 옆에 놓인 파일에서 흰색 명함 한 장을 꺼낸 다음 전화번호를 적었다. "이 기관에서 치료 프로그램을 실시하고 있어요. 전화해서 등록 예약을 하십시오. 아, 그리고 지금 감정이 상당히 불안정한 상태니까 리튬 치료도 시도했으면 합니다."

이 말을 들으니 이 의사와 마주앉은 후 처음으로 의사의 실력이 걱정되고 의심스러워졌다. 요즘엔 조울증(manic depression), 즉 양극성 장애(bipolar disorder)를 치료할 때 리튬을 이용한다는데, 그렇다면 나한테 조울증 증상도 있다는 말인가?

닥터 B는 그런 것 같다고 말한 다음 앞으로 2주 동안 항우울제 치료를 끊어야 한다고 지시했다. "걱정 마세요." 자리에 일어서자 그가 말했다. "당신은 대단히 열정적인 여성입니다. 에너지를 가두어놓고 폭파시키는 대신 자신의 에너지를 순환시키고 통제할 방법을 찾을 수 있을 거예요. 마음도 차분해질 테고요. 그렇게 되면…." 그가 미소를 지으며 말을 이었다. "더는 치료를 받을 필요가 없어지겠지요." 그는 나에게 처방전을 주고 다음 달 예약 날짜를 알려주었다.

차가운 겨울 공기 속에서 다소 안도감을 느꼈다. 종양이 발견되었지만 수술로 치료할 수 있다는 진단을 받은 암 환자의 심정이 이렇지 않을까. 이런 괴상한 병명은 듣지도 보지도 못한 데다 내 인격에 장애가 있을 거라고는 꿈에도 생각하지 못했다. 하지만 내가 단지 구제불능인 실패자가 아니라 진짜 심각한 질병을 앓는 환자라면 치료를 마다할 이유가 없었다. 그러고 보니 그동안 내가 저지른 자해, 필사적인 매달림, 자살에 대한 강박관념, 죽 끓듯 변하는 기분과 정체성과 관점들이 인격장애가 아니고는 달리 설명할 방법이 없었다. 그래, 나는 경계성 인격장애를 앓고 있다, 라고 속으로 말해보았다. 그러니까 나는, 매번 실수만 하는 멍청이가 아니란 말이다.

이 기쁜 소식을 알리기 위해 차에 타기 전에 로라에게 전화를 걸었다. 로라와는 몇 년 동안 알고 지내온 사이였다. 사실 로라는 지금까지 연락을 유지하는 극소수의 사람들 가운데 한 명이었다. 우리는 서로 비슷한 인생을 살아왔다. 나처럼 로라도 약물과 알코올에 중독되었고 고등학교를 중퇴했으며 가출을 했다. 우리 둘 다 결국엔 보호시설로 들어갔고 마침내 12단계 프로그램에 참가하게 됐는데 바로 여기에서 처음 만났다. 둘 다 이제 30대 초반에 몇 년 동안 회복 상태를 유지하고 있으니 앞으로도 죽 비슷한 인생을 살게 될 거라 생각하기 쉽겠지만, 전혀 그렇지 않았다.

로라는 결혼도 했고 집도 샀고 지금은 임신도 한 반면, 나는 번번이 실직을 당했고 인간관계는 늘 실패로 끝나는 신세였다. 나는 모든 일이 엉망진창인 반면, 로라의 인생은 꾸준히 성장했으며 점점 안정되고 안전해지고 있었다. 지난 여름 로라에게 전화를 걸어 새로 사귄 남자친구에 대한 감정을 마구 쏟아낸 후로 한 번도 연락을 하지 않았지만, 어쩐지 지금은 로라야말로 오늘 일을 이야기할 적임자라는 생각이 들었다.

"정신과 의사가 그러는데, 내가 경계성 인격장애래!" 내가 큰소리로 말했다. "근데 정말 맞는 말 같은 거 있지!" 로라는 내 말을 듣고도 잠시 아무 말이 없었다. 나는 닥터 B로부터 경계성 인격장애에 관한 아무런 팸플릿도 받지 못한 터라 대학에서 심리학을 전공한 로라에게 좀 더 자세한 정보를 들을 수 있지 않을까 기대하고 있었다.

수화기 반대편에서 TV 소리가 들렸고 곧이어 로라가 악을 쓰며 말했다. "경계성이니 뭐니 하는 **말도 안 되는 소리 좀 작작해!**"

나는 수화기를 귀에서 멀찌감치 떨어뜨려 놓았다. "왜 말이 안 돼?"

"얘, 경계성 인격장애는 영화 〈위험한 정사〉에 나오는 글렌 클로즈 같은 사람을 두고 하는 말이야. 스토킹하고, 칼 들고 협박하고, 완전 사이코 같은 년이나 경계성 인격장애라고 하는 거라고. 넌 **아니야!**"

"하지만 나한테 있는 증상들이 다 해당되던데!" 내가 우겼다.

"절대 아니야. 경계성 인격장애가 있는 사람들은 아주아주 **지독하**

게 정서가 불안해. 그래… 뭐 너한테 몇 가지 문제가 있긴 하지. 12단계 프로그램이 모든 질병을 치료할 수도 없고. 하지만 진지하게 충고하는데 말이야, 다른 병원도 더 알아봐. 경계성 인격장애라고 진료 기록에 남기고 싶진 않을 거 아니야. 암, 그런 기록을 남기고 싶은 사람이 어디 있겠니?"

내가 경계성 인격장애를 인정하고 싶지 않을 거라고? 이런 문제에 대해 나한테 무슨 선택의 여지가 있기나 할까?

정신과 진단을 받아들이는 것은 개종을 하는 것과 같았다. 대사제, 경전, 탄생 설화 등이 수반된다는 점에서 그것은 새로운 우주론을 수용하는 것과 다름없었다. 그리고 나는 좋든 싫든 당장에 개종을 해버렸다. 조만간 나는 근본주의자라고까지 비난받을지도 몰랐다. 로라의 경고에도 불구하고, 나는 닥터 B가 줄줄이 나열한 징후들을 통해 이것이야말로 그동안 줄곧 나를 괴롭혀온 문제라는 확신이 들었다. 나는 이 수수께끼 같은 질병에 대해 조금이라도 정보를 얻을 수 있지 않을까 하는 기대로 병원 자료실로 향했다. 안경을 쓴 여자가 경계성 인격장애에 대한 논문들 한 무더기 위에 진단 기준 사본 한 장을 얹어주었다. 나는 경계성 인격장애가 있는 사람들이 읽을 만한 책이나 이 질병에서 회복한 사람들이 기록한 자료 같은 게 있는지 물었고, 사서는 고개를 저었다.

"아, 아니요, 잠깐 기다려 보세요." 사서가 이내 말을 바로잡았다. "서점에 가면 찾으시는 책이 있을지도 몰라요. 책 제목이 《나는 네가 싫어, 그러니 날 떠나지 마(I Hate You, Don't Leave Me)》예요."

오호,《나는 네가 싫어, 그러니 날 떠나지 마》라고. 이거 완전 내가 베넷한테 느끼는 감정하고 똑같은데. 더 정확히 말하면 "난 네가 싫어, 그건 그렇고 이제 그만 재수 없는 네 여자친구랑 헤어지는 게 어떠셔?"가 되겠지만. 나는 자료들을 가지고 베넷과 알렉시스의 집으로 향했다. 집안으로 들어가자 두 사람은 저녁을 준비하고 있었고, 반차는 베넷의 어깨 위에 앉아 있었다.

베넷은 내 뺨에 입을 맞추고는 새로 진료를 시작하게 된 걸 축하했다. 그의 손가락에 마늘 즙과 약간의 고추장이 묻어 있었다.

"의사가 그러는데. 내가 경계성 인격장애래."

"경계가 뭐 어쨌다고?" 알렉시스가 물었다.

"좋은 질문이야." 나는 논문들이 쓰러지지 않도록 떠받치며 말했다. "나도 이제부터 알아봐야 해."

3

감히 그 이름을 말하지 못하는 병명

진단이 정확하다는 건 의심할 여지가 없었다. 모든 증상이 다 해당됐으니까. 나는 만성적인 공허함에 자아감도 불안정했다. 툭하면 자살 충동을 느꼈고 자해를 했다. 버림받고 거절당하는 상황은 무슨 수를 써서라도 피하려고 미친 듯이 발버둥쳤다. 인간관계는 치열하고 험난했으며, 관점은 호떡 뒤집듯 양극단을 오갔다. 감정은 통제 불능이었고, 스트레스를 받으면 자제력을 잃었으며, 얼토당토않은 상황에서 화를 내기 일쑤였다. 미국 정신의학회가 발행한 정신의학계의 경전 《정신장애의 진단 및 통계 편람(Diagnostic and Statistical Manual of Mental Disorders, DSM-IV-TR)》에 따르면, 이 장애는 성인기 초기에 발병된다고 하지만 내 경우에는 그런 것 같지도 않았다. 돌이켜보면 나는 열한 살 이후부터 여러 가지 다양한 방식으로 이런 증상들을 경험해온 것 같았다. 경계성 인격장애가 성인기 초기에 시작한다는 건 말이 안 된다. 열여덟 살에 문득 정신을 차리고 보니 경계성 인격장애를 앓게 되는 경우는 없을 테니 말이다.

나는 자해를 한다든가, 마약을 한다든가, 머리를 민다든가 하는 몇 가지 구체적인 행동으로 조짐을 보여 왔지만, 외부에서 볼 땐 어느 날 난데없이 이 병에 걸린 것으로 생각했을지 모른다. 하지만 이런 행동들은 전체적인 문제의 일부에 지나지 않기 때문에, 내가 얼마나 오랫동안 고통스러워하고 아파해왔는지 아무도 보거나 알거나 이해하지 못했다. 우리 엄마조차 나에게 문제가 생기기 시작한 때가 더 나중이라고, 그러니까 내가 사립학교에 다닐 때부터 자해를 하고 화상을 입히기 시작했다고 생각했다. 하지만 나는 그렇게 생각하지 않았다. 자료에 소개된 증상을 읽는 순간, 나는 처음부터 줄곧 그 씨앗을 품고 있었다는 걸, 고통과 비밀과 무심함이, 그리고 안도감을 향한 나 자신의 절박한 요구가 물이 되고 거름이 되어주었다는 걸 깨달았다.

닥터 B로부터 진단을 받은 다음 날, 나는 매주 한 번씩 찾아가는 안나와 예약이 되어 있었다. 안나에게는 새로 상담을 시작했다는 사실을 아직 말하지 않았기 때문에, 경계성 인격장애의 증상들을 줄줄이 나열한 다음 내가 바로 그 경계성 인격장애라고 말하자 당연하게도 안나는 깜짝 놀랐다.

안나는 즉시 딱 부러지게 말했다. "아니, 그건 잘못된 것 같아요. 당신이 경계성 인격장애일 리가 없어요."

"왜요?"

"당신은 **그런** 사람이 아닌걸요."

"**그런** 사람이라니요? 그런 사람이 어떤 사람인지 설명해주세요."

"설명하기는 힘들지만." 안나가 말했다.

아무래도 로라가 말한 내용을 언급하려는 것 같았다. "칼을 들고 집요하게 스토킹을 하는 그런 사람 말인가요?"

"뭐, 그런 것도 해당되겠지요."

안나는 친절하고 엄마처럼 푸근한 사람이며 꽤 오랜 기간 그녀에게 상담을 받아오긴 했지만, 사실상 그동안 내가 상담을 받아온 수많은 상담사들의 방식과 조금도 다른 점이 없었다. 우리는 내 어린 시절과 자라온 과정, 그리고 내 문제들을 분석했고, 석 달에 한 번씩 꼬박꼬박 치료 목적 도표를 기록했다. 어느 땐 불안 감소를 목표로 삼았고, 어느 땐 구직이나 자존감 향상을 목표로 삼았다. 안나와 상담한 내용을 가지고 한 달에 한 번 다른 도시에 있는 정신과 의사를 찾아가면, 상담 내용을 바탕으로 15분 동안 이야기를 나눈 후에 약을 처방받았다. 안나는 지난 2년 동안 수차례의 위기를 극복하게 해준 내 생명줄이자, 내 성장 가능성을 긍정할 수 있게 해준 근원이었지만, 내가 가르치는 일을 그만두고 베넷과 알렉시스라는 소용돌이 속으로 빨려들어간 다음부터 상담 분위기가 달라지기 시작했다. 요즘엔 내가 펑펑 울어대면 안나는 나에게 크리넥스를 건넸다. 요즘 우리는 어떻게 하면 아침에 침대에서 일어날 수 있는지, 어떻게 하면 자살 생각을 머리에서 떨쳐낼 수 있는지 같은 일들을 이야기했다.

나는 안나에게 증후군의 목록을 한번 보라고 재촉했다. "'불안정한 인간관계, 불안정한 자아 이미지, 정동장애(affective disorder, 기쁨, 슬픔, 두려움, 분노, 고민 등, 감정의 움직임인 정서의 이상 상태. 기분이 지나치게 좋거나 우울한 것이 주요 증상이다—옮긴이), 뚜렷한 충동성.' 이 모든 증상이 제 인생과 흡사한 것 같지 않으세요?"

안나는 자료를 자세히 들여다보았다. 12단계 프로그램을 통해 증상이 회복된 사람들을 주로 지도하는 상담사인 만큼, 안나는 임상의들의 연구 결과를 신뢰하지 않았다. "이것만 봐서는 알 수 없어요." 안나가 마침내 입을 열었다.

"내가 바로 이 불안정의 종결자라니까요."

"당신은 예술가예요. 그쪽 분야 사람들은 조금씩 불안하기 마련이에요."

"그럼 다른 증상들은 왜 그런거죠?"

"그런 증상들을 보는 다른 방식들이 있을 거예요." 안나는 진단 기준 첫 번째 항목을 소리 내어 읽었다. "실제로 혹은 상상 속에서 버림받는 상황을 피하기 위해 필사적으로 노력하며…" 안나는 신중하게 단어를 선택하려는 듯 잠시 말을 멈추었다. "그래요, 물론 당신이 그런 면에서 예민하긴 하지요. 어릴 때 부모님이 이혼하셨으니까 그럴 만도 해요. 아버지가 언제 나타날지, 엄마가 언제쯤 나에게 관심을 보여줄지 전혀 예측할 수 없었으니까요. 그동안 우리는 그분들이 당신에게 필요한 방식으로 당신 곁을 지켜주지 못했다는 이야기를 수없이 나누어왔어요. 당신과 같은 배경에서 성장한 사람이라면 누구나 어느 정도는 버림받는 것에 대해 두려워할 거예요."

방치에 대한 주제는 심리치료 과정에서 반복적으로 제기되는 주제이며, 내 경우 줄곧 이 주제에 대해 상담이 이루어지고 있었다. 하긴, 남편 없이 혼자 힘으로 아이 둘을 키워야 했던 엄마가 사랑과 관심을 주면 얼마나 줄 수 있었겠는가? 아빠라는 사람이 집에는 들어오지 않고 허구한 날 술에 절어 사는 어린 시절은 얼마나 불우했겠는가? 부모로부터 필요한 것들을 제대로 받지 못한 채 성장한 건 알겠지만, 그래도 그렇지 우리 부모는 해도 너무한 것 같았다.

더구나 나는 버림받는 문제에 대해 '조금 예민한' 정도가 아니었다. 사귀던 남자아이들이 나를 찰 때마다 나는 혈서로 편지를 쓰곤

했으니까! 안나는 그건 다 옛날 일이 아니냐고 말했다. 그리고 이렇게 말했다. "당신은 상호의존성(codependency) 문제도 조금 있지만, 그 문제도 치료 과정에 있으니 곧 개선될 거예요."

하지만 이런 설명으로는 성에 차지 않았다. 나는 이미 《너무 사랑하는 여자들(Women Who Love Too Much)》과 《상호의존성에서 벗어나기(Codependent No More)》를 읽고 아주 약간 도움을 받았다. '알코올중독자 가정의 성인아이 자조모임(Adult Children of Alcoholics)'과 '알코올중독자 가족 친목모임(Al-Anon)'에도 참여하고 있었다. 하지만 아무리 책을 읽고 모임에 참석해도 아무 남자의 품에 덥석덥석 안긴다든지, 내 인생이 그들의 관심 여부에 달려 있는 것 같은 기분이 든다든지, 그들이 외면하면 세상이 무너질 것 같은 기분이 드는 걸 막을 수는 없었다.

안나는 목록을 다시 훑어보았다. "당신한테 이런 증상이 없다는 말이 아니라, 다만 당신의 증상들이 경계성 인격장애가 아닌 다른 문제들로 해석될 수도 있다는 거예요."

"그럼 지금까지 제가 겪고 있는 관계상의 문제들은…."

"당신은 한 번도 모범적인 역할 모델을 가진 적이 없잖아요. 당신이 여섯 살 때 부모님들은 서로에게 끊임없이 불만을 늘어놓지 않았던가요? 그런 환경에서 무슨 수로 사랑을 배울 수 있었겠어요? 소통? 정서적인 안정? 그런 걸 배울 수 있었을까요?"

지금은 이런 편향적인 생각을 즐길 기분이 아니었다. 내 문제가 무엇인지 이제 알게 됐다, 아니 적어도 어렴풋이 알 것 같았다. 아니, 아니, 어쩌면 모를지도 몰랐다. 안나는 증상들이 나열된 종이를 나에게 돌려주었다. 우리는 둘 다 피곤한 얼굴이었다.

"왜 자신을 환자로 만들려고 해요, 키라? 이만큼 오랫동안 함께 상담을 해왔으면, 이제 이런 증상들로부터 벗어날 수 있다고 깨달을 때도 되지 않았나요?" 두 손을 가슴에 얹는 안나의 모습은 울고 있는 것 같았다. "힘든 시간들을 다 보내고 당당히 살아남았다는 걸 모르겠어요? 더는 다른 진단 같은 건 필요하지 않아요. 그냥 자기 자신을 믿어야 해요."

이번에도 나는 내 정체성에 대해 어떻게 생각해야 할지, 내가 지금 뭘 상대하고 있는 건지 알지 못했다. 그리고 이런 상태는 언제나 나를 따라다니던 문제들 가운데 일부였다.

크리스마스와 새해를 기다림으로 보냈다. 장애 판정을 기다렸고, 변증법적 행동치료 모임이 열리길 기다렸다. 닥터 B를 두 번째 찾아갔을 때, 그는 변증법적 행동치료가 내가 빠져 있는 이 구멍에서 나를 끌어올려줄 거라고 주장했다. 당분간 나는 목숨을 유지하는 것과 경계성 인격장애에 대해 최대한 많은 내용을 공부하는 것에 집중했다. 경계성 인격장애에 대한 공부는 언뜻 쉬울 거라고 생각될지 모른다. 어쨌든 경계성 인격장애가 미국 정신의학회로부터 처음 공식적으로 인정을 받은 것만도 벌써 20년이 지났으니까. 그리고 정신병이란 게 식사 중에 기분 좋게 이야기할 대화 내용은 아니지만, 대부분의 정신병은 치료가 가능하다고 여겨지기도 하니까. 하긴, 요즘엔 TV에서 건강하고 행복한 표정을 지은 사람들과 슬픈 표정을 지은 사람들이 나와 도움과 치료를 받을 수 있는 온갖 방법들에 대해 이야기하는 우울증 광고도 하고 있다. 그러나 이 분야를 조사하면서 나는 무엇보다 경계성 인격장애에 대해 정확한 정보를 얻기가 거의 불가능하다는 사실을 발견했으며, 이 질병을 앓고 있다고 호소하거나 치료를 통해 회복된 사람을 찾기란 더더욱 불가능하다는 사실을 발견했다.

나는 병원 자료실에서 가지고 온 임상연구 보고서를 힘들게 읽었고, 《나는 네가 싫어, 그러니 날 떠나지 마》를 처음부터 끝까지 독파했으며, 이후로 내가 만나본 경계성 인격장애로 진단을 받은 모든 사람들이 그랬던 것처럼 사람들의 이해와 인정을 받을 수 있지 않을까 하는 희망을 갖고 도움과 지지를 구하기 위해 인터넷에 접속했다. 그러나 우연히 발견한 몇몇 사이트들은 의사나 이 질병을 앓는 사람이 운영하는 것이 아니라 경계성 인격장애를 지닌 사람들과 관련된 사람들이 운영하는 사이트였다. 그들은 자신들을 '일반인'(경계성 인격장애 환자가 아닌 일반인이라는 의미로)이라고 불렀으며, 자신의 처지에 **진절머리**를 쳤다. 성인인 딸이 경계성 인격장애를 앓는다는 한 어머니의 블로그도 발견했다. 이 어머니는 자기 딸이 습관적인 거짓말쟁이에 자신에게 욕설을 퍼붓고 공감 능력이 눈곱만큼도 없다고 설명했다. 딸은 격하게 화를 내질 않나, 교묘하게 거짓말로 둘러대길 잘하고, 가구를 부수기 일쑤인 데다, 저녁 파티 분위기를 엉망으로 만드는 건 예사이며, 자기 마음대로 못 하게 하면 목숨을 끊겠다고 위협했다. 어머니는 어떻게 해야 할지 몰라 쩔쩔매고 있고, 치료도 안 하겠다, 미친 사람은 **자기**가 아니라 엄마다, 라고 고집을 부리는 딸을 통제하느라 시시각각 전쟁을 치렀다.

나는 이 어머니의 블로그에 있는 링크를 따라가 일반인들로 구성된 한 온라인 커뮤니티에 들어가 보았다. 얼핏 봐도 회원이 수천 명은 되는 것 같았다. 웹사이트 게시판에는 이른바 경계성 인격장애를 앓는 사람들을 상대하는 괴로움에 대해 저마다의 가슴 아픈 사연들이 올라왔다. '잔인한' '무관심한' '공감하지 못하는' 같은 단어들이

스크린 위에 바글바글했다. 이 사람들 눈에는 경계성 인격장애라는 질병이 나로서는 짐작도 할 수 없을 만큼 악몽처럼 보이는 것 같다.

이런 글들을 읽고 있으려니 이만저만 당황스러운 게 아니었다. 이들이 묘사하는 경계성 인격장애의 모습 가운데 실제로 나에게 해당하는 모습은 얼마나 될까? 정말 나도 이 사람들이 설명하는 것처럼 행동하는 걸까? 다른 사람들은 나를 괴물로, 내가 나 자신을 괴물로 보는 것보다 훨씬 더 괴물로 보는 걸까? 이젠 나도 장애 같은 거 갖고 싶지 않아졌다. 안나와 로라가 옆에서 "자신을 사이코라고 부르지 마!"라고 왜 그렇게 외쳐댔는지 이제야 이해가 됐다.

나는 가족들 안에서 일어난 긍정적인 이야기를 찾기 위해 인터넷을 돌아다녔다. 사랑하는 가족이 경계성 인격장애에서 회복되는 과정을 지켜본 사람이 설마 한 사람도 없겠어? 때가 되면 언젠가 관계도 회복되겠지. 하지만 내가 방문한 사이트에는 그런 경우가 거의 없었다. 한 여성은 이렇게까지 말했다. "상태가 호전된다면, 그 사람은 절대로 경계성 인격장애가 아니에요." 이 글을 읽으니 몹시 불안해져서 아무래도 벤앤제리 아이스크림 한 파이트를 먹지 않으면 안 될 것 같았다. 정신분열 진단 기준에 간단하고 점잖게 표현된 증상들이 범죄와 욕설, 잔인한 행위와 뒤섞여 범벅이 되고 있었다. '반사회적 인격장애 환자(sociopath)'라는 단어가 놀랄 만큼 빈번하게 툭툭 튀어나왔다. 내가 거울 속의 내 모습을 보고 있는 건지, 지켜보는 사람들이 자기만의 왜곡된 모습에 사로잡혀 있는 건지 혼란스러웠다.

아무래도 경계성 인격장애를 앓는 사람들이 운영하는 웹사이트에 중점을 두는 편이 더 나을 것 같다는 생각이 들었다. 그리고 다행히도 그런 사이트를 두 개 발견했다. 이 사이트들은 경계성 인격장애에 대해 보다 사실에 근거한 자료를 가지고 있을 뿐 아니라 자신이 경계성 인격장애임을 확인한 사람들이 직접 게시판에 글을 올렸다. 마침내 내가 찾던 사이트를 발견한 것이다.

나는 열심히 몰두해서 글을 읽었다. 그리고 무엇보다 관례상 익명이 필수라는 걸 알아챘다. 사람들은 'angelofdeath(죽음의 사자)'라든가 'criesforever(영원한 외침)' 같은 닉네임으로 글을 올렸다. 나는 순전히 글을 올리기 위해 등록한 회원 수를 보고 깜짝 놀랐다. 세상에, 경계성 인격장애를 지닌 전세계 수천 명의 사람들이 이곳에 모인 것이다. 그렇지만 그들이 보내는 수많은 메시지들, 경계성 인격장애 환자의 목소리들은 거의 한결같이 SOS 신호, 도와달라는 외침들이 중간중간 섞인 헛된 선언문처럼 보였다. 대답 없는 질문들이 게시판 위로 폭포수처럼 떨어졌다. "아무래도 제가 이 병에 걸린 것 같아요." "경계성 인격장애가 뭔가요?" "왜 이런 느낌이 드는 거지요?" "어떻게 해야 증상이 호전되나요?" "**누구** 호전된 사람 없어요?"

이런 웹사이트들은 고통과 혼란, 그리고 전쟁터와 술집에서나 볼 수 있는 끈끈한 동지애로 가득했다. 나처럼 처음 진단을 받은 사람들은 다수의 복합적인 진단, 중독과의 싸움, 끊임없는 고통과 외로움, 지독하게 고통스러운 인간관계 등, 자신이 겪는 시련들을 길게 설명했다. 그런가 하면 서로 자신의 상태를 보고하느라 접속이 폭주할 때도 있었다. "맞아요! 정말 그래요! 도저히 통제가 안 돼서 미치겠어요! 저도 자해를 멈출 수가 없어요. 모두들 나를 싫어하는 것 같고 차라리 제가 죽길 바라는 것 같아요!"

이렇게 고통을 공유하면서 위로를 받았다. '아, 정말 다행이야. 날 이해해주는 사람들이 있다니'라는 생각이 드는 것이다. 하지만 더 중요한 현실은 이런 글들이 실질적으로 거의 아무런 도움이 되지 못한다는 점이었다. 나는 기본적으로 경계성 인격장애 치료에 적극적으로 나서는 의사는 아무도 없으며, 이 질환을 위한 프로그램은 거의 전무하다시피 하고, 변증법적 행동치료를 기반으로 하는 소수의 프로그램만 있을 뿐이라는 사실을 알게 됐다. 더 아래로 내려가니 'stopthepain(고통은 그만)'이라는 사람의 글이 더는 보이지 않았다. 그러자 'angelofdeath(죽음의 사자)'가 아마도 그녀가 자살을 할 것 같다고 단언했다. 일부 중재자들이 흥분을 가라앉히기 위해 재빨리 수많은 충고들을 쏟아부었지만 몇 마디 말로는 별 도움이 되지 않았다. 이런 게시판들은 나를 안심시키지도 희망을 주지도 않았다. 게시판의 글들을 읽으면서 나는 눈물 콧물을 닦느라 열 장의 티슈를 썼고 그 어느 때보다 깊은 상실감을 느꼈다. 절망적인 상황에서 희망을 구하기 위해 울부짖는 건 술집에서 취하지 않으려 애쓰는 것과 다를 바 없었다. 12단계 회복 프로그램에서 한 가지 배운 것이 있는데, 정말 회복하고 싶다면 이 과정을 벗어난 사람과 관계를 맺어야 한다는 것이었다. 살아남을 수 있다고 믿으려면 이 과정을 거치고 완쾌된 사람들을 만날 필요가 있었다.

진단을 받은 후 며칠 동안 알렉시스의 컴퓨터 앞에 앉아 커피를 옆에 둔 채 마우스를 클릭하고 스크롤을 올렸다 내렸다 하며 시간을 보냈다. 증상들을 기술한 온갖 웹사이트들과 전문적인 자료들, 경계성 인격장애를 지닌 사람들과 일반인들로 이루어진 게시판들을 모두 뒤져보면서, 충격적이고도 확연한 사실 하나를 발견했다. 즉 자신이 경계성 인격장애를 앓고 있다고 공개적으로 밝히고 싶은 사람은 아무도 없다는 사실 말이다. 이런 마당에 의사의 진단을 받은들 어떻게 믿을 수 있겠는가. 그러니까 경계성 인격장애를 앓는 약 2백만 명의 미국인 가운데 아무도 자신의 병명을 공개하려 하지 않거나, 심지어 진단이 사실이 아닐 수 있다는 말이 된다. 한 연구자의 불평처럼 어쩌면 이 질병은 도움을 받으려 하지도 않고 받을 수도 없는 온갖 잡동사니 환자들을 죄다 끌어 모으기 위해 만들어진 단순히 '쓰레기통 같은 진단(wastebasket diagnosis)'에 불과할지도 몰랐다.

그러고 보니 안나가 제기한 질문이 떠올랐다. 그래, 내가 경계성 인격장애라고 치자. 그래서 뭐? 이미 무수한 혼란과 부정적인 성향을 접해왔는데 이제 와서 새삼스러울 게 뭐람. 자신을 증오하는 일이라면 더 거들 필요도 없었다. 자기혐오는 이미 넌더리가 나도록 경험하고 있었다. 나는 불치병 환자들과 같은 범주에 속하고 싶은 걸까? 반사회적 인격장애로 보이는 사람들과 같은 대열에 끼고 싶은 걸까? 그냥 닥터 B가 권하는 변증법적 행동치료 모임에 참여하기만 하고, 경계성인지 뭔지 그런 이름이 있다는 사실조차 깡그리 잊어버릴 수는 없을까?

자신의 병을 인정하려 들지 않는 사람들을 본 적이 있다. 정신병원에 입원해 있으면서도 결코 자신을 '정신병자'라고 생각하지 않는 사람들도 본 적이 있다. 그러나 내 모습을 똑바로 직시했을 때, 지금의 나는 단지 몇 가지 어려움이나 해결할 수 없는 문제가 있는 정도에서 그치는 게 아니었다. 심리치료나 약물치료를 통해 정상적인 모습을 되찾은 운 좋은 사람들과 달리, 나는 평생 병명도 알지 못하는 이런저런 문제들로 고통을 받아왔다. 물론 지금이야 비교적 안정된 시기를 보내고 있지만, '회복'의 온전한 개념은 과연 내가 무엇으로부터 회복될 것인가, 하는 고통스러운 문제를 불러일으켰다. 가령 약물중독의 경우, 회복되면 약을 하기 이전의 본래 모습을 되찾을 수 있다는 말을 듣게 될 것이다. 그 밖에 정신병의 경우, 몇 가지 증상에서 벗어나면 어느 정도 '본래 모습'으로 돌아가게 됐다는 진단을 받는다. 하지만 돌아갈 굳건한 자아가 없다면? 있는 그대로의 내 모습이 기본적으로 망가진 상태라면? 기억하는 것이라곤 온통 고통과 외로움뿐이라서 '정상적인 상태', '건강한 상태'가 어떤 건지 도무지 상상이 되지 않는다면? "넌 아주 행복한 아이였단다." 엄마는 그렇게 말했다. 하지만 나는 그런 시절이 기억나지 않았다. 그러니 무엇으로부터 회복할 수 있겠는가?

4

마음관찰과 빅맥

 늦겨울, 마침 때맞춰 변증법적 행동치료 모임이 열렸다. 닥터 B가 처방한 리튬 식단 때문에 나는 두 가지 극단적인 상태에 놓이게 됐다. 불안 수준이 최고조에 달해 차를 운전하거나 하다못해 슈퍼에 갈 때조차 두려움에 벌벌 떨면서 엉엉 울기 일쑤였다. 그런가 하면 스스로 감당할 수 없을 만큼 성적으로 흥분해 있어 발정난 개처럼 베넷이 얼른 퇴근하고 집에 돌아오길 기다렸다.

 "세상에." 어느 날 밤 베넷이 말했다. "지금 현재 너한테 어떤 문제가 있는지 모르겠지만, 성욕에는 전혀 문제가 없다는 것만은 확실해." 하긴, 지금까지 이렇게 오르가슴을 느껴본 적은 한 번도 없었다. 그런가 하면 희한하게도 다른 부분에서는 모든 기능이 전혀 맥을 못 추고 있었다. 열두 시간 내리 잠을 자거나 불안 발작을 일으키지 않을 때면 어김없이 섹스를 하려고 덤벼들었다. 베넷의 침대는 구명 뗏목이었지만 내 질병 때문에 옴짝달싹 못하고 있었다. 내가 변증법적 행동치료 프로그램으로부터 전화를 받고 오리엔테이션을 받은 후 곧바로 프로그램을 시작할 수 있다는 말을 들었을 땐 우리 둘 다 안심을 했다.

변증법적 행동치료 모임의 리더인 몰리는 오리엔테이션과 인터뷰에서 이 치료의 목적이 구체적인 기술을 통해 정신적, 육체적 고통을 완화하는 방법을 배우는 것이라고 설명했다. 몰리는 나에게 모임의 규칙이 적힌 문서를 준 다음 이 모임에 참여하려는 이유를 물었다. 나는 더는 지금까지 살아온 방식대로 살 수 없다고 말했다. 그리고 베넷과 알렉시스가 출근하고 없는 동안 너무 오래 심하게 울어댄 바람에 콧속의 혈관이 터진 곳을 몰리에게 보여주었다. 몰리는 숱 많은 갈색 머리카락으로 창가의 햇볕을 가리며 내 콧속을 자세히 들여다보았다.

"이제 그만 울고 싶지요?"

"이런 감정에서 벗어나고 싶어요. 얼마나 더 오래 이런 감정을 마주할 수 있을지 모르겠어요." 몰리는 고개를 끄덕인 다음 서류 한 장을 건네주고 서명을 하라고 했다. 이제 나는 화요일부터 일주일에 한 번씩 한 시간 반 동안 변증법적 행동치료 모임에 참여하게 될 터였다.

변증법적 행동치료는 다른 형태의 치료방법과 달랐다. 일단 다른 사람들과 빙 둘러앉아 자신의 감정을 나누는 따위의 작업을 하지 않았다. 과거의 기억들을 들춘다든지 자신의 문제를 분석하지도 않았다. 이 치료방법은 자신의 감정과 행동에 대한 통제력을 되찾는 데 도움이 되는 기술을 익히는 데 중점을 두었다. 1990년대 초 워싱턴 주의 심리치료사 마샤 리네한 박사(Dr. Marsha Linehan)가 만성적으로 자살 충동을 느끼고 자해를 시도하는 경계성 인격장애 여성과 상담을 진행하는 동안 이 방식을 개발했으며, 내가 이 프로그램에 참여할 당시 증상 가운데 일부가 실제로 완화된다는 사실이 조사를 통해 증명된 유일한 치료 방법이었다(Linehan 외 1991, Linehan 외 1999).

처음 이 모임에 갈 때 나는 이 모임이 경계성 인격장애의 중심지가 아닐까, 마침내 이 질병을 앓는 다른 사람들을 만날 수 있지 않을까 하는 생각에 설레기도 하고 약간 두렵기도 했다. 나는 이 모임에 진지한 자세로 참여하고 있다는 걸 보여주기 위해 《나는 네가 싫어, 그러니 날 떠나지 마》를 가지고 갔다. 나는 마음에 드는 구절을 만나면 노란색 형광펜으로 줄을 쳐가며 책을 읽었다.

"경계성 인격장애신가요?" 몰리가 도착하기 전에 나는 사람들을 조사하기 시작했다. 나까지 모두 여덟 명이었다. 힐을 신은 고상한 여자에서부터 눈썹과 콧구멍에 반짝거리는 은색 피어싱을 단 뚱한 10대 소녀에 이르기까지 별별 사람들이 다 모였으며, 남자는 단 한 명뿐이었다.

"정확히 그렇다고는 할 수 없어요." 고상한 여자가 대답했다.

"맞아요." 고상한 여자 옆에 앉은 여자아이가 거들었다. "하지만 의사를 열받게 하지 않으려면 별 수 없지요."

그때 몰리가 인쇄물과 작은 금속 그릇을 가지고 들어왔다. "이 모임에서 진단은 중요하지 않아요." 우리의 대화를 우연히 엿듣고 몰리가 말했다. "제가 나눠드린 자료 내용 기억하시나요? 이 기술 훈련의 목적은 고통과 괴로움을 일으키는 상황을 개선하고 정신과 감정, 행동에 대한 통제력을 되찾는 법을 익히는 것이에요."

방 안에 모인 사람들은 자신의 통제력 부족을 온몸으로 증명해 보였다. 연분홍색의 길쭉길쭉한 선들이 군데군데 희미하게 돋아 있는 여자들의 팔에서 자해의 흔적을 볼 수 있었다. 통이 넓은 긴 소매 옷을 입은 한 거구의 여자는 몸을 움직이다가 팔뚝 위로 담뱃불로 지져 생긴 원형의 붉은 화상 자국들을 드러냈다. 손목 안쪽에 길게 면도칼을 그은 자국이 있는 사람이 한둘이 아니었다.

몰리는 방금 복사해온 변증법적 행동치료 워크북을 들고 자리에 앉았다. 워크북 표지에는 울고 있는 듯 혹은 수치심에 얼굴을 가리려는 듯 고개를 아래로 떨어뜨린 여인의 얼굴 실루엣이 검은색으로 그려져 있었다. 여인의 머리 안에는 《경계성 인격장애 치료를 위한 기술훈련 교본(Skills Training Manual for Treating Borderline Personality Disorder)》(1993b)이라는 워크북 제목이 흰색 대문자로 박혀 있었다(국내에는《다이어렉티컬 행동치료》라는 제목으로 번역 출간되었다-옮긴이).

나는 우리가 금기시하는 문제를 이 여자가 가리키고 있는 것 같은 기분이 들었다. 경계성 인격장애가 이 모임의 쟁점이 아니라면 이 책의 제목은 대체 뭐람? 닥터 B는 이 치료 방법이 특별히 경계성 인격장애를 위해 고안되었다고 분명히 말했다. 그런데 이제 보니 경계성 인격장애는 별로 중요한 문제가 아닌 것 같았다. 나를 더 혼란스럽게 만드는 건 이 병원이 경계성 인격장애로 세계에서 가장 권위 있는 의사의 본거지라는 점이었다. 사실 우리가 모이는 장소에서 복도 하나만 건너면 그의 사무실이었지만, 어떤 보이지 않는 해자가 우리와 그곳을 분리하거나 경계성 인격장애를 직접적으로 알릴 수 있는 여지를 차단시키는 것 같았다. 생각할수록 기분 나빴지만, 이런 일로 토론할 시간은 없었다. 몰리는 긴 나무 막대로 금속 그릇을 쳤다. 그리고 우리에게 고요한 상태로 호흡에 집중하고 금속 그릇의 소리의 울림이 우리 몸을 통과해 다른 공간으로 지나가게 하도록 지시했다. 불안이 내 안에 구멍을 뚫고 들어오는 동안 나는 몇 차례 심호흡을 하며 마음을 가라앉히려 애썼다. 그리고 1분 동안 침묵 속에서 그냥 가만히 앉아 숨만 쉬는 이런 상태가 지금까지 해온 그 어떤 육체적 운동보다 훨씬 어렵다는 걸 발견했다.

  이 병원에서는 예전부터 매주 한 차례씩 변증법적 행동치료를 진행해왔다. 모임에서 몰리는 구체적인 기법과 기술을 알려준 다음 우리가 이 기술들을 일상생활에 적용할 수 있도록 운동과 숙제를 내주었고, 우리는 집에 돌아가 몰리의 지시에 집중했다. 설명서는 네 가지 기술 모듈로 구성되었고 각각의 모듈은 일련의 구체적인 문제들을 해결하는 데 도움을 주었다. 먼저 우리는 감정을 다스리는 걸 무척 힘들어하기 때문에 감정조절 기술을 배우게 될 터였다. 또한 극심한 고통으로부터 벗어나기 위해서라면 무슨 짓이든 하려 드는 만큼 고통에 대한 내성을 기르는 기술을 배울 예정이었다. 그리고 관계를 만들고 유지하는 데에도 남보다 몇 배는 힘들어하므로 효과적인 대인관계 기술을 배울 터였다. 마지막으로 우리는 자신의 마음과 생각, 감정—사실상 모든 것—이 통제력에서 완전히 벗어나 있다는 걸 경험했으므로 집중적인 마음관찰 기술(core mindfulness skill, 마음챙김 기술)을 배울 터였다. 몰리는 경계성 인격장애와 이 치료 방법은 서로 무관하다고 말했지만, 나는 몰리가 들고 있던 워크북, 즉 리네한 박사의 《경계성 인격장애 치료를 위한 기술훈련 교본》(1993b)을 펼치는 즉시 변증법적 행동치료의 모든 양상들이 경계성 인격장애라는 질환을 대단히 상세하게 보여준다는 걸 짐작할 수 있었다. 사실 리네한 박사는 경계성 인격장애 환자들을 도우려는 직접적인 행위가 상처에 소금을 뿌리는 격이 될 수 있음을 깨달은 후 변증법적 행동치료라는 치료법을 고안했다. 우리 같은 사람들은 비난과 비판을 견디지 못한다. '자신에게 집중하라'는 끊임없는 강조와 변해야 한다는 압력은 아무리 치료라지만 가뜩이나 궁지에 몰려 있는 우리 같은 사람들을 더욱 구석으로 내모는 셈이 된다. 치료가 온통 변화에만 집중되는 경우, 우리는 치료로부터 달아나거나 아니면 내내 크게 화를 내면서 방어적인 태도를 취하려 드는 경향이 있다. 반면에 우리가 무슨 짓을 하든 치료사가 무조건 괜찮다고만 해도 우리는 문제적인 상태에 갇혀버릴 수 있다. 어느 쪽이든 상태가 쉽게 악화되기는 마찬가지다. 그래서 리네한 박사는 아무도 생각하지 못했던 접근 방법을 택했다. 그 전까지 문제적인 생각과 감정, 행동을 변화시키는 데 초점을 두는 인지행동치료(cognitive behavioral therapy)를 통해 정신질환을 치료했던 리네한 박사는 개인적으로 선불교를 경험하면서 연민, 판단하지 않음, 마음관찰이 우리의 경험을 정상적으로 만들어줄 뿐 아니라 우리 자신을 신뢰하고 받아들이는 데 도움이 될 수 있음을 깨닫게 되었다. 변증법적 행동치료에서 선불교와 명상 기술은 수용 전략(acceptance strategies)이라고 불리며, 이 두 가지 요소와 리네한이 초기에 이용한 변화 전략이 결합되어 변증법적 행동치료 가운데 '변증법적' 접근의 핵심을 이룬다(1993a).

모임에서 변증법에 대한 개념을 논의한 적은 한 번도 없었지만, 사실상 이 개념은 변증법적 행동치료의 모든 기술과 실천에서 매우 중요하다. 리네한 박사의 《경계성 인격장애 치료를 위한 기술훈련 교본》(1993b)을 펼치면 제일 첫 장에 이 개념이 나온다. 경계성 인격장애에 대한 주제, 다시 말해 우리에게 도움이 되는 기술에 대해 본격적으로 탐구하기에 앞서, 리네한 박사는 변증법 이론이 모든 면에서 변증법적 행동치료를 체계화한다는 걸 분명히 밝힌다. 그렇다면 변증법이란 뭘까? 가장 일반적인 수준에서 설명하면, 변증법은 반대 측면의 것들이 결합해 새로운 것을 만들어낼 때 일어난다. 그 예로 변화의 기술과 수용의 기술을 한데 결합하는 것을 들 수 있다. 좀 더 깊이 들어가면, 변증법이란 현실과 인간의 행동이 근본적으로 상관관계가 있는 것으로 인식하는 관점이다. 리네한 박사에 따르면 변증법은 세 가지 주된 특징으로 이루어진다고 한다. 첫째, '변증법은 근본적으로 현실의 상호관계성 혹은 현실의 총체를 강조한다.' 둘째, '변증법은 현실을 정지된 상태로 간주하는 것이 아니라, 내부의 반대 세력들(정립thesis과 반정립antithesis)로 이루어지고 이 반대 세력을 통합함으로써 새로운 반대 세력을 전개한다고 본다.' 셋째, '변증법은 위의 두 가지 특징을 바탕으로 현실의 본질적인 특징이 안주와 체계가 아닌 변화와 과정이라고 상정한다.'(Linehan 1993b, 1-2)

이 부분을 다 읽고 나면 나 같은 경계성 인격장애 환자들이 대체로 현실에 대한 이런 양상들을 파악하기 불가능하다는 사실 또한 분명하게 깨닫게 된다. 나는 양극단에 갇혀 있었다. 관계 안에서 벌어지는 아무리 작은 변화조차 나를 완전히 파괴해버렸고, 다른 세상으로부터 단절되고 분리되는 내 모습을 경험했으며, 나만의 현실 속에 깊이 침잠해버린 나머지 다른 측면은 바라볼 수 없었다. 본질적으로 나는 전혀 변증법적이지 못한 사람이었던 것이다. 혹은 리네한 교수의 주장대로, 경계성 인격장애의 특성상 변증법적 행동치료에 실패한 것으로 보일 수도 있었다(1993b).

평소처럼 나는 중요한 텍스트를 읽고 가서 심리치료사의 신임을 받길 바랐지만, 변증법적 행동치료를 실천하는 것은, 앞으로 익히게 될 네 가지 기술 가운데 첫 번째 기술인 마음관찰처럼 언뜻 기본적으로 보이는 기술조차 이론서 두 장을 읽는 것보다 훨씬 힘들다는 사실을 알게 되었다.

 마음관찰은 아무런 판단을 하지 않고, 상황을 변화시키려 애쓰지 않은 채, 그저 지금 일어나고 있는 일을 가만히 바라보는 기술로서, 변증법적 행동치료 가운데 수용 전략의 기초이다. 그룹 훈련에서 우리는 눈을 감은 상태에서 강물이 흐르고 강물 위로 나뭇잎들이 떠다니는 풍경을 상상하도록 지시받았다. 각각의 나뭇잎은 머릿속을 떠다니는 생각과 같다. 나뭇잎을 붙잡을 필요는 없다. 쫓아다닐 필요도 없고, 나뭇잎의 존재를 부정할 필요도 없다. 우리가 할 일은 그저 모든 것들을 지나가게 내버려두는 것뿐. 흐르는 강물 위를 떠 가는 것이 잘려진 머리든 낡은 타이어든 간에 말이다. 과정은 쉽지 않았다. 세 번쯤 호흡을 할 때까지는 그럭저럭 주의를 흩트리지 않고 잘 버텼다. 하지만 다음 순간 생각이 제멋대로 흘러가 방향을 잃었다. 그리고 이때부터 계속 잡다한 생각들이 떠오르고 좀이 쑤시고 어서 모임이 끝나기만을 바랐다.

 이렇게 그냥 바라보는 훈련을 마치고 나면 계속해서 지금 상태를 머릿속에 묘사하는 시간이 이어졌다. 이제 우리는 강물의 흐름을 지켜보면서 나뭇잎 하나하나에 이름을 붙이고, 그에 따라 감정이 하나씩 사라진다. 그리고 생각이 툭툭 튀어나온다! 뱃속에서 꾸룩꾸룩 소리가 난다. 옆에 앉은 여자아이한테 담배냄새와 장미향이 난다…. 그냥 바라보기보다는 머릿속으로 생각하기가 훨씬 더 쉽지만, 이 기분 역시 참기 힘든 건 마찬가지였다. 그리고 10대 시절 LSD(강력한 환각제—옮긴이)를 그렇게 해대고 히피가 되려고 생난리를 치던 내가 이제는 정신병원에서 처음으로 참선—2분간의 지독하게 괴로운 느낌을 참선이라고 말할 수 있다면—의 진정한 맛을 느끼려 한다는 건 정말이지 얄궂은 일이 아닐 수 없었다.

모임이 끝나고 몰리가 방을 나가자마자 나는 담뱃불 자국이 있는 거구의 여자에게 다가가 경계성 인격장애가 있는지 마지막으로 한 번 더 확인했다. "여기에 올 때 경계성 인격장애 진단을 받으셨나요?" 내가 물었다. 나는《나는 네가 싫어, 그러니 날 떠나지 마》를 손에 들고 있었고, 그녀는《경계성 인격장애 치료를 위한 기술훈련 교본》(1993b)을 손에 들고 있었다. 경계성 인격장애는 우리의 팔에 난 상처를 통해 우리의 온몸에, 울퉁불퉁한 내 인생 여정을 통해 내 온몸에 아로새겨진 것 같았다. 그렇게 균열과 위기가 닥치고 더 버틸 수 없는 지경이 되면 결국 반복적으로 병원 신세를 지도록 만드는 것 같았다.

"저는 병명 같은 거 몰라요." 여자가 소매를 끌어내리면서 딱 잘라말했다. "병명이 뭐든 상관도 없고요. 그저 이 거지 같은 기분을 멈출 수만 있으면 좋겠어요."

다음 주가 돌아와 우리는 각자 어떤 식으로 숙제를 진행했는지 보고했다. 사람들은 어떤 식으로 바라보기를 실천했고 어떻게 숙제를 했는지 설명했고, 나는 그들의 설명을 겸손한 자세로 귀 기울여 들었다. 거구의 여자는 맥도날드 햄버거를 먹었을 때 경험을 이야기했다. 여자는 포장지에 싸인 따뜻한 빅맥이 어떻게 입맛을 돋우었고, 한 입 베어 물었을 때 턱 밑으로 특정 소스가 흐르는 느낌이 어땠는지 설명했다. 여자는 부드러운 갈색 빵이 입천장에 닿는 느낌과, 빵을 씹을 때 턱의 움직임, 그리고 베어 문 빅맥 덩어리가 목구멍 아래로 내려가는 느낌을 자세하게 묘사했다. 그녀가 설명을 모두 마칠 무렵엔 치료를 위한 과제라기보다 음식 포르노 같다는 느낌마저 들었다.

모임 전날 밤 나는 숙제를 하러 베넷의 집에 왔고 마음관찰과 바라보기, 느낌 설명하기를 잘해내고 싶어 열심히 노력했다. 그날은 하루 종일 몹시 고통스러웠다. 약물중독 자조모임에 함께 참여했던 사람들 가운데 아직도 연락하고 지내는 사람이 몇 명 있었는데, 그중에 브라이언이라고 하는 시인이 미술관 개관식과 시낭송회에 같이 가자고 권했다. 그러나 미술관에 도착한 순간 크게 실수했다는 걸 깨달았다. 몇 개월 동안 두문불출하던 상황이라 감각이 예민해질 대로 예민해진 상태였고 심장은 사정없이 방망이질을 해댔던 것이다. 구석으로 기어들어가 몸을 웅크리고 싶어졌다. 브라이언이 나를 찾았을 무렵, 나는 두 손에 머리를 파묻은 채 미술관 앞 계단에 앉아 있었다. 브라이언은 얼른 나를 집에 데려다 주었고 오는 내내 미안하다고 사과했다. 하지만 나는 브라이언에게 화가 난 게 아니었다. 그저 나 자신이 너무너무 싫었다.

그래서 밤늦게 마음관찰 숙제를 하러 베넷의 집으로 왔다. 베넷과 알렉시스는 베넷의 어머니를 뵈러 갔다. 나는 마음속에서 떠오르는 끔찍한 감정들을 주시해보기로 결심했다. 내 안에서 일어나고 있는 모든 일들, 내 가슴 속에서 날개를 퍼덕거리며 발톱으로 나를 할퀴는 새 한 마리를 지긋이 바라보고 설명해보리라 마음먹었다. 강둑에 앉아 있는 내 모습을 상상했고 흐르는 강물을 고요히 바라보라고 자신에게 지시했다. 그런데 아무것도 생각나지 않았다. 그리고 '사소한' 일들이 끔찍한 일로 확대되어 떠올랐다. 내면은 활활 타올랐고 나는 컴컴하고 텅 빈 공간 속으로 점점 빠져들고 있었다. 바라보기를 하려면 나 자신과 감정과의 거리가 필요하지만, 이렇게 온갖 감정들이 딱 달라붙어 있으니 마치 무언가에 홀린 것 같았다. 그 순간 나는 마음관찰이 필요한 게 아니라 푸닥거리가 필요했다.

한 1분쯤 지났을까, 아니 어쩌면 5분 정도 지났는지도 몰랐다. 홀린 상태가 최고조에 달해 있었다. '아무래도 제대로 하고 있는 것 같지 않아.' 내 안의 어딘가에서 이렇게 속삭이고 있었다. 또 다른 어딘가에서는 많이 들어본 장황한 이야기가 시작되었다. '이런 거 아무 소용없어. 아, 도저히 못 참겠어. 내 상태는 아주 엉망진창이란 말이야. 이대로 1분만 더 앉아 있다간 완전히 끝장나버리고 말 거야.'

나는 욕실로 가서 베넷의 일회용 면도칼 하나를 꺼내들었다. 지난 몇 년간 베넷과의 관계가 그렇게 혼란스러운 와중에도 자해를 하지 않았는데, 지금 불현듯 도저히 나 자신을 견딜 수 없을 것 같은 기분에 사로잡혔다. 모임에서 다른 사람들의 팔에 난 상처를 떠올리자 까짓 못할 게 없을 것 같다는 쪽으로 자꾸만 생각이 기울었다. 그리고 다음 순간 도저히 통제할 수 없는 충동이 엄습해왔다. 팔 위로 가늘게 면도날을 긋자 구슬처럼 피가 맺혔다. 한 번 더 그었다. 그리고 어쩌면 당연하게도, 피가 뚝뚝 떨어지는 느린 리듬이 나를 깨끗하게 헹구어낼수록 나 자신을 점점 더 또렷하게 의식하게 되었다. 호들갑 떨 일은 아니었다. 오히려 나에겐 익숙한 일이었고 불안을 잠재우는 행위였다. 면도날을 너무 깊숙이 밀어넣지 않도록 주의하면서 매우 사무적으로 일을 처리했다. 가지런하게 두 줄을 새겼고 다 새긴 후에는 재빨리 알코올을 꺼내 피부 위에 붓고는 거즈를 댔다. 밤늦게 베넷과 알렉시스가 돌아왔을 때, 나는 컨디션이 상당히 좋은 상태에서 긴 소매 셔츠를 입고 침대에 누웠다.

"연습이 잘 안 됐어요." 모임에서 내 차례가 왔을 때 나는 이렇게 말했다. "감정을 주시하려고 애썼지만 오히려 감정에 휩쓸리고 말았

어요."

몇몇 사람들이 고개를 끄덕였다. "감정을 바라보기가 유난히 힘들 때가 있어요." 깡마르고 예쁜 소녀가 한숨을 쉬며 말했다. "너무 많은 감정들이 밀려들면 그런 것 같아요."

모임의 다른 사람들도 동의했다. 사실 감당하기 힘든 고통을 의식한다는 건 거의 불가능한 일 같았다.

"그래서 다들 이 모임에 참석하는 것 아니겠어요." 몰리가 말했다. "마음관찰이 고문이 되어서는 안 돼요. 마음관찰은 도구입니다. 우리가 어떤 감정을 의식하면 그 감정을 느끼는 채로 움직일 수 있는 능력을 갖게 돼요. 그렇기 때문에 마음 상태에 대해 아는 것이 중요합니다. 우리가 사소한 일로 괜히 화를 낼 때 속으로 이렇게 말해 보세요. '아, 내가 지금 감정적인 마음(emotion mind) 상태에 있구나'라고 말이에요. 이 방법을 통해 자신의 주의력을 통제할 수 있을 뿐 아니라 어떤 행동을 취해야 할지 능숙하게 결정할 수도 있습니다." 몰리는 잠시 생각에 잠기더니 나를 향해 돌아서며 말했다. "마음관찰을 실천하려고 노력했을 테지만 사실은 자신의 감정을 판단하고 감정에 반응하고 있었던 게 아닌가 싶어요."

변증법적 행동치료는 우리가 기본적으로 세 가지 마음 상태, 즉 감정적인 마음(emotion mind), 이성적인 마음(reason mind), 지혜로운 마음(wise mind)으로 이루어져 있다고 설명한다. 몰리가 나누어준 유인물에는 두 개의 원이 서로 포개어진 그림이 그려져 있었다. 원 하나는 이성적인 마음을 나타내고, 다른 원 하나는 감정적인 마음을 나타냈다. 그리고 이성과 감정이 포개어진 부분이 지혜로운 마음이었다. 각각의 마음 상태에 대해 토론할 때 나는 이성적인 마음은 논리에 대한 부분이고, 감정적인 마음은 감정에 대한 부분이라는 건 쉽게 이해가 갔지만, 지혜로운 마음은 잘 이해가 되지 않았다. 지혜로운 마음은 나머지 두 가지 마음 상태의 통합이라고 한다. 현명한 마음, 지혜로운 앎이라고도 하는데, 뭐라고 부르건 몰리의 말에 따르면 직관적인 자신의 일부이자 직접적인 경험을 바탕으로 한 자신의 일부라고 한다.

"그럼 기시감(déjà vu) 같은 거예요?" 소년이 물었다.

"그보다는 마음속에 있는 우물이나 분수라고 생각하는 게 이해하기 쉬울 거예요. 언제나 그 자리에 있지만 감정이나 이성에 집착해 있으면 가까이 다가가지 않게 되지요. 모든 앎의 방법들이 결합될 때 비로소 지혜로운 마음이 드러나는 거예요."

지금 이 순간 나는 내가 무엇을 생각하고 무엇을 느끼든 내 마음과 현실에서 더 많은 일이 일어나고 있다는 걸 깨달았다. 하지만 지금까지 그것을 드러내는 유일한 증거는 약에 취해 의식이 몸 바깥을 빠져나가는 경험을 통해서였다. 그리고 그럴 때 내 마음 상태는 확실히 지혜롭다고 볼 수 없었다.

지혜로운 마음을 이해할 때 가장 어려운 부분은 아무래도 내 안에 정말로 신뢰할 수 있는 무언가가 있다는 걸 믿는 것이었다. 도대체 내 안 어느 구석에 이런 지혜가 있다는 건지 도저히 알 수가 없었다. 그리고 이런 고요하고 직관적이며 흐르는 대로 따라가는 의식의 흐름에 어떻게 해야 접근할 수 있는지 도무지 알 수가 없었다.

베넷과 알렉시스의 집에 돌아와 호흡 훈련을 했다. 호흡 훈련을 할 땐 자신의 생각과 감정을 들여다보고 그저 '생각⋯', '감정⋯'이라고 부르며 둘을 구분했다. 지혜로운 마음 같은 건 잘 모르겠고, 내 속에 딱 달라붙은 감정이 너무나 아프고 고통스럽다는 걸 다시 한 번 발견했다. 차분히 앉아보려 했을 때 《라이프(Life)》라는 옛날 잡지에서 보았던 이미지 하나가 떠올랐다. 승복을 입고 불 위에 앉아 있는 티베트 승려의 사진이었다. 이 승려는 중국의 티베트 점령에 저항하기 위해 자신의 몸에 불을 질렀다는 기사를 읽은 기억이 났다. 산 채로 불에 타 죽다니, 도무지 고상한 방법 같지도 않고 전혀 상상도 되지 않지만, 어쩐지 지금 내 기분이 불 위에 앉아 있는 것만 같았다. 리네한 박사도 이와 유사한 이미지를 이용했다. 리네한 박사는 경계성 인격장애 환자들은 정서적인 화상 피해자와 마찬가지라고 말했다. 우리는 우리를 보호하는 피부가 모두 벗겨진 상태라는 것이다(Linehan 1993a). 지혜로운 마음이 그런 상태로부터 나를 보호해줄지 어떨지는 잘 모르겠다. 그저 매직 8볼(Magic 8 Ball, 공을 흔들어 운세를 점치는 도구—옮긴이) 같은 거면 좋겠다 싶었다. 머리만 살짝 흔들면 답이 딱 생각나게 말이다. 아, 지혜로운 마음이 생기는 약도 나오면 좋겠다. 변증법적 행동치료에서는 지금처럼 엉망인 상태에서도 내 마음 안에 지혜로운 마음이 있다고 하는데, 참내 믿을 걸 믿어야지.

5

구세주들

사회보장제도가 나를 장애인으로 공식 인정한 덕분에 이제 나는 한 달에 한 번씩 5백 달러라는 꽤 많은 돈을 받게 됐다. 덕분에 최소한 월섬 집의 임대료와 주변 세입자들이 지난 두 달간 우리 집 현관문 밑으로 대충 밀어넣은 밀린 공과금 가운데 일부를 해결할 수 있었다. 그 집에 가는 건 여전히 꺼려졌지만 변증법적 행동치료 모임이 있는 병원에서 불과 3킬로미터 정도면 가는 거리라서 최소한 일주일에 하룻밤은 그 집에서 자고 오려고 노력했다. 그 '집'에서 밤을 보내고 있노라면 어쩐지 다락방에 설치한 덫 안에 옹송그리고 앉아 있는 것 같은 기분이 들었다. 집은 제법 따뜻했다. 나를 얼어붙게 마비시킨 건 고립감 때문이었다. 내가 왜 그렇게 자제력을 잃고 툭하면 흥분하는지 정말 이해할 수 없었는데, 그것이 전부 외로움을 견디지 못하고 뭘 해도 공허함이 밀려드는 경계성 인격장애의 징후라는 걸 이제는 알게 됐다. 그래서 집에서 처음으로 밤을 보내던 날, 나는 내 방에 앉아 마음관찰 연습을 시도했다. 호흡을 할 때마다 가슴에서 맥박이 뛰는 느낌, 가슴이 답답하게 짓눌리는 느낌이 점점 강해졌고, 마침내 연습을 계속할 수 없을 정도로 이런 느낌을 받아들이기가 힘들어졌다. 이번에도 실패였다. 대체 어떻게 해야 제대로 마음관찰을 할 수 있는 건지 도무지 알 수가 없었다.

 나는 속으로 되뇌었다. **그냥 바라봐. 바라보고 말로 설명하기만 하면 돼.** 지금 나는 처참한 기분을 느끼고 있음을 의식했다. 절망스러웠다. 이 방법이 실제로 도움이 될 거라고는 기대하지 않았지만, 감정을 바라보고 그것에 이름을 붙이는 과정이 나와 내 고통 사이에 약간의 완충 역할을 하고 있긴 했다. 이 기분을 견디기 힘들고 이 감정으로부터 도망치고 싶은 갈망이 파도처럼 나를 덮치고 있다는 것도 의식했다. 모임의 누군가가 '충동 서핑(urge surfing)'이라는 용어를 언급한 적이 있었다. 충동 서핑이란, 감정이나 충동이 생길 때마다 으레 그래왔던 것처럼 여러 가지 자기 파괴적인 방식으로 도망치는 것이 아니라, 감정과 충동을 그대로 느끼면서 잘 참고 견디는 법을 배우기 위한 변증법적 행동치료 기술이다. 지난 10년 동안 나는 12단계 회복 프로그램을 통해 약물에 대해 그럭저럭 이런 식의 접근 방식을 적용해왔다. 그러나 12단계 회복 프로그램은 자신을 무력한 사람이라고 여기고 도움을 요청해야 한다는 걸 전제로 하는 반면, 변증법적 행동치료는 이와는 완전히 달랐다. 변증법적 행동치료는 우리가 무력하다고 내세우지 않았다. 오히려 자신의 무력함을 인정하는 이면에 변화할 수 있는 능력이 자리 잡고 있다고 보고, 바로 그 변화를 위한 기술을 향상시키는 데 중점을 두었다.

 실제로 우리는 2주 동안 마음관찰을 학습한 후, 다음 단계로 변화—변증법적 행동치료의 다른 부분—에 중점을 두는 학습에 들어갔다. 대인관계 효과성(interpersonal effectiveness)이라고 하는 이 단계에서 우리는 도움을 청하는 방법과 관계 안에서 원하는 바를 얻는 방법을 배울 예정이었다. 이 학습 단계는 제법 많은 복잡한 평가지와 훈련으로 이루어지며 상당히 장기간 진행된다. 몰리는 최소한 두 달, 어쩌면 그 이상 훈련을 받아야 한다고 경고했다. 그 말이 떨어지자 나는 맥이 풀렸고, 어떤 일이든 2개월 동안 계속하면 고통에 내성이 생기면 좋겠다고 생각했다. 산 채로 불에 태워지는 기분을 다루는 방법. 이것이 바로 변증법적 행동치료 가운데 이번 과정의 목표였다. 그리고 지금 내가 하려는 과정이 바로 이 단계였다. 게다가 베넷과의 관계가 도무지 개선될 기미가 보이지 않았다. 이 아파트와 알렉시스로부터 베넷을 분리하려면 폭발물이 필요했다.

대인관계 효과성 수업에서 우리는 관계에 공을 들이는 것의 중요성에 대해 요약 정리된 인쇄물을 읽었다. 그 내용은 이랬다. 상처와 문제를 쌓아두지 않는다. 관계의 기술을 이용해 문제를 차단한다. 가능성 없는 관계는 끝낸다. 갈등은 너무 깊어지기 전에 해결한다 (Linehan 1993).

몰리는 우선사항과 요구사항 사이의 균형이라는 주제에 대해 이야기하면서 사람들의 관심을 모으기 위해 칠판을 향해 이동했지만, 내 시선은 자꾸만 바로 앞 인쇄물의 정리된 내용으로 향했다. '가능성 없는 관계는 끝낸다.'

나는 손을 들어 질문했다. "가능성 없는 관계인지 아닌지 어떻게 알지요?"

"우리는 지금 다른 주제를 이야기하고 있는데요." 몰리는 이렇게 대답했지만 퉁명스러운 말투는 아니었다.

"어떤 사람과의 관계가 엉망이라면 타협을 하거나 온갖 방법을 다 동원한다 한들 무슨 소용이 있겠어요."

"그건 맞아요. 하지만 관계에 대해 성급하게 결론을 내리지 않는 게 현명해요." 몰리가 사람들을 향해 돌아서며 말했다. "이 자리에 계신 분들 중에 너무 빨리 관계를 정리한다고 생각하시는 분은 손 한번 들어보시겠어요?" 나를 포함해 모두가 손을 들었다. 정말이지 몰리는 맞는 말만 했다. 한번 충동이 일어나면 물불 가리지 않는 나는 누군가한테 빠지기도 잘하지만 그만큼 도망도 잘 갔다. 나 같은 사람은 문제가 일어나면 관계를 끊고 도망갈 게 아니라 타협하는 법을 반드시 배워야 했다. 하지만 지금 나는 혼자가 되는 것이 너무 두려워서, 그것 말고는 내 인생에 의지할 것이라고는 아무것도 없기 때문에, 도무지 타협이 되지 않는 관계 속에 절망적으로 갇혀 지내고 있다는 사실 또한 서서히 인식하기 시작했다.

이 모임에서는 경계성 인격장애에 대한 주제가 금기시되고 있다. 그렇지만 지난 몇 달 동안 베넷과 함께한 시간들이 나를 진절머리나게 했으면서도 죽어라 베넷한테 매달렸던 걸 생각할 때마다 나도 모르게 경계성 인격장애를 떠올리게 됐다. 나는 경계성 인격장애의 증상 가운데 하나인 '만성적인 공허함'을 회피하기 위해서라면 무슨 짓이라도 할 것이었다. 중요한 관계가 끝나면 그 순간 나는 마치 블랙홀 속에 빨려 들어가듯 공허함 속으로 끝없이 빨려 들어갔다.

고작 대여섯 살 때에도 나는 밤에 눈을 감으려 하지 않았다는 기억이 떠올랐다. 눈을 감아버리면 별도 없는 캄캄한 밤하늘처럼 머릿속이 온통 어둠으로 가득 찼고 그 속에 혼자 버려진 것 같은 기분이 들었기 때문이다. 이것은 마치 우주여행에 관한 영화에서 익숙하게 보던 장면과 흡사했다. 우주선을 벗어난 우주비행사가 나선형으로 회전하며 텅 빈 우주 공간 속으로 무력하게 하강하는 장면 말이다. 혼자 있는 건 바로 딱 이런 기분이었다. 만일 베넷과 헤어진다면 나는 또 이리저리 흔들릴 것이다. 베넷과 함께하는 고통이 더 괴로울지, 베넷이 없는 고통이 더 괴로울지 알 수 없었다.

몰리는 우리에게 충동에 따라 움직이지 말라고 주의를 주었지만, 가망 없는 관계에 대한 내용을 읽는 순간 내 마음속의 죽은 회로에 불이 붙으면서 불현듯 한 가지 깨달음이, 아주 명확하고도 깊은 깨달음이 찾아왔다. 내 상태를 호전시키고 싶다면 베넷과 알렉시스로부터 벗어나야 했다.

그 주 주말, 베넷과 나는 TV 앞에 앉았다. 베넷에게서 아마씨 기름과 톱밥 냄새가 났다. 아마도 그는 내가 자기를 침대로 끌고가 저녁 식사 전에 섹스를 한 판 하려는 게 아닐까 걱정하고 있는 것 같았다. 우리는 소파에 앉아 잠시 동안 TV만 뚫어져라 쳐다보고 있었다. 곧이어 내가 그를 향해 몸을 돌렸다. "끝내자." 내가 말했다. "더는 이렇게 지내는 거 못하겠다."

베넷은 한동안 뉴스만 빤히 쳐다보더니 이내 나를 향해 시선을 돌렸다. 베넷의 눈이 피곤으로 흐리멍덩하게 풀려 보였다. 그 순간 그가 오늘 하루를 어떻게 보냈는지 모르고 있다는 생각이 들었다. 뭐 언제 물어본 적이 있었어야지.

"나도 그게 좋을 것 같다."

나도 베넷도 전혀 화가 나지 않았고 서로 아무런 비난도 퍼붓지 않았다. 경기와 드라마가 모두 끝나고 온갖 색깔과 소리가 지나간 후 전기 코드를 살짝 잡아당기자 텔레비전 화면이 꺼졌고, 우리의 이야기도 끝이 났다. 이제 다 끝났다. 나는 가방을 싸서 현관문 앞으로 가지고 갔다.

"너 괜찮겠어?" 베넷이 물었다.

순전히 내가 결정한 거고 옳은 결정이라는 걸 잘 알면서도, 나는 이렇게 말해버리고 싶은 마음이 굴뚝같았다. '아니. 안 괜찮아. 집에 가다가 나무를 콱 들이받을지도 몰라. 그러면 그건 **전부 네 책임이야**…'라고.

"괜찮을거야. 정말이야." 나는 눈물을 꾹 참고 이렇게 말했다. 베넷은 굳이 나를 꼭 안아주려 했다. 곧이어 나는 봄기운이 완연한 바깥으로 가방을 끌고 와 내 차에 실었다. 나 자신을 자랑스럽게 여기고 싶었다. 해방감을, 하다못해 안도감이라도 느끼고 싶었다. 하지만 웬걸, 자동차 문을 닫는 순간 내 안에서 패닉과 공포가 마구마구 폭발하기 시작했다. 월섬으로 향하는 고속도로에 진입하면서부터 나는 목이 터져라 소리를 지르기 시작했다. 지나가는 운전자들이 나를 봤다면, 머리를 산발한 어른인지 애인지 모를 여자가 고속도로를 향해 방향을 틀고는 눈을 가늘게 뜨고 입을 크게 벌리고서 목청이 찢어져라 소리를 지르며—인생의—파멸을 향해 위태롭게 차를 달리고 있더라고 생각했을지 몰랐다.

이제부터 내가 매일같이 지내게 될 이 방은 찰스 강 구석탱이의 아주 허름한 동네에 지어진 1950년대식 낡은 복층 공동주택 가운데 절반에 해당했다. 나는 뒤쪽 침실을 사용했는데 방에는 커다란 옷장이나 사무실로 사용할 수 있는 좁은 붙박이 방이 딸려 있고 강이 바라다보이는 창문이 하나 있었다. 나는 가방의 옷을 꺼내 정리한 다음 바닥에 깔린 커다란 방석위에 앉았다. 방안의 침묵이 엄습하자 이내 베넷과 헤어지기로 한 내 결심을 후회했다. 이따금 밤새도록 집을 정돈하려 애쓴 적도 있었지만, 전생에 버려두고 나온 허물을 마주하는 것 같은 기분을 떨칠 수가 없었다. 아마 전생에서도 여기에서는 살지 않았을 것 같았다. 지금 나는 그토록 피하려 했던 장소에 앉았다. 여전히 내 집이라는 생각이 들지 않았다. 이 공간을 내 집이라고 생각하게 될 날이 오기나 할지 모르겠다.

이런 기분이 들 땐 사람들 말대로 나에게 지지를 보내줄 누군가에게 연락해야 한다는 걸 잘 알고 있었다. 하지만 딱히 연락할 사람이 없었다. 아빠한테 전화해볼까. 몇 년 전 대판 싸우고 사이가 멀어진 뒤로 아빠와 나는 적당히 휴전 상태를 유지하고 있었다. 우리 둘 다 중독에서 회복 중인 것이 부분적인 이유이기도 했다. 아빠는 11년째 중독에서 벗어나 있고 나는 이제 고작 9개월이 지났다. 아빠치고는 나에게 거의 힘이 되지 않지만, 최소한 우리는 이제 중독 상태에 대해 어느 정도 공감대를 형성하고 있긴 했다. 그러나 아빠에게 내 문제나 감정을 속이려 들었다간 12단계 프로그램의 강의를 들어야 하는 난처한 상황이 발생할 터였다. 내가 괴로워하거나, 중심을 잡지 못하고 허물어지거나, 위기 상황에 처할 때마다 아빠는 12단계 프로그램의 구호를 귀에 못이 박히도록 들려주었다. 천천히 해라, 중요한 것부터 먼저 해라, 단순하게 살아라, 내면의 강한 힘에 도움을 청해라, 모임에 가라 등등. 아빠에게 전화를 걸어 방금 베넷과(베넷이라고 쓰고 **어떤 놈팡이**라고 읽는다) 헤어졌다고 말하면 과연 아빠한테 동정을 얻을 수 있을까. 절대 그럴 리 없지. 보나마나 아빠는 12단계 프로그램의 온갖 '도덕 목록'을 줄줄 나열하고는 당장 실천하라고 다그칠 게 뻔했다. 빌어먹을 도덕 목록.

엄마가 지난 1년 동안 보낸 엽서 더미 어딘가에 발리의 우붓에 있는 엄마 집 전화번호가 있을 것이었다. 사실 이 번호는 어떤 남자가 관리하는 공중전화 번호인데, 이 남자에게 메시지를 남겨봤자 잊어버리기 일쑤였다. 나는 내 소유의 전화가 없기 때문에 국제전화를 걸려면 특별한 카드가 필요했는데, 사회보장제도가 내 생활비에서 이런 비용까지 배려하지는 않았다. 그리고 설사 엄마하고 통화가 된다 하더라도 엄마에게 사실 그대로를 말할 수는 없는 노릇이었다. 엄마에게 사실을 말하면 엄마는 몹시 속상해할 테고, 한 달 뒤쯤 다시 전화를 걸어 지난번 너하고 통화한 뒤로 하루도 제대로 잠을 이룬 적이 없다고 말할 게 뻔했다. 내 어려운 사정들이 엄마를 완전히 압도하고, 결국에는 내 고통이 엄마를 더욱 고통스럽게 만드는 것 같았다. 언제나 내게 힘을 북돋아주는 영원한 내 지지자 안나에게 전화를 걸 수도 있었지만, 안나는 《상호의존성에서 벗어나기》를 반복해서 읽는 것 외에 뾰족한 답을 갖고 있지 않았다.

변증법적 행동치료에서 뭐 괜찮은 답이 없을까? 모임에서 요즘 우리는 대인관계 상황 속에서 목표와 우선순위에 대한 복잡한 평가지를 작성하는 데 몰두했다. 나는 변증법적 행동치료 모임에 참여한 지 두 달이 지나자 이 모임에 대한 관심과 집중도가 점점 떨어져 갔다. 평가지와 견해들이 더는 마음에 와 닿지 않았다. 아무래도 나에게는 더 많은 도움이 필요할 것 같았다. 베넷과 헤어진 후 2주 동안 매일 침대에 몸을 웅크리고 앉아 울면서 세월을 보내느라 봄이 오고 있는 줄도 알지 못했다. 닥터 B와의 예약을 계속 미루다가 마침내 전화를 걸었다. 그가 나에게 경계성 인격장애를 진단한 후로 우리는 세 차례 상담을 했고, 우리에게 할당된 15분 동안 항우울제에서 리튬으로 치료 방법을 바꾸는 것에 대해 이야기했다. 그는 매번 변증법적 행동치료 모임이 도움이 되고 있는지 물었다. 나는 어떤 면은 더 나아지고 있지만 어떤 면은 더 나빠지고 있다고, 대체로 모임이 마음에 들지만 우울한 건 여전하다고 말했다. 그렇다. 나는 점점 지독하게 우울해지고 있었다. 닥터 B에게 경계성 인격장애에 대해 묻자, 그는 애매하게 둘러대면서 병명에 신경 쓰지 말라고 격려한 다음, 단지 시간이 걸릴 뿐 호전될 수 있다는 걸 반드시 명심하라고 덧붙였다.

시간이라. 나는 닥터 B의 자동응답기에 메시지를 남기면서, 손가락 하나 까딱할 수 없을 만큼 너무너무 우울하다고 말했다. 이게 다 리튬 때문인 것 같았다. 손가락을 들어 간신히 수화기를 쥐었다. 메시지에 이렇게 말을 남겼다. "아무래도 지금 당장 항우울제를 다시 복용하는 게 좋을 것 같아요."

그런 다음 절박한 심정으로 베넷에게 전화를 걸어, 다시 생각해봐줄 수 있겠냐고 울면서 호소했다.

"나와 함께하고 싶은 이유가 나를 사랑해서야, 아니면 혼자 있는 걸 견딜 수 없어서야?" 베넷이 물었다.

이것이 그와의 마지막 통화였다.

닥터 B에게 커다란 구멍 속으로 떨어지는데 아무도 나를 잡아주지 않는 것 같은 기분이라고 말하자, 그는 다른 약물을 다시 복용해야 할 것 같다는 내 의견에 수긍했다.

그는 내가 진행하고 있는 각각의 상담들이 잘 이루어지고 있는지 물었고, 나는 안나가 경계성 인격장애나 변증법적 행동치료 같은 것에 관심이 없다고 말했다. "변증법적 행동치료의 전문상담사에게 상담을 받아야 합니다." 닥터 B가 말했다. "몰리에게 추천을 받으세요."

그래서 다음에 모임에 갈 때 마침내 약간의 졸로프트(Zoloft, 우울증 치료제의 상품명-옮긴이)가 뇌 속에 퍼진 상태에서 몰리에게 변증법적 행동치료 전문가를 소개해달라고 부탁했다. 몰리는 고개를 저었다.

"지금 당장은 소개할 만한 사람이 없어요."

"변증법적 행동치료를 교육받은 상담사가 **아무도** 없나요?"

"안타깝지만 그렇군요."

"경계성 인격장애를 전공한 상담사는요?"

몰리도 나도 유명한 닥터 M의 사무실로 향하는 복도를 흘끔 쳐다보았다. 세상에, 복도 하나만 지나면 경계성 인격장애 분야에서 가장 권위 있는 사람이 심리치료를 하고 있는데, 경계성 인격장애에 대해 도움은커녕 정보도 얻지 못하고 있다니, 아무리 생각해도 황당한 일이 아닐 수 없었다. 닥터 M의 사무실 위치를 알고 있다는 사실만으로도 어쩐지 스토커가 된 기분이었다. 도대체 저 문 뒤에서 무슨 일이 일어나고 있는 걸까? 이 남자는 경계성 인격장애 환자를 어떤 식으로 치료할까? 환자들 상태는 호전되고 있을까? 그와의 예약을 기다리는 여자들(환자들은 대부분 여자들이니까)은 전반적으로 굉장히 매력적이지만, 아니 '세련되다'는 말이 더 어울릴지도 모르는데, 어쨌든 하나같이 불만족스러운 표정이었다. 유명한 의사에게 진료를 받을 경우 보험이 후하게 적용되지 않을 게 분명한데, 어쩌면 그는 순전히 자비 환자만 받는 건지도 몰랐다.

"닥터 M은요?" 나는 조심스럽게 물어보았다. 몰리는 그의 사무실을 바라보며 얼굴을 일그러뜨렸다. "뭐, 잘하면…. 잘하면 잠깐 대화 정도 나눌 수 있도록 예약을 잡아볼 수도 있어요." 몰리의 말투가 썩 희망적으로 들리지 않았다.

"대화라고요?" 몰리의 말은 마치 난롯가에 앉아 스콘과 함께 차를 마시며 수다를 떨 수 있다는 의미로 들렸다.

"박사님은 아주 바쁜 분이세요. 하지만 필요하다고 생각되면 당신을 맡아 주실지도 몰라요."

'대화'라니, 상담이 아니라 무슨 데이트 약속이라도 잡는 것처럼 들리긴 하지만, 뭐 그 정도로도 충분했다. 그나저나 닥터 M이 받아들일 마음이 들게 하려면 대체 어떤 종류의 경계성 인격장애라야 하는 걸까? 이런 의문이 나에게 강한 호기심을 불러일으켰고, 나는 이내 박사의 상담실 밖으로 나오는 여자들을 보통 이상의 흥미를 가지고 유심히 관찰하기 시작했다. 여자들은 확실히 세련되고 교양이 넘쳤다. 틀림없이 돈도 많겠지. 그러니 당연히 박사의 흥미를 끌 수밖에. 자, 이제 나는 박사의 관심을 끌려면 어떻게 해야 하는지 정확히 알았다. 그러니까 박사에게 가려면 완벽하게 차려입어야 했다. 그의 사례 연구 보고서를 읽어보았더니, 닥터 M은 자해를 하는 떠돌이 소녀 같은 사람에게 특별히 연민을 느끼는 것 같았다. 나는 떠돌이는 아니지만 까짓 그런 옷차림을 하면 된다. 까만색 아이라이너로 눈꺼풀을 검게 칠하고, 머리도 마구 헝클어뜨려 곱슬곱슬한 머리카락이 눈을 가리게 해야지. 마침내 박사를 만나는 날, 나는 몸에 딱 맞는 옷을 입고, 대기실에 앉아 평소처럼 《피플(People)》지를 집는 대신 《이코노미스트(The Economist)》지를 슬슬 넘겼다. 닥터 M이 나와서 사무실로 들어오라고 말할 때 구부정하게 앉지 않으려고 신경 쓰면서. 이건 마치 남자친구와 선생님과 아버지에게 한꺼번에 면접을 보는 것 같았다.

'면접인지 대화인지 데이트인지'는 10분, 아니 어쩌면 15분 만에 끝났다. 나는 그의 마음에 들길 바라며 경계성 인격장애 진단을 받았다고 설명했다. 아참, 그가 만나는 사람이 죄다 경계성 인격장애

판정을 받았지. 나는 청소년 시절에 병원에 입원한 적이 있다고 말했다. 그런데도 닥터 M은 이 말에 대해 임상적으로 논의할 생각이 없는 것 같았다. 그는 내 직업과 관심사에 대해 물었다. 내가 화가이며 작가라고 말하자, 그는 20세기 문학 이야기로 화제를 돌리더니 좋은 소설이라며 소설 몇 권을 추천하고는 어느새 악수를 하고 나를 문으로 안내했다. 나는 속으로 작게 외쳤다. '도와줘요, 도와주세요, 도와달란 말이에요.' 온몸의 상처를 보여줄 걸 그랬나? 아니면 눈물이라도 한 바가지 흘리고 나올 걸 그랬나? 경계성 인격장애가 있다고 말한 건 작전상 실수가 아니었을까? 어쨌든 이제 수수께끼는 풀렸다. 그는 나를 알아보지 못했고, 나는 위풍당당한 대륙처럼 널리 이름을 날린 그를 방문하고 왔다. 어쩌면 그를 향한 설렘은 그가 자기만의 업적을 세웠기 때문은 아니었을까?

다음 주에 몰리는 닥터 M과의 만남이 어땠는지 물었다. 나는 고개를 저으며 그가 나에게 별로 관심이 없는 것 같다고 말했다. 하지만 나는 미지근한 데이트 이후 며칠을 보내는 것 같은 기분으로, 혹시나 그에게 연락이 오지 않을까 기다리지 않을 수 없었다. 데이트할 때 나는 남자의 흥미를 지속시키기 위해 보통 오럴섹스를 하곤 했다. 경계성 인격장애 분야에서 최고의 권위를 자랑하는 의사의 관심을 끌려면 대체 뭘 해야 오럴섹스에 맞먹는 효과를 얻을 수 있을까?

복도 건너편의 육중한 나무문은 여전히 굳게 닫혀 있었고, 나는 이후로 두 번 다시 그 문 안으로 들어가지 못했다. 그해 늦은 봄 변증법적 행동치료 모임이 시작되기 전, 샤워도 하지 않은 채 파자마 차림으로 대기실에 앉아 《피플》지에 신나게 빠져 있는데, 닥터 M이 저쪽에서 걸어왔다. 나는 고개를 들어 혹시나 하는 한 가닥 기대를 안고 미소를 지어 보였다. 그의 시선이 나와 다른 사람들을 훑고 지나가더니 약간 당황스러운 듯 나를 잠시 돌아보았다. 어디선가 본 사람이라는 건 알겠지만 어디서 봤는지 기억나지 않는 것 같았다. 그는 미소를 지으며 고개를 끄덕이고는 자기 방으로 들어갔다.

정작 나 자신은 좀처럼 믿지 못하면서 구세주는 늘 믿어왔다. 어쩌면 내가 아직 자신을 포기하지 않고 내가 선택한 구세주에게 어울리는 이상적인 이미지가 되기 위해 거듭 애쓰고 있는 것도 그 때문인지 몰랐다. 엄마가 나를 '거듭난 기독교인 성경 캠프'에 보내던 열한 살 때, 나는 사흘 동안 내 이름을 키키로 바꾸고 남부지방 사투리를 쓰면서 예수 그리스도를 나의 주님으로 섬겼다. 그 어린 나이에도 나는 한 남자에게 영원한 사랑을 받는다는 보장만 있다면 무슨 짓이든 하려고 들었다. 그가 피를 흘리고 십자가에 매달리든 말든 그런 건 내 알 바 아니었다. 그해 여름 오후만 되면 우리는《굿 뉴스 바이블(Good News Bible)》이라는 성경을 들고 나무로 만든 탁자 주위 벤치에 앉았다. 그리고 공부 모임이 끝나면 항상 우리를 구원해 달라고 기도했다. 나는 벤치에 앉아 머리를 숙이고 예수라는 이 남자를 마음속에 받아들이려 애쓰면서, 그의 구원 사업이 나를 정결하게 하고 세상을 바로잡기를 바라고 또 빌었다. 그 모습은 나중에 내가 다른 이유로 다른 남자들 앞에서 무릎을 꿇거나, 상담실과 12단계 모임에 앉아 내 마음을 괴롭히는 원인을 낱낱이 밝히고 최근에 지은 죄를 고백할 때의 모습과 다를 게 없었다.

세상은 구세주들로 바글바글했다. 공인된 구세주도 있었고 우리가 미처 알지 못하는 구세주도 있었다. 하지만 지금까지 그 어떤 구세주도 나를 구원하지 못했으며, 나 자신을 구원하지 못할 것 같은 이런 기분은 앞으로도 달라지지 않을 것 같았다. 요즘엔 아빠를 제외하고 딱 한 사람만이 정기적으로 내 안부를 확인했다. 바로 레이먼드였다. 사실 레이먼드는 10년 동안 내 주위를 맴돌고 있었다. 레이먼드는 엄마의 전 남자친구로, 아빠나 새 아빠와 달리 한 번도 엄마에게 차인 적이 없고, 가족사진에서 얼굴이 도려내지지도 않았으며, 엄마가 현관 문 열쇠를 바꾸어야 하는 상황을 만들지도 않았다. 외모도 잘생겨서 할아버지와 할머니는 엄마가 순결을 잃기 전에 이 아저씨와 잘해보길 바라고 또 바랐었다. 하지만 엄마와 레이먼드가 마침내 사랑에 빠질 즈음엔, 중년의 완고함과 몸에 깊이 밴 습관들 때문에 두 사람이 합치는 건 거의 불가능해졌고, 이 일은 우리 모두에게 불행이 됐다. 더구나 레이먼드는 책임감 강하고 성공한 진짜 어른으로서 우리 엄마가 사랑한 첫 남자라는 이유로 엄마에게 헌신하려는 아주 고약한 고질병이 있었다. 그는 아이비리그에서 박사학위를 받았고, 자기 회사를 운영하고 있었으며, 그의 어머니와도 문제없이 잘 지냈고, 다른 사람의 고통을 버거워하거나 외면하지 않고 같이 공감할 줄 아는 마음을 지녔다.

 워낙 성품이 이랬기에 그는 내 인생에서 한시도 사라진 적이 없었다. 지난 10년 동안 레이먼드는 내 일에 참견하는 일 없이 그저 묵묵히 나를 지켜보았으며, 지금은 외국에 나가 있는 엄마와 함께 정기적으로 내 안부를 물었다. 나는 지금까지 레이먼드에게 긴급 구조를 요청한 적이 한 번도 없었으며, 중독자 교육 일을 그만둔 후로 나에게 닥친 힘든 일들에 대해서도 대수롭지 않다는 듯 말했고 짐짓 강한 모습을 보이기 위해 최선을 다했다. 하지만 봄이 시작될 무렵부터 레이먼드는 나를 걱정하기 시작했다. 내가 몇 달 동안 그에게 연락을 하지 않았기 때문이다. 마침내 그가 나를 불러내 밖에서 저녁을 사주었다.

레이먼드와 함께하는 저녁은 정말 근사했다. 나는 필레 미뇽이든 최상품 소갈비든 메뉴에 있는 건 무엇이든 주문할 수 있었다. 내가 이 집에서 제일 비싼 음식인 최상품 소고기를 가리키는데도 그는 이렇게만 말할 뿐이었다. "많이 먹어라, 아가." 이제 그는 나에게 **대체** 무슨 일이 있었는지 알고 싶어 했다. 나는 입안에는 육즙이 흐르는 소고기를 쑤셔 넣고 손으로는 갓 구운 롤빵이 담긴 바구니 속을 헤집으며, 직장을 그만두었고, 정신과적 장애가 계속되고 있으며, 새로운 진단을 받아 다른 심리치료를 받고 다른 약물들을 시도하게 됐다고 설명했다.

레이먼드는 상당히 놀란 얼굴로 나를 바라보았다. "너 지금 최선의 치료를 받고 있는 거냐?" 나는 최선의 치료가 뭔지 모르겠고, 경계성 인격장애에서 '회복됐다'는 사람을 아직 한 사람도 만나지 못했으며, 그렇지만 전문가라고 하는 사람들 말로는 내가 받고 있는 치료가 도움이 될 거라고 했다고 그에게 말했다. 크렘 브륄레와 카푸치노가 식탁에 오를 땐 레이먼드의 이마에 깊은 주름이 잡혔다. 그는 연거푸 고개를 저었다. 경제학자인 그는 분석하고 계산하는 게 일인데, 그런 그가 보기에 내 상황이 썩 좋아 보이지 않는 모양이었다. 그는 엄마도 내 상황을 아는지 물었고, 나는 말해봐야 엄마를 속상하게 할 뿐이라 엄마에게는 자세한 이야기를 하지 않았다고 실토했다. 그가 아빠에게는 말했느냐고 물었고, 나는 "아빠는 그저 내가 모임에 더 많이 참석해야 한다고만 생각하세요"라고 말했다.

"그럼 할머니 할아버지한테는 말했니?" 나는 시선을 피했다. 내가 '중독'이라느니 '정신병'이라는 단어만 뱉어도 두 분은 방을 나가시거나 화제를 바꾸셨다.

레이먼드는 연신 고개를 저으며 어떻게 도와줄 방법이 없겠느냐고 물었다. 나는 나도 모르겠다고 고백했다. 정확한 진단을 받으면 마침내 모든 상황이 좋아질 줄 알았다. 변증법적 행동치료만 시작하면 드디어 제대로 된 방향으로 들어서는 줄 알았다. 지금 우리는 석 달째 대인관계 효과성 과정을 하고 있는데 모두들 미치기 일보 직전이었다. 벌써 두 사람이 리네한이라는 불지옥에 갇혔다고 불평하더니 중도 탈락해버렸다. 다음엔 어떤 치료를 받을지 전혀 아는 바가 없었다. 다른 사람들도 마찬가지인 것 같았다. 구세주들이 씨가 말랐나.

6

다시 제자리로

봄에 나는 대부분의 시간을 내 방에 틀어박혀 잠을 자거나 책을 읽으면서 보냈다. 같이 사는 두 여자들이 빈둥거리고 있는 집안의 다른 공간도 기웃거려보려 애는 써보았지만, 역시 내 침대만한 피난처는 없었다. 집순이에 잡동사니를 잔뜩 쌓아놓고 사는 마시는 임시직으로 일하고 있고, 4년 전 파혼으로 말미암은 상처를 여전히 끌어안고 있었다. 마시는 퇴근하고 집에 돌아오면 곧바로 털이 보송보송한 슬리퍼로 갈아 신고 차를 만든 다음 자기 방에서 TV를 보았다. 또 다른 룸메이트 패티는 언제나 에너지가 넘치는 영업사원으로, 엄청난 양의 카페인을 들이붓고 한창 때의 나하고 거의 맞먹을 정도로 성욕이 왕성했다. 어느 날 밤 나는 차나 한잔 마실까 하고 주방을 어슬렁거리다가 패티가 주방 식탁에서 섹스하는 장면을 목격했다. 겨우 9시 30분밖에 안 된 시간에 주방에서, 그것도 공동으로 사용하는 주방에서 섹스를 하다니, 간이 배 밖으로 나오지 않은 다음에야 절대로 불가능한 일이었다. 남들 다 보는 장소에서 섹스를 하든 뭘 하든 내가 상관할 바는 아니지만 주방 식탁이라면 문제가 달랐다. 어쨌든 내가 매일 아침마다 그래놀라를 먹는 곳이 아닌가. 매일 보는 사람과 얼굴 붉히고 싸우는 건 정말 싫었지만, 아무래도 패티와 한 판 붙어야 할 것 같았다. 마침내 패티와 마주쳤을 때, 마침 모임에서 아직 대인관계 효과성 기술 단계를 진행하고 있던 중이라, 나는 이 기회에 숙제나 해보자고 마음먹었다. 그래서 모든 상황을 꼼꼼하게 계획했고, 마침내 주방에서 패티와 마주쳤을 때 변증법적 행동치료 기술을 이용하여, 당신의 행동이 나를 불쾌하게 만든다고 설명한 다음 그러니 앞으로 섹스는 당신 방 침대에서 해주십사 부탁했다. 그러자 패티는 행주를 바닥에 휙 집어던지더니 나에게 돌아서서 따지는 것이었다. "내가 섹스를 해서 당신한테 피해주는 거라도 있어?! 당신이 성적으로 억압된 게 내 잘못은 아니잖아."

"네? 뭐, 뭐라고요?"

"그리고 여긴 내 집이기도 해."

"난 성적으로 억압되지 **않았는데요**." 내가 씩씩대며 말했다.

"그래, 너 잘났다." 패티는 (방금 깨끗하게 닦아놓은) 주방 탁자에 앉더니 그 긴 다리를 꼬고서 팔짱을 끼고 나를 노려보았다.

나는 아무 말도 하지 못한 채 냉장고를 향해 돌아섰다. 주방을 나갈 구실로 아무거나 꺼낼 만한 걸 찾기 위해 냉장고를 뒤적거리는 동안 내 심장은 사정없이 울렁거렸다. 마침내 냉장고에서 돌아선 나는 나를 뚫어져라 쳐다보는 패티의 시선과 마주쳤고, 그녀를 한 대 콱 쥐어박고 싶은 충동을 간신히 억누르며 엉엉 울면서 내 방으로 뛰어왔다. 어쩌면 내 마음 한구석에서는 질투를 느끼고 있는지도 몰랐다. 누가 뭐라든 아랑곳하지 않고 꿋꿋하게 '싸가지 없이' 구는 패티의 모습에, 뻔뻔스럽게도 이 남자 저 남자 골라가며 집안으로 끌고 들어오면서 전혀 아무렇지 않은 듯 천연덕스러운 저 태도에 질투를 느끼는지도 몰랐다. 그에 비하면 나는 상점 유리 앞에 세워놓은 발가벗은 마네킹 같았다. 발가벗겨진 채 인간의 삶을 똑같이 복제해 살고 있는 마네킹.

패티와 나는 더 이상 서로에게 말을 걸지 않았고, 그날 이후 나는 집이 안전하게 느껴지지 않았다. 용기를 내 2층의 내 방에서 아래층으로 내려갈 때면 먼저 패티의 소리가 들리나 안 들리나 귀를 기울여보았다. 방 안에 크래커와 주스 상자를 비축해두었고, 아주 작은 소리라도 놓칠까봐 귀를 쫑긋 세우며 혹시나 패티가 있는지 초긴장 상태로 살폈다. 변증법적 행동치료 모임에서 나는, 패티에게 부탁을 해보았지만 별 효과가 없었다고 이야기했다.

"완전 싸가지구만." 한 여자아이가 말했다. 몰리도 고개를 끄덕였다. 제아무리 효과가 좋다는 기술을 총동원해도 먹히지 않을 때가 있다. 아무리 능숙한 솜씨로 부탁을 해도 상대방이 싫다면 어쩌겠는가. 지금 같은 경우 효과를 방해하는 요인은 바로 그 '왕싸가지'다. 리네한 박사의 기술훈련 교본에 왕싸가지 대처법이 없다면 반드시 만들어야 한다.

초여름 어느 날, 레이먼드가 소포를 보냈다. 예쁜 최신형 휴대전화와 '자주 연락해라, 아가야'라고 적힌 메모가 담겨 있었다. 레이먼드는 요금 걱정은 하지 말라고 말했다. 나는 안나와 아빠의 전화번호와 함께 레이먼드의 전화번호를 입력했다. 그리고 마치 비상대기 중인 의사마냥 허리에 고정시키는 작고 까만 파우치 안에 휴대전화를 넣어 다녔다. 이따금 슈퍼마켓에 갔는데 숨도 쉴 수 없을 만큼 불안감이 밀려올 때면, 전화기를 열어 메시지를 듣는 척하거나 전화 교환원에게 전화를 걸어 시간을 물었다.

그러나 시간이 정지해 있는 것 같은 기분은 여전했다. 왜 고통이 심할수록 시간이 천천히 가는 걸까? 그야말로 절망의 구렁텅이에 푹 고꾸라져 있던 어느 날 밤 아빠에게 전화가 왔다. 나는 거의 입을 뗄 힘도 없는데, 아빠는 대체 이것저것 얼마나 많은 약을 먹어댔기에 이 지경이냐며 나무랐다. "평소대로 먹고 있단 말이야." 나는 흐느껴 울면서 말했다. 아빠는 내 말은 들으려고도 하지 않고, 모임에 나가라, 내가 회복 중이라는 걸 명심해라, 라고 잔소리를 늘어놓았다.

'회복'이라는 단어, 귀에 딱지가 앉도록 들었다. 회복이라는 단어는 언제나 진전과 관련 있다. 질병에서 건강으로의 진전, 치료의 효과가 없는 상태에서 효과가 나타나는 상태로의 진전 등, 온갖 문제들에 파묻힌 상태를 끊고 마침내 극복을 향해 꿈틀거리는 진전 말이다. 이 단어는 바닥까지 곤두박질치면 마침내 자신에게 문제가 있다는 걸 인정하고 도움을 청하게 된다는 기본적인 가정과 더불어 매우 오랜 기간 상당히 자주 입에 오르내리던 단어다. 때로는 절대로 바닥에서 올라오지 못하거나 자신이 바닥에 부딪쳤다는 사실조차 깨닫지 못하는 사람도 있다. 알코올중독자 자조모임과 약물중독자 자조모임에서 인생의 모든 것을 잃고도 중독 상태에서 벗어나지 못하는 사람들을 본 적이 있다. 회복 대신 차라리 죽음을 선택하는 사람도 보았다.

하지만 난 그런 경우가 아니라는 걸 잘 알고 있었다. 나는 누가 뭐래도 '도움을 구하는' 사람이었다. 바닥으로 곤두박질칠 때마다 나는 늘 탈출구를 찾아 두리번거렸다. 그리고 경계성 인격장애 인터넷 사이트의 글을 읽으며 나 같은 사람들이 있다는 걸, 필사적으로 도움을 청하지만 마땅한 심리치료사를 찾지 못하는 경계성 인격장애 환자들, 변증법적 행동치료 모임에 참여해보지만 비치파라솔 하나로 쓰나미를 막으려는 헛된 몸짓에 불과하다는 걸 깨닫는 경계성 인격장애 환자들이 있다는 걸 확인했다. 그러나 천성적으로 도움을 청하는 성격임에도 갈수록 벅차기만 했다. 아무리 노력해도 점점 나빠질 뿐이었다. 만일 내가 온라인 게시판에 글을 쓴다면, 나는 '빌어먹을' 같은 닉네임을 사용할 작정이었다. 지금 이런 말을 하는 나를 안나는 겁먹은 표정으로 바라보았다. 이 상황이 나도 무서웠다. 살고자 하는 내 안의 일부가 시시각각으로 줄어들고 있는 것만 같았다. 나는 이제 더는 아무런 노력도 하고 싶지 않았다.

경계성 인격장애가 있는 사람들은 만일의 경우에 대비해 오래된 약물을 가지고 다닌다. 심지어 나는 자살 충동이 심각하게 일지 않을 때에도 커다란 약병에 알약을 하나 가득 넣어가지고 다녔다. 알약을 이용하는 방법은 상당히 애용되는 방법이다. 사탕만한 알약들은 단숨에 털어넣을 수 있어 좋다. 관리도 편하고 모으기도 쉽고 다른 자살 방법처럼 지저분하거나 불확실하지도 않다. 일부 경계성 인격장애 환자의 경우 이 상황에서 벗어나야겠다는 욕구가 너무 강하고 고통이 견딜 수 없이 심해지면, 생각이고 계획이고 할 것 없이 충동적으로 일을 벌이기도 한다. 이들은 크랙 코카인중독자가 코카인을 이용하듯 죽음을 이용해 강박적인 욕구와 고통을 해결하려 들기 때문에 습관적이고 충동적으로 자살을 시도한다. 이런 시도들은 계획되었다고 볼 수 없다. 그리고 많은 경우 그들은 이내 후회한다. 나는 비교적 덜 정형화된 방식으로 자살과 관계를 맺고 있었다. 일단 자살을 자주 시도하지 않았고, 대개 점차 강도를 더해가며 오랫동안 줄줄이 이어지는 괴로움을 도저히 견디다 못해 시도하는 편이었다. 자살은 코앞에서 적을 마주치는 경우에 대비해 주머니 속에 휴대하는 작은 청산가리 캡슐과도 같다. 언제나 주머니 속에 있지만 도저히 극복할 수 없을 것 같은 힘든 상황에 처했을 때에만 이용하는 청산가리 캡슐 말이다.

내 첫 번째 자살 시도는 열두 살 때였지만 이미 1년 전부터 죽음을 상상하고 있었다. 첫 번째 자살 시도의 직접적인 원인은 시험을 앞두고 수학 노트를 잃어버렸기 때문이었다. 그 시험은 평범한 수학 시험이 아니었다. 시험에 합격하면 내가 사는 지역에서 수재들만 모이는 가장 비싼 사립학교에 입학할 자격이 주어지는데, 내가 천재거나 우리 집이 부자라서가 아니라 엄마가 그 학교 교사로 근무했기 때문이었다. 입학시험에 합격한다는 건 무료로 학교에 다닐 수 있는 건 물론이고, 그 학교 졸업생들처럼 사장이나 큰 부자가 될 수 있다는 걸 의미했다.

"어서 우리 학교에 들어오렴." 엄마는 아예 노래를 불렀다. 하긴, 내가 그 학교에 입학하는 건 엄마가 그 학교에서 교편을 잡는 이유이기도 했다. 그리고 그 학교에 입학하면 수영장에서부터 극장, 하키 링크, 돌로 지어진 고딕 양식의 예배당에 이르기까지, 웬만한 고등학교 저리가랄 정도로 근사한 시설을 누릴 수 있었다. 그 학교에만 들어가면 인생이 달라진다고 모두들 입을 모았다. 그리고 무엇보다 나는 변화가 꼭 필요했다. 중학교 시절에 훔치고 컨닝하고 거짓말한 것을 이미 가족들은 물론이고 두 명의 선생님에게 들켜버린 마당이었다. 나도 내가 왜 그런 짓을 했는지 알 수 없었다. 마음속의 엄청난 압박감과 도무지 떨칠 수 없는 고통의 무게가 가슴을 짓눌렀기 때문이라고밖에 달리 할 말이 없었다.

　수학 노트가 없어졌다는 걸 알았을 때 나는 시험에서 떨어질 거라는 걸 확신했다. 그건 곧 사립학교에 입학하지 못한다는 걸 의미했고, 황금빛 미래도 동네 아이들의 냉혹한 괴롭힘에서 벗어날 가능성도 사라졌다는 걸 의미했다. 그래서 엄마의 옷장 서랍 속 아무렇게나 구겨진 채 놓인 레이스 달린 속옷과 장미향이 나는 향주머니 아래에서 알약 통을 꺼낸 다음 내용물을 털어 넣었다. 작은 박하를 연상시키던 하얗고 동글동글한 알약 한 줌을, 그 알약들이 내 목구멍을 타고 넘어와 쓴 맛이 느껴질 때까지. 어디에 먹는 약인지 알지 못했고, 상당히 오래된 것일지 모른다고 짐작하긴 했지만 약의 유통기한 같은 건 별로 걱정하지 않았다. 생긴 모양으로 봐서는 당장 목적을 달성시켜줄 것 같던 이 알약은 결국 어딘가에 감춰졌다. 나는 실패자가 된 기분이었다. 뭐 하나 제대로 하는 일이 없는 것 같았다. 그리고 그 알약들은 아마도 해독제였던 것 같았다.

　다음 날 아침 나는 곧바로 죽지도 못한 내 모습을 발견했다. 머릿속이 웅웅거리며 정신이 없는 채로 가만히 누워만 있었다. 마침내 일어나 옷을 갈아입고 학교에 가는 버스를 탔다. 7학년 역사 교실에 앉은 다른 아이들의 얼굴이 흐릿하게 보였고 머릿속에서 아이들의 목소리가 울렸다. 수학 시간에는 내내 토하고 싶은 충동이 일었고 눈앞의 시험지는 부옇게 흐려보였다. 나는 현기증을 호소하며 양호실로 갔고, 아무 무늬 없는 정사각형 모양의 창문 옆, 패드가 깔린 침대 위에 오후 내내 누워 있을 수 있었다. 아무에게도 말하지 않았다. 그렇지만 언젠가 다시 한 번 시도하리라는 걸 나는 이미 알고 있었다.

논리적으로는 누구나 고통을 느낀다는 걸 알고 있었다. 세상의 모든 사람이 고통에 시달린다. 그렇다면 내 고통은 그들보다 훨씬 큰 걸까, 아니면 내가 훨씬 약한 걸까? 정서적 고통의 정상과 비정상을 나누는 경계는 어디쯤일까? 나는 경계성 인격장애 분야에서 또 한 명의 유명한 임상의인 자나리니(Zanarini) 박사가 쓴 논문, 〈경계성 인격장애가 되는 고통(The Pain of Being Borderline)〉을 우연히 발견했다. 이 논문에 따르면 다른 인격장애 환자와 비교해 경계성 인격장애 환자들은 자신이 무가치하다는 느낌, 분노, 버림받은 느낌, 절망감을 훨씬 심각하게 경험하며, 나쁜 아이, 상처받은 아이, 세상 사람들 모두가 피하는 아이, 이렇게 살 바에야 차라리 죽는 게 나은 아이라고 생각하는 경향이 다른 사람들보다 훨씬 강하다고 한다 (Zanarini 외 1998).

이로써 나는 우리의 내적 경험이 '불안정한' 정서가 아니라 명확한 정서를 특징으로 할지 모른다는 주장을 다시 한 번 접하게 됐다. 마샤 리네한 박사는 우리가 감정의 화상을 입은 희생자와 같다고 말한다(1993a). 자나리니 박사는 이처럼 특별한 종류의 고통, 즉 경계성 인격장애의 고통 자체를 장애로 본다. 우리는 한 차례의 끔찍한 고통에서 또 한 차례의 고통으로 내동댕이쳐진 정서적 간질 환자다. 내면의 요소에 따라 오염되고 외부의 요인으로 상처받는다. 지금까지 나는 이 같은 고통을 없애려 애쓰며 살아왔지만, 그럴수록 더욱 깊은 고통 속으로 빠져들 뿐이었다. 이 모든 과정을 겪은 후에도 내게 남은 선택은 여전히 자살밖에 없다는 생각이 들다니, 도대체 어찌된 영문일까?

초여름 어느 오후, 나는 전화기를 들어 안나에게 전화를 걸었다. 몇 분 동안 칼날을 보고 있었더니 현기증이 일었다. 지금 나는 벼랑 위에 서 있고, 아주 약한 바람 한 점에도 떨어질 것 같은 기분이었다. 차라리 떨어져 버리고 **싶었다**. 떨어져서 이 끝도 없는 고통의 세계에서 벗어나고 싶었다. 그렇지만 또 한편으로는 그래서는 안 된다는 저항감이 생겼다. 내 속에 무언가가 포기하지 말라고 나를 끈질기게 붙들었다. 죽음에 대한 소망과 결투를 벌이고 있는 이 끈질긴 미련이 도무지 이해가 되지 않았지만, 어쨌든 내 안에는 여전히 미련이 남아 있었고 그 미련이 내 손을 전화기 가까이 끌어당겼다.

"나 힘들어요. 당신을 봐야겠어요." 나는 안나의 음성 메시지에 대고 엉엉 울면서 말했다. 안나가 전화를 걸어 지금 당장 자기 사무실로 오라고 말했다. 안나의 사무실에 도착하자마자 나는 "더는 이렇게 못 살겠어요"라고 말했다. 의자에 웅크리고 앉아 몸을 떨면서 마음속으로 '**다시는, 다시는, 다시는**'이라는 말만 계속해서 읊조렸다. 안나가 내게 격려의 말을 해주지 않을까 기대했다. 하지만 격려의 말은 없었고, 안나는 내게 병원에 가는 것이 어떻겠느냐고 물었다. 나는 그러겠다고 고개를 끄덕이며 흐느껴 울었다. 한 시간 후, 나는 정신과 병동으로 향하는 구급차에 몸을 실었다. 내가 정신병원에 입원한 지 10년만이었다. 10년 동안 '나는 회복 과정을 밟고 있고, 처방된 약을 복용하고 있고, 심리치료사에게 상담도 받으면서' 멀쩡한 정신으로 살고 있었다. 그런데 이제 열일곱 살에 입원했던 병원으로 다시 돌아왔다. 약물 때문에 정신이 혼미해져 있던 10대 가출 청소년 시절에 엄마가 다른 사람의 관리에 나를 맡겼던 바로 이곳으로 한 바퀴 뺑 돌아 다시 온 것이다.

2
최후의
수단

7

단기적인 해결책들

　여름부터 초가을까지 세 차례 입원을 했다. 처음 입원할 땐 구급차에 실려 병원 평가실 앞에 내려진 다음 단기 입원실이라고 하는 병동에 배치되었다. 이곳은 연한 푸른색 벽, 환자 이름을 부착하지 않은 병실 문, 사방이 유리로 된 간호사실, 플라스틱 소파 등, 단조로운 장소들이 갖는 전형적인 특징들을 고스란히 풍기고 있었다. 세 명의 간호사가 지루해하며 책과 간식거리가 놓인 유리문 뒤에 앉아 있었다. 나는 열 시간 동안 상담과 입원 승인을 기다린 후에야 비로소 입원할 수 있었다. 병실 문을 통과할 땐 시간이 새벽 2시쯤 되어 병동은 쥐 죽은 듯 조용했다. 불룩 나온 배 밑으로 벨트를 졸라 맨 중년 남자가 나를 맞이했고 푸른색 환자복과 칫솔, 치약을 건네주었다.
　나는 정신병원은 전부 공포스러운 분위기로 가득하고, 인간의 존엄성 같은 건 어디에도 찾아볼 수 없으며, 녹말 범벅인 질 나쁜 음식을 주는 줄 알았다. 자유를 빼앗긴 환경에서 한시도 마음을 놓아서는 안 되는 곳인 줄 알았다. 그런데… 그런데 침대에 누웠을 때 살갗에 닿는 새하얀 병원 시트의 느낌이 페퍼민트처럼 시원하고 상쾌했다. 어떤 면에서 나에게 위험한 사람은 다름 아닌 나 자신이었다. 그렇지만… 여기에서 나는 위험하지 않았다.

"이곳에 입원하는 목적은 안정을 찾는 것입니다." 입원 첫날, 하루가 다 지날 무렵 주치의인 정신과 의사 닥터 M을 만났을 때 그는 이렇게 말했다. 그는 서류 몇 장을 훑어보더니 지금 내 기분이 어떤지 물었다. 나는 개인 병실에서 하룻밤을 보낸 후 하루 종일 창밖을 응시하고 간식을 먹는 것 외에는 아무 일도 하지 않았지만 컨디션이 한결 나아졌다. 조용한 곳으로의 격리, 15분간의 수속 절차, 내가 매일 참석해야 할 모임들 목록 옆에 작은 칸마다 빨간 글씨로 써 있는 내 이름. 이 모든 것들이 벼랑 끝으로 떠밀려가는 나를 막아주었다. 나는 여전히 공황 상태에 있었으며 절망적인 기분이었지만, 오늘 밤 빳빳하게 풀을 먹인 하얀 시트 속으로 들어가 수시로 병실을 훑고 지나가는 손전등 불빛을 눈으로 좇을 생각을 하니 벌써부터 마음이 차분해졌다. 나는 이제 혼자가 아니었다. 담당의사에게 이 말을 하고 싶었지만, 그렇게 말하고 나면 병원에서 쫓겨날까봐 걱정이 됐다. 그리고 병원 밖을 나온 후 내 정서 상태가 어떨지 자신이 없었다. 월섬으로 돌아가면 그 즉시 내 방에 격리될 거라고 생각하니 마음이 온통 두려움으로 가득 찼다. 그래서 의사를 찾아가 몹시 두렵다고, 뭘 어떻게 해야 좋을지 모르겠다고 말했다.

닷새 동안 단기 입원실에 입원해 있었는데, 그 가운데 이틀은 주말이라 특별한 치료를 받지 않았다. 그냥 침실에 앉아 멍하니 TV를 보거나 《보그(Vogue)》, 《지큐(GQ)》, 《인스타일(InStyle)》 같은 잡지의 과월호를 뒤적이며 시간을 보냈다. 잘사는 유명인들의 집안 인테

리어며 완벽한 몸매를 흘끔거리는 게 사람들, 특히나 병동에서 빈둥대는 정신병 환자의 기분을 좋게 하는 데 얼마나 도움이 된다는 건지 도대체 이해할 수가 없다. 병동에서 제공하는 유일한 오락거리라고는 '산책'뿐이었다. 인솔자의 안내를 받아 병원 주위를 산책했는데, 산책을 하다 보면 각각의 장애별로 무리가 만들어졌다. 가령, 조증 환자들은 앞으로 마구 뛰어가는 사람, 뒤에서 쫓아오는 사람으로 정신이 없었고, 우울증 환자들은 발을 질질 끌면서 세월아 네월아 걸었으며, 편집증 환자들은 가장자리쪽으로만 빙 둘러서 갔다. 둘째 날에는 나에게도 이런저런 권한들이 주어져 마침내 산책을 할 수 있게 됐는데, 산책을 시작하자마자 걷는 것이 무척 좋아졌다. 우리는 마치 여름 캠프에서 인솔자를 따라 묵직한 여름 공기를 가르며 걸어가는 아이들처럼, 정해진 시간에 질서정연하게 발을 맞추어 위풍당당한 벽돌 건물들과 푸른 잔디 주위를 지나다녔다.

월요일 아침이 되어 닥터 M과 다시 상담을 시작했다. 그는 내가 복용하던 약물을 점검한 후 리튬이 제외된 기분 안정제를 첨가했다. 그런 다음 사회복지사에게 나를 안내했는데, 사회복지사는 내 차트를 보더니 병원에 입원하는 것이 도움이 될 거라고 말했다. 그제야 나는 사람들이 왜 경계성 인격장애 환자를 입원시키는 것이 바람직한 생각이 아니라고 말하는지 깨닫기 시작했다. 우리 같은 사람들은 이런 관리에 금세 중독되기 때문이다. 당연히 나라고 예외일 수 없었다! 물 주지, 밥 주지, 산책까지 시켜주는데, 있는 대로 악화되어 있는 신경에 이렇게 효과 좋은 진정제도 없었다. 더구나 몇 년 만에 처음으로 사람들 앞에서 표정 관리할 필요도 없고, 아무 문제없이 잘 지내고 있는 척하지 않아도 되었다. 결과적으로 나는 다른 환자들과 그리고 나 자신과 함께 있는 지금이 사실상 마음이 편했다. 이번 주초부터는 마치 단기 입원실 신참 환영단 회원이라도 된 듯 새 입원자들을 환영하기 시작했다. 이제는 냅킨과 커피 스틱으로 꽃도 만들 줄 알았다. 뿐만 아니라 병원 직원으로 일하는 젊은 남자 가운데 한 명한테 완전히 반했다. 아, 이제는 절대절대 집에 돌아가고 싶지 않았다.

"이제 퇴원해야지요." 다음에 사회복지사를 만날 때 그녀가 이렇게 말했다. 나는 혹시 그녀가 닥터 M에게 무슨 이야기를 들은 게 아닐까 걱정이 됐다. 혹시 닥터 M이 "이 환자 빨리 내보내요. **지금 당장!**"이라고 말한 건 아닐까? 지난 닷새 동안 얻은 그 모든 안락함이 한 순간에 사라졌고 갑자기 왈칵 눈물이 쏟아졌다. 이건 마치 달도 안 찬 태아를 자궁 밖으로 쫓아내는 것과 같지 않은가. 기다려요! 난 아직 나갈 준비가 안 됐단 말이에요! 아직 발가락 모양도 다 안 잡혔다고요!

"전 퇴원할 준비가 전혀 안 된 것 같은데요." 내 방 침대 위에 죽은 듯 널브러져 있는 내 끔찍한 모습이 떠올랐고, 엄마의 얼굴도 떠올랐다.

"이제부터는 이곳에서 진행하는 일일 프로그램에 참여하게 될 거예요." 캐럴이 나에게 서류철 하나를 건네주며 말했다.

"경계성 인격장애 환자를 위한 프로그램인가요?"

캐럴이 고개를 저으며 말했다. "아니요. 기분장애와 불안장애를 위한 프로그램이에요. 차트를 보시면 정확한 내용을 아실 거예요."

캐럴은 집중적인 그룹 치료를 위해 매일 아침 시간에 맞춰 올 수 있겠냐고 물었다. 나는 고개를 끄덕였다. 거의 1년 가까이 아침에 규칙적으로 일어나본 적이 없지만, 딱히 안 일어날 만한 이유가 있는 것도 아니었다. 게다가 일일 프로그램에 참가하기 위해 병원에 들락거리다 보면 정신과 병동에도 가게 될 테고, 잘하면 정신과 병동 환자들이 산책하러 나올 때 곁다리로 끼어 같이 병원 마당을 걸어도 아무도 눈치채지 못할 거다.

내가 참여한 프로그램은 MAP, 즉 기분과 우울을 위한 프로그램(mood and anxiety program)으로 인지행동치료(cognitive behavioral therapy, CBT)를 기반으로 한다. 나는 에어컨이 나오긴 하는 건지 의심스러운 3층짜리 목조 건물에서 매일 아침 7시 30분부터 오후 4시까지 이 프로그램에 참여했다. 이쯤 되면 치료가 충분하지 않다고 불평할 수도 없었다. 그리고 경계성 인격장애를 중심으로 한 프로그램은 아니었지만 같은 목표를 지닌 사람들과 함께할 수 있었다. 중산층 낙오자들을 죄다 끌어 모은 쓰레기장이 있다면 여기가 바로 거기일 것이다. 쓸쓸한 가정주부, 파산한 사업가, 경련성 마비를 일으키는 대학 신입생, 신경쇠약에 걸린 중년 남자, 절망에 빠진 초로의 노인, 괴로움에 시달리는 젊은 아가씨 등. 한 번에 45분간 이루어지는 모임 때마다 이런 사람들을 만났다. 한 시간이 끝나 종이 울리면 약물 복용 정도와 장애의 종류에 따라 어떤 사람은 서둘러 종종걸음을 치고, 어떤 사람은 비틀비틀 걸어가고, 어떤 사람은 우왕좌왕 헤매면서 다음 교실로 향했고, 일부는 뜨거운 햇볕을 무릅쓰고 밖으로 나가 담배 몇 모금을 빨거나 휴대전화를 걸었다.

한 건물 안에 그렇게 많은 모임이 진행되는 건 처음 봤다. 우리는 인지행동 기술, 자기 주장을 표현하는 의사소통 기술, 우울과 불안(나는 1단계 초보자 모임에 속했다), 행동을 위한 일정 관리, 재발 방지, 충동 조절 등을 배웠다. 또한 스트레스 관리, 자기평가, 기분 조절, 긍정적인 이벤트 만들기, 가족 문제, 생활 변화, 의사소통 모임, 치료 계획, 계약서 작성 등에 대해서도 배웠다. 내 사례 관리자(case manager)인 스콧을 만나 목표를 달성할 때까지 모임에 참여하겠다고 계약서에 서명을 하고 나니 이제는 치료만으로 끝나는 게 아니라는 생각이 들었다. 나는 인지행동치료라는 극기 훈련에 돌입하게 된 것이다.

이 프로그램의 기법들은 변증법적 행동치료의 변화 전략들과 매우 유사했다. 이 프로그램은 행동과 감정을 조절하는 방식으로서, 자신의 생각을 다스리고 통제하는 방법에 주로 중점을 두었다. 내 첫 번째 인지행동치료 모임의 지도자는 키가 크고 금발인 수잔이었다. 수잔은 이렇게 말했다. "이 프로그램에서 한 가지 반드시 기억해야 할 내용이 있다면, 내 생각이 내 감정과 행동에 아주 깊은 영향을 미친다는 것입니다." 처음에는 이 말이 뉴에이지의 상투적인 경구로 들렸다. '긍정적으로 생각하면 모든 일이 다 잘될 거다!' 같은 말처럼 말이다. 하지만 수잔은 가령 '나는 뚱뚱하다' 같은 생각이 굶는 행동으로 이어질 수 있음을 훈련을 통해 보여주었고, 그로 인해 생각의 중요성을 점점 분명하게 깨닫게 해주었다.

인지행동치료의 새로운 언어를 익히는 데 제법 시간이 걸렸다. 변증법적 행동치료에서는 항상 정서적 마음, 이성적 마음, 지혜로운 마음이 공통으로 만나는 원에 대해 언급했다면, 여기에서는 생각, 감정, 행동이라는 인지행동치료의 삼각형에 대해 가르쳤다. 하지만 전문 용어와 일부 세부 내용을 벗기고 나면 결국 같은 내용이었다. 다시 말해, 통제력을 회복하기 위해 어린 시절 문제에만 매달릴 것이 아니라 자신의 의식을 향상시킬 필요가 있다는 것이다. 그 용어가 '마음관찰(mindfulness)'이든 '자기평가(self-assessment)'든 '바닥 다지기(grounding)'든, 이것은 우리를 허물어뜨리는 힘들을 이해하는 데 가장 중요한 첫 번째 단계였다. 인지행동치료에서는 일부 의식에 바라보기(observing)를 포함시키기도 하지만 의식의 중심은 어디까지나 분석과 평가였다. 우리는 자신의 감정을 평가하고, 보편적인 형태의 왜곡을 방지하기 위해 자신의 생각을 바라보며, 자신의 경험을 벗기고 벗겨 사실만 추려내고, 습관적인 반응을 대신할 새로운 전략을 만들었다.

  인지행동치료 프로그램에 참가한 지 일주일쯤 지나자 변증법적 행동치료 프로그램에 6개월 동안 참여했을 때보다 훨씬 더 이 이론으로 완전 무장되어 있었다. 한 시간 반의 두서없는 모임과 일주일에 한 번씩 해가는 숙제로 이루어진 변증법적 행동치료 모임은 이 프로그램에 비하면 주일학교 같았다. 나는 지금, 말하자면 신학교에서 본격적인 신학을 공부하고 있는 셈이었으며 여기에 한 가지 복음이 더 추가되었다. 그것은 변하고 변하고 또 변하라는 것이었다. 우리는 자신을 바르게 변화시키기 위해 여기에 모였으며, 그러려면 노력하고 노력하고 또 노력해야 했다. 나는 간단한 그래프와 도표와 목록을 만드는 일이 정말 좋았다. 이렇게 눈에 보이게 표를 만들어 기록하면 지금 내 안에서 벌어지고 있는 일들을 통제할 수 있다는 자신감이 더욱 강해졌다. 그러나 이 방법이 너무 엄격하고 골치 아프다고 생각하는 사람들도 더러 있었고, 특히 약을 복용하거나 수면장애가 있을 땐 집중하기 더 힘들어하는 것 같았다.

나는 이 접근방식을 높이 평가하고 프로그램의 내용을 충분히 이해했지만, 그럼에도 모임에 진득하니 앉아 있는 것이 여간 곤혹스러운 게 아니었다. 어떤 여자가 발로 바닥을 툭툭 치는 것 같은 사소한 행동들도 내 신경을 건드렸지만, 좁고 후텁지근한 방안은 그야말로 밀실공포증의 온상이었다. 자신을 건드리는 자극 요인들, 즉 변증법적 행동치료에서 말하는 '촉발 사건(promoting events)'에 대해 많은 논의가 있다. 새로운 의식 향상과 행동 변화는 대체로 상황을 어떻게 보고 어떻게 해석하느냐와 관계되며, 그것이 습관적인 반응으로 이어진다. 좁은 방에 다른 사람들과 함께 있는 것은 나에게 문제를 일으키는 가장 큰 자극 요인 가운데 하나인 것 같았다. 심장이 마구 뛰었고, 사람들이 나를 쳐다보는 것 같은 기분이 들기 시작했고, 이렇게 점점 압력이 커지면 마침내 폭발하기 일보 직전이 됐다. 이럴 때 얼른 방에서 탈출하고 싶은 생각뿐이었으며, 실제로 자주 방에서 나와 화장실로 가서 얼굴에 찬물을 끼얹은 다음 심장 소리가 진정될 때까지 화장실에 앉아 있다 들어가곤 했다. '화장실로 탈출하기'는 아마도 내가 최초이자 가장 오랫동안 이용한 감정조절 전략 가운데 하나일 텐데, 이 프로그램에 참여하는 사람들 대부분이 나와 유사한 문제를 가진 사람들이어서 그런지 화장실은 언제나 초만원을 이루었다.

내 자극 요인은 고립감, 과거에 대해 생각하기, 돈 관리, 무시당하는 느낌… 등, 단순히 사회적 접촉만으로는 해결하기 어려운 문제라는 걸 이내 깨달았다. 사실상 거의 모든 요인들이 나에게 당혹스러움을 촉발시키는 잠재력을 지니고 있음을 차츰 확신하기 시작했다. 이건 감정을 감싸는 피부가 벗겨진 상태에서는 생살이 드러나 가느다란 깃털이 스치기만 해도 쉽게 상처를 입게 된다는 리네한 박사의 설명과 상당히 유사했다(1993a). 내 인생이 허물어질 땐 이런 자극 요인을 방어하는 수단들도 약해져 나는 점점 모든 일에서 거의 항상 상처를 받았다.

상담사들의 격려 덕분에 나는 내가 하는 모든 생각과 반응을 의식하려 노력했다. 내가 마음에 들어 하는 상담사는 나에게 미소를 지어 보이지 않았으며, 뚜렷한 증거는 없지만 어쩐지 나는 그녀가 제정신이 아니라고 확신했다. 나는 내 부모님에 대해 그리고 그분들이 나에게 얼마나 무심한지에 대해 생각했고, 곧이어 보살핌에 대한 그분들의 생각과 내 생각이 다르다는 사실을 상기했다. 떠오르는 모든 감정의 정체를 확인하고 평가하려 애썼는데, 누가 경계성 인격장애 환자 아니랄까봐 모든 감정들이 정신없이 빠르게 지나갔고 종종 자기들끼리 서로 부딪치기도 했다. 그러고 보면 이런 식의 마음관찰은 마치 로데오 경기를 하는 것 같았다.

2주일 동안 정말 잘 견디고 있었다. 프로그램에 같이 참여하는 한 남자애가 내 신경을 건드리기 전까지는. 아니, 정확히 말해 나는 그 애가 내 신경을 건드리길 바라고 있었다. 나보다 못해도 열 살은 어려보이는 토드라는 이 남자애는 극심한 조울증 때문에 엄청난 양의 약을 복용했고 예수처럼 곱슬머리를 길게 늘어뜨리고 다녔다. 자신은 잘 모르는 것 같지만 아주 귀엽게 생겼는데, 이 아이를 보고 있노라면 그레이트풀 데드(Grateful Dead, 1960년대 히피 문화를 대표하던 밴드-옮긴이)가 한창 활동하던 시절, 밥 말리(Bob Marley, 자메이카의 작곡가이자 음악가-옮긴이) 노래를 몰래 따라 부르고 가끔 홀치기 염색한 옷을 입고 다니던 내가 알던 사내아이들이 떠올랐다.

처음엔 그에게 털끝만큼도 관심이 없었는데, 어느 날 점심시간에 매점 밖의 죽어가는 떡갈나무 아래 앉아 있을 때 테라스에 있던 토드의 목소리를 들은 다음부터 사정이 달라졌다. 나는 선글라스를 끼고 그를 바라보았다. 눈가로 흘러내리는 머리카락, 근육질의 다리, 빛바랜 티셔츠와 샌들. 그가 자기 실력이 출중하다는 걸 코트니 러브(Courtney Love. 그룹 너바나의 리더인 커트 코베인의 부인-옮긴이)에게 설득할 수만 있다면 당장에라도 커트 코베인(Kurt Cobain)을 대신해 너바나(Nirvana)를 재결합시키겠노라고 큰소리로 호언장담했을 때 그의 손가락 사이로 담뱃불이 타고 있었다.

마음속에서 무언가가 꿈틀대기 시작했다. 왜냐고 묻지 마시길. 나도 내가 왜 그러는지 알아보는 중이니까. 믿기 어려운 일이지만, 바보 같고 부적절하고 말도 안 되는 줄도 알지만, 토드와 자고 싶다는 욕망이 꿈틀대는 걸 느꼈다. 아니, 잠깐, 그래도 내 판단력이 아주 형편없지는 않았다. 또 다른 측면에서의 자기평가가 필요해서 그렇지. 바로 성적 욕망에 대한 평가 말이다. 어느 정도냐고? 정신 못 차리게 쭉쭉 높아지고 있다고 말하면 답이 될까? 그래그래, 나도 안다. 꼴사나운 걸 넘어서서 애처롭기까지 하다는 거. 차라리 의사한테 반하는 게 낫지, 이게 웬 주책인지. 내 성욕에 대해 1부터 10까지 점수를 매긴다면 몇 점 정도냐고? 다행히 아직은 3 정도지만, 사격 게임처럼 총을 쏴서 과녁을 맞힐 경우 순식간에 10까지 쭉 올라갈 수도 있었다.

나는 이 욕망이 나에게 엄청난 자극 요인이라는 걸 잘 알았기 때문에 토드를 향한 이처럼 갑작스런 열병을 있는 그대로 바라보려 노력했다. 나라는 사람은 사소한 상상 하나로도 행동을 결정할 능력을 잃어버리고 마니까. 그리고 토드에 대한 이런 감정을 충분히 통찰하고 스스로 평가를 내리고는 있었지만, 그렇다고 이 감정을 지우고 싶지는 않았다. 고통과 절망 속에서 보낸 6개월이라는 시간이 무색하게도 내 몸은 문득 예전 기억을 되찾고 있었다. 나는 지금 들떠서 안절부절못하고 있으며, 솔직히 말하면 이 감정을 멈추고 싶지 않았다. 오랜만에 다시 살아 있다는 걸 느꼈다. 손가락 사이로 가녀린 풀의 촉감을 느꼈고, 테라스에서부터 퍼지는 담배 냄새와 감자튀김 냄새를 맡으며 누군가에게 안겨 있는 아늑한 기억이 떠오르기 시작했다.

그러나 나중에 알게 되었지만 이 일에 대해 걱정할 필요는 없었다. 보아 하니 토드는 처방받은 약을 복용하지 않는 것 같았다. "예수한테 리튬 따위는 필요하지 않아요." 그는 자기평가 시간에 이렇게 말했다. "예수는 사랑으로 가득 차 있어요. 제가 얼마나 사랑이 충만한지 1부터 10까지 점수를 매긴다면 완전히 대가 수준인 거지요. 예수는 사랑하기 위해 사는 사람이니까요." 토드는 곧 병원에 입원했고, 덕분에 나는 다시 치료에 매진할 수 있었다. 이후로 나는 하루에 다섯 개씩 모임에 참여하는 바람에 필기하느라 손가락이 다 쑤실 정도였다. 그렇게 3주가 지난 어느 날 새로운 소식이 기다리고 있었다. 보험 혜택이 중단된 것이다.

8

악마와 춤을

마치 금단증상 같았다. 프로그램 과정을 모두 마친 후 나는 이틀 동안 침대에 널브러져 있었다. 마침내 기운을 차리고 일어났을 땐 상담사들이 모두 사라지고 없었다. 하긴 때는 벌써 8월이니 보스턴에 있는 정신과 의사와 심리학자, 상담사는 죄다 매사추세츠의 바위로 가득 찬 굴곡진 해변, 케이프코드로 떠났을 것이다. 달력이 8월 1일을 가리키자마자 모두들 사브(Saab, 스웨덴 자동차―옮긴이)와 볼보(Volvo, 스웨덴 자동차―옮긴이)에 짐을 싣고 아이들, 강아지들, 배우자들을 태우고서 그들의 환자인 우리들을 떠나 6번 도로를 향해 이른바 휴가라고 하는 대규모 탈출을 감행했다.

안나는 2주간의 휴가를 떠났다. 리튬 실험 이후로 내가 해고해버린 닥터 B 대신 고맙게도 내 치료를 담당한 닥터 M은 한 달 내내 보스턴을 비웠다. '평소와 같은 생활'의 토대를 마련하기 위해 변증법적 행동치료 모임에 다시 참여할까 했더니만, 몰리가 3주간 일광욕하러 가는 바람에 모임이 연기되었다. 혼자 남겨지는 걸 힘들어 하는 건 경계성 인격장애의 특징 가운데 일부라는 걸 이제는 나도 충분히 숙지하고 있었다. 인지 왜곡이 뭔지도 알고 있고 내 감정을 바라보고 말로 설명하는 법도 배웠지만, '아무런 치료도 받지 않는' 이 블랙홀 같은 상태에 처하자 한 주도 안 되어 다시 벽에 부딪치는 기분이 들었다. 어느 날 밤엔 피스타치오 아이스크림 반 갤런을 다 먹고는 토하기도 했는데 몇 년 만에 처음 있는 일이었다. 그런가 하면 침실과 욕실 사이를 대여섯 번씩 서성거리기도 했다. 마시의 서랍에서 플라스틱 면도기를 본 기억이 났다. 그리고 평소 상상하던 대로 마침내 침대에 반듯이 누워 숨을 거둔 내 모습과 엄마가 나를 발견하고는 언젠가처럼 괴로움에 못 이겨 비명을 지르는 모습이 머릿속에서 서로 충돌을 일으켰다.

대체 뭐가 잘못됐지? 이번에도 나는 심리치료와 사람들 탓을 하고 싶어졌다. 어처구니없는 일이지만, 그나마 이거라도 없었다면 달리 물고 늘어질 게 없었을 것이다. 나는 정말 최선을 다해 왔고 그건 전혀 과장이 아니라고 생각했다. 그러나 이 일로 핏대를 올릴수록 내 마음은 공허할 뿐이었다. 정신이 멍한 게 지금 이 순간이 비현실적으로 느껴졌다. 살갗 위로 피가 솟는 걸 보고 싶어졌다. 지금 내가 감정적인 마음 상태에 있다는 걸 잘 알고 있었다. 그리고 자해 충동을 느끼고 있다는 것도 인식하고 있었다. 처음엔 그저 내 몸속으로 숨고 싶다는 생각에서, 나중에는 밤이 깊어지다 보니, 이제는 한 발 더 나아가 자해로 아예 세상을 떠나고 싶다는 생각에 이르렀다. 뭔가 대안을 생각해내려 애썼지만, 내 멍청한 뇌는 내 생각을 평가하고 재구성하는 빌어먹을 작업 계획을 한 번 이상은 하지 못했다. 변증법적 행동치료에서 익힌 모든 기술들을 박박 긁어모아 보았지만, 죄다 아무 의미 없는 약어의 집합일 뿐이었다. 변증법적 행동치료에 관한 책들을 모두 꺼내 대충 훑어보았다. 틀림없이 뭔가 도움이 되는 내용이 있을 거다. 그때 다음과 같은 구절을 발견했다. "자살 충동을 느끼는 경계성 인격장애 환자들은 지금 이 순간 자신이 마지못해 살고 있다는 사실을 견딜 수 없어 한다."(Linehan 1993a, 107)

　이 대목을 읽는 순간 나는 본능적으로 형광펜을 찾았다. 어쩌면 지금 이 순간 나는 근본적인 변화를 겪고 있는지도 몰랐다. 면도기를 내려놓고 이 구절을 한 번 더 읽었다. 경계성 인격장애 진단이 내려졌을 때처럼 안도감이 느껴졌다. 이거야말로 진실이 주는 위안이었다. 다른 사람들은 왜 이걸 깨닫지 못하는 걸까? 지금까지 내가 참여한 프로그램들은, 나는 계속 벼랑 끝으로 내몰리고 있는데도 점점 나아지고 있으니 안심하라고 주장해놓고는 결국엔 나를 확 밀어내곤 했다. 하지만 리네한 박사는 알고 있었던 거다. 우리 같은 경계성 인격장애 환자들은 겉으로는 멀쩡하게 보일 때조차 지옥에서 살고 있다는 사실을. 이 구절을 다시 한 번 읽고 마음 깊은 곳에서부터 안도감을 느끼자 나도 모르게 눈물이 흐르기 시작했다. 리네한 박사가 경계성 인격장애 환자를 감정에 화상을 입은 피해자로 정의했다는 사실이 다시금 떠올랐다(1993a). '**내가 또 불에 타고 있구나. 그렇다면 어딘가 안전한 곳으로 피해야겠다.**' 나는 이렇게 생각하고 보험회사에 전화를 건 다음 짐을 싸서 병원으로 향했다. 병원에 도착한 후 곧바로 2층으로 안내를 받아 의사와 상담을 했다. 의사는 내 담당 치료사들이 모두 휴가 중이라는 사실에 주목하고 단기입원실, 그것도 지난번 방과 똑같은 방에 입원하도록 배려했다.

　이 병원 단기 입원실에서 보내는 두 번째 입원 기간은 고작 사흘에 불과했다. 하지만 마침내 중요한 일이 일어났다. 겉으로는 사소해 보이지만 이 일은 내 삶의 모든 것을 바꾸어 놓았다. 다시 만난 사회복지사 캐럴은 이렇게 말했다. "자꾸 이러다간 나중엔 이렇게 쾌적한 병원에 입원하기 힘들어져요."

"그게 무슨 말이죠?"

"그러니까, 계속 병원 신세를 지는 장애 환자들은 결국 주립병원으로 가게 돼요." 캐럴은 목소리를 죽이며 말을 이었다. "장담컨대 그런 병원에서는 행복하게 지내기 힘듭니다."

아니 뭐, 여기에서는 퍽이나 행복하게 지내는 줄 아나? 나는 혼자 힘으로 내 기분 하나 다스리지 못해 병원이나 들락거리는 사람이 아니라는 걸 밝히기 위해 수백 번도 더 변명을 해댔다. 그저 하루 빨리 낫길 바랄 뿐이라고. 여기에 있는 게 제일 안심이 돼서 온 것뿐이라고.

"담당 치료사가 누구지요?" 캐럴이 내 기록들을 획획 넘기면서 물었다. 나는 내 담당 치료사는 휴가 중이라고 말했다.

"아니요, 누구냐고요. 이 병원에 있는 사람 중에 누구 안면 있는 사람 있어요?" 글쎄, 내 담당 치료사가 이 병원에 있는 누군가하고 연락을 취하는지 어쩌는지 내가 알 게 뭐람. 비밀리에 전화를 해서 내 이야기를 하는지는 모르겠지만, 내가 그럴 만큼 중요한 인물도 아니고.

캐럴은 계속해서 기록을 넘겨보더니 이해가 가지 않는다는 표정으로 나를 바라보았다. "심리치료사를 두는 게 어때요?"

"안나가 심리치료사 아닌가요?"

"안나는 약물중독과 알코올중독 상담가예요. 당신은 변증법적 행동치료에 관한 교육을 받은 사람이 필요해요."

"변증법적 행동치료 전문가를 구할 수 없다고 하던데요."

캐럴은 고개를 젓더니 자리에서 일어났다. "그렇긴 하지요. 하지만 이 병원 밖으로 나가면 찾을 수 있어요." 캐럴은 성난 표정으로 말을 이었다. "제가 몇 군데 전화해볼게요." 다음 날 아침 캐럴은 내 병실에서 나를 찾더니 종이 한 장을 건넸다. 이렇게 해서 나는 케임브리지(하버드, MIT 등의 대학이 있는 매사추세츠 주의 한 도시-옮긴이)에 위치한 다른 변증법적 행동치료 프로그램에 예약을 하게 됐다.

"작은 비밀 하나 말해줄까요." 캐럴이 문을 닫으려다 말고 말했다. "지금까지 당신이 참석한 프로그램은 진짜 변증법적 행동치료가 아니에요."

"그게 무슨 말이에요? 난 변증법적 행동치료 기술을 가르치는 모임에 참여하고 있는데요?"

캐럴은 손으로 머리카락을 헝클어뜨리더니 머리를 가로저으며 말했다. "세상에 일주일에 한 번만 모이는 변증법적 행동치료 프로그램이 어디 있어요? 당신은 제대로 된 프로그램에서 정확하게 훈련받은 치료사에게 치료를 받아야 해요. 필요할 땐 언제든지 전화로 지도 받고 기술을 익히는 모임에도 참석해야 하고요. 지금 당신은 당신에게 필요한 치료를 전혀 받지 않고 있다고요."

도대체 이게 무슨 소린지 이해가 되지 않았다. 뭐 이런 말도 안 되는 일이 다 있담! 그러니까 뭐야. 내가 경계성 인격장애 진단을 받았지만, 그게 뭔지 아는 사람은 아무도 없고, 심지어 안나는 계속 내가 경계성 인격장애가 아니라고만 말하고 있다. 게다가 변증법적 행동치료가 도움이 될 거라고 해서 모임에 참석했는데, 기껏 참석한 모임은 진짜 변증법적 행동치료가 아닌 것 같다니. 어쩐지. 그랬으니 지금껏 내 상태가 왜 이렇게 호전되지 않는지, 대체 내가 뭘 잘못하고 있는 건지 내내 의문을 가질 수밖에. 이제 누굴 믿어야 하지? 캐럴도 똑같이 나를 속이는 거라면 난 어떻게 하지? 뭘 어떻게 해야 도움이 되는지 속 시원하게 말해줄 사람이 정녕 **아무도** 없는 건가?

"제 말 잘 들으세요." 캐럴이 말했다. "쉽지는 않을 거예요. 심리치료사와 변증법적 행동치료 모임을 기다리는 대기자들이 많고, 다음 모임까지는 한 달이나 기다려야 해요. 하지만 당신은 지금 당장 뭔가를 시작하지 않으면 안 돼요. 이 프로그램에 참가하면 다음에 여기에 못 올지도 모르지만 어쨌든 이 기회를 놓치면 안 돼요."

혹시 이렇게 예약을 하게 해놓고는 나를 주립병원 구석탱이 병동에 가두려는 거 아닐까? 경계성 인격장애가 아닌 멀쩡한 사람도 이런 상황이 되면 에라 모르겠다, 두 손 두 발 다 들고 말 테니 말이다. 아무튼 이 일로 나는 본의 아니게 새 프로그램에 참여하게 되었고, 이제 이 프로그램에 매달리려 애썼다. 이 미친 짓의 다음 모임이 시작되기 전, '기분과 우울을 위한 프로그램(MAP)'이 끝날 때까지 무사히 보험 적용을 받길 바라면서.

나는 단기 입원실에서 퇴원한 후 일련의 새로운 계약을 맺고 다시 '기분과 우울을 위한 프로그램' 모임에 가입했다. 내 사례 관리자 스콧이 이번엔 내 회복기 치료 계획에 더욱 관심을 쏟았다. 아마도 이제는 내가 쉽게 포기하지 않으리라는 확신이 드는 모양이었다. 스콧은 내가 다른 변증법적 행동치료 프로그램에 참여하는 것이 나에게 최선의 선택이라는 데 대해 동의했다. 그리고 특히 내가 돈이 없고 안전하게 지낼 곳이 마땅치 않다는 점을 고려해 가족들도 이 프로그램에 참여하길 바랐다.

가족들에게 도와달라고 부탁하거나 심지어 내가 어떤 일을 겪고 있는지 까발린다면, 가슴 속에 생긴 커다란 상처를, 언제나 가시 박힌 철사로 꿰매어 덮고 남들 눈에 보이지 않게 애써 감추고 다닌 그 상처를 다시 들쑤시게 될 것 같았다. 그리고 내 과거가 내게 뭔가 가르친 게 있다면, 내 병이 우리 가족에게 두려움, 분노, 비난, 거부 같은 온갖 종류의 부정적인 성향을 촉발시킨다는 것이었다. 정말이지 나는 내 인생을 더는 엉망으로 만들고 싶지 않았기 때문에 스콧에게 부모님은 아주 멀리 살고 있다고 말했다. 사실 이건 거짓이 아니었다. 내 현실과 부모님의 현실은 달라도 많이 달랐으니까.

그러나 학기가 시작되어 엄마가 발리에서 돌아올 때를 대비해, 엄마가 마음의 준비를 할 수 있도록 귀띔할 필요는 있었다. 그동안 몇 차례 엄마와 전화 통화를 하면서 내 상태가 악화되고 있다고 최대한 얼버무리며 설명하기는 했다. 그리고 이제, 얼마 전에 병원에 입원했다는 사실을 엄마에게 말하자, 아니나 다를까 곧이어 늘 똑같은 패턴의 골치 아픈 연쇄반응이 일어났다. 엄마의 떨리는 목소리가 멀리 발리에서 여기까지 생생하게 들렸다. 엄마는 금방이라도 울음을 터뜨릴 것 같은 말투로, 상태를 개선하기 위해 어떤 조치를 취했는지 물었다. 인생에서 낙오된 지금의 내 모습이 엄마가 자초한 잘못은 아니라고 생각하는 걸 보면, 엄마는 어쩌면 스콧이나 단기 입원실 의사들하고 서로 교신이라도 하고 있는지도 몰랐다. 엄마는 내 고통에 몹시 가슴 아파했고, 엄마로서 감당할 수 없다는 사실에 마음이 무거웠다. 그래서 차라리 나를 외면했다.

"요즘엔 밤에 통 잠을 못 잔단다." 엄마가 말했다. "이제 네 심정을 좀 알 것 같지 뭐니!"

"집에 오면 내가 먹던 수면제 좀 덜어줄게."

"얘는, 지금 문제가 심각하다니까!"

매일같이 반복되는 내 악몽과 그 때문에 꿀꿀해지는 엄마의 기분,

이 둘 중에서 엄마는 뭘 더 심각하게 생각하는 걸까? 아빠는 내 상태를 알고도 거리를 유지하고, 엄마는 산소 탱크도 없이 과감하게 내 절망 속으로 뛰어들지만 불과 몇 분도 안 되어 수면 위로 올라와 서둘러 해변으로 달아났다. 엄마와 내가 물레방아 바퀴 속에 갇힌 꿈을 꾼 적이 있었다. 우리는 바퀴에서 빠져 나오려고 필사적으로 노력해 겨우 서로를 구하긴 했지만, 한 사람이 물속으로 빨려 들어갔다가 간신히 수면 위로 나온 후 다른 한 사람이 기진맥진 쓰러져 있는 모습을 속수무책으로 바라보았다.

그해 내내 나는 한편으로는 엄마가 돌아오길 기다리면서도 다른 한편으로는 엄마가 돌아올까 봐 몹시 두려웠다. 내 상황을 모두 이해하게 되면 엄마는 정말로 허물어질 테니 말이다. 우리의 나약함이 서로를 거듭거듭 무너뜨렸다. 하지만 나는 엄마가 필요했다. 나는 언제나 엄마가 필요했다. 엄마의 존재는 나를 고통스럽게 했지만 그만큼 나를 달래주었다. 나는 지금도 엄마의 무릎에 파고들고, 엄마의 부드러운 뺨에 내 뺨을 맞대고, 엄마에게 꼭 안기고 싶은 강렬한 욕구를 갖고 있었다.

엄마에게 입원했다는 사실을 말할 때 나는 엄마 가슴에 대못을 박고 있는 것 같은 기분이 들었다. "치료가 효과는 있니?" 엄마가 물었다. "새로 바꾼 약은 좀 어때? 안나는 뭐라니, 지금 하고 있는 치료에 대해 어떻게 생각한다든?"

통화가 끝날 무렵 엄마도 울고 나도 울었다. 그리고 우리 둘 다 이렇게 말했다. "어떻게 해야 할지 모르겠어."

'기분과 우울을 위한 프로그램' 일정에 몇 가지 모임이 더 추가됐

다. 생활 전환, 행동 일정 관리, 회복 후 치료 계획 등, 이 모임들은 모두 보험회사가 혜택을 중단하는 즉시 곧바로 퇴원해야 하는 상황에 대비한 것이었다. 보험 혜택 여부가 결정되기 전, 스콧은 나에게 2주 동안 위의 세 가지 모임에 참여하도록 주선했다. 이제 나는 정신 건강 서비스계의 '막강 이용자'로 알려지게 됐는데, 가만 보니 보험회사는 서비스가 많이 필요한 사람일수록 어떻게든 혜택을 덜 주려 하는 것 같았다. 나는 전에 본 적이 있는 카이트와 세이디 두 여자아이를 제외하고는 다른 사람들과 전혀 어울리지 않았다. 두 여자아이는 '기분과 우울을 위한 프로그램'에 들어올 때 이름을 바꾸기로 결심했기 때문에 나는 그들의 진짜 이름을 알지 못했다. 나도 그들처럼 이름을 바꿔볼까 생각했지만, 누가 진정한 경계성 인격장애 환자 아니랄까봐 매일 다른 이름이 떠올랐다. 토드는 한껏 멋을 낸 소년 같은 모습으로 그 어느 때보다 초롱초롱한 눈빛을 하고 돌아왔다. 하지만 나는 거리를 유지하려 애썼다.

모임에서 내 생활에서 일어날 수 있는 여러 가지 상황들을 꼼꼼하게 계획할 시간을 갖지 못할 땐 스콧과 함께 실제 상황에서 인지행동 치료 기술을 적용할 수 있는 방법을 연구했다. 나는 큰맘 먹고 용기를 내 사람들 속에 섞이거나 압박감에 시달릴 때면 마음이 불안해져서 번번이 생각이 얼어버렸기 때문에, 의도적으로 평소에 조금씩 이런 자극 요인을 접하려 노력했다. 내가 보기에 이 방법은 꽤 믿을 만한 진짜 행동치료 방법인 것 같았다. 새로운 대처 기술을 이용하는 동시에 불안을 유도하는 자극에 차츰 노출시킨다면, 마침내 자극에 둔감해져서 평소와 다르게 반응하게 될 것이다. 그래서 나는 하버드 광장행 버스를 탔다. 하버드 광장에 도착하자 식은땀이 나고 머리는 어질어질한 데다 심장은 사정없이 쿵쾅대는 바람에, 나는 하버드 쿱 서점의 화장실로 들어가 얼른 몸을 숨겼다. 일단 고르게 숨을 쉬게 되자 서점 3층의 심리학 코너 근처에 있는 의자에 앉아 평가지를 꺼내 내 생각과 감정에 점수를 매겼다. 나중에 홀푸드마켓(Whole Foods Market, 뉴욕의 친환경 유기농 마트—옮긴이)에서 장을 볼 땐 산양유 치즈를 살펴보는 내 앞을 자꾸만 어슬렁거리는 어떤 인간을 발로 확 걷어차고 싶었지만, 번개처럼 스치는 폭력을 향한 욕망을 잠재우고 몇 차례 심호흡을 한 다음, 독특한 질감의 구슬로 만든 팔찌를 빼서 눈을 감고 구슬이 손가락에 닿는 느낌에 집중했다. 이것이 이른바 기초 다지기다. 그런 다음 기분 점검표라는 평가지를 꺼내 작성했다. 요즘 나는 이런 평가지들이 빽빽하게 꽂힌 바인더를 몇 권씩 가지고 다녔다.

이제는 외출을 해도 전보다 차분해진 걸 보면 이 방법이 효과를 보긴 보는 것 같았다. 스콧도 무척 흐뭇해했다. 토드만 없었더라면 나 역시 제법 진전을 보이고 있다고 생각했을 것이다. 하지만 불행히도 토드가 다시 나를 유혹하는 것 같았고, 카이트와 세이디와 함께 하는 시간이 많아질수록 나는 점점 음탕해졌다. 우리는 '기분과 우울을 위한 프로그램'의 쉬는 시간마다 출입문 바깥의 풀이 우거진 작은 언덕에 앉아 각자의 과감한 성생활에 대해 이야기했다. 세이디와 나는 아무하고나 닥치는 대로 잠을 자는 거며, 더 별나게도 그 남자들 한 명 한 명의 이름과 신상을 낱낱이 기억하는 거며 기가 막히게 죽이 잘 맞는다는 사실을 알게 됐다.

토드는 가끔 담배를 피우기 위해 쭈뼛쭈뼛 우리 쪽으로 다가와 우리 여자들만의 수다를 듣다 가곤 했다. 어느 날 오후 토드는 이렇게 말했다. "내 옛날 여자친구는 내가 예수라고 생각할 때 나하고 섹스하는 게 제일 좋다고 했어."

이런, 젠장. 아무래도 나 이 얘기에 완전 꽂힌 거 같았다. "그 여자친구 말이 무슨 뜻이야?" "그럴 때 네 기분은 어땠는데?" "그런 예수 역할 얼마나 자주 하고 다녀?"

토드가 어기적거리며 자리를 뜨자 세이디는 얼른 내 속마음을 알아차리고는 내 팔에 손을 얹었다. "남자가 아니라 햇병아리야." 세이디가 말했다. "적어도 여기에서는 말이야."

하지만 나는 이미 토드에게 푹 빠져버렸다. 그의 젊음이 풍기는 어떤 기운이—그리고 아무리 많은 양의 기분 안정제로도 잠재울 수 없는 주체하지 못할 만큼 광적인 에너지가—마음에 들었다. 나는 내 속에서 활기가 솟구치는 걸 느끼며 얼굴 위로 쏟아지는 햇볕을 받으면서 다시 나무 아래에 앉았다. 지나가는 열병으로 그치길 진심으로 바랐지만, 다음 날 아침 눈을 떠 온몸을 휘감는 행복을 느끼면서 이거 정말 큰일 났다는 걸 직감했다. 흡족함, 만족, 그런 종류의 행복이 아니었다. 그보다는 설레고 들뜬 마음에 어서 빨리 그 애를 보기 위해 서둘러 샤워를 하러 갔다. 나는 내 모습을 대변하는 것 같은 정신없는 옷장을 뒤지고 뒤져 히피 스타일 원피스와 샌들을 꺼냈다. 몇 년 전 싫증 난다고 내다버리지만 않았다면 파출리 오일도 듬뿍 발랐을 것이다.

인지행동치료 모임에서 세이디는 나를 보더니 '쿰바야(Kumbaya, '주님, 여기에 임하소서'라는 의미의 미국 흑인 영가—옮긴이)' 노래를 부르기 시작했다. 내 걸음걸이에는 통통 활력이 느껴졌고 모든 상황이 잘 돌아가고 있었다. 마침내 아침나절에 복도에서 언뜻 토드를 보게 될 때까지는 그랬다. 나는 추파를 던질 만반의 준비를 하고 있었지만, 토드가 나에게 눈길 한 번 건네지 않은 채 스윽 지나가자 그만 가슴이 쿵 하고 내려앉았다. 그의 시선이 딱히 무언가를 향해 있지 않았던 건지, 아니면 그가 의도적으로 나를 보려고 하지 않았던 건지 잘 모르겠다. 어쨌든 나는 엄청난 충격에 빠져 헤어날 줄 몰랐다. 마치 공중그네에 올라타 있다가 다음 그네를 잡으려는 순간 그네를 놓치고 허공 아래로 곤두박질치는 기분이었다. 아니, 그보다 더 최악이었다. 구원의 손길을 기대했건만, 구원은커녕 나를 불태워버릴 화염방사기가 떡 하니 놓여 있는 꼴이었다. 거부당하는 것에 대한 민감도를 과장해서 말하면 그랬다. 어쨌든 고통의 구렁텅이 속으로 곧장 급강하한 바람에 나는 적극성 훈련 과정을 따라가기가 어려워졌다. 특히나 이렇게 한번 거절을 당하고 나면 고통을 견딜 수 없는 차원에서 그치는 것이 아니라, 누가 됐든 나를 거부한 사람의 관심을 받고 싶은 욕망이 걷잡을 수 없이 커졌다. 그래서 나는 지금 토드에게 완전히 사로잡혀 버렸다. 그가 정신병원에서 살든, 그와 이야기를 한 게 고작 두 번밖에 안 되든, 그가 기본적인 대화를 할 능력조차 제대로 갖추지 못했든, 그런 건 아무런 문제가 되지 않았다. 욕망에 갇혀버린 나는 예수와 섹스를 하기 위해 그가 다시 정신병에 시달리길 바랄 뿐이었다.

"지금 상당히 예민해 있군요." 그날 이후 스콧을 만나자 그가 이렇게 말했다.

나는 머리를 흔들며 큰소리로 외쳤다. "왜 항상 이 모양이지요?" 주책없이 누구한테 반했다고 이렇게 괴로운 게 아니었다. 일종의 심각한 문제, 이를테면 이성을 가린 채 단번에 나를 사로잡는 욕망, 나를 조종하고 모든 현실을 바늘 끝만큼이나 좁혀버리는 내 욕망이 이런 식으로 적나라하게 드러나 버린 것이다.

"토드가 주변에 있으면 토드에게 몰입하게 돼요. 기초 다지기 훈련을 해서 자기 자신을 되찾도록 하세요."

나는 고개를 끄덕였고 코를 훌쩍이면서 다른 인지행동치료 모임으로 향했다. 이 모임에서는 최근 당면한 문제에 대한 사슬 분석 평가지를 작성했다. 사슬에 연결된 각각의 고리 안에 자신을 고통으로 이끄는 생각이나 감정, 행동을 기록했다. 나는 내 평가지에 '경계성 인격장애 환자의 욕망의 사슬'이라는 제목을 붙였다. 그러고 나서 고리 안에 다음과 같은 단어들을 적어나갔다. 관계. 단절. 갈망. 절망. 자기혐오. 자살 충동. 다시 관계를 맺으려는 필사적인 시도. 더 크게 거부당함.

나는 항상 사슬의 첫 번째 고리 단계에서는 강한 욕망으로 날아오르기 시작하지만, 끝에 가서는 그것이 내 목을 죄고 자기혐오와 절망으로 나를 무겁게 짓누르고 말았다. 나는 토드를 극복해야 했다. 혹시 누구 때문에 자살 충동을 느끼게 된다면, 최소한 두 개 이상의 구로 이루어진 문장을 말할 줄 아는 사람이어야 할 것이다.

카이트, 세이디, 나, 이렇게 우리 삼총사 가운데 경계성 인격장애가 있는 사람은 나 한 사람뿐이었는데, 재미있게도 우리 가운데 이름을 바꾼 적이 없는 사람 역시 나 한 사람뿐이었다. 토드의 성생활을 다 듣고 난 후, 당장 버켄스탁(코르크 소재의 샌들 상표명-옮긴이)을 신고 더는 겨드랑이 털을 밀지 않겠노라고 결심한 사람 역시 그들이 아니었다. 베넷(그리고 알렉시스)과 깨진 후 내 정체성은 다른 형태를 갖추길 기다리며 다시금 날로 모호해지고 있었다. 어느 땐 갈망에 대한 반응으로, 어느 땐 혐오감에 대한 반응으로 정체성이 형성되었으며, 이렇게 수시로 달라지는 내 정체성은 그때그때 바뀌는 음악과 옷을 통해 드러냈다. 어느 땐 라텍스 재질의 딱 붙는 옷을 입고 매사에 거칠게 반응하는가 하면, 어느 땐 히피가 되어 인도의 사라사(꽃,

새, 기하학 무늬 등을 넣어 직조한 인도산 면직물―옮긴이)를 입었다. 내 안의 다양한 부분들은 동시에 공존하지 못하는 것 같았다. 여름이 가고 내 삶이 계속해서 바닥을 치는 동안, 그토록 열심히 노력하고 누구보다 치료를 갈망하던 나, 키라와의 관계는 이런 식으로 점점 소원해지고 있었다.

시간이 가면서 토드에 대한 관심도 어느 정도 시들해졌다. 이제는 밥 말리가 나에게 오늘 하루도 '활기차게(lively up)' 시작하라고 말하든 말든 관심 없었다(밥 말리가 부른 〈Lively up yourself〉를 빗대어 하는 말―옮긴이). 요즘엔 나인 인치 네일스(Nine Inch Nails)와 트렌트 레즈너(Trent Reznor)가 기계음 사이로 외치는 부르짖음만이 나를 만족시켰다. 8월에는 저녁마다 귀에 이어폰을 꽂고 침대에 누워 거침없는 뇌우와도 같이 내 온몸을 뒤흔드는 그의 애가(哀歌)를 들었다. 온 세상에 대고 제 목소리를 내는 그의 용기가 부러웠다. 그는 고통과 분노로 자기 자신을 몰아세우기보다 차라리 악을 쓰고 울부짖었다. 그리고 그의 이런 면이 나를 즐겁게 했다. 비록 나 자신의 분노가 불쑥불쑥 수면 위로 떠오를 때면 어쩔 수 없이 부끄러움을 느낄지라도. 내 분노는 용기를 드러내지 않았다. 그저 내가 나쁘다는 것만 더욱 확인시켜줄 뿐이었다.

나는 마음관찰 연습을 중단하지 않으려 노력했다. 이 연습을 하는 동안 나는 최고조에 달해 저희들끼리 충돌을 일으키는 감정들, 수시로 들락거리며 변하는 관점들을 바라보았다. 서로 상반된 힘들이 내 안에서 싸움을 일으켰다. 나는 회복하고 싶었다. 나는 죽고 싶었다. 나는 사랑받고 싶었다. 나는 만나는 사람마다 그 얼굴에 침을 뱉어주고 싶었다. 이처럼 극단적인 변화들이 나를 지치게 했다. 이런 내 변화들이 다른 사람들을 당혹스럽게 만든다는 것도 알고 있었다. 그런데도 이런 상태에 재차 가속도가 붙었다. 내 변덕스러운 자아는 지금 확고한 발판을 달라고 아우성치고 있는데, 나는 자꾸만 미끄러져 넘어지고 있었다. 경계성 인격장애 환자들은 악마와 씨름하는 데 도가 튼 사람들이다. 문제는 항상 우리가 지는 것 같다는 데 있다. 지겹도록 긴 싸움 끝에 결국은 악마와 손을 잡고 만다. 그것 말고 달리 어떤 선택이 있겠는가?

금요일 밤, '기분과 우울을 위한 프로그램'을 마친 후 불쑥 찾아온 텅 빈 주말을 앞두고 침대에 누워 나인 인치 네일스를 들었다. 그리고 생각했다. '지금까지 도움을 구하려고 무던히도 노력해왔어. 그런데 봐. 빌어먹을, 어디에서도 도움을 얻지 못했잖아.' 다음 순간 나도 모르게 침대에서 벌떡 일어나 앉아 너무나 분명한 사실을 깨달았다. 살아남고 싶다면 나 자신에게 쏟는 에너지를 다른 곳으로 돌려야 한다. 더는 일벌이 되어서는 안 된다. 탄원하는 사람은 언제나 무력함을 느끼고 도움만 청하며, 욕망을 품은 사람은 아무런 보답을 얻지 못한다. 이 절망과 분노를 힘으로 바꾸어야 한다.

주말이 오기 전에 스콧이 내게 했던 마지막 말은 내 모습과 내 힘을 찾아야 한다는 것이었다. 나도 그렇게 생각했다. 그가 의도한 의미와 같지 않을지 모르지만, 경계성 인격장애 특유의 '불안정한 자아의식'에도 불구하고 세상 그 무엇도 나를 구할 수 없었으며, 나는 근본적으로 엉망진창인 사람이라 더는 호전될 기미가 보이지 않는다는 내면의 확신과 이 확신으로 만들어진 어떤 힘이 내 안에서 자라고 있었다. 별짓을 다 해봐도 승산이 없을 때 여러 가지 상황이 벌어질 수 있다. 완전히 허물어져 무력함과 억울함을 느낄 수도 있고, 이 상태에서 달아나 세상이 달라지길 바랄 수도 있다. 혹은 표독한 여자처럼 거칠고 어두워져 골치 아픈 존재가 될 수도 있다. 어릴 적 내가 그랬던 것처럼. 10학년 어느 날 나는 잠에서 깨어 일어나, 별안간 머리카락을 싹둑 자르고 입던 옷을 죄다 내던지고는 머리부터 발끝까지 검은색으로 친친 둘렀다. 사람들은 내가 관심을 받고 싶어 그러는 거라고 말했고, 나는 일부러 더 반항적이 되어 더 많은 약물을 복용해야 했다. 하지만 세상은 나에게 계속해서 문을 닫아걸고 나는 고통 외에 아무런 감정도 느끼지 못한다면, 이렇게 끊임없이 가식적으로 구는 것이 무슨 소용이 있겠는가?

나는 지하실로 내려가 여행 가방을 열었다. 가방 안에는 내가 이런 상태일 때만 입는 특별한 복장이 있었다. 라텍스 재질의 코르셋과 가죽 장갑, PVC 소재의 목에 꼭 끼는 목걸이, 그리고 허벅지까지 오는 긴 부츠. 케임브리지에는 맨레이라는 클럽이 있는데 금요일 밤이면 페티시스트들이 이곳에 총출동을 했다. 이 클럽은 육욕과 화려한 쇼, 뒤바뀐 성 역할이 다양하게 뒤섞여 있으며 고통이 쾌락으로 둔갑했다. 지금 당장 내가 있어야 할 곳은 바로 이곳이었다. 지금 당장 내가 나 자신이 될 수 있는 곳은 바로 이곳이었다. 실제로 나는 지금 베넷을 만날 때 입었던 라텍스 속옷을 입고, 손목과 목에 가죽 장신구를 둘렀으며, 검정색 아이라이너로 눈가를 짙게 칠했다. 클럽 대기실을 지나니 벌써부터 안도감이 들기 시작했다. 음울한 고스 음악(goth music, 1980년대에 유행한 음악의 한 형태. 가사가 주로 세상의 종말, 죽음, 악에 대한 내용을 담고 있다-옮긴이), 라텍스 인형들, 개 목줄을 두른 남자들 속에 둘러 싸여 있으니 대인공포증은 온데간데없이 사라졌고, 기계음의 강렬한 리듬과 정향 담배 냄새가 순식간에 나를 꿈결 같은 상태로 데려다 주었다. 베넷을 만나 혀와 유두의 피어싱을 빼기 전, 그 특별한 소굴에 빠지기 전에 와보고 처음이니까 굉장히 오랜만에 와 보는 것이었다.

　나는 어둠에 둘러싸인 채 벽을 따라 나란히 놓인 의자에 앉아 댄스 플로어를 바라보았다. 그리고 토닉 워터를 마시면서 란제리 차림의 두 소녀와 가죽옷을 입은 대머리 남자가 현란하게 허리를 돌리며 춤을 추는 모습을 지켜보았다. 좀 더 넓은 방으로 들어가 벨벳 소파에 앉아서 머리 위 비디오 스크린을 바라보았다. 비디오 속 여자들은 쉴 새 없이 공중제비를 돌면서 서로 옷을 벗긴 다음 비닐 랩을 씌웠다. 저쪽 구석에서는 그물 스타킹을 신은 덩치 좋은 여자가 남자의 손목과 발목을 나무 십자가에 매달고는 가죽 채찍으로 남자의 가슴을 내리쳤다. 그 옆에서는 한 무리의 사람들이 모여 서서 자기 차례를 기다리고 있었다.

　나는 몸에 상처를 입히려고 여기에 온 것이 아니었다. 육체적인 고통은 나에게 흥분을 일으키지 않았다. 내 경우 자해를 하려는 충동은 성적 흥분과 전혀 관계없는 동기에서 출발했다. 다시 말해 나에게 고통은 단지 다른 형태의 고통을 덜기 위해서만 필요했다. 솔직히 나는 나 자신이나 다른 사람을 다치게 하고 싶지 않았지만, 이곳은 일종의 가족 모임을 연상시켰고 사디스트와 마조히스트들은 내 친척들 같다는 생각이 들었다. 나는 채찍을 휘두르지 않고도 얼마든지 사나울 수 있었다. 나는 성적 충동을 느낄 수도 있었고 그것을 통제할 수도 있었다. 밤이 깊어질수록 사람들이 점점 몰려들었다. 플로어 위에는 수많은 몸뚱이들이 물고기 떼처럼 이리저리 방향을 바꾸기 시작했다. 나는 울타리를 이룬 몸뚱이들의 소용돌이 속으로 걸어 들어가 어떤 마법이 일어나는 걸 느꼈다. 내 몸의 중심이 뱅글뱅글 돌더니 허물어져 버렸다. 리듬과 움직임으로 뒤범벅이 된 이 양수(羊水) 안에서 나는 다시 인간의 영역으로 복귀했다. 섹스도 사랑도 아닌 바로 이 양수만이 나를 인간 세상과 연결시켜주었다. 아무도 내게 너무 가까이 접근하지만 않는다면…. 어떤 남자가 한참 동안 내게 눈길을 떼지 않는다는 걸 느끼는 순간 나는 곧바로 자리를 이동했다. 이런 경우 내가 어떻게 행동할지 똑똑히 알고 있었기 때문이다. 누군가의 손길이 닿는 순간, 나는 온몸의 힘이 쭉 빠지고 또다시 사랑을 애걸하게 되리라는 걸 말이다. 오늘 밤 나는 누군가의 손길을 간절히 원하는 내 마음을 끊어냈다. 하지만 만일 누군가의 손길이 내 몸에 닿았다면 애써 잠재운 감정이 신이 나서 들고 일어났을 것이다. 그리고 나는 다시 무력한 상태로 돌아갔을 것이다.

엄마가 돌아왔다. 엄마는 짐을 풀자마자 월섬으로 와서 내게 점심을 사주었다. 은으로 만든 팔찌들, 수를 놓은 스카프 여러 장, 조각된 상자 하나, 터키석으로 만든 귀걸이 등, 엄마의 품에는 지난 1년 동안 엄마가 외국에서 사 모은 선물이 하나 가득이었다. 우리는 태국 식당으로 가서 무디 스트리트가 마주보이는 창가에 앉았다. 엄마는 요즘 내가 외출한 적이 있는지 물었고 나는 금요일 밤에 클럽에 춤추러 갔다가 금방 나왔다고 말했다.

"더 자주 외출하거라." 엄마가 말했다. "그렇게 어쩌다 한 번씩 나가니까 한 번 외출할 때마다 가벼운 트라우마를 입는 거야. 자주 외출하면 그 환경에 점점 익숙해질 거다." 나는 내 광장공포증을 알아봐 준 엄마가 고마웠다. "그리고 만날 그 어두컴컴한 데만 돌아다니지 말고." 엄마가 덧붙였다. "적극적으로 사람을 사귀도록 노력하렴. 사람들과 이야기도 하고 말이야."

그때 웨이트리스가 맛있는 냄새를 풍기며 김이 모락모락 나는 접시를 들고 나타났다. 웨이트리스는 식탁 위에 음식을 차린 후 엄마와 태국의 거리음식에 대해 이야기했다. 웨이트리스는 생기발랄한 젊은 여자였다. 그녀의 웃음 띤 얼굴이 엄마의 눈에 오래도록 머물렀다.

"우리 딸하고 친하게 지내면 좋겠어요." 엄마가 미소를 지으며 말했다. "성격이 굉장히⋯ 밝으시군요." 그러나 내가 심드렁한 태도를 보이자, 웨이트리스는 어깨를 으쓱해 보이며 이렇게 말했다. "제가 좀 사람을 좋아하는 편이에요."

뭐, 나도 사람을 싫어하는 편은 아니다. 단지 사람들이 내 주위에만 있으면 다들 불안해하고, 긍정적이든 부정적이든 나에게 아무런 영향을 주지 못해서 그렇지. 사람들은 서로 친하게 지내야 한다는 일종의 강박관념을 갖고 있는 것 같았다.

아무래도 나는 엄마에게 이런 내 생각을 이해시키지 못할 것 같았다. 세상 속에서 엄마의 눈빛은 즐거움으로 빛났다. 엄마는 사람도 잘 사귀고 스스럼없이 이야기도 잘했다. 엄마의 이런 점은 우리가 서로 가까워질 수 없는 많은 이유 가운데 하나였다. 엄마는 깜깜한 어둠 속에서도 더듬더듬 누군가를 찾아내는 사람이었다. 그리고 내가 언제든 불러낼 수 있는 언어라는 도구로 이 어두움을 가리킨다면, 엄마는 오히려 텅 빈 공간에 색색의 페인트를 칠하고 '들어가시오'라고 쓰인 큼지막한 표지판이 걸린 구멍 위에 정물화를 걸어놓는 쪽이었다.

"네가 네 입으로 '정신병에 걸렸다'고 말하다니, 정말 듣기 거북하구나." 내가 최근의 상태와 치료에 대해 자세히 이야기하자 엄마가 이렇게 말했다. 나는 단순히 공황 상태를 겪는 데 그치는 것이 아니라 정말로 아프다고 강조했다. "자신을 정신병자라고 말하다니⋯,

그건 좀… 그러니까…. 그래, 네가 정신분열증이라면 이해하겠다. 하지만 그런 건 아니잖니. 엄마 생각에 넌 그저 다시 우울증을 앓고 있을 뿐이야. 그러니까 상황적 우울장애 같은 거지. 직장도 잃고 남자친구하고도 헤어졌으니 우울해진 거야. 하지만 엄마는 네가 이 상황을 이겨낼 거라고 믿는다."

나는 부글부글 끓어오르는 감정을 가라앉히기 위해 나도 모르게 아주 빠른 속도로 음식을 먹어댔다. 그나마 약을 복용하고 있어서 얼마나 다행인지. 그렇지 않았더라면 "왜 그렇게 내 말을 이해 못 하는 거야?!"라며 소리를 꽥 지르고는 곧바로 엉엉 울고 말았을 것이다. 하지만 대신 나는 태국 음식인 팟타이를 폭풍 흡입하고 있었다.

"자꾸 그렇게 자신을 정신병자라고 부르면." 엄마의 잔소리가 계속됐다. "결국 너한테 그런 꼬리표가 달리게 될 테고, 그러다 보면 주위에 다른 사람들과 함께 있을 때 그들과 다르다고 느껴지게 될 거다."

"그래, 맞아. 지금도 난 다른 사람들하고 달라! 그동안 숱하게 겪은 자살 충동과 자기 파괴적인 행동을 이야기하면 내가 아직 살아 있는 게 용하다고 생각하는 사람들도 있을 걸." 이 말에 엄마가 몹시 화난 표정을 짓는 바람에 나는 더 말을 계속할 수 없었다. 우리는 이미 남동생을 저 세상으로 보냈다. 그런데 하나 남은 자식마저 도저히 이해할 수 없는 이유로 면전에다 대고 죽고 싶다, 죽고 싶다 노래를 부르고 있다니. 하지만 지금 나는 내가 말도 못할 만큼 극심한 고통에 시달리고 있다는 엄마의 인정이 필요했다. 비록 그 사실이 간담을 서늘하게 할 만큼 엄마를 무섭게 할지라도.

그렇지만 우리 두 사람에게 더 큰 고통을 주지 않고도 그렇게 될 수 있는 방법이 과연 있기는 할지 모르겠다.

9

탈출 작전

9월이 다가와 '기분과 우울을 위한 프로그램'도 곧 마치게 됐다. 새로운 변증법적 행동치료 프로그램을 위해 면담을 하려면 아직 3주 이상 기다려야 하기 때문에, 스콧은 그동안 스트레스가 적은 아르바이트를 해보는 게 어떻겠냐고 제안했다. 스콧과 엄마는 서점에서 일하는 게 좋겠다고 권했다. 내가 생각해도 괜찮을 것 같았다. 지적인 사람들이 드나드는, 책으로 가득한 조용한 장소라. 어쩐지 치료에 도움이 될 것만 같았다. 장소 면에서 가장 좋은 곳은 뭐니 뭐니 해도 하버드 쿱이었다. 여자 화장실로 피신하느라 그곳에서 보낸 시간만도 엄청났기 때문에, 어쩌면 나는 이미 직원들 얼굴을 대충 알고 있을지도 몰랐다. 하버드 쿱은 하버드 광장에 있으며, 나는 내 인생의 절반을 하버드 광장의 상점과 거리들을 들락거리며 보냈다. 지원서를 내자마자 바로 서점에 채용됐다. 나는 이제 곧 다시 세상 속으로 돌아간다는 생각에—동시에 '기분과 우울을 위한 프로그램'과 멀어져야 한다는 생각에—완벽한 공포를 느꼈다. 그리고 이런 느낌을 갖는 내가 감정적 상태에 놓여 있음을 상기했다. 사실만 놓고 보면 아주 단순했다. 내가 서점에서 일을 하게 되리라는 것, 그것뿐이었다. 앞에서도 말했지만, 사실 나는 매번 병원을 퇴원할 때마다 용케 상점이나 음식점에 일자리를 얻었고 카운터에 자리를 잡았다.

과도기 모임에서 사람들은 '회복을 위한 일자리'에 대해 이야기했는데 지금 내가 하는 일이 바로 그것이었다. 나는 속으로 말했다. '나는 다시 삶에 참여하는 법을 배워야 하므로 이 일을 시작할 것이다. 나는 내 느낌과 반응을 다스리는 훈련을 해야 하고, 왜곡된 생각과 감정이 나를 통제하지 못하도록 해야 한다.'

간단한 신입사원 오리엔테이션을 받은 다음 배정된 부서로 이동했다. 나는 모두가 부러워하는 1층의 소설, 회고록, 시 부문으로 배정을 받았다. "서툴러도 걱정하지 마세요." 관리자가 우리에게 말했다. "두 시간만 일하면 요령을 터득할 겁니다. 서두르지 말고 천천히 하시고, 필요하면 언제든지 도움을 요청하십시오."

나는 대표적인 책들이 진열된 코너가 마주보이는 계산대 뒤에 배치됐다. 마침 지금은 지역별 여성 회고록 저자들의 홍보 기간이었다. 나는 《처음 만나는 자유(Girl, Interrupted, 저자인 수재너 케이슨이 경계성 인격장애로 정신병원에 머물렀던 경험을 솔직하게 담은 회고록 – 옮긴이)》와 《프로작 네이션(Prozac Nation, 미국의 여성 변호사 엘리자베스 워첼의 우울증에 관한 회고록이자 극복기 – 옮긴이)》의 표지를 뚫어져라 바라보았고, 나를 교육시킬 임무를 맡은 젊은 남자 댄은 내 손가락이 코드를 정확하게 입력하지 못하자 잔뜩 짜증난 표정을 지었다.

"전에 현금 등록기 사용한 적 없어요?" 그가 물었다. 있기야 있었다. 하지만 지금처럼 항정신병 치료제를 2주나 복용한 상태에서 다뤄본 적은 한 번도 없었다. 내가 일을 망칠 때마다 교육 담당 직원

댄은 관리자를 호출해야 했고, 그러면 관리자는 시간이 한참 지난 후에야 도착해서 투덜투덜 불만을 늘어놓으며 관리자용 비밀 코드를 입력해 내가 저지른 실수를 바로잡았다. 나는 시계를 보고는 이제 겨우 30분이 지났음을 알아차렸다. 그러니까 지금은 9시 30분이고, 11시까지는 휴식 시간이 없었다. 나는 다른 두 개의 금전 등록기 사이 좁은 공간에 갇혔다. 계산대 앞줄은 시시각각으로 길어졌고, 내 옆에는 노련한 점원들이 종이 가방 안에 정신없이 책을 담고 있었다. 20년 동안 하버드 광장을 들락거렸지만, 하버드 쿱에 이렇게 사람이 붐비는 광경은 보다보다 처음이었다.

"도대체 왜 그러는 거예요?" 내가 또 코드를 잘못 입력하자 댄이 따지듯 물었다. 굳이 대답을 원한다면야 해줄 수 있는 말이 많지만, 그 가운데 가장 큰 문제가 무엇인지 나는 정확하게 알고 있었다. 슬슬 불안 발작이 시작되고 있었던 것이다. 그렇지만 이럴 때 어떻게 대처해야 하는지 알지 못했다. 나는 나에게 일어나고 있는 모든 조짐들에 주목했다. 식은땀이 났다. 가슴이 아팠다. 시야가 흐려졌다. 손가락이 떨려서 생각대로 움직여지지 않았다. 내 앞에 서 있던 고객들이 슬그머니 서점 뒤편 여행 코너로 이동했다. 그러자 내 교육 담당자는 담배나 한 대 피우면서 좀 쉬기로 결정했다.

"곧 나아질 거예요." 잠시 후 그가 능글맞게 웃으며 말했다. 아무래도 그는 사디스트가 분명한 것 같았다. 나는 금전 등록기를 바라보았다. 내 손이 금전 등록기에서 아주 멀리 떨어져 있는 것 같았다. 내 앞에서 책을 한 무더기 쌓아 올리고 있는 여자아이는 열여섯 살쯤 되어 보였다. 서점 구석구석이 어리고 차림새가 단정한 하버드 학생들로 바글바글했고, 이 학생들이 마치 메뚜기 떼가 휩쓸고 지나가는 것처럼 서점의 선반을 휩쓸고 지나갔다. 서점 뒤편에는 '신입생

오리엔테이션'이라고 적힌 문구들이 여기저기 붙어 있었다.

마약이라도 한 방 맞은 것처럼 머릿속은 얼른 달아나고 싶은 충동으로 가득했다. 나는 두 차례 눈을 깜박거린 다음 금전 등록기 뒤로 돌진해 내 배낭을 움켜쥐고는 마치 총격을 피하려는 듯 몸을 숨겼다. 모퉁이를 돌다가, 하마터면 안내 데스크 여자와 부딪칠 뻔했다. 그녀는 나이가 많고 교정용 신발을 신었으며 지나치게 밝은 색 립스틱을 칠했다.

"저 그만두겠어요." 내가 말했다.

"여기에서 일해요?" 그녀가 쉰 듯한 목소리로 말했다.

나는 재빨리 서점 문을 빠져나가 매사추세츠 거리 인도에 우글거리는 인파 속으로 들어갔다. 이름표를 돌려받으려고 경비원이 쫓아올지도 모른다는 상상을 해보았지만, 터무니없는 상상이었다. 서점의 그 누구도 내 이름을 부르며 쫓아오는 일은 없을 것이었다. 나는 집으로 가는 버스를 탔고, 그날 하루 내내 블라인드를 친 내 방에서 이마에 차가운 물수건을 두르고 있었다. 시간이 지나도 사정없이 뛰는 심장은 진정될 기미를 보이지 않았다.

엄마한테 말해봐야 엄마는 속상해할 게 뻔했다. "아니, 그 하루를 못 버티니?" 엄마는 실망이 뚝뚝 묻어나는 목소리로 신랄하게 이렇게 물을 것이다. 나는 마침내 침대에서 일어나 샤워를 해야겠다고 생각했지만, 욕실 안에 들어섰을 때 내 손은 자동적으로 캐비닛으로 향해 일회용 면도기 두 개를 찾아냈다. 그런 다음 면도날을 빼내고 필요한 물품, 즉 피를 빨아들일 종이 타월, 소독용 알코올, 붕대를 준비했다. 나는 뭘 입증하려고 자해를 하지는 않지만, 그렇다고 아무도 모르길 바라지도 않았던 것 같다. 나는 살갗에 면도날을 그을 때마다 사람들이 이 상처를 보며 소름이 끼치도록 무서워하길 기대했다. 그런 생각을 하고 있으면 희한하게도 몸에 상처를 입히는 일이 아무렇지 않았다. 살갗에 칼을 긋자, 팔뚝 위에는 작은 원들이—핏빛의 고리들이—송글송글 맺혔다. 열 개, 열다섯 개, 마침내 내 팔뚝의 절반가량이 칼에 베인 붉은 자국으로 띠를 이루었다. 이두근에 생살이 드러날 때까지 온 힘을 기울이느라 숨이 가쁘고 현기증이 난다. 이 짓을 하는 동안 내 머릿속은 온통 이런 생각뿐이었다. '빌어먹을. 이게 뭐야, 다시 옛날하고 똑같아졌잖아. 그런데도 다들 이젠 혼자 힘으로 일어설 수 있다는 둥 헛소리로 나를 아주 돌게 하려고 작정했군. 이따위 염병할 도움 필요 없으니까 앞으로 내 앞에서 한 번만 더 주둥아리 놀리기만 해봐.'

엄마는 며칠 후면 다시 아이들을 가르치러 학교에 가야 했기 때문에, 다음 날 같이 저녁을 먹으러 나가자고 고집을 부렸다. 어렸을 때 나는 종종 자해한 흔적을 감추었는데, 어쩌다 보았다 해도 엄마는 아무 말도 하지 않았다. 엄마는 이런 일로 나하고 이야기하는 건 정신과 의사가 할 일이라고 생각했던 게 분명했다. 그리고 그때나 지금이나, 내 고통은 엄마의 참을 수 없는 무언가를 건드렸다. 내 상처를 볼 때처럼 말이다. 도저히 이해할 수 없는 이상한 일은, 나에게 위험한 고비가 닥칠 때마다 식구들은 늘 별일 아니라는 듯 반응했다는 것이다(그냥 좀 우울해서 그런 거야…, 모임에 나가면 괜찮아져…, 넌 절대로 정신병이 아니란다…). 그러면서도 내 자해의 흔적을 본다든지 내가 병원에 입원해야 하는 상황이 벌어지면, 너무나 힘들어 한 나머지 더더욱 이 문제에 개입하려 하지 않았다. 얼마 전 할머니 할아버지가 두 분 사진을 넣은 하트 모양 목걸이를 보내주셨다. 할머니 할

아버지를 못 뵌 지 한참 됐는데 이런 걸 보내주신 걸 보면 아마도 엄마가 무슨 말을 한 게 분명했다. 목걸이는 내가 힘든 상황에 있다는 걸 알고 있으며 언제나 나를 사랑한다는 그분들 나름의 표현 방법이었다. 하지만 그것은 나에게 가족이 있음에도 불구하고 아무런 지지도 얻지 못하고 있음을 재확인시킬 뿐이었다. 아무리 사랑하는 사람들 사진이라지만 사진 하나 달랑 쳐다보는 거하고, 내 옆에서 나와 같이 이 길을 걸어주는 거하고는 엄연히 다르지 않은가.

나는 새로 생긴 자해의 흔적들을 굳이 가리지 않기로 했다. 아니나 다를까, 엄마는 내 팔을 보자 울음을 터뜨렸다. 하지만 이번엔 뭔가 달랐다. 엄마는 외면하지 않았다.

"오늘 밤엔 너 혼자 있게 해서는 안 되겠다." 저녁을 먹은 후 엄마가 고집을 부렸다. 거의 매일 밤이 이런 식이라는 걸 엄마가 알 리 없었다. 저녁 식탁에서 엄마는 발리에서 가지고 온 마지막 선물 하나를 나에게 주었다. 돌로 만든 불상이 박힌 은목걸이였다. 목걸이를 걸었더니 내 가슴 한가운데 심장 위로 부처가 가부좌를 튼 자세로 평화롭게 앉았다. 나는 리네한 박사의 변증법적 행동치료가 부분적으로 불교를 기반으로 하고 있다는 사실 외에는 불교에 대해 아는 게 없었다. 여하튼 지금 내 눈앞의 부처의 모습이 불안 발작이나 자기혐오 따위에 눈 하나 깜짝하지 않을 것처럼 너무나 고요하고 평온해 보여, 그의 평화를 조금 빼앗아온다 해도 티도 안 날 것 같았다.

"화가 나고 속상할 것 같다 싶을 때마다 이 불상을 손에 쥐고 있으렴." 우리가 잠자리에 들 때 엄마가 말했다. "엄마는 네가 네 자신의 선함을 믿길 바란다." 나는 한손으로는 목걸이를 감싸 쥐고 다른 한 손은 엄마 위에 걸쳐놓았다. 은목걸이 옆에 할머니 할아버지의 얼굴이 담긴 금목걸이가 매달려 있었다. 나는 처음으로 궁금해졌다. 끊임없이 요구만 해대느라 나태할 대로 나태해져 있는 지금, 나는 과연 뭘 얼마나 느끼고 있는 걸까? 세상에 어떤 사람이 끝도 없이 추락하고 있는 사람을 붙잡아줄 수 있을까? 그런데 엄마는 지금 여기 내 곁에 있고, 오늘 밤 나를 지켜주겠다고 고집을 부렸다. 그리고 내 가슴에 닿아 점점 따뜻해지는 불상을 나에게 주었다.

이 정도로 충분할 수 있다면 좋으련만, 그렇지 못했다. 내 가슴은 몇십 년 가물어 쩍쩍 갈라진 논바닥에 빗방울 하나 똑 떨어진 것과 다를 바 없었다. 방학이 끝나고 엄마는 다시 학교로 돌아가야 했다. 엄마의 역할은 다른 아이들을 보살피는 것이었고, 나는 이제 아이가 아니었다. 자나리니 박사가 쓴 경계성 인격장애 환자의 고통에 대한 글이 기억났다. 우리 같은 경계성 인격장애 환자들은 툭하면 오해를 하고, 아무도 자신에게 관심을 갖지 않는다고 생각하며, 우리 자신을 나쁜 아이… 피해를 입은 아이, 세상사람 모두가 외면하는 아이라고 생각한다고 한다(Zanarini 외 1998). 그렇다면 지금 이 순간 내가 느끼는 감정의 얼마만큼을 신뢰할 수 있으며, 어느 정도가 객관적인 사실인 걸까? 그리고 변증법적 행동치료에서 주장하듯 반대되는 것들의 변증법이 있을 수 있다면 정립과 반정립 둘 다 사실일 수 있을까?

지금 내가 할 일은 케임브리지에 있는 새 심리치료사를 만날 예약 날짜를 기다리는 것이었다. 손가락을 전부 잘라내든지 해야지 도저히 견딜 수 없을 것 같다고 생각할 시점에 나는 약물중독자 자조모임에 참석했고, 여기에서 시인인 브라이언과 그의 아내 모린을 알게 됐다. 내가 그들에게 의지하는 모양새는 베넷과 알렉시스에게 의지했던 것의 단순한 형태라고 볼 수 있었다. 브라이언과 모린이 결혼한 부부이고 50대라는 사실을 제외하면 내가 그들의 인생에서 개밥의 도토리처럼 굴러다니는 건 베넷과 알렉시스 때와 마찬가지였다. 내가 정신병이라는 진창에 빠졌다고 말하자, 그들은 고개를 끄덕이며 근래 자신들이 복용하는 약의 목록을 알려주었다. 모린은 언제든 도움이 필요하면 자기에게 전화를 걸라고 당부했지만, 내 악몽 같은 짐을 그녀에게 얹는 건 생각도 하기 싫었다.

요즘 나는 일산화탄소중독에 걸리는 건 어떨까 하고 상상했다. 요즘엔 알약으로는 잘 죽지도 않는 것 같고, 게다가 나는 알약을 삼키는 데는 영 소질이 없었다. 반면 내 차의 배기가스는 상당히 유해했다. 사실 배기 장치 상태가 말도 못 하게 엉망이라 그냥 창문을 모두 닫고 달리기만 해도 세상 하직할 판이었다. 일산화탄소 중독의 장점을 곰곰이 생각하다 보니, 내 자살이 무척이나 감미롭고 거의 낭만적으로까지 느껴졌다. 마지막 식사를 하고, 풀밭 가장자리에 주차를 한 다음, 지는 해를 바라보며, 나인 인치 네일스의 감동적인 더블 CD 〈프레자일(The Fragile)〉을 들어야지. 그리고 서서히 연기를 들이마시면서 옷을 하나씩 하나씩 벗는 거야. 그래, 호스만 하나 있으면 되겠네.

변증법적 행동치료 프로그램이 새로 시작하는 날을 기다리는 동안, 나는 밤만 되면 공상과 실행 사이를 넘나들었다. 나에게 필요한 건 오직 하나, 위안뿐이었다―그리고 기다란 호스 하나와. 아무래도 일요일 밤에는 문을 연 철물점을 찾기 어려웠다. 이런 날 문을 연 곳은 애완용품 마트인 펫코(Petco)뿐이었다. 여기 물고기 코너에는 틀림없이 고무 호스가 있을 거다. 나는 어항들과 물품 진열대 사이를 어슬렁거렸다. 자갈이 든 자루, 장난감 성, 물고기 밥과 거북이 밥, 유리 어항들, 통풍기 등이 보였고 마침내 플라스틱 튜브를 발견했다. 하지만 길이가 겨우 60센티미터에 지름은 기껏해야 내 집게손가락 둘레만 했다. 계획대로 내 자동차 배기관에서 창문을 통해 배기가스를 흘러들어오게 할 방법은 도무지 찾을 수 없었다. 배기가스를 들이마시려면 범퍼 아래에 접이식 의자를 놓고 그 위에 드러누워야 할 판이었다.

그러다 이 계획에 얼마나 많은 허영심이 작동했는지 생각하니 얼굴이 화끈거렸다. 입 주위는 시커멓게 그을린 채 자동차 아래에 죽어 있는 내 모습이 발견되는 광경을 상상하니 더 재고하고 말 것도 없이 그 즉시 단념이 됐다. 나는 이따금 구두 한 켤레를 사러 나갔다가 빈손으로 돌아올 때와 똑같은 심정으로 내 방으로 돌아왔다. 지금은 다시 나 자신과 충동 사이에 어느 정도 거리가 생겨, 병원에 전화를 걸고 가방을 쌀 만큼 충분히 평정심을 되찾았다. 언제나 그렇듯이 그들은 내가 나 자신과 다른 사람을 위태롭게 만드는지, 죽고 싶은지, 앞으로의 계획은 어떤지 물을 것이다. 계획은 아주 중요하다. 그런 다음 내 자살 이력에 대해 물을 테지만, 한 사람이 목숨을 끊으려 할 만큼 불안에 떨던 몇 시간, 며칠, 몇 주의 시간에 대해서는 관심을 보이지 않는다. 그들은 그저 실제로 자살을 시도한 횟수만 알고 싶을 뿐이다. 그러니까 자살 직전에 갔다가 뒷걸음질친 일은 포함시키지 않는 것 같다. 하지만 내 경우에 이건, 차를 운전해 벽돌담을 향해 돌진하다가 마지막 순간에 방향을 트는 것과 다를 바 없었다. 아드레날린이 분비되고 진정된 상태를 경험한 후에도, 자동차에 대한 생각은 떠나지 않았으며 벽을 향해 돌진하고 싶은 충동은 거듭거듭 되풀이됐다.

이제 나는 변증법적 행동치료 프로그램에 세 번째 등록을 하는데, 등록 과정이 썩 순조롭지 못했다. 나는 가방 세 개를 끌고 왔고, 내 진료 기록에는 온통 '경계성 인격장애'라는 꼬리표가 달려 있었으며,

등록을 결정하는 임상의는 내가 다시 참여하려는 동기에 대해 상당히 의심스러워했다. 내가 평생 자살 충동을 느끼며 살아왔다고 말하자 그는 눈살을 찌푸리며 대꾸했다. "아무래도 그런 충동을 견디는 방법부터 배우셔야 할 것 같군요."

"하지만 지금 나에겐 안전한 생활이 필요해요. 지금 당장이요!"

의사는 서류에 시선을 고정시켰다. 마침내 그가 눈을 들어 나를 바라보았을 때 나는 그의 눈에서 분노, 아니 어쩌면 혐오감이 마치 수증기처럼 뿜어져 나오는 걸 감지했다. 아주 잠깐 사이에 비친 눈빛이었지만, 나는 부글부글 분노가 끓어올랐다. 그에게 내 상처를 보여주고 싶었다. 내가 피를 흘리며 벽에 머리를 박는 모습을 보여주고 싶었다. 지금 내 상태가 얼마나 절망스러운지 그에게 알려주고 싶었다.

이번에 나는 '빠른 회복 반'에 소속되었다. 다들 상상하듯이 이곳은 빠른 회복은커녕 회복과는 정반대되는 프로그램으로 이루어졌다. 문이 열리고 내가 제일 먼저 들은 소리는 남자의 고함소리였다. 소리를 지르거나 비명을 지르는 건 아니었지만 남자는 다른 나라 언어로 크게 고함을 질렀다. 야간 근무 직원으로 보이는 흰 수술복을 입은 흑인 남자 몇 명이 휴게실 TV 위치에 대해 언쟁을 벌였다. 그들의 목소리가 나를 공황 상태에 빠뜨려, 나는 내 가방을 검사한 간호사에게 달려갔다.

"전화 좀 걸어주시겠어요? 걸어서 저 좀 바꿔주시면 안 될까요?" 나는 부탁했다. "여성 담당 부서나 뭐 그런 거 없어요?" 간호사는 고개를 저으며 아무런 부탁도 들어줄 수 없다고 말했다. 갇혔다는—사실상 감금됐다는—사실을 깨닫자 토할 것 같은 기분이 들었다. 지금까지는 병원에 입원하면 마음이 편했다. 퇴원하고 싶다고 생각해본 적이 한 번도 없었다. 그런데 지금 나는 덫에 걸린 기분이었다. 내 방에서 나는 눈물을 흘리기 시작했고, 눈물은 곧이어 울부짖음으로 바뀌었다. 누가 듣거나 말거나 상관없었다. 사방에서 비명 소리와 흐느끼는 소리가 들리는 곳이 있다면, 바로 여기가 그런 곳이었다. 야간 점검을 담당하는 여자는 뾰족구두를 신어, 그녀가 순시를 할 때면 복도에 작은 딱총이 떨어지는 것 같았다. 나는 도무지 잠을 이루지 못했다.

'빠른 회복 반'은 사실상 오폐수 탱크의 완곡한 표현이었다. 나는 온갖 약물 가운데에서 통제를 위한 약물을 복용하지 않는 유일한 여성이었으며, 지금까지 정신병을 치료받아오면서 처음으로 소수 민족에 속하게 됐다. 우리의 주치의는 지난번 '기분과 우울을 위한 프로그램'에 참여했던 의사로 이곳에서 나를 보게 되어 유감이라는 표정이었고, 특히나 내가 내 의지와는 상관없이 이곳에 갇히게 됐다고 말하자 더욱 수심에 찬 표정을 지었다. "그렇지만 어젯밤에 당신이 직접 등록했잖아요."

"이 프로그램이 아니라니까요!"

"이 반에 오려는 게 아니었어요!"

"당신이 계속해서 같은 상황을 반복하는 이유가 파악될 때까지는 당신을 내보낼 수 없어요." 의사가 의자에 앉으며 말했다. 맞춤 정장을 입은 모습이 말쑥해 보였다. 나는 눈은 퉁퉁 붓고 목은 따끔거리는 상태로 담요를 둘둘 말고 내 침대 위에 걸터앉았다. 우리는 내가 최근에 받은 치료 내용을 살펴보았다. 약물, 가끔 12단계 모임, 변증법적 행동치료 모임. 의사는 약물의 내용과 양을 계속해서 조절해

복용하고, 변증법적 행동치료 프로그램을 새로 시작할 때까지 '기분과 우울을 위한 프로그램'으로 돌아갈 수는 있다고 했지만, 무엇보다 어떻게 하면 내가 다시 희망을 가질 수 있을지 알고 싶어 했다. 누가 나에 대해 이런 걸 궁금해하는 건 처음이었다.

"희망을 가지면 뭐해요. 다시 찌그러지고 말 텐데." 나는 울면서 말했다.

"하지만 뭐라도 희망이 될 만한 게 있다면 어떤 걸까요?" 그가 물었다.

"사랑이요." 나는 1초의 망설임도 없이 말했다. "하지만 세상에서 제일 힘든 게 그거예요."

엄마에게 전화를 걸어 다시 입원하게 됐다고 말하자 엄마는 큰소리로 비명을 질렀다. "뭐라고?!"

"별일 아니야. 언제는 안 그랬나 뭐." 병원에 올 수 없을 게 뻔한데도 엄마는 다음 날 오겠다고 약속했다. 나는 엄마에게 초콜릿을 가지고 와달라고 부탁했다. 아, 그림을 그릴 스케치북도. 다음 날 엄마는 고급 다크초콜릿과 망고 바디로션, 그리고 반 고흐의 화집을 가지고 왔다.("반 고흐도 경계성 인격장애였지!" 내가 화집을 보고 또랑또랑하게 말하자 엄마는 한숨을 쉬었다. 제아무리 고급문화도 정신병에 대한 내 집착을 벗어날 수 없었다.)

"다른 일에 집중하도록 해보렴." 엄마는 내가 다 쓰고 없다고 말한 스케치북과 목탄 몇 개를 꺼내면서 말한다. "여기에 있으면 멀쩡한 나도 우울해지겠다." 엄마는 이렇게 말한 다음 이곳에서 어떤 치료를 받는지 물었다.

"엄마, 여기에서 이러지 말고 다른 사람들하고 이야기를 하거나 말이 통할 만한 사람을 찾아보는 게 어때?" 내가 말했다.

"그렇게 치료를 많이 받았는데 왜 효과가 없는지 정말 이해가 안 되는구나." 엄마가 대꾸했다. "너 약물치료는 제대로 받고 있는 거지, 그렇지?"

나는 경계성 인격장애는 약물로 치료되지 않으며, 곧 새로운 심리치료사와 변증법적 행동치료 프로그램을 시작할 거라고 설명했다.

"그거 잘됐다. 난 그 유두 피어싱 사건 이후로 안나가 도통 마음에 들지 않더구나." 엄마가 말했다. 맙소사. 나는 유두 피어싱을 한 다음에 이 사실을 엄마에게 말해도 괜찮을지 안나에게 물어봤었다. "세상에, 그렇게 망측한 일을 어떻게 말해요?" 안나가 말했다. 확실히 그 결정은 우리 둘 다에게 처참한 결과를 가져왔다. 살다 보면 엄마에게 절대로 말해서는 안 되는 일들이 있다.

나는 점심을 같이 먹는 사람들에게 초콜릿을 나누어주고 바디로션도 쓰라고 주었다. 이틀 후 다시 '기분과 우울을 위한 프로그램'을 시작했다.

10

절망의 성배

사람들은 내가 회복을 하기로 마음먹게 된 정확한 시점이나 당시 상황에 대해 궁금해했다. 경계성 인격장애로 바닥까지 가라앉고 있었나? 모든 걸 변화시킬 만한 어떤 계기가 있었나? 정말 괴상하게 들릴지 모르지만 두 질문 모두 그렇다고 답할 수 있었으며, 그 계기가 무엇인지 분명하게 알고 있었다. 그건 바로 분노였다. 내가 회복을 향해 달려들게 만든 계기는 궁극적으로 희망이 아닌 분노였으며, 그 시기는 내가 '치유할 수 없는 상태, 절망적인 상태'가 된 건 단순히 내 병 때문만이 아니라 정신건강 시스템의 무능함과 그마저도 회피한 나 자신 때문이라는 사실을 마침내 깨달았을 때였다. 나에게 동기를 부여한 것이 한 가지 있다면, 바로 정당하고도 독선적인 분노였다. 그리고 그 정점은 곧 새로운 심리치료를 위한 면담과 변증법적 행동치료 프로그램 접수를 위한 면담에서 자료로 사용하기 위해, 내가 현재 입원해 있는 병원과 열일곱 살 때 입원했었던 병원에 내 의료 기록을 요청했을 때 찾아왔다.

입원과 퇴원에 관한 간략한 서류가 일주일 만에 서류봉투에 담겨 도착했다. 현재의 기록들은 별로 놀랄 게 없었다. 사실상 내 현재 상태에 대한 기록은 내가 직접 눈 감고도 쓸 수 있었으니까. 형세를 역전시킨 건, 그러니까 이 지긋지긋한 질병과, 그리고 다른 이들의 무심함 때문에 더는 내가 무너져서는 안 되겠다고 결심하게 만든 건, 14년 전 기록을 본 후였다. 이 결심을 다른 말로 표현하면 '잘 사는 게 최고의 복수다'쯤이 될 것이다. 수년 전의 퇴원 기록에는 내가 제2축 장애(Axis II, 《정신장애의 진단 및 통계 편람》에서 말하는 정신장애의 한 분류로 인격장애를 표시하는 진단명이다. 제2축 장애에는 경계성borderline, 회피성avoidance, 편집증paranoia, 정신분열성schizoid, 연기성histrionic, 반사회성antisocial, 의존성dependency, 강박적compulsive, 수동-공격적passive-aggressive, 정신분열형schizoty-pal, 자아도취적narcissistic인 것을 포함한 열두 가지 특정 인격장애와 부정형적인 인격장애가 있다-옮긴이)를 앓고 있다고 분명하게 표시되어 있었으며, 이것은 곧 내가 경계성 인격장애임을 똑똑히 보여주었다. 다시 말해 의사들은 그때부터 지금까지 수년 동안 내가 경계성 인격장애라는 걸 알고 있었으면서도 그 사실을 쉬쉬하고 있었다는 것이다.

진단 기록을 읽는 동안 머릿속이 하얘지는 기분이었다. 그들은 왜 내게 말하지 않았을까? 내 담당 정신과 의사는 나를 망가뜨린 질병이 무엇인지 알지도 못한 채 어떻게 나를 정신병원에서 퇴원시킬 수 있었을까? 나는 엄마에게 전화를 걸었다.

"1987년에 병원에서 엄마한테 뭐라고 말했어? 나한테 뭐가 문제라고 했어?"

"그때 병원에서는 네가 우울증이 있고 약물중독이라고 하더구나."

"경계성 인격장애에 대해서는 아무 말 없었고?"

"그런 말은 전혀 한 적 없었어. 키라, 병원에서는 내가 관여하는 걸 원하지 않는 것 같았단다. 나도 그땐 너무 당황해서 어떻게 해야 할지 몰랐고."

믿을 사람이 아무도 없었다. 내 생각에 의사들은 분명 엄마에게 말을 했을 테지만 엄마가 그 즉시 잊어버린 것 같았다. 하지만 사실 여부를 확인할 길이 없으니 무턱대고 엄마를 탓할 수는 없는 노릇이었다. 열여덟 생일이 돌아오기 전 그해 여름은 악몽 같았다. 몇 달 사이에 남동생은 약물중독 치료를 시작했고, 나는 정신병원에 입원했으며, 엄마는 갑상선 암 판정을 받아 즉시 수술해야 했다. 당시 의사들과 병원들과 심리치료사들이 나를 경계성 인격장애라는 오명으로부터 '보호'하려는 의도였다 하더라도, 어쨌든 그들에게 책임을 물어야 할 것 같았다. 이 일을 흑백 논리로 생각할 수도 있지만, 내 경계성 인격장애를 위해 지금까지 받았던 치료를 감안하면 이거 하나만은 분명했다. 모든 체계가 엉망진창이라는 사실 말이다. 생애의 거의 절반을 경계성 인격장애라는 병을 안고 살아왔는데, 어느 누구 하나 나에게 말해준 사람이 없었다. 심지어 진단을 받은 이후에도 닥터 B와 내 증상에 대해 15분간 특이한 상담을 받은 걸 제외하면 단 한 사람의 전문가도 나에게 경계성 인격장애에 대한 정보를 주지 않았다. 경계성 인격장애로 명성이 높다는 의사와 면담을 해봤지만, 그 문제는 입도 뻥긋하지 않았다. 나는 여섯 개의 다양한 약물을 복용해왔으며, '변증법적 행동치료 프로그램'이 내 회복을 돕는 데 아주 중요하다는 말을 귀가 따갑도록 듣고 있었지만, 이제 그 말들이 전부 가짜이고 엉터리인 것만 같았다.

우리는 정신질환을 앓는 자식이 제대로 된 치료를 받을 수 있도록 의사와 죽기 살기로 싸우는 부모들 이야기를 자주 듣는다. 그보다는 덜하지만 정신병 치료를 위해 사투를 벌이는 사람들 이야기도 이따금 듣는다. 그러나 2001년에는 경계성 인격장애를 지닌 사람이 제대로 된 치료와 도움을 공개적으로 요구하는 일이 전혀 없었다. 이렇게 우리는 터무니없는 수치심과 자기혐오의 바다에 빠져 허우적대고 있었고, 그것도 모자라 우리의 질병을 인정하기조차 부끄러운 것으로 여기고 있었기 때문에, 어느 누구도 이 질병을 다룰 엄두를 내지 못하는 것 같았다. 이른바 경계성 인격장애 치료라고 하는 걸 받은 지 거의 1년이 지난 지금에서야, 나는 아무 때나 불쑥불쑥 솟구치는 분노, 스트레스를 받으면 어김없이 찾아오는 편집증, 죽 끓듯 변하는 변덕 등의 내 증상들과, 무시당하는 것 같은 기분, 외롭고 무력한 존재인 것만 같은 그 모든 감정들이 더 이상 병의 증상이 아니라 내 건강 상태에 대한 실질적인 반응임을 깨달았다. 그리고 경계성 인격장애라는 진단이 정신건강 시스템 (그리고 그 밖에 다른 시스템들) 안에서 어떤 반응을 불러일으킨다는 사실과, 사실상 그 반응이 우리를 경계성 인격장애라는 틀 속에 가두어놓는, 이른바 증상이라고 하는 것들을 촉발시킨다는 사실도 마침내 깨달았다. 이러한 상황을 임상 용어로 '의인성 질병(iatrogenic)'이라고 하는데 치료가 오히려 더 큰 병을 일으킨다는 의미다.

  이것이 경계성 인격장애의 현 주소였다. 그리고 이것이 회복을 향한 나의 전환점이 되었다. 나는 너무 화가 나서 내 생존을 위해, 그리고 경계성 인격장애를 앓는 형제와 자매를 위해 싸우기로 결심했다. 우리는 더는 지옥에 갇힐 이유가 없었다. 이건 우리 잘못이 아니었다.

9월 말에 나는 통상 2주간 진행되는 '기분과 우울을 위한 프로그램'에서 베테랑, 즉 고참자가 되었다. 카이트와 세이디, 심지어 토드도 이 프로그램을 떠났다. 모임은 늘 같은 주제를 다루었고 망가진 삶, 너무나 고통스러운 마음 등, 언제나 같은 문제를 지닌 사람들이 찾아왔다. 나는 다시 혀에 피어싱을 했고(유두 피어싱까지는 손대지 않기로 했다. 사실 지난번 피어싱이 너무 아팠다), 전투화 모양의 컴배트 부츠에 망사 스타킹을 신고, 까만 선글라스를 끼고 나타났다. 엄마는 제발 정상적인 사람들하고 어울리라고 사정을 했지만, 나는 맨레이의 '어두컴컴한 공간 속에서 음악에 맞춰 빙글빙글 돌았다.' 나는 때를 기다리고 있었다.

스콧은 보험이 만기되기 전에 내 치료에 가족들이 참여하도록 해야겠다고 결심했다. "가족의 도움과 지원이 필요해요." 그가 주장했다. "특히나 당신의 주거 상황을 고려하면 더욱이요." 사실 상황이 점점 악화되고 있었다. 패티의 애인은 하루가 다르게 늘고 있고, 며칠에 한 번씩 바뀌는 새 애인들은 아래층을 제 집처럼 왔다갔다하는데다. 집주인은 내가 감당할 수도 없을 만큼 집세를 올리겠다고 통보했다. 스콧은 장애인 주택 보조금 신청서와 정신건강 간호 대상자 담당 부서에 제출할 서류들을 내게 건네주며 필요한 내용을 작성하게 했다. 그리고 서류가 통과할 때까지 몇 달 정도 걸릴 거라고 말했다. "그동안 가족들의 도움을 받아야 해요. 지금은 가족이 필요할 때예요. '가족들과의 만남'이 반드시 필요합니다."

막판에 와서 막무가내로 대안을 마련해놓으라는 이런 방식에 넌더리가 났다. 보험이 만료되기 전까지 누구 하나 부모님을 거론하지 않았으면서, 이제 와서 갑자기 중요하게 취급하고 있는 것이다. 한편 우리 부모님은 내 정신건강에 신경을 끊은 지 오래였고, 그건 나 역시 마찬가지다. 경계성 인격장애의 성향을 만든다고들 하는 '불화(splitting)'의 예를 보고 싶다면 멀리 갈 것도 없이 우리 부모님을 보면 되었다. 내가 여섯 살 때 부모님이 이혼한 후로 엄마는 아빠가 '나쁜 남자'라고 우리에게 귀가 따갑도록 말하곤 했다. 아빠의 자녀 방문권 때문에 주말에 나와 남동생을 아빠에게 넘기면서도 엄마는 아빠와 눈길도 마주치려 하지 않았다. 엄마가 말한 그 나쁜 남자가 우리에게 아이스크림을 사주고 사랑한다고 말하는 이 사람과 같은 사람일까? 도대체 아빠는 얼마나 지독한 일을 저질렀기에 엄마는 두 번 다시 아빠와 말도 섞으려 하지 않는 걸까? 무슨 일이 있었기에 외할머니와 외할아버지는 그렇게 철저하게 아빠에게 등을 돌렸을까? 나는 아빠가 살인자나 은행강도, 혹은 뱀파이어일지도 모른다고 생각했고, 그런 아빠에게 엄마가 주말마다 꼬박꼬박 우리를 맡길 때마다 무척 혼란스러웠다. 하지만 마침내 나는 아빠가 괴물이 아니라는 사실을 알게 됐다. 아빠는 그저 그런 평범한 사람, 술꾼, 뭐 하나 진득하게 하지 못하고 책임감도 없는 사람일 뿐이었다. 사실 아빠는 나하고 많은 면이 비슷했다. 엄마는 완벽한 결혼에 대한 자신의 꿈을 아빠가 망쳐놓았다며 아빠를 증오했다. 아빠는 툭하면 가출을 하고 자주 약속을 지키지 못해 우리의 마음을 아프게 했고, 오랜 세월 가장 역할을 만회하려는 노력을 거의 하지 않았다.

아빠와 내가 그나마 가까워진 건 남동생이 죽은 이후였다. 벤의 죽음은 갑작스러웠고 그래서 더욱 충격적이었다. 남동생은 뇌 바이러스라는 희귀한 질병으로 불과 몇 시간 만에 세상을 떠났고, 그 일로 간신히 모양만 갖추고 있던 가족이라는 틀이 와르르 무너졌다.

그리고 이 때문에 엄마와 새아빠와의 이혼 결정이 최종적으로 마무리되었다.

다음 해 엄마는 첫 번째 안식년을 맞아 혼자 세계 여행을 한 덕분에 슬픔으로부터 빠르게 달아날 수 있었다. 사정 모르는 사람들은 모든 걸 두고 훌쩍 여행을 떠나는 엄마가 용감하다고 감탄했지만, 내가 보기에 엄마는 나를 떠난 것이었고, 그 바람에 나는 마침내 고졸 학력 인증서를 받아 뉴욕 주 북부에 있는 예술대학에 합격했음에도 불구하고 미치도록 처절하게 외로움을 앓아야 했다. 아무래도 혼자 힘으로 학비를 조달해야 할 것 같아 낮에 하는 수업은 거의 신청할 수도 없었고, 알코올 의존도는 날로 높아져 어디를 가나 위스키 병을 가지고 다닐 정도가 됐으며, 주말이면 연극반 학생들과 함께 뉴욕 시까지 차를 몰고 가 메탐페타민(필로폰의 원재료. 각성제로 쓰인다-옮긴이) 가루를 진탕 들이마시고 돌아오곤 했다. 그러나 블랙홀처럼 답답하고 암울한 이 시기에 아빠는 내 곁으로 돌아와 얼마간 힘이 되어주었다. 철저히 혼자가 되어 악몽과도 같은 외로움과 비탄에 빠져 있던 열아홉 살 때 아빠는 내게 전화를 했고, 나를 찾아왔으며, 내게 담배를 건네주었다. 아빠는 나를 알코올중독자 자조모임과 약물중독자 자조모임에 데리고 갔고 내 손을 잡아주었다. 나를 사랑한다고 했던 사람들이 모두들 자신의 슬픔 속으로 사라졌을 때조차 아빠는 나를 찾아와 내 곁에 있어주었다. 아빠만은 내 아픔을 외면하지 않았다.

내 기억에 부모님이 마지막에서 두 번째로 대화를 나눈 건 남동생의 장례식 때였다. 두 분은 추도식이 열리는 동안 남동생의 무덤 옆에서 몇 마디 나누고 있었다. 마지막으로 대화를 나눈 건 10년 전, 내가 중독 증상에서 회복한 병원에서였다. 지금 스콧이 나에게 제안한 것처럼, 당시 심리치료사도 내가 거주할 공간을 찾고 어느 정도 경제적인 지원을 제공받을 수 있는 마지막 수단이라며 부모님을 함께 불렀다. 나는 지금 스콧의 노력이 10년 전과 마찬가지로 헛수고가 되리라는 걸 알았지만 달리 방법이 없었다. 그래서 어느 날 저녁 '기분과 우울을 위한 프로그램'을 진행하는 건물 밖에서 약속한 시간에 부모님이 도착하길 기다렸다. 뉴욕에서 출발한 아빠가 먼저 모습을 나타냈다. 아빠는 잠시 내 옆에 선 다음 나를 포옹하며 다 잘될 거라고 말했지만, 이제 어떤 역할을 해야 할지 감을 잡지 못해서거나 아니면 엄마가 무슨 말을 하거나 어떤 행동을 할지 알 수 없어 무척 긴장하고 있는 모습이 역력했다. 10분, 15분, 20분이 지났는데도 엄마는 아직 도착하지 않았다. 너무나 엄마답지 않은 일이어서 혹시나 사고라도 당한 게 아닐까 걱정이 되기 시작했다.

그때 엄마의 차가 건물을 지나 위태롭게 질주하더니 도로 저 멀리로 사라졌다. 나는 기다렸다. 차가 다시 건물을 향해 다가왔을 때 내가 정지 신호를 하려 했지만, 그대로 나를 지나쳐 갔다. 얼핏 엄마의 얼굴을 봤는데 완전히 정신이 나간 사람 같았다. 하긴, 얼마나 정신이 없었으면 건물을 여러 차례 지나면서도 알아차리지 못하고 계속해서 속도를 내며 달렸을까. 보다 못한 나는 엄마가 날 치거나 도로 옆으로 빠지지 않길 바라며, 도로 한가운데에 서서 엄마에게 정지 신호를 보냈다. 마침내 엄마가 자동차 밖으로 나와 가쁘게 숨을 쉬었다. 엄마는 수업은 늦게 끝났지, 가는 데마다 교통 체증으로 꼼짝도 못 하지, 거기다 하마터면 사고까지 날 뻔했다고 불평했다. 엄마는 나를 끌어안으며 모든 게 다 잘될 테니 걱정하지 말라고 말했다. 아, 정말이지 두 분하고 저 안에 같이 들어가지 않을 수만 있다면 얼마나 좋을까.

한 시간 뒤, 나는 부모님과 함께 구내식당으로 향했고 이곳에 앉아 앞으로 해야 할 일을 검토하기 위해 머리를 맞댔다. 그러나 부모님의 도움을 좀 받아 보려던 내 목적은 이번 회의에서 완전히 실패로 돌아갔다. 부모님끼리 의견 충돌을 일으킨 데다, 앞으로 내가 해야 할 일과 자신들의 한계에 대해 각자의 생각을 주장하는 바람에 대화가 순식간에 결렬되어 스콧조차도 상당히 곤혹스러워할 정도였다. 회의가 끝날 무렵 스콧은 이렇게 말했다. "이 문제는 가족들끼리 계속해서 대화를 나누시는 것이 가장 좋겠습니다."

"내가 필요한 게 뭔지 말할게요." 우리가 반들반들 윤이 나는 포마이카 탁자 앞에 자리를 잡고 앉은 후 내가 말했다. 나는 전날 스콧의 도움으로 만든 커닝 페이퍼를 내려다보았다. "저는 경제적으로 독립하기가 어려워요. 두 분의 도움이 필요해요. 제가 앓는 정신병에 대해 엄마 아빠는 잘 모르실 거예요. 그러나 제 병에 대해 두 분 모두 알고 계셔야 해요. 두 분 모두 저와 함께 힘을 모아야 해요. 저는 평생 부모 형제도 없이 혼자 떨어져 있는 느낌이에요. 그리고 제가 제 자신을 돌볼 수 없을 때 두 분은 오히려 더 크게 화를 내고 좌절하거나, 아니면 저를 완전히 무시하고 있어요." 어떻게 된 일인지 분명히 '요구 사항'을 말하려고 했는데, 어느새 내가 얼마나 무시당한 기분을 느끼고 있는지에 대해 점점 불평이 늘어나고 있었다. 더구나 심리치료사도 없이 장례식도 아닌 때에 두 분을 동시에 앞에 두고 이야기해본 지가 20년 만에 처음이라 도무지 감정을 억제할 수가 없었다.

"두 분 다 저한테 무슨 도움을 주셨나요. 이제껏 혼자 싸우느라 지금 전 완전히 지쳐버렸어요. 혼자서 끊임없이 버둥거리며 여기까지 왔는데, 두 분은 항상 저만 나무라셨어요. 왜 한 번도 저를 지지하지 않으셨죠?" 이제는 아예 울음을 터트리기 시작했다. "왜 저는 부모님 도움 한 번 받아보지 못한 거냐구요?"

"얘는, 지금까지 널 뒷바라지 한 사람이 누군데 그러니!" 이제 엄마까지 눈물을 흘리며 벌떡 일어섰다. "어떻게 아무런 도움도 안 줬다고 이 엄마를 비난할 수가 있니?"

"네 엄마 말이 맞다." 아빠가 말했다. "비난 받아야 할 사람이 있다면 바로 나야. 네 엄마한테 뭐라고 하지 마라."

나는 엄마와 아빠 두 사람을 바라보았다. 지금 이거 실제 상황 맞아? 아빠가 엄마를 두둔하고 있다니. 잘하면 의논을 마치고 나서 두 분이 끈끈한 우정을 나누며 함께 식사를 하러 갈지도 모르겠는데?

"아마도…," 아빠가 말을 이었다. "네가 학자금 대출금 때문에 이러는가 본데. 하긴, 상당한 금액을 갚을 생각에 암담하기도 할 거다."

그때 엄마가 아빠에게 쏘아붙였다. "요즘 키라가 뭘 걱정하는지 당신이 뭘 알아요? 얘는 여름 내내 병원에 입원해 있었단 말이에요!"

아, 돌겠다. 나는 두 분이 앞으로 매달 나에게 소정의 돈을 보내고 가족상담도 함께 받겠다고 약속하길 기대하고 있었다. 그런데 엄마는 큰소리로 울고 있고, 아빠는 두 손으로 머리를 감싸 쥔 채 땅이 꺼져라 한숨을 쉬고 있었다. 나는 엄마를 화장실로 데리고 갔다.

"여기는 정신병원이야." 내가 말했다. "그러니까 여기에서는 아무 데서나 화를 내도 괜찮아."

"이런 상황, 정말 싫다! 도대체 내가 무슨 죄를 지어서 지금 이런 꼴을 당해야 하는 거니."

나는 엄마가 잘못한 건 아무것도 없고, 다만 내가 정말로 아프기 때문에 도움이 많이 필요하며, 지금까지 나는 아무도 내게 줄 수 없는 여러 형태의 도움이 많이 필요했다고 엄마를 납득시키려 애썼다. 엄마는 고개를 저으며 말했다. "여태 그렇게 치료를 받고도 아무 효과가 없다는 게 난 도저히 이해가 되지 않는다."

우리는 다시 아빠에게 돌아갔다. "미안하지만 난 이만 뉴욕으로 가봐야겠다." 아빠가 말했다. 엄마가 눈물을 훔치며 엄마도 이만 가야 한다고 말했다. 이 모임으로 엄마는 완전히 지쳐버린 데다 내일 아침 수업이 있다는 것이다. 우리 세 사람은 각자 차를 향해 걸어가 각기 다른 방향으로 차를 몰았다. 이렇게 가족회의가 중단되었다.

9월 말, 새로운 심리치료사와의 상담과 변증법적 행동치료 프로그램이 드디어 시작되었다. 약간 나이 든 여자 의사와 그보다 젊은 남자 치료사 에단과 함께 한 시간 동안 면담을 하면서 나는 상당히 경직된 반응을 보였다. 어쩐지 미로가 다 끝나고 곧 출구로 이어지는 터널을 눈앞에 두고 있는 것 같았다. 내가 심각한 표정으로 내 인생에서 내게 즐거움을 준 건 스타벅스 커피 외에 아무것도 없다고 말하자, 젊은 치료사는 웃음을 꾹 참았다. 나는 빈 스타벅스 컵을 절망의 성배인 양 두 손에 꼭 움켜쥐고 있었다…. 캐시미어 숄을 두른 의사가 진지하게 고개를 끄덕이며 무언가를 끼적이는 동안 에단과 내 시선이 마주쳤다. 무슨 근거로 그런 생각을 했는지 모르겠지만, 어쩐지 그가 내 마음을 알고 있는 것 같았다. 지금이 아무리 정신 나간 상황이라 해도, 거의 코미디 같다 해도, 살아 있을 수만 있다면 어떻게든 괜찮아, 라는 내 마음을.

이 사람이 내 새로운 심리치료사 에단이었다. 에단은 내 또래로

30대쯤 돼 보였다. 키는 크지도 작지도 않으며, 미소를 제외하면 짧게 깎은 까만 곱슬머리로 뒤덮인 얼굴은 하얀 대리석처럼 표정이 없고 매끄러웠다. 그는 새로 지은 이 병원에 변증법적 행동치료 팀에 소속되어 있지만, 인지행동치료와 불안 심리를 전공했다. 우리가 자리에서 일어섰을 때 나는 그가 다림질한 검정색 바지를 보통 사람들보다 조금 높이 치켜 올려 아저씨들처럼 입고 있다는 것과 바지 속에 쑤셔 넣은 흰색 옥스퍼드 셔츠가 처음 모양과 달리 벙벙하게 부풀어 올라 있는 걸 알아챘다. 이런 옷차림에 안경까지 걸친 모습이 공부만 할 줄 알지 세상 물정 하나 모르는 샌님 같은 분위기를 풍겨 매력을 확 깎아먹었고, 덕분에 그와 한 침대에 들어가는 상상—매력적인 남자들, 특히나 내가 구세주로 여기는 남자들만 보면 앞뒤 가리지 않고 떠오르는 상상— 을 하기란 거의 불가능했다.

"언제부터 시작하나요?" 나는 절박한 심정을 들키지 않으려 애쓰면서 물었다. 두 사람은 에단의 팜파일럿(PalmPilot, 포켓용 컴퓨터의 상표명–옮긴이)을 보며 상의한 다음 2주 뒤로 날짜를 잡았다. 보통 사람들이라면 긴 시간이 아니겠지만, 촌각을 다투는 사람에게 2주는 영겁에 가까운 시간이었다.

"너무 재촉한다고 생각하지 않으시길 바랍니다만, 제가 그때까지 혼자서 잘 버틸 수 있을지 자신이 없어서요." 에단은 조금도 놀라는 기색을 보이지 않았다. 그는 내 사정을 완벽하게 이해한다는 듯 고개를 끄덕이고는 자신의 사무실 전화번호와 근무시간 이후 연락할 수 있는 호출기 번호를 적어주었다. 나는 그가 내민 명함을 의아하게 바라보았다. 심리치료사들은 으레 급할 땐 언제라도 전화하라고 말하지만, 그 말의 의미는 곧 오전 9시부터 오후 4시 사이에는 통화하고 그 이후에는 메시지를 남기면 다음 날 연락을 주겠다는 의미였다. 그래서 그들의 자동응답기에는 반드시 이런 말이 따라붙었다. "응급 상황인 경우 911에 연락하거나 가까운 응급실을 찾으시기 바랍니다"라고.

나는 걸어다니는 응급 상황이라고 해도 과언이 아닌 사람이라, 진지한 태도로 이런 제안을 하는 에단이 상당히 의심스러웠지만, 어쨌든 그는 내게 이런 지시를 남겼다. 언제든 힘들다고 생각이 들면 호출을 하거나 메시지를 남기라고. 그러면 나에게 연락을 주겠다고. 지금은 그가 내 심리치료사라고.

11

안전

 마침내 심리치료를 위해 에단과 함께 자리에 앉았다. 나는 에단이 어떤 사람인지 좀처럼 파악하기 어려웠다. 내 맞은편에서 팔짱을 끼고 앉은 그는 지난번과 마찬가지로 아저씨처럼 옷을 입었고 도대체 무슨 생각을 하는지 알 수 없는 무표정한 얼굴을 하고 있었지만 눈빛은 아이처럼 맑았다. 나는 엉망진창으로 살아온 내 삶을 시시콜콜 되풀이하면서 지난 몇십 년간 해온 절차를 똑같이 반복하리라 예상했다. 먼저 어린 시절 이야기부터 시작하겠지. 그런 다음 청소년기의 폐허가 된 풍경으로 넘어가고 성인기의 쓸쓸한 황무지를 살피면서, 앞으로 어떤 식으로 치료가 이루어져야 할지 파악하겠지.
 에단은 딸깍 소리를 내며 펜을 누르고는 자기 무릎 위에 놓인 빈 리갈 패드(줄이 쳐진 노란 용지 묶음—옮긴이)를 잠시 내려다보았다. 마침내 그가 입을 열었다. "우리가 제일 먼저 해야 할 일은 몇 가지 목표를 세우는 겁니다." 그가 종이에 무언가를 끼적였다. "당신을 신체적인 위험으로부터 보호하는 것이 무엇보다 시급한 문제일 것 같군요. 다시 말해 당신이 다치지 않도록 자해라든가 자살 충동으로 생길 수 있는 행동을 관리하는 것이지요. 그리고 심리치료 역시 우리 모두를 위해 안전에 만전을 기하도록 할 테고요."

안전이라. 심리치료에서 심심하면 튀어나오는 말이다. 안전하게 지내기 위해 나에게 무엇이 필요한지 나는 매우 잘 알고 있었다. 방을 비워야 하면 어쩌나 하고 걱정할 필요 없는 주거 공간이 있으면 된다. 걱정과 극도의 피로로 죽기 일보 직전까지 가지 않는 돈벌이 수단이 있으면 된다. 과거의 애인과 깔끔하게 관계를 정리한 새 애인이 있으면 된다. 나를 실험실의 쥐처럼 취급하지 않는 의사가 있으면 된다. 경계성 인격장애 환자가 나을 수 있다는 증거가 있으면 된다. 나를 이해해줄 누군가가 있으면 된다.

에단이 내게 평가지를 주었다.

하느님 맙소사. 에단이 하루 세 번씩 기분을 관찰해야 한다고 고집하면 어떻게 하지? 시키는 대로 성실하게 치료를 받겠다고 이미 계약서에 서명을 해버렸는데 안 하겠다고 할 수도 없고. 예전에도 변증법적 행동치료 모임에서 유사한 계약서에 서명을 한 적이 있긴 하지만, 앞으로 다가올 절망적인 7개월 동안 변증법적 행동치료에 대해 제대로 교육을 받은 심리치료사의 도움도 없이 혼자서 평가지를 작성하고, 다른 사람들과 돌아가면서 시시콜콜 내 상황을 들춰내고, 헤겔의 변증법에 관해 철학적인 토론을 하면서 간신히 버텨야 한다는 걸 미리 알았더라면 다시 한 번 생각해봤을 것이다—물론 내가 생각이라는 걸 똑바로 할 줄 알았다면 말이다. 나는 에단이 다른 방법을 제시해주길 기대했지만, 에단이 건네는 또 한 장의 평가지를 보고 주눅이 들고 말았다.

"일기장처럼 쓰는 카드예요." 에단이 말했다.

"일기는 매일 쓰는데요." 허걱, 일기 좋아하네. 내 일거수일투족을 감시하려는 거지. 이게 무슨 일기야.

"이건 변증법적 행동치료에서 사용하는 일기 카드입니다. 저와 함께 치료하시려면 매주 한 장씩 일기를 기록해야 해요. 치료의 일부입니다."

일기 카드를 내려다보았다. 변증법적 행동치료에서 사용하는 모든 기술들이 열거되어 있어, 일주일 동안 매일 자신이 사용한 기술에 체크하면 됐다. 자기 파괴적인 행동을 일으키려는 충동과 부정적인 감정들을 평가하는 난도 있고, 복용한 약물을 기록하는 항목과 즐거움 정도를 평가하는 항목도 있었다. 그리고 세상에! 심리치료를 끝내길 얼마나 간절히 원하는지 명확하게 표현할 수 있도록 작은 칸도 마련되어 있었다.

"저, 그런데 지금까지 치료를 받으면서 이런 내용은 없었는데요." 에단이 고개를 끄덕였다. "또 어떤 걸 하게 되나요?"

에단은 전화를 이용해 코치를 받는 방식에 대해 설명했다. 정기적인 치료 외에 도움이 필요하다고 생각하면 언제든지 에단에게 호출할 수 있고, 그러면 그가 나에게 전화를 걸어 필요한 기술을 지도할 수 있다는 것이다. 그는 전화 통화는 치료 시간에 포함되지 않는다고 분명히 밝혔다. "말하자면 경기를 하는 동안 사이드라인에서 코치를 받는 것과 같지요."

"그럼 새벽 2시에 전화해도 돼요?" 내가 물었다. 내 경기 시간은 주로 자정 이후에 시작되는데.

"그건 안 됩니다."

사실 에단은 내가 새벽 2시에 전화를 걸까봐 걱정할 필요가 없었다. 내가 전화를 거는 일은 가뭄에 콩 나는 일보다 드물 테니까.

우리는 일기 카드를 검토하면서 내가 온갖 부정적인 감정 속에 휩싸여 허우적대고 있으며, 충동대로 움직이지는 않지만 여전히 죽고 싶어 하고 여전히 자해를 하고 싶어 한다는 걸 알아냈다. 나는 이런 내 모습이 그에게 탄로 나는 것이 본능적으로 두려웠다. 내 증상들은 사람들을 질리게 했다. 심지어 전문 자격을 갖춘 사람들조차도 말이다. 나는 너무 많은 것이 필요했다. 나는 누군가의 호감을 살 수 없는 사람이었다. 나는 에단의 몸짓이나 얼굴 표정에서 내가 그의 발목을 붙들고 절벽 가장자리로 끌고 가고 있다고 여기는지 알아볼 만한 단서를 잡아내려 했다.

그는 내 목표들이 적힌 종이 한 장과 일기 카드 더미를 나에게 건넸다. 나는 이런 작업이 효과가 있을지 별로 신뢰가 가지 않는다고 말했다. 과거의 프로그램이 완벽하지는 않았지만, 어쨌든 나는 변증법적 행동치료 기술을 익혔고 인지행동치료 기술은 상당히 잘 알고 있었다. 내 머릿속에 그 많은 정보가 담겨 있고 아직까지 잊어버리지 않고 있는 걸 보면 정말 놀라웠다.

"마샤 리네한 박사는 변증법적 행동치료로 실패하는 사람은 없다고 말합니다." 에단이 말했다. "사람들을 실패하게 만드는 건 심리치료이거나 심리치료사지요."

"정말요?"

그가 고개를 끄덕였다. "리네한 박사는 심리치료사는 바보들이라는 말도 했는걸요."

"그렇다면 마샤의 방법을 믿어보겠어요."

이렇게 해서 당분간 일주일에 두 번씩 에단을 방문해 내 일기 카드를 점검하고, 자기 파괴적인 충동들에 대해 설명하며, 생활환경을 개선할 방법을 찾아보기로 계획을 세웠다. 필요하다고 생각이 들면 에단에게 호출을 하고, 그러면 그가 전화를 걸어주기로 약속했다. '기분과 우울을 위한 프로그램'과 안나에게 받는 심리치료를 둘 다 끝내고, 새로 시작하는 변증법적 행동치료 모임에 자리가 나면 참석하기로 했다.

사흘 뒤에 다시 보기로 약속을 하고 일기 카드를 들고 에단의 사무실을 나올 땐 마음이 한결 가벼워진 반면 두렵기도 했다. 어쩌면 이건 완전히 새로운 시작일지도 모른다. 아니면 또 한 번의 잘못된 시작일 수도 있다. 사놓고 제대로 쓰지도 않은 일기장, 그날그날의 계획을 기록하도록 쪽마다 번호가 적혀 있고 작은 그래프도 그려진 수첩, 온갖 종류의 자기 계발서 등이 얼마나 많은지 셀 수도 없을 정도였다. 모두 이번엔 다를 거라는 기대로 사놓고 처박아둔 것들이었다. 그동안 접한 심리치료사와 약물에 대해서도 마찬가지였다. 망상에 사로잡혀 계속해서 제자리를 맴돌거나 지독한 자기학대자가 아닌 다음에야 이럴 수는 없었다. 하지만 지금 나는 예전과 다른 동기 요인을 갖게 됐다. 바로 분노였다. 이번 치료가 나를 죽이도록 내버려 두지는 않을 작정이었다.

그리고 안나에게도 이 상황을 설명해야 했다. 사람은 좋지만 능력은 부족한 안나. 나는 이제 그녀와 완전히 헤어져야 했다. 안나에게 상담을 받은 지도 3년이 됐다. 나는 안나의 사무실에 앉아 에단이라는 치료사에게 상담을 받기로 했다고 설명했다. 안나는 당황했고, 자신은 제공하지 못하는 새로운 치료사의 치료 방법이 무엇인지 궁금해했다. 그가 변증법적 행동치료와 인지행동치료를 교육받았다고 설명하자 안나는 고개를 저었다. "당신은 당신에게 진심으로 마음을 쓰는 사람, 당신이 허심탄회하게 이야기할 수 있는 사람이 필요해요. 요즘 배출되는 심리치료사들은 하나같이 정형화된 방식으로 치료를 하더군요. 언뜻 볼 땐 흥미 있을지 모르지만 당신의 문제를 해결하지는 못할 거예요."

"그래서 지금까지 뭐가 해결됐지요?" 오랜 시간 함께 상담을 해왔지만 아무런 효과를 보지 못했음을 상기시키면서 내가 물었다. 어쨌든 나는 점점 악화되고 있지 않은가.

"가끔은 해가 떠오르기 직전이 가장 어둡기도 해요." 안나가 말했다.

"아니면 가끔은 뭔가 새로운 방법을 시도해 봐야 하든가요." 내가 대꾸했다.

안나가 고개를 저으며 말했다. "행운을 빌어요, 키라. 진심이에요. 하지만 다시 돌아올 거라고 믿어요. 장담할 수 있어요."

나는 배낭을 메고 그동안 도와주어 감사하다고 인사했다. 진심이었다. 어쨌든 안나는 최선을 다했다. 하지만 에단의 치료가 효과가 없다 해도 안나에게 돌아가지는 않을 터였다.

에단과의 세 번째 상담에서 나는 그에게 경계성 인격장애에 대해 어떻게 생각하는지 물었다.

다른 치료사들처럼 그도 움찔하고 놀랐지만, 역시 에단답게 움츠러드는 기색을 거의 보이지 않았다. "별로 긍정적으로 연상되는 질병은 아니지요." 에단이 말했다.

"저, 그런데, 제가 경계성 인격장애에 해당하는 증상들을 모두 갖고 있어요…."

"자신이 '경계성'이라고 생각하시는 건가요?"

"아무래도 경계성 인격장애인 것 같아요. 경계성 인격장애가 있는 것하고 경계성인 것하고 뭐가 다른지 전혀 모르겠어요."

"글쎄요. 제가 왜 그 진단을 불편하게 여기는지 말씀드릴게요. 당신이 경계성 인격장애에 해당하는 증상들을 지니고 있는지도 모르지만, 전 세계가 경계성 인격장애를 질병으로 치부하는 건 정당하지도 않고 옳지도 않습니다. 그리고 여전히 '절대로 고칠 수 없고 죽을 때까지 지속되는 증상'으로 분류되고 있는데, 호전되길 기대한다면 그런 식의 태도는 올바르지 않은 것 같습니다."

에단이 예민한 사람이라는 건 어느 정도 알고 있었지만, 문제에 정면으로 부딪치다가도 옆으로 비껴가는 이런 식의 태도를 보고 있으니 그를 믿어도 좋을지 의심스러워졌다. 그러자 에단이 내가 바라는 심리치료사가 아닌 것 같다는 생각이 들었다.

"경계성 인격장애의 성향이며 증상, 이 장애가 당신의 인생에 어떤 식으로 영향을 미치는지에 대해 나중에 말씀드리겠습니다." 에단이 덧붙였다. "하지만 저는 당신을 경계성 인격장애 환자로 부르고 싶지 않군요."

그래도 여전히 미덥지 못해 내가 물었다. "이 질병에 대해 알기는 하시나요?"

에단이 고개를 끄덕였다. "그리고 온통 꼬리표를 중심으로 자신의 정체성을 만들어가는 것이 상태를 호전시키는 데 전혀 도움이 되지 않는다는 사실도 알고 있지요. 어떤 식의 꼬리표든지 말이에요. 변증법에 대한 리네한 박사의 개념을 기억하시나요? 두 가지 내용이 동시에 참일 수 있다는 개념 말이에요. 당신은 경계성 인격장애일 수도 있지만 그렇지 않을 수도 있다고 서슴없이 말씀드릴 수 있어요."

나는 고개를 끄덕였다. 조금 안심이 됐다. "그리고," 에단이 덧붙였다. "경계성 인격장애는 보험이 적용되지 않습니다."

"그럼 어떻게 해야 하지요?"

"관리의료(managed care, 의사들이 보험회사와 계약을 맺어 의사 네트워크를 형성하고 보험 가입자들은 이 네트워크 의사들을 이용함으로써 저렴한 보험료를 보장하는 미국의 의료보험 방식―옮긴이)를 권하고 싶습니다. 그러려면 지금 당장 '공식적으로는' 우울증 및 불안장애 환자가 되셔야 해요."

이건 경계성 인격장애에 대해 아직 접한 적 없는 완전히 새로운 상황이었으며, 이 정신병의 또 다른 측면이었다. 문득 나그네쥐들이 벼랑 아래로 우르르 뛰어내리고 있는데, 클립보드를 손에 들고 정장을 입은 '관리의료' 책임자들이 한데 모여 치료비 인하를 결정하는 장면이 떠올랐다. 분명 그들은 죽은 사람한테까지 혜택을 줄 필요는 없는 것이다! 경계성 인격장애에 대한 부당한 비난은 끝이 없는 것 같았다. 심리치료사들은 이 진단에 대해 거론하거나 밝히려 들지 않았다. 보험회사들은 치료비 혜택을 주려 하지 않았다. 심지어 변증법적 행동치료―리 네한 박사가 경계성 인격장애를 위해 특별히 개발한―같은 치료에서조차 아무도 이 병명을 언급하지 않았다. 아무도 입에 담지 않는 질병을 무슨 수로 치료받을 수 있겠는가!

나는 이제 막 배우기 시작했다. 나는 일기 카드를 뽑아들었고, 우리는 일주일 동안의 내 감정 기복에 대해 살펴보았다. 나는 하버드 쿱 서점 사건 이후로 한 번도 자해를 하지 않았고, 늘 머릿속을 지배하던 약물 과다복용에 대한 공상도 활동을 멈추었다. 저녁마다 슬금슬금 충동이 일 때마다 에단에게 전화를 걸면 에단이 변증법적 행동치료 기술(스스로 진정시키는 방법, 주의를 환기시키는 방법, 정반대 행동을 하는 방법)을 시도하도록 지시를 내린 것이 적지 않은 효과가 있었기 때문이다. 이런 것이 바로 진전이었다. 매번 심리치료를 할 때마다 우리는 일기 카드를 보면서, 내가 1부터 5까지 점수를 매긴 자기 파괴적인 충동과 기분 상태에 대해 꼼꼼히 살펴보았다. 당연히 점수를 매기는 것이 쉬울 리 없었다. 워낙 변덕이 죽 끓듯 하는 경계성 인격 장애 환자다 보니(에단에게는 미안하지만!) 한 시간 동안 점수가 2로 갔다가 순식간에 5로 껑충 뛰어오르고 그러다가 다시 2로 돌아가기 일쑤였다. 그러니 하루 종일 어떤 감정이 어떤 레벨인지 어떻게 제대로 된 평가를 내릴 수 있었겠는가?

"일일 평균을 내세요." 에단이 제안했다. "공책을 가지고 다니면서 한 시간마다 감정을 평가하지 않으려면 말이에요." 에단, 나한테 좀 너무하는 거 아니에요!

짧은 낮은 어둡고 공허하며 긴 밤은 더 어둡고 더 공허한, 나에겐 늘 최악의 달인 11월이 돌아왔다. 나를 분주하게 만드는 일일 프로그램도, 직업도, 애인도 없는 지금, 우울과 함께 나를 짓누르는 공허함이 찾아왔다. 섹시한 고스룩(goth look)으로 꾸미는 건 고사하고 침대 밖으로 기어나오는 것조차 힘든 판이라 맨레이에도 발길을 끊었다. 에단 덕분에 하루하루 근근이 버티고는 있지만 사실은 절망 속으로 점점 깊이 빠져들고 있었다. 이 와중에 아파트는 임대 기간이 끝나가고 차까지 고장이 나서 외출 한 번 하기가 이만저만 고생이 아닌 다음부터 절망은 더욱 커졌다.

심리치료를 받으려면 버스를 두 번 갈아타고 케임브리지를 1킬로미터 정도 걸어가야 하는데, 가는 길에 근사한 집을 지나칠 때면 질투심으로 미쳐버릴 것만 같았다. 날로 희미해지는 가을빛은 창문 뒤의 살아 숨 쉬는 삶, 손이 닿을 수 없는 보물 모형과도 같은 그 삶을 더욱 선명하게 상상하게 했다. 반들반들 윤이 나는 주방의 식탁이나 두꺼운 다마스크 천으로 만든 휘장, 따뜻한 색 벽지 위에 걸린 유화 따위는 부럽지 않았다. 내가 갈망한 건 이곳에 사는 사람들이 당연히 느낄 소속감, 에단에게 말했을 때 에단이 지적한 대로 옮기자면, 내가 상상하는 그들의 감정이었다. 에단은 이렇게 말했다. "그 사람들 삶이 다들 행복할 거라고 가정하시는군요."

"저보단 행복하겠지요." 내가 대꾸했다.

"그렇다면 당신도 어딘가에 소속되어 있다고 느낀다면 행복하겠군요?" 에단이 물었다. 나는 그렇다면 한결 순조롭게 출발할 수 있을 거라고 분명하게 말했다. 암, 집도 절도 없이 행복하다고 할 수는 없지 않겠는가. 지금까지 나는 사회복귀훈련시설 두 군데를 방문했고, 사회복지 단체에서 운영하는 주거지 알선 대행사 세 군데와 만날 약속을 잡아놓았다. 잘하면 주에서 운영하는 사회복귀훈련시설에 입주할 수 있겠지만, 정신건강부(Department of Mental Health)에 공식 등록되기 전에는 이용이 불가능했다. '기분과 우울을 위한 프로그램'에 참여할 때 스콧이 해당 양식 작성을 도와주었지만, 결과를 통보받으려면 1년은 기다려야 했다. 자금이 없는 장애인들이 주거 혜택을 받을 수 있는 마지막 방법은 정부에서 보조금을 지원하는 아파트 바우처를 얻는 것이었다. 장애를 가진 사람은 누구나 이러한 지원을 받을 권리가 있었다. 주택 바우처는 대기자 명단에 올린 내 거주지에서 배부되며, 정기적인 추첨으로도 배부되었다. 그러나 대기자 명단이 너무 길었다. 저소득층 거주 지역의 정부 보조 아파트도 최소한 1년은 기다려야 하고, 고급 주택 단지에 가까울수록 더 오래 기다려야 했다. 그러니 내가 케임브리지시 대기자 명단에 이름을 올렸을 때 접수원이 배를 잡고 웃은 것도 무리는 아니었다. 겨우 진정한 접수원은 이 지역 주택 바우처를 얻으려면 12년은 기다려야 할 거라고 말했다.

처음 두 달 동안 우리는 온전히 안전에 중점을 두고 심리치료를 진행했다. 내가 자해를 하지 않도록 예방하기 위해서이기도 했지만, 내 행동으로 혹은 그로 말미암은 에단의 행동 때문에 우리의 심리치료가 위태로워지지 않도록 하기 위해서였다. 변증법적 행동치료에서는 의뢰인의 행동 못지않게 심리치료사의 행동도 진지하게 여긴다. 이런 면에서 변증법적 행동치료의 계약은 조금 특이하다. 리네한 박사가 애초에 계획한 바에 따라 변증법적 행동치료를 모범적으로 진행하려면 에단이 상담 모임에 참여해야 하기 때문이다. 따라서 에단은 매주 다른 변증법적 행동치료의 치료사들을 만나 여러 사례들을 논의하고 지침 내용을 주고받았다. 모르는 사람들이 내 개인적인 일들을 공유한다는 사실이 다소 불편하기도 했지만, 내가 한 사람의 손 안에 갇힌 아기새 같은 기분이 들지 않아 이번만큼은 안심이 되기도 했다. 나는 이만저만 골치 아픈 사람이 아니었다. 이것만큼은 분명한 사실이었다. 그리고 이번에도 아무런 성과 없이 도중에 그만둘까 봐 몹시 두려웠다.

이처럼 안전에 중점을 두는 치료에서 문제는 내가 늘 안전하지 않다고 느낀다는 것이었다. 에단과 함께 내가 어떤 식으로 생활을 꾸려가고 있는지 살펴보면서 최대한 외부의 지원을 받을 방법을 알아볼 때마다 나는 감당하기 힘든 비통함을 느꼈다. 나를 불안하게 만든 건 내 행동만이 아니었다. 내가 세상을 경험하는 방식, 내 감정을 다루는 방식, 그리고 내 감정과 나 자신을 경험하는 방식 또한 나를 불안하게 했다. 경계성 인격장애 환자의 마음속 깊이 깔린 믿음에 대해 읽기 전까지는 이것이 경계성 인격장애의 일반적인 특성임을 알지 못했다. 인지 치료사들은 설문지를 토대로 경계성 인격장애를 지닌 사람들의 인식을 분석한 후, 우리 같은 사람들은 세 가지 기본적인 가정―세상은 위험하고 악의적이다, 우리는 무능하고 약하다, 우리는 타고나길 사람들의 마음에 들지 않는 부류다― 을 공유하는 경향이 있다고 결론을 내렸다(Beck 외 2004). 자나리니 박사도 이와 유사한 목록―우리는 위험에 처해 있다, 우리는 작은 아이들과 같다, 우리는 방치된 듯한 기분이다―을 만들었다(Bateman & Fonagy 2004).

에단과 내가 내 현재 생활환경과 실직 상태에 대해 검토했을 때, 에단은 내 평가가 이러한 믿음에 상당한 영향을 받고 있다고 지적했다. 나는 버스에 탈 때 버스 안 사람들을 위험한 인물로 인식했다. 우리가 해결책을 의논할 때에도 나는 뾰족한 수가 생길 리가 없다고 확신했다. 나는 무력하고 나약한 기분이 들었고 아무도 나를 돌보지 않을 것만 같았다.

"이 내용들이 모두 해당된다고 생각하세요?" 에단이 물었다. "하지만 당신은 한 가지 측면에서만큼은 무력하지 않아요. 당신은 집을 알아보고 있고, 일기 카드도 꾸준히 작성하고 있고, 심리치료도 잘 받고 있으니까요."

나는 뭐라고 대꾸해야 좋을지 몰랐다. 평소대로 상태를 호전시키기 위해 노력하고는 있지만, 물에 빠지고 있는데 나를 붙잡아주는 사람은 아무도 없는 것 같은 기분은 변함이 없었기 때문이다. 왜 그런지 모르겠지만 지금 내 인생의 중심인물은 에단이며 사실상 에단이 나에게 많은 도움이 되고 있는데도, 이상하게도 에단의 도움은 도움이라고 생각되지 않았다. 그렇다고 내가 완전히 혼자인 것도 아니었다. 언제든 부모님 도움을 받을 수도 있었다. 물론 내가 원하는 방식대로는 아니었지만 부모님이 세상에 아주 안 계시는 건 아니었다. 그렇다면 이러한 핵심적인 믿음 가운데 얼마나 많은 부분이 진실과 상반되는 왜곡된 렌즈들이란 말인가? 하지만 내가 뜬금없이 이런 결과를 얻은 건 아니었다. 지금까지 나는 내 한 몸 건사하기도 버거워하며 살았고 다른 사람들이 날 돌봐줄 거라고는 기대도 하지 않았다. 이런 태도는 분명 나 자신을 힘없고 나약한 아이로 여기게 했다. 또한 내 주변 사람들이 일부러 나에게 상처를 줄 의도로 행동하지는 않았지만, 그들은 내가 무시받는 느낌, 이해받지 못하는 느낌, 보호받지 못하는 느낌이 들도록 행동했다. 그렇다면 이처럼 아무에게도 인정받지 못하는 느낌이 드는 건 내 마음속에 왜곡된 믿음이 있기 때문일까? 아니면 나는 계속해서 성장하고 있는데 주변 사람들이 잘못된 태도로 나를 대했기 때문일까? 다른 아이들은 나를 또라이라고 불렀다. 도무지 왜 저러는지 모르겠다, 피해망상으로 가득하고 비상식적인 아이다, 라는 말을 자주 들으면서 자랐다. 이런 메시지들을 지속적으로 듣고도 자신을 바람직하게 여길 수 있는 사람이 얼마나 될까.

 나는 앞으로 자신에게 묻고 또 묻게 될 가장 중요한 질문 한 가지와 마주하게 됐다. 즉 내가 인식하는 것 가운데 얼마나 많은 부분이 정확하고 얼마나 많은 부분이 왜곡되어 있는가, 하는 질문 말이다. 에단은 내가 알코올중독에서 벗어난 지 어느덧 10년이 됐다고 알려주었다. 이 사실만 보더라도 내가 어느 정도 스스로 돌볼 수 있다는 사실을 확실히 알 수 있었다. 나도 반은 동의했지만 반은 동의할 수 없었다. 반은 내 능력을 인정했지만 반은 인정할 수 없었다. 에단은 변증법적 행동치료를 기억하라고 말했다. 변증법적 행동치료는 둘 중 어느 하나가 옳다고 말하지 않는다. 지금 현재 나는 '둘 다'를 경험하고 있다고 말할 수밖에 없었다. 나는 성인이자 아이였고, 보호를 받고 있으면서도 나약했다. 에단은 변증법적 행동치료는 근본적인 진리를 발견하는 것이 아니라, 외견상 모순되는 내용들을 받아들이는 것임을 일깨웠다.

어떻게 하면 그럴 수 있을까? 경계성 인격장애 환자의 심리는 양극단 사이에 갇혀 있다. 그렇기 때문에 이처럼 다중적이고 애매모호한 경험을 묵인하도록 훈련받을 필요가 있지만, 지금 당장 나는 두 가지를 동시에 받아들일 능력이 되지 않았다. 리네한 박사가 쓴 변증법적 행동치료에 관한 교재에서 박사는 변증법적 행동치료의 주요 목표 가운데 하나는 우리의 생각과 행동 모두에서 '변증법적인 행동 패턴을 증가시키는 것'(1993a, 120)이라고 말했다. 에단은 내 소소한 성공들을 언급했다. 그러나 나는 그 모든 지지와 자잘한 성공의 흔적들(앗싸! 오늘 나 샤워했다!)은 제쳐두고, 지난 내 인생을 자꾸 곱씹으며 몇십 년 동안 내가 실패와 몰락의 사이클 안에 갇혀 지냈다는 사실만 재차 확인하고 있었다. 이런 흔적들은 다른 모든 사실을 능가할 정도로 힘이 셌다. '나는 무능력하다'와 '나는 능력이 있다' 사이의 변증법에서 나는 내 인생 바깥에 있는 다른 증거들이 필요했다. 급락하는 소용돌이를 빠져나온 다른 사람들의 삶을 들여다볼 필요가 있었다. 상태를 호전시키겠다는 내 결심이 아무리 강하다 한들, 지금 내 상황이 '엿 같고' '도대체 어떻게 해야 상태가 나아질지 알 수가 없었기' 때문에, 사실상 변증법을 야기할 수 있는 일종의 신념이 필요했다. 그것을 신념이라고 부르든, 희망이라고 부르든, 혹은 회복의 증거라고 부르든, 고통과 무력함의 반대편에는 리네한 박사가 이른바 정복이라고 부르는 것이 있으며 그것이 결국 '살 가치가 있는 삶'을 만들어낸다는 증거가 필요했다.

변증법적 행동치료 프로그램에 자리가 나길 기다리는 동안 리네한 박사의 저서 《경계성 인격장애의 인지행동치료(Cognitive-Behavioral Treatment of Borderline Personality Disorder)》(1993a)를 여러 번 읽었다. 이 책은 500쪽이 넘는 데다 변증법적 행동치료 모임에 참석하는 사람이 반드시 읽어야 하는 필독서는 아니었지만, 책장을 넘기는 순간부터 경계성 인격장애의 상태에 대해 전례 없는 수준의 통찰력을 제공해주었다. 어느 날 오후 스타벅스에 앉아, 프로그램에서 변증법적 행동치료가 실제로 어떤 식으로 훈련되고 있는지 이해하기 위해 공부하다가(더는 이런 프로그램의 봉이 되지는 않을 작정이었으니까) 한 인쇄물에서 리네한 박사가 그녀의 저서에서 설명한 세 가지 단계에 네 번째 단계를 덧붙인 변증법적 행동치료의 목적과 단계를 보았다. 1단계는 바로 지금 에단과 내가 하고 있는 내용으로, 변증법적 행동치료 기술뿐 아니라 생명을 유지하기 위해 자살 충동과 자해를 줄이는 데 중점을 두었다. 2단계는 안전이 확실하게 자리를 잡은 후에 실시해야 할 내용으로, 과거의 감정과 대단히 충격적인 경험을 다루고 스스로 자극에 노출시키며 그러한 자극을 견디는 법을 배우게 된다. 리네한 박사의 교육 기관에서 작성한 '자주 묻는 질문들'로 구성된 이 인쇄물에 따르면 이 단계는 '억압된 감정적 경험'을 다루고, '조용한 절망의 단계에서 충만한 감정적 경험의 단계'로 이동하는 단계라고 했다(Sanderson 2008, 2). 3단계는 일상의 행복과 불행을 다루면서 일상

생활의 문제를 통한 마음의 작용과 관련이 있었다. 그리고 4단계는 (나는 이 부분을 읽을 때 엉엉 울기 시작했다) 경계성 인격장애가 있는 사람은 '삶이란 본래 불안전한 것임을 깨닫고 자유와 즐거움을 지속적으로 경험하는 능력'을 지니게 될 거라고 설명했다(Sanderson 2008, 2).

네 가지 단계들. 리네한 박사는 이 과정을 설명하면서 '회복'이라는 단어를 사용하지 않았다. 그러나 지금까지 내가 찾아헤맨 것이 바로 이 회복인 만큼, 나는 이 단어를 사용하기로 했다. 경계성 인격장애가 있는 누군가가 경계를 건너는 방법, 아니 보다 정확히 말해 경계를 초월하는 방법을 제시하는 일종의 지도 혹은 방향. 이 목록의 내용들은 지금까지 내가 마음속에서 상상해온 해결책과 가장 유사했다.

3 빛을 향하여

12

열쇠들

　퇴원한 지 넉 달, 에단과 함께 치료를 받은 지 석 달이 지났으니, 지금쯤 내가 제법 안정되어 있을 거라고 생각할지 모르겠다. 겉으로는 그래 보였다. 평소 지속적으로 찾아온 위기의식은 더 자주 찾아왔지만 9월 이후로는 자해를 하지 않았는데, 그건 자해를 하려는 충동을 느끼지 않아서가 아니라 에단과 안전을 지키기로 계약을 맺었기 때문이었다. 나는 어떤 식으로든 자기 파괴적인 행동을 하기 전에 그에게 전화를 걸기로 약속했고, 이러한 안전망, 즉 에단이라는 안전장치가 놀라울 만큼 건강하게 나를 지탱시켜 주었다. 심리치료사와 의뢰인이 찰떡궁합을 이루기란 과학으로는 도저히 가능하기 힘든 일이다. 훗날 에단은 우리가 한 팀이 될 수 있었던 이유는 내가 변증법적 행동치료 프로그램을 접수한 날 그를 찾아온 의뢰인이 나밖에 없었기 때문이라고 말했다. 또한 그가 교육을 받고 박사 후 과정을 밟았으며 현재 변증법적 행동치료팀을 이끌고 있지만, 그래봐야 마샤 리네한의 저서 《경계성 인격장애의 인지행동치료》(1993a)를 나보다 세 쪽 정도 먼저 읽었을 뿐이라고 말하기도 했다. 우리는 어떤 면에서는 자유롭게 작업을 진행했지만 어떤 면에서는 전혀 그렇지 않았다. 그는 따로 변증법적 행동치료 상담팀을 꾸리고 있었고, 나 역시 정기적인 심리치료뿐 아니라 에단이 내주는 과제와 전화 통화로 진행되는 과외 지도를 받고 있었다. 나는 단지 목숨만 잘 유지하고 있으면 됐다.

이제 나는 변증법적 행동치료 단계가 반드시 순차적으로 이루어지지는 않으며 내 경우 종종 여러 단계에 동시에 걸쳐져 있다는 걸 깨닫게 되었다. 어느 땐 목숨을 유지하려는 노력만으로도 벅찰 때가 있는가 하면, 어느 땐 3단계인 일상생활 문제를 해결하려고 발버둥치기도 했다. 살 가치가 있는 삶을 만들자는 변증법적 행동치료의 구호는 그저 목숨만 붙이고 살아 있으라는 의미라기보다, 살아야 할 충분한 이유를 가지고 있어야 한다는 의미이다. 나는 또 다른 변증법적 방식도 마음에 간직하게 되었다. 즉 우리가 가진 병이 모든 인간관계와 사회적 기능을 악화시켜 기본적으로는 실패한 삶이라는 황무지를 헤매겠지만, 그럼에도 궁극적으로 살 가치가 있는 삶을 만들기 위해 삶의 작은 편린들을 모아가면서 묵묵히 그 길을 걸어야 한다는 사실 말이다. 하긴 황량한 불모지 위에 있으면서 숲이 우거진 열대 지역을 상상하며 감정적으로 결코 허물어지지 않고 굳건하게 서 있기란 쉬운 일이 아니다. 특히나 나를 제외한 모든 사람들은 아주 수월하게들 살고 있는 것처럼 보일 땐 더더욱 쉽지 않다.

이 시점에서 가장 시급한 문제는 하루하루 어디에서 뭘 하며 사느냐 하는 것이었다. 심리치료 말고는 어디에도 소속된 조직이 없다는 건 도움이 되지 않았다. 나는 아주 많은 시간을 커피숍에서 라떼를 마시고, 열심히 일기를 쓰고, 사람들을 증오하면서 보냈다. 사랑, 목적, 자유롭게 쓸 수 있는 돈, 제 기능을 하고 있는 삶. 나에게는 없는 이런 것들을 다른 사람들은 누리고 산다는 사실이 나는 너무너무 싫었다. 제 길에서 벗어난 느낌, 반대편 유리벽에 갇힌 느낌은 사그라들 줄을 몰랐다. 지금 나는 시시각각 위험한 상태 속으로 푹푹 빠지고 있는 것 같은 기분과 싸우고 있는 터라, 내 삶이 얼마나 보잘 것 없고 초라한지 아주 잘 알고 있었다. 1월이 시작되면서부터는 집으로 돌아올 때마다 더는 집세 낼 능력이 없다는 사실을 상기하기 시작했다. 제대로 된 일자리를 찾는 게 어떻겠냐는 말들은 나를 아주 미치게 했다. 지난 10년 간 접시 닦기부터 강의까지 대략 열 개의 일자리를 전전했지만, 그 가운데 어느 것 하나 오래 지속할 수 있는 일은 없었다.

나는 인간관계에서 그렇듯이 일을 할 때도 첫인상 하나만큼은 기가 막히게 좋았다. 처음에 등장할 땐 엄청난 인기를 한 몸에 받았다. 우와, 키라다! 하지만 인기는 오래 가지 않았다. 스트레스를 받으며 일하기, 꼬박꼬박 정해진 시간에 출근하기, 비난을 꾹 참고 견디기, 정치적으로 행동하기. 이런 일들이 나를 기진맥진하게 만들어 마침내 내 가장 약한 부분을 건드리면 그때부터 나는 앞뒤 잴 것도 없이 뿅 하고 사라졌다. 하버드 쿱 서점에서 일할 때도 그랬다. 물론 거기에서야 좋은 인상을 보여줄 사이도 없이, 아니 전혀 좋다고 할 수 없는 인상만 남긴 채 금세 때려치웠지만 말이다. 이러니 나를 좋게 평가하는 추천서를 받을 방법이 전혀 없었다. 잠재력을 충분히 발휘하지 않는다느니, 매사에 건성건성 일한다느니, 무슨 일이든 끝까지 해보려 들지 않는다느니, 일부러 성공을 방해하고 있다느니 하는, 살면서 귀에 딱지가 앉도록 들어온 이런 말들은 도움이 되지 않았다. 책임감이 필요한 일에 잠깐이나마 발을 담글 때면 펄펄 끓는 물이 담긴 냄비에 빠지는 것 같은 기분이 들었고, 어떤 일자리든 내 기술을 연마할 기회로 여기기보다 나를 더욱 파괴하기 위한 장치라고만 생각되었다.

이즈음 정신병이 있는 사람들을 대상으로 '사회심리적 재활'을 중심으로 하는 프로그램이 두 가지나 시작되었지만, 경계성 인격장애를 위한 프로그램은 하나도 없었다. 이제 나는 내가 가진 장애를 이해했다. 따라서 나에게는 다른 요구에 맞춘 프로그램이 필요하며 사람들이 나를 대하는 방식과 내가 속한 환경이 내 반응과 실행에 커다란 영향을 미치리라는 걸 알게 됐다. 감정적으로 허물어지려 하면 스스로 달래고 진정시킬 수 있어야 했다. 자제력을 잃지 않기 위해 압박감과 스트레스를 완화시킬 방법이 필요했다. 에단 같은 사람들로 가득 찬 직장이, 아니 하다못해 영원히 에단과 통화할 수 있는 일터가 필요했다.

집/일자리/돈이 없는 위기 상황이 새삼스럽지는 않았다. 하지만 매번 이렇게 궁지에 처할 때마다 나 자신에게 모멸감을 느꼈다. 세상과, 가족과, 슈퍼마켓에서 내 바로 옆에 바짝 붙어 서 있는 아무에게나 분노가 일었다. 세상 사람 모두가 (에단을 제외하고) 나를 처참하게 내동댕이친 일들에 다시 도전해야 한다며 나를 재촉하고 있다는 생각이 들 때면 정말이지 괴로워 견딜 수가 없었다. 엄마나 아빠와의 전화 통화는 도저히 참기 힘들었다. 두 분 모두 내 병을 이해할 생각은 눈곱만큼도 하지 않으면서 충고와 제안만 퍼붓는 바람에, 결국 나는 나 자신을 방어하거나 빨리 전화를 끊기 위해 두 분 말씀에 성의 없이 대충 네네 대답만 하고는 했다. 나는 레이먼드에게조차 방어막을 칠 준비가 되어 있었다. 12월 말쯤 레이먼드는 나에게 저녁을 사주면서 그의 친구 회사에서 접수담당 업무를 해보는 게 어떻겠냐고 제안했다. 하지만 나는 지금 당장은 어떤 일이든 '정상적'으로 수행할 자신이 없다고 말했다. 레이먼드는 내 의견에 반대하면서 세상에서 가장 단순한 일이라고 말했다. 그와 가장 친한 친구가 운영하는 사무실에서 전화받고 심부름하고 복사만 하면 된다고 했다.

"글쎄요." 나는 으깬 감자를 접시 가장자리로 밀어내며 말했다. "제 전적을 다 아시잖아요."

"전화받는 일 정도는 문제없이 할 수 있을 것 같은데, 말괄량이 아가씨." (레이먼드가 나를 부르는 애칭은 말괄량이 브리오슈인데, 대충 '말썽꾸러기 떠돌이 천사 프렌치 패스트리 빵' 같은 의미였다.) "너한테 지금 필요한 건 자신을 소중하게 여길 수 있는 공간이야. 스트레스 적고 좋은 사람들이 있는 회사란다." 웨이터가 잔에 탄산수 펠레그리노를 다시 채워주는 동안 우리의 대화는 잠시 중단되었다.

"그렇지만 고작 전화나 받는 일을 회사에서 중요하게 여길까요?"

"자신을 과소평가하지 마라, 애야."

"하지만 혼자 일하는 거잖아요…." 레이먼드는 혼자 있게 하지 않겠다고 약속했다. 그는 자신의 사업을 위해 그 회사 사무실에 방 하나를 임대하고 있으므로, 내가 다른 고객들처럼 길게 줄을 서서 조바심 내며 기다릴 필요 없이 바로바로 자기를 만날 수 있다고 했다. 게다가 나는 매달 받는 장애 급여만큼의 금액을 주급으로 받게 될 터였다. 레이먼드는 크렘 브륄레로 나를 달래면서 그 회사에 계속 다니면 크리스마스 보너스도 받게 될 거라고 귀띔했다.

나는 다음 주부터 일을 시작하기로 했다.

나는 두 손에 에단의 호출기 번호를 적은 다음 하버드 광장 한가

운데 있는 한 벽돌 건물로 향했다. 건물의 3층과 4층을 사용하는 사무실은 창문 밖으로 매사추세츠 가와 브래틀 거리가 내다보였고, 입구 통로와 건물 중앙 홀의 희한한 구조 때문에 하버드 쿱 서점 **바로 위**에 위치했다. 이렇게라도 승진을 해보는구나!

사람들이 좋고 스트레스가 적은 환경이라고 했던 레이먼드의 말은 과장이 아니었다. '회사'라는 단어는 정장을 입은 사람들, 칸막이가 되어 있는 사무실, 시도 때도 없이 울어대는 전화, 컴퓨터 모니터 뒤에 파묻힌 머리들이 자동적으로 연상되기 마련이지만, 내 새로운 상사 르네는 온통 반짝이와 리본이 달린 옷을 입고서 안이 훤히 보이는 회의실에서 회사 크리스마스카드를 만드는 데 온 정성을 쏟고 있었다. 사무실은 천장 전체에 채광창이 설치되어 있고 내부는 창문과 철제 장식으로 꾸며졌다. 안내 데스크에 서 있으면 하버드 광장의 교차로, 그러니까 지금까지 내가 살아온 수많은 삶의 궤적이 눈에 들어왔다. 이제부터 나는 접수 안내원으로 일하게 될 것이다. 처음 한 주는 미술 공작으로 다 보내긴 했지만. 첫 주에 내가 한 일은 종이를 오리고 붙이고, 카드에 나비 모양 매듭을 묶고, 르네를 위해 길 건너 스타벅스에 다녀온 게 전부였다. 아, 르네는 내 모카라떼도 자기가 사줘야 한다고 한사코 고집을 부렸다. 처음 출근하던 날 오후에 회사 사장님 리처드는 롤러블레이드를 가지러 오는 길에 우리의 카드 제작 라인에 들르더니 우리의 작품을 보고는 햐, 우와 같은 감탄사를 연발했다. 그는 후드 달린 티셔츠에 운동복 바지를 입었는데, 흰 수염과 백발과 재미있게 대조를 이루었다. 따뜻하고 명랑한 눈빛과 싱글벙글 즐거운 미소를 보니 산타클로스가 매일 운동을 하러 나온다면 리처드처럼 하고 다닐 것 같았다.

"훌륭한데." 그는 내가 만든 리본 매듭을 보고 의견을 말했다. 농담이려니 생각했는데 그렇지 않았다. 엄청난 양의 아주 작은 리본 만들기, 사장님 화분에 물주기, 방문 고객을 위해 저녁 식사 예약하기. 이 모든 일을 할 때마다 매번 진심에서 우러나오는 감사와 감탄의 인사를 들었다. 이건 정상이라고 할 수 없었다. 아무래도 이곳은 정상적인 사무실이 아닌 것 같았다. 소수의 세계적인 경제학자들과 기술자들이 아침나절에 청바지에 스웨터 차림으로 느긋하게 사무실을 찾아왔다. 사무실 주방은 언제나 신선한 과일과 견과류, 사탕, 고급 차가 가득했다. 리처드는 여유로운 금요일 오후면 전 직원을 인도 음식점으로 데리고 갔다. 르네는 최소한 일주일에 한 번 모두를 위해 딸기 스무디를 만들었다. 르네는 각각의 음료수 잔에 끝이 구부러진 빨대를 꽂아 은쟁반에 담아서 직원들에게 나누어주었다. 이제 내가 신입이 됐으니 쟁반 나르는 일은 내 담당이 됐다.

내 처지, 내가 하고 있는 이 하찮은 일은 사립초등학교 시절 우리 반 아이들을 떠올리게 했다. 지금 그들은 월가에서 바쁘게 일하거나, 외교관이 되어 있거나, 아이비리그에서 그리스어와 시를 가르치겠지. 근사한 집에 살면서 아이들도 키우겠지. 그래, 이렇게 살아 있는 것만으로도 행운이다. 이런 느낌은 처음이다. 르네를 대신해 스무디 쟁반을 나르는 지금이 나에겐 더없이 소중하게 느껴졌고 그 어느 때보다 큰 성공을 거둔 것 같았다.

겉으로는 아무렇지 않은 듯 자신 있는 모습으로 매일 사무실에 나타났지만, 사실 속은 두려움으로 조마조마했다. 아주 사소한 실수도 내 속에 숨어 있는 폭탄 같은 감정을 폭파시킬 수 있었다. 에단은 언제든 호출하라고 말했지만 느닷없이 터져 나오는 격한 반응과, 그 순간 아무 생각도 나지 않고 눈앞이 깜깜해지는 현상 때문에 호출을 할 수 있다는 생각조차 할 수 없었다. 어느 날 이른 아침, 나는 한 묶음의 카드를 만들기 위해 절단기로 장식용 특수지를 잘랐는데, 실수로 그만 정사각형이 아닌 직사각형으로 만들고 말았다. 리처드의 비서인 게일은 내가 카드를 건네길 기다리고 있었고, 실수를 깨달은 나는 두려움으로 머리가 어질어질했다. 특별히 주문한 마지막 남은 장식지를 내가 완전히 망쳐버린 것이다. 잘못을 해결할 방법은 없었다. 나는 실수를 인정해야 한다는 생각과 절단기를 탓하고 싶은 마음 사이에서 갈팡질팡하며, 망쳐버린 카드를 게일의 책상 위에 얼른 놓고 르네가 글루건을 휘두르고 있는 회의실로 향했다. 르네가 당장 화이트 초콜릿 프라푸치노를 사다 달라고 부탁하길 간절히 바라면서.

"키라?" 그때 게일이 큰소리로 나를 불렀다.

나는 잔뜩 움츠러들었다. 과연 어떤 부분을 지적받게 될까? 일을 망친 것? 망쳐놓고 시치미를 뚝 뗀 것? 아니면 둘 다? 나는 게일에게 돌아갔고, 게일은 망친 카드를 손에 들고 있었다.

"카드 사이즈가 정확하게 맞지 않는데요." 게일이 말했다. 게일은 품위 있는 중년 여성으로 사무실의 모든 일들을 아주 쉬운 일인 양 척척 관리하는 모습이 천생 영락없는 비서였는데, 오랫동안 리처드를 위해 일했다. 변호사 남편의 아내이자 세 아이의 엄마인 게일은 사람을 어떻게 다루어야 하는지 잘 알고 있었다. 하지만 그런 그녀도 아직까지 경계성 인격장애를 지닌 사람—사소한 비난에도 마치 얼굴이라도 얻어맞은 사람처럼 길길이 날뛰는 사람—과 일해본 적은 없으리라. 게일의 손에 든 종이 뭉치를 빤히 쳐다보고 있으려니 왈칵 눈물이 날 것 같았다. 그러자 다음 순간 분노가 치밀어 올랐다. 왜 하필이면 그런 고물 절단기를 사용하게 한 거야? 이따위 카드가 뭐 그렇게 대수라고 이 난리지? 이참에 게일이 만든 나비매듭에 대해 한마디 해줘? 하지만 곧이어 나는 고개를 돌렸다. 부끄러웠다. 지금 나는 장애 급여로 매달 받는 돈보다 더 많은 돈을 이곳에서 주급으로 받고 있었다. 바로 이런 카드를 만들기 위해 이곳에 있는 것이다.

게일은 품위 있고 느긋한 자세로 자신의 의자에 앉아, 어떤 반응을 보일지 고심하는 나를 가만히 바라보았다. 아, 얼마나 많은 사람들에게 이런 순간을 들켰던가. 이성적인 키라에서 감정적인 키라로 망가지는 순간을, 경계성 인격장애가 나를 덮치는 이런 순간을 목격한 사람들이 얼마나 많았던가…. 그런데 내가 더 큰 반응을 보일 사이도 없이 게일은 종이를 옆으로 치우더니 내 팔을 토닥이는 것이었다.

"괜찮아요." 게일이 다정하게 말했다. "나도 전에 저 절단기 때문에 애 많이 먹었어요. 내가 사이즈에 맞게 조금 더 다듬으면 돼요. 걱정하지 않아도 돼요."

게일의 태도는 폭탄의 뇌관을 절단한 것과 다를 바 없었다. 나는 너무 고마워서 하마터면 게일 앞에서 엉엉 울 뻔했지만, 아직까지 철저하게 감정적인 상태였기 때문에 여전히 이 상황이 두려웠다. 나는 화장실로 가서 얼굴에 찬물을 끼얹었다. 그리고 거울을 보고 속삭였다. "괜찮아, 괜찮아." 그러나 다음 순간, 게일이 나중에 르네 옆으로 가서 속닥속닥 내 흉을 보고, 아주 단순한 일도 마음 놓고 맡길 수가 없다며 레이먼드에게 이를지 모른다는 생각이 들었다. 나는 선수를 치기 위해 그날 밤 레이먼드에게 전화를 걸어 일을 완전히 망쳐놓았다고 말했다.

"무슨 일을 했기에 그러니?"

"종이를 잘못 잘랐어요."

레이먼드는 잠시 아무 말이 없었다. "그러니까 종이를 잘못 잘랐다는 말이지, 응?"

"네. 그리고 전화받는 일은 아직 할 엄두도 못 내고 있어요." 내가 들어도 내 목소리가 정말 우스꽝스러웠다. 레이먼드는 그런 일로 일자리를 잃을 일은 없다고 나를 안심시켰다. 하지만 나는 도무지 마음이 놓이지 않았다.

에단과 심리치료를 받는 날 에단이 물었다. "게일을 상대할 때 어떤 기술들을 사용했나요?"

이제 이건 으레 나오는 질문이 됐다. 어떤 기술들을 사용했나요? 종종 나는 지난 한 주를 돌이켜본 다음에야 내가 어떤 기술들을 사용했어야 했는지 겨우 생각해냈다. 이번 주는 버스 타고 다니랴 사무실 근무하랴 완전히 녹초가 돼서 일기 카드는 거의 매일이 공란으로 남았다. 우리는 변증법적 행동치료의 한 가지 실천 사항으로 행동 분석을 진행하고 있었는데, 사소한 사건 하나라도 관련 없는 일로 여기지 않는다는 점을 제외하면 여름에 했던 정교한 인지행동치료법을 연상시켰다. 게일과의 사건을 분석해보니 나는 다른 요인보다 나 자신에게 더 많이 화가 나 있었던 것 같고, 그 순간 어떻게 반응하는 것이 좋을지 알지 못했던 것 같았다. 에단은 몇 차례 더 나를 재촉해 마침내 그 당시 내가 느낀 감정들을 실토하게 했다. 그 당시 나는 분노와 두려움과 공포를 느끼고 있다는 걸 알고 있었다…. 그리고 상황을 악화시키는 방식으로 반응하지 않았다. 하지만 그럼에도 마음속의 작은 허리케인이 이번 일에서 처음으로 심은 자신감이라는 묘목들을 파헤쳤다. 그리고 이것은 내가 경계성 인격장애를 증오하는—**그래, 바로 증오하는!**—여러 가지 이유 가운데 하나였다. 이놈의 지긋지긋한 경계성 인격장애는 아주 사소한 사건으로 내면의 평정심을 무너뜨렸고, 그리하여 내가 너무나 나약하고 통제 불능인 인간이라고 느끼게 했다.

에단은 당시 상황을 재차 확인했다. 내가 한 행동을 말할 때마다 에단은 다시 한 번 질문을 던졌다. 전혀 감정을 통제할 수 없었다고요? 그 일 이후에 어떻게 행동했다고요? 아, 화장실에 가서 얼굴에 찬물을 끼얹었다고요, 맞나요? 그래, 그랬다. 나는 마음을 진정시켰다. 그런 다음 내 자리에 앉아 혼잣말을 하며 달아나고 싶은 충동을 가라앉혔다. 그리고 서점에서와 다른 태도를 보였다는 사실을, 나중에라도 극도로 불안한 상태에 처하게 되면 나에게 스테이크와 크렘 브륄레를 사주면서 내 해명을 들어줄 누군가가 있다는 사실을 깨달았다.

"그러니까 스스로 마음을 진정시키고 자신의 행동에 대해 장점과 단점을 생각해봤단 말씀이군요. 그 두 가지가 모두 변증법적 행동치료 기술이잖아요."

"뭐, 그런 것 같기도 하지만…, 그렇지만 전 왜 다른 사람들처럼 반응하지 못하는 걸까요?"

"왜 다른 사람들처럼 반응하려고 하지요?"

"제가 느끼는 감정들에 문제가 있는 것 같아요. 저도 다른 사람들처럼 정상적으로 반응하고 싶어요."

"어떤 부분이 잘못됐다고 생각하세요?"

합리적인 대답이 얼른 떠오르지 않았다. 그저 내 감정들이 견딜 수 없이 싫다는 생각, 그리고 내가 견딜 수 없는 일들은 모두 잘못된 것이라는 생각뿐이었다.

레이먼드는 종종 우리 사무실 아래층에 있는 3층의 그의 사무실

에 와서, 틈틈이 불쑥불쑥 4층으로 올라와 내가 잘하고 있는지 확인했다. 그럴 때면 남모르게 나를 애지중지 여기는 삼촌 같다는 생각이 들었고, 그가 계단을 올라오는 모습을 보는 것만으로도 마음이 차분해졌다. "그래, 이곳이 마음에 드니?" 그가 물었다.

당연한 말씀. 높은 대리석 접수대 뒤에 놓인 이 책상에 앉는 것도 좋았고, 은색 사탕 그릇에 사탕을 채우는 일도 좋았고, 전화받는 일도 좋았고, 택배 상자를 보내고 상자에 사인하는 일도 좋았다. 점심 시간에 느지막이 롤러브레이드를 탄 사람들이 하나 둘 씩 나타나고, 부사장이 직원들에게 스무디를 만들어주는 이 유별난 컨설팅 회사에서 리처드, 르네, 게일과 함께 일하는 것이 좋았다.

"흠, 그래, 잘 지내는 것 같구나." 레이먼드는 내가 잘 지내고 있다고 생각했다. 흐음, 그렇지만 꼭 그렇다고 말할 수는 없었다. 사실 조만간 노숙자 신세가 될 판이었으니까. 그래, 노숙자는 좀 과장이다. 이 일을 계속하면 오른 집세도 낼 수 있지만, 사무실과 집과의 거리가 너무 먼 데다 매일같이 패티의 눈을 피하려고 눈치를 보다 보니 날로 지쳐가고 있었다. 그래서 젖 먹던 힘까지 총동원해야 간신히 낮 12시 전에 침대 밖으로 빠져나올 수 있었다.

"하버드 광장 근처로 집을 옮기는 게 어떻겠니?" 레이먼드가 물었다. 그거야 두말하면 잔소리지…. 그렇지만 하버드 광장 근처로 집을 옮기라는 말은 리츠 칼튼 호텔에서 지내라는 말과 다를 바 없었다. "그건 불가능해요." 나는 레이먼드에게 말했다.

"틀림없이 가능한 방법이 있을 거야." 그가 말했다. "언제나 방법은 있기 마련이란다." 레이먼드는 리스트서브(Listserv, 특정 그룹 전원에게 이메일을 통해 자동으로 메시지를 전송하는 프로그램—옮긴이)에서 여행 중인 학자들을 대상으로 하는 이메일을 뒤지더니, 놀랍게도 로그인한 지 한 시간도 안 돼서 하버드 광장 부근의 저렴한 거주지 몇 곳을 찾아내는 것이었다. 이 가운데 내 마음에 드는 곳을 선택하면 됐다. 포터 광장에 위치한 방 두 개짜리 집에서 이스라엘 물리학자와 함께 지내는 건 어떨까? 센트럴 광장에서 고양이 두 마리와 사는 생물 공학 전문가와 함께 지내는 건? 직장에서 세 블록 떨어진 하버드 광장의 유서 깊은 빅토리아풍 건물 맨 꼭대기 층 원룸 아파트도 정말 가능할 수 있을까? 나는 집주인에게 이메일을 보내 다음 날 만나 보기로 했다. 집주인은 오랜 기간 하버드 교수로 재직 중인 부부로, 지금까지 정신병자가 아닌 여행 중인 학생들에게 원룸을 임대하고 있었기 때문에, 나는 결의에 찬 표정을 지으며 당당하고 유능한 사람으로 보이는 게 좋을 것 같았다. 나는 직업은 예술가이며 출근하지 않는 날 작업할 수 있는 조용한 집을 찾고 있다고 말했다. 뭐, 어쨌든 사실이었으니까. 그리고 겉으로 보기에 상반된 듯한 두 가지 사항이 동시에 참일 수 있다는 변증법 내용을 기억했다.

교수 부부는 나를 데리고 층계참이 두 번 나 있는 좁은 계단을 올라갔고, 마침내 우리는 사방에 창문이 있는 정사각형 원룸 아파트로 들어갔다. 그야말로 성냥갑만한 방 하나에 소파, 탁자, 간이 주방에다 놀랄 만큼 커다란 욕실까지 갖추어져 있었다. 천장은 그 집 남편이 약간 허리를 숙여야 할 정도로 낮았지만, 내 키로는 10센티미터는 충분히 여유가 있었다. 더구나 나한테 있는 거라곤 이불 한 채가 전부였기 때문에 가구가 완벽하게 구비되어 있다는 점도 마음에 들었다.

보증금을 어떻게 마련할지 대책도 없으면서 나는 집을 계약하겠다고 말했다. 전화로 먼저 에단의 코치를 받은 다음, 부모님에게 전화를 걸어 경제적인 도움을 요청했다. 하지만 내가 부탁하자 두 분 모두 상대편이 어떻게 나올지 알기 전에는 선뜻 도와주려 하지 않았다. 하는 수 없이 레이먼드에게 전화하자, 레이먼드는 잔뜩 화가 나서 부모님이 어떻게 나오든 상관없이 돈을 내주겠다고 제안했다. 일주일 후, 세 사람이 내 이사 비용을 모아주었다.

유난히 따뜻했던 1월 어느 날 오후, 엄마와 나는 월섬의 짐을 싸서 엄마의 스테이션 웨건에 실은 다음 하버드 광장까지 차를 몰고 가 층계참이 두 번 나 있는 좁은 계단으로 짐을 날랐다. 엄마가 이사를 도와주겠다고 선뜻 나섰을 뿐 아니라 하루 종일 대단히 낙관적인 태도를 보여 나는 깜짝 놀랐다. 어떤 상황에서도 가능성을 발견하는 엄마의 능력은 악착같은 데가 있었는데, 그 능력은 당시 상황과 내 기분에 따라 나를 고무시키기도 했고 주눅 들게도 했다.

"너한테 안성맞춤이구나." 짐을 모두 부린 후에 엄마가 말했다. 우리는 침대로 쓰기에는 너무 육중하고 소파로 쓰기에는 너무 높은 침대 겸용 소파에 앉았다. "이제부터 좋은 일만 가득하길 바란다. 이제 하버드에서 강의도 들을 수 있고, 매일 밤 영화를 보러 외출할 수도 있겠구나. 32킬로미터씩 차를 타고 나가지 않아도 아무 때나 카푸치노를 마실 수도 있고 말이야. 이렇게 광장 가까운 곳에 집을 얻는 거라면 이 엄마가 빚을 내서라도 도와주마."

그래, 나는 운이 좋았다. 그리고 이 집이 나에게 안성맞춤이라는 말에도 동의했다. 엄마와 같은 이유는 아니었지만. 그날 밤 혼자 있게 됐을 때, 나는 환한 아침 햇살이 방 안에 비치도록 하기 위해 이불을 방 한구석으로 옮겼다. 그리고 잡지, 서랍, 책, 옷이 들어 있는 평소에 사용하는 상자들을 벽을 따라 죽 나열했다. 나는 나무 상자

하나에 과테말라산 셔츠 한 장, 군복 바지 여러 장, 홀치기염색을 한 옷 등, 남동생의 옷을 보관했고 가끔 꺼내 입기도 했다. 어느 땐 상자를 열어 옷가지를 살펴보면서 10년 전 동생 대신 차라리 내가 죽었더라면 좋았을 거라고 생각하기도 했고, 어느 땐 남동생의 셔츠를 걸치면서 그래도 아직 살아 있어 다행이라고 생각하기도 했다. 그래, 이 집에 살게 된 건 행운이지만, 극장과 아주 가깝거나 대학교 강의를 들을 수 있어서가 아니었다. 그런 교양을 쌓는 일에는 관심 없었다. 나는 살아남는 법을 배우고 싶었다. 이제 내 손에는 열쇠 두 개가 달린 열쇠고리가 쥐어져 있었다. 하나는 이 원룸 아파트 열쇠고 또 하나는 사무실 열쇠였다. 각각의 열쇠는 살 만한 가치가 있는 삶을 살 기회를 향해 활짝 문을 열었다.

13

감정조절장애여, 안녕

원룸에 이사 온 후 처음 며칠은 저녁마다 책과 빈 마분지 상자 더미에 둘러싸인 카펫에 앉아 있었다. 그냥 그렇게 가만히 앉아서 내 물건들을 멍하니 바라보고만 있었다. 패티와 떨어져 내 공간을 갖게 됐다는 안도감은 그 어느 때보다 깊은 고립감에 부딪쳤다. 내게는 아주 익숙한 일이었다. 나를 '억압하는 사람'으로부터 달아났지만, 정작 나를 억압한 건 다름 아닌 내 존재라는 사실을 깨닫는 일 말이다. 나는 창밖의 헐벗은 나뭇가지를 멍하니 바라보며 일기 카드 작성을 피하고 있었다. 지금까지와는 다른 종류의 절망이 찾아왔다. 이것이 경계성 인격장애 2단계일까? 더 안전해졌고 목적의식도 갖게 됐지만, 지금 같은 상황은 분명 '조용한 절망'이라는 용어에 해당할 것 같았다.

이제 나는 그 어느 때보다 이중적인 생활을 하고 있었다. 시시각각 내면의 악마들을 다스리느라 몸부림치는 경계성 인격장애 환자 키라와, 외부에 드러나는 그와 정반대의 페르소나로 "안녕하십니까!

무엇을 도와드릴까요?" 하고 상냥하게 인사하는 접수 안내원 키라. 그리고 사실 한 가지 모습이 더 있었다. 나는 회사의 '전속 예술가'이기도 했다. 접수 안내원 자리에 고군분투하는 창조적인 유형의 사람을 고용하는 건 리처드가 오래전부터 만들어온 전통이었다. 이제 나는 진짜 예술가 이상으로 기를 쓰고 노력하고 있었으며, 덕분에 사무실 사람들에게 복사기 종이 걸림을 해결하는 능력 이상의 가치 있는 사람으로 인정받게 되었다. 그리고 사실 접수 안내원만으로도 그렇게 나쁘지 않았다. 내가 노벨상을 탈 인물이라거나 위대한 소설을 발표하리라는 확신에서 벗어날 수 있다면 말이다. 나는 현실의 일들, 그러니까 화분에 물을 주고, 식기 세척기에서 식기를 꺼내 정리하고, 전화를 받고, 르네에게 커피를 가져다주는(르네는 여전히 나에게 커피를 사주겠다고 고집을 부린다) 일에 신경을 쓰며 집중하려고 노력했다. 마지막으로 내가 담당하는 중요한 역할은 에스프레소 기계 전문가였다. 사무실은 온통 박사 엔지니어들로 바글거렸지만 에스프레소 기계의 깜박이는 불빛을 해독하고, 그라인더의 눈금을 조절하고, 은색 배출구에서 증기가 나오게 할 줄 아는 사람은 나밖에 없는 것 같았다. 그도 그럴 것이, 신경 써서 설명서를 읽는 사람이 나밖에 없었으니까.

1월과 2월에는 회사에 다니면서 변증법적 행동치료 모임이 시작될 날을 손꼽아 기다렸다. 여전히 일기카드를 작성하고 순간순간 필요한 기술을 적용하면서 에단과 계속 심리치료를 진행했다. 일, 에단, 동네 헬스클럽. 생활은 이렇게 일종의 질서를 만들어가고 있었다. 그러나 밤마다 주말마다 여전히 괴로움에 몸부림쳤다. 밤이면,

그리고 주말이면 텅 빈 캔버스가 펼쳐졌고, 움직임을 멈추고 혼자 자리에 앉는 순간 꼭꼭 숨어 있던 긴장과 두려움과 아픔이 한꺼번에 튀어나와 후드득 캔버스 위를 채웠다. 컴퓨터나 케이블 TV 같은, 생각을 다른 데로 돌릴 만한 거리들이 거의 없다 보니, 때때로 밤이면 카펫 위를 기어다니면서 신발 속에 딸려온 작은 돌멩이나 나뭇잎을 털어 내거나, 옷이란 옷은 전부 꺼내놓고 다시 개서 정리하며 시간을 보냈다. 아래층 교수 부부가 소곤거리며 웃는 소리며 TV 소리 같은 소소한 소리들이 계단을 타고 올라왔다. 그들 부부는 각자 서재를 가지고 있었는데, 남편의 서재에는 그가 출판한 책들이 가지런히 진열되어 있었다. (그들이 외출하는 동안 커다란 오렌지색 얼룩무늬 고양이의 식사를 챙겨달라고 부탁해 집안을 살짝 둘러본 적이 있다.) 러그에 삐져나온 실을 제거하려고 엎드려 있다가 그들 부부가 침대에서 상대방의 작업 내용을 수정해주는 소리를 거의 생생하게 듣기도 했다.

간혹 아무도 일을 잘해낼 수 없을 것만 같은 불안감을 느낄 때가 있었다. 두 대의 전화가 동시에 울려대면 숨이 가빠졌다. 팩스가 전송되는 동안 방문객이 문을 열고 들어오면 어디에다 시선을 두어야 할지 몰라 우왕좌왕했다. 갑자기 급히 처리해야 할 일이 생기거나 여러 가지 일을 동시에 수행해야 할 때면 순식간에 정신이 혼미해졌다.

"도움이 필요하면 르네에게 이야기하렴." 레이먼드가 나에게 말했다. 그즈음 내가 특별한 상황에 처한 사람임을 르네가 알고 있을 거라고 짐작했다. 르네에게 내 이야기를 어떻게 했는지 한 번도 레이먼드에게 묻지 않았지만, 아마도 내가 스트레스에 약하고 쉽게 좌절하는 경향이 있다고 이야기하지 않았을까 싶다. 어느 날 오후, 에단과의 심리치료를 위해 막 퇴근하려는데 엔지니어 한 사람이 나에게 열 장의 서류를 프린트한 다음 깔끔하게 제본을 해서 달라고 부탁했다. 그걸 다 해주다가는 에단과의 예약 시간을 지키지 못할 터였다. 그날은 하루 종일 되는 일이 없었다. 가뜩이나 스테이플러 심이 자꾸만 걸리는 바람에 약간의 좌절감이 공황상태와 눈물 바람으로 이어지고 있던 마당이었다. 용케 꾹 참고 있었는데 아무래도 에단을 봐야 했다. 에단을 보면 답답한 감정을 빵 터뜨리는 대신 천천히 발산시킬 수 있을 것 같았다. 그래서 엉엉 울면서 르네를 찾아갔다. 르네 앞에서 내 무너진 모습을 보이고 싶지는 않았다. 이런 상태에 있는 내 모습이 부끄러웠다.

"왜 그래요!?" 내 모습을 보자 르네가 몹시 당황하며 물었다. 나는 울음을 멈출 수가 없었다. 아마 르네는 가족 중에 누가 죽기라도 한 줄 알았을 거다.

마침내 나는 간신히 입을 열었다. "스티브가 늦게까지 일을 하라고 시켰는데 그럴 수가 없어요!"

나는 르네가 눈알을 굴리거나, 뭐 그런 일로 이렇게 난리를 피우냐고 말할 줄 알았다. 르네는 안타깝다는 표정을 지으며 나에게 티슈 상자를 건넸다. "그럼 스티브한테 못 한다고 말하세요. 약속이 있으면 약속 시간에 맞춰 가야지요."

나는 르네의 반응에 너무 놀라서 그만 눈물이 쏙 들어갔다. "어떻게 그렇게 말해요?" 이해할 수가 없었다. 안 된다는 말을 하면 안 되는 줄 알았다. 나는 고작 접수 안내원이니까.

"당신 사생활이 있잖아요. 할 수 있는 것과 할 수 없는 것을 사람들에게 말할 수 있어야 해요. 할 일을 미리 지시했어야 했다고 스티브에게 말하세요. 그가 깜박하고 잊어버린 일 때문에 당신이 만사를 제쳐둘 수는 없다고 말하세요." 르네는 온화하게 미소를 지었다. 르네는 스무디 전문가이자 나에게 커피를 주는 사람이며 지금은 내 보조 심리치료사였다. 폭파 일보 직전에 있는 뇌 속의 화학 물질들이 차갑게 식고 있는 느낌이 들 정도였다. 나는 다시 2층으로 올라가 (스스로 달래고 마음을 차분히 가라앉히기 위해) 화장실에 들러 얼굴에 찬물을 끼얹은 다음 스티브에게 다가갔다. 나에게는 대단히 중요한 순간이었다. 이런 상황에 어떻게 대처해야 할지 전혀 아는 바가 없었다. 어떤 일이 일어날지 두려웠기 때문에, 지시한 일을 할 수 없다고 스티브에게 말할 땐 다리가 다 후들거렸다.

"그렇군요." 스티브는 책상에서 고개를 들어 미소를 지으면서 말했다. "괜찮아요. 그럼 내일 중으로 해주세요."

에단과 심리치료를 받을 때, 에단은 나에게 스티브와의 일이 왜 그렇게 견딜 수 없이 힘들었냐고 물었다. 나는 덫에 걸린 느낌, 압도당한 기분이 들었다고 말했으며, 스티브가 원하는 대로 하지 않으면 그가 화를 내거나 나를 비난할 것 같았다고 말했다. 이런 관점으로 보면 사소한 잘못으로도 인생이 완전히 망할 수 있었다. 어쩌면 직장에서 잘리고, 그런 다음 원룸에서 나오고, 그렇게 다시 원점으로 돌아갈 수도 있는 것이다. 회사에서 그 잠깐의 시간에 나는 하버드 쿱 서점 계산대 뒤에 서 있던 내 모습을 떠올렸다. 감정은 격해질 대로 격해지고 사람들은 자꾸만 나를 재촉하는데, 어디에서도 달아날 구멍을 찾을 수 없었던 그날의 기분이 떠올랐다. 굴복하거나 도망치는 것 외에 다른 방법이 있을 거라고는 생각하지 못했다. 하지만 이번엔 그때와 달랐다고 에단이 나에게 상기시켜주었다. 나는 다른 선택이 있다는 걸 알게 됐고 다른 쪽으로 방향을 틀었던 것이다.

정말 내가 이제까지와 다른 방식으로 움직인 걸까, 아니면 이 사무실과 르네가 지금까지 어떤 일자리에서도 경험하지 못한 방식으로 나를 보살피고 있는 걸까? 어쩌면 나는 스티브에게 버럭 화를 내며 길길이 날뛰고는 냅다 사무실을 뛰쳐나왔을 수도 있었다. 그렇지만 부끄러움을 무릅쓰고 르네에게 찾아가 도움을 요청함으로써 새로운 시도를 할 수 있었다. 아마도 이제까지와 다른 점이라면 내 기술과 환경이 마침내 동시에 움직였다는 것이 아닐까 싶다.

2월 말, 드디어 변증법적 행동치료 기술을 위한 모임이 예정된 날짜에 시작되었다. 모임에 들어서는 순간부터 나는 이 모임이 이전의 변증법적 행동치료 모임과 크게 다르다는 걸 깨달았다. 자유로운 토론이라든지 한 사람의 과제를 놓고 한 시간 내내 떠드는 일 따위는 더 이상 없었다. 돌아가면서 자기 상황을 시시콜콜 이야기하거나 헤겔의 변증법에 대해 설명한답시고 삼천포로 빠지는 일도 더 이상 없었다. 우리 모임의 지도자인 사이먼은 몰리와 정반대였다. 몰리는 한 시간 내내 방안을 돌아다니거나, 책상 위에 앉거나, 의자에 앉아 이리저리 의자를 돌리고 있었던 반면, 사이먼은 의자에 살짝 걸터앉았고, 책장을 넘기거나 손을 든 사람에게 손짓을 하는 등 꼭 필요할 때에만 움직였다. 진도는 몰리 때나 지금이나 서두르지 않는 건 마찬가지였지만 지금은 한결 체계적이었다. 우리는 매주 괜찮다, 안 괜찮다, 지금 완전히 제정신이 아니다 등 자신의 상태를 재빨리 점검하는 것으로 모임을 시작했다. 각자의 상태가 어떻든 중요하지 않았다. 사이먼은 우리의 거센 불길을 구태여 끄려고 하지 않았다. 뭐 한둘이어야 말이지. 내 직장 환경과 마찬가지로 사이먼이 만든 모임

공간 역시 달아나고 싶은 우리의 충동 같은 건 아랑곳 하지 않은 채 우리를 방에 가두어 놓았다. 그래서 때때로 벌떡 일어나 밖으로 나가버리는 사람도 있었다. 나는 아직까지는 그러지 않았다.

교재와 자료를 바탕으로 하기 때문에 변증법적 행동치료는 상당히 정형화된 듯 보일 수 있다. 하지만 나는 지금의 변증법적 행동치료 프로그램과 이전의 프로그램과의 차이를 비교하면서, 변증법적 행동치료가 여러 가닥의 실로 솔기 없이 매끄럽게 짠 직물과 같지만 치료가 아무리 확실하게 이루어진다 해도 실 한 가닥만 끊어지면 쉽게 풀어질 수 있다는 걸 점점 마음 깊이 깨달아 가고 있었다. 가령, 사람들과의 모임에서 자리에 앉아 있는 걸 견딜 수 없다면 무슨 수로 기술을 배울 수 있겠는가? 평소 주위에 남자들이 있는 환경을 힘들어 하는데 이 모임에 남자와 여자가 함께 참여하게 된다면, 어떻게 이 환경을 견딜 수 있겠는가? 누군가 아주 잠깐 자신을 쳐다보는 것만으로도 감정이 촉발되어 버럭 분노를 터뜨리는 사람이 있는가 하면, 누가 언성을 높이든 말든 그 즉시 자신과 관계없음을 깨닫는 사람도 있다.

이 변증법적 행동치료 모임에 참석한 여자들은 거의 모두가 결혼을 했거나 할 예정이었다. 모피 코트를 두르고 구찌 가방을 매고 다니는 마리아는 독재적인 사업가이자 이탈리아 전통에 지나치게 몰두하는 남편과 살고 있었다. 다르시는 한 직장에 제대로 붙어 있지 못하고 하루 온 종일 거실에서 대마초만 피워대는 어느 소년과 데이트 중이었다. 거의 실명에 가까운 상태인 제니는 맹인견을 데리고 다녔는데, 휠체어에 갇혀 사는 남자친구나마 어쨌든 애인이 있었다. 자그마한 변덕쟁이 예술가 로빈은 한 음악가와 결혼했으며 둘 다 최근 알래스카에서 이주해왔다. 굉장히 아름답고 섹시한 영계 나탈리에게는 아무 때나 불쑥 찾아왔다가 아무 때나 훌쩍 가버리는데다 이따금 폭행까지 휘두르는 남자친구가 있었는데, 나탈리도 피차일반이었다. 나탈리는 끊임없이 법정 재판에 시달렸고 딸과 관련된 접근금지 신청에 관한 법률의 세부 항목을 외우고 다녔다. 조용한 중년 여인 모니카를 제외하면 행복하게 관계를 맺는 사람이 아무도 없었다. 모니카는 신비에 싸인 사랑스런 남자, '우리 데이비드'에 대해 이야기했다. 통통하고 조용한 모니카는 과제를 검토하는 시간에 잠시도 자살 충동이 멈추지 않는다고 털어놓기 전까지는 우리의 계속되는 위기와 고통을 함께 나누고 싶어 하지 않는 듯 보였다. 레즈비언인 미샤는 독신이지만 스토킹까지 할 정도로 전 여자친구에게 집착했다. 아, 경계성 인격장애 환자들의 가련한 사랑이여.

 우리의 섹시한 영계 미녀를 제외하면 모임에 참여하는 사람들 모두가 온 마음을 다해 기술을 배우는 데 전념하는 것 같았고, 이런 태도는 모임을 성공으로 이끄는 데에도 대단히 중요한 것 같았다. 우리의 작은 구명보트는 각자 자기 노만 열심히 젓는다고 움직이는 게 아니다. 언어나 운동과 마찬가지로 이 기술 역시 연습은 물론이려니와 각자의 고통과 경험을 다 함께 공유할 때 습득하고 발전시킬 수 있다. 나는 모임을 통해 공유하는 법을 배우게 된 걸 다행으로 여겼다. 알코올중독자 자조모임과 약물중독자 자조모임에서는 개인적인 이야기를 공유하는 것의 이점들을 이해하고 나면, 조금 힘은 들더라도 자신의 이야기를 공개하는 것을 참을 수 있게 된다고 가르쳤다. 이 변증법적 행동치료 모임에서는 나와 유사한 괴로움을 지닌 다른 사람들이 그 괴로움을 참고 다스린 과정을 듣는 것도 유익하다고 가르쳤다. 덕분에 나는 내가 아주 혼자가 아니라는 걸 마침내 깨닫게 되었다.

그러나 이 모임에서 자기 자신을 경계성 인격장애라고 밝히는 경계성 인격장애 환자는 나뿐이었다. 그리고 이 프로그램은 예전의 프로그램에 비해 훨씬 포괄적인 반면, 경계성 인격장애에 대한 구체적인 교육이나 토론이 없고, 마샤 리네한 이론의 바탕이 되는 철학이나 이론에 대해서도 전혀 언급하지 않았다. 하지만 나는 변증법적 행동치료 기술이 내 증상을 완화하는 데 얼마나 큰 도움이 되는지 알아갈수록 이런 이론들이 점점 중요해졌다. 예를 들어 리네한 박사는 경계성 인격장애의 특징을 나타내는 말로 《정신장애의 진단 및 통계 편람(DSM-IV-TR)》에서 명시한 '불안정(instability)'이라는 단어를 사용하는 대신 '감정조절장애(dysregulation)'라는 용어를 사용했다(1993a). 따라서 변증법적 행동치료 기술은 모두 감정조절 기능에 장애가 있는 개인의 통제력을 회복하기 위한 (혹은 그런 자기 모습을 있는 그대로 받아들이는 법을 배우기 위한) 수단을 제공하는 것과 관련된다. 언뜻 표현만 다를 뿐이라고 생각될 수 있지만, 우리의 변증법적 행동치료 모임이 감정조절 기술 단계에 들어가면 이 감정조절장애라는 개념이 대단히 중요해진다. 리네한 박사는 그녀의 기술훈련 교본에서 다음과 같이 설명한다. "변증법적 행동치료의 관점에서 볼 때, 고통스러운 감정을 조절하기 힘든 현상은 경계성 인격장애를 지닌 개인이 행동에 어려움을 겪는 것의 가장 핵심적인 원인이 된다." (1993b, 84) 이 말은 곧 자해, 자살 시도, 타인에게 필사적으로 매달리기, 관계를 끊기, 마약이나 술에 취하기, 낯선 사람과 성관계 하기 등, 우리가 드러내는 '증상'들 대부분을 '견딜 수 없이 고통스러운 감정을 행동으로 해결해보려는 몸부림'으로 볼 수도 있다는 의미가 된다(1993a, 149). 다시 말해 '고통을 끊으려는 모든 몸부림'은 곧 경계성 인격장애를 표현하는 훌륭한 제목이 될 수 있는 것이다.

그러므로 우리는 자신의 감정을 조절하는 법을 배울 필요가 있었다. 마음관찰을 통해 감정을 인식하는 법을 배울 수 있지만 사실상 그보다 더 나아갈 필요가 있었다. 사이먼이 우리에게 감정의 정의를 말해보라고 했을 때 모임에 있는 사람 아무도 제대로 설명하지 못했다. 다들 평생을 감정에 사로잡혀 살아왔으면서 감정이 무엇인지 분명하게 정의내리지 못하다니 정말 역설적인 일이 아닐 수 없었다.

사이먼은 감정은 복잡한 심리적 과정이라고 설명했다. 어떤 감정을 바라볼 때 우리는 그것을 단일한 사건 내지 경험으로 간주하는 경향이 있지만, 실제로는 그 안에서 많은 일들이 진행되고 있다는 것이다. 사이먼은 우리에게 순서도가 그려진 인쇄물을 나누어주었다. 우리는 '감정을 유발하는 사건'(가령 섹시한 남자를 볼 때 같은)을 시작으로, 인체에 변화(흥분)를 일으키는 뇌의 화학물질을 거쳐, 행동으로 발전시키려는 충동(오늘 밤 나랑 같이 자요!)에 이르는 감정 통로를 따라 내려갔다. 이러한 일련의 감정 통로를 경험한 이후에 어떤 행동을 취하게 되고(유혹이나 회피, 혹은 다리털을 미는 행위 등) 그 여파를 겪게 되는 것이다.

보통은 강렬한 감정이 행동으로 옮겨지지 않을 경우, 감정의 주기에서 정점을 찍었다가 이후 서서히 식기 마련이다. 그러나 리네한 박사의 설명에서처럼 경계성 인격장애를 지닌 사람들은 생물학적으로 취약한 세 가지 주요 요인들 때문에 보통 사람들과 다른 방식으로 이 과정을 경험하게 된다(1993a). 세 가지 요인은 첫째, 우리는 감정적 자극에 대단히 민감하다(다시 말해 우리는 사회적 역학social dynamics, 환경, 자신의 내면 상태를 마치 신경 말단이 노출된 것처럼 극도로 예민하게 경험한다). 둘째, 우리는 다른 사람들보다 격렬하고 훨씬 성급하게 반응한다. 그리고 셋째, 우리는 한참 동안 감정의 정점에서 '내려오지' 않는다. 한번 신경이 건드려지면 감각은 계속 절정 상태를 유지한다. 다른 사람들은 몇 분이면 지나갈 감정의 여파를 우리는 몇 시간, 때로는 며칠 동안 최고점으로 유지할 수 있다.

나는 모임에서 이런 모습들을 매주 볼 수 있었다. 우리는 겉으로는 제자리에 차분히 앉아 있으려 노력하고 있지만, 곧 폭풍우가 몰려올 것을 감지하고 있는 한 무리의 겁먹은 동물들 같았다. 가령 어디에선가 뜬금없이 소음이 들려오면 먼저 누군가 한 사람이, 곧이어 모임의 모두가 초조해하기 시작했다. 경계성 인격장애를 지닌 사람이라면 다들 알겠지만, 지나치게 예민하다, 지나치게 과민반응을 보인다, 감정이 지나치게 격하고 종잡을 수 없다 등의 비난을 수시로 듣는다. 다행히 경계성 인격장애는 이런 기질들을 병리적 현상으로 설명하지는 않으며, 다만 근본적인 생물학적 약점으로 간주한다. 이런 기질들은 치유되는 징후가 아니며, 다루는 법을 배운 적이 없는 타고난 특성이다. 사람들의 일반적인 성격 특성을 보면, 그들의 기질이 반드시 장애로 이어지는 건 아니라는 걸 분명하게 알 수 있다. 즉 열 받는다고 모두가 가구를 집어던지지도 않으며, 우울하다고 모두가 정신병원에 가는 것도 아니다.

그렇다면 어떤 사람은 아무리 예민하고 과민하게 반응해도 절대로 경계성 인격장애까지 발전하지 않는 반면, 어떤 사람은 경계성 인격장애가 되는 이유는 뭘까? 마샤 리네한 박사는 개개인의 생물학적으로 취약한 부분과 특수한 요구에 환경이 충분히 대응하지 못할 때 경계성 인격장애의 행동과 경험으로 이어지는 것이 아닐까 추정했으며, 이를 생물사회적 모형(biosocial model)이라고 불렀다(1993a). 어떤 면에서 이건 식물을 키우는 것과 같다. 그러니까 나에게 씨앗이 있고 햇볕과 물, 토양과 같은 특정한 요소를 씨앗에 줄 필요가 있는 것이다. 우리에게 경계성 인격장애라는 씨앗 하나가 있다. 그렇다면 이 씨앗이 어떻게 커다란 나무로 자라는 걸까? 우리의 장애를 배양하는 환경을 리네한 박사는 '정당성을 인정받지 못함(invalidation)'이라는 단어로 표현했다. 리네한 박사는 '남용(abuse)'이나 심지어 '방치(neglect)'라는 용어가 아닌 '정당성을 인정받지 못함'이라는 용어를 사용해, 상처받기 쉬운 아이의 내적 경험들—생각, 감정, 느낌, 확신—이 보호자와 양육자로부터 어떻게 무시되거나, 부인되거나, 일관되지 않은 반응을 얻거나, 벌을 받거나, 지나치게 단순화되는지 설명했다. 가족 내에서 (혹은 학교나 심지어 문화 내에서) 반응의 '무조율(nonattunement)'이 결국 근본적인 생물학적 취약점을 공격한다는 것이다. 리네한 박사에 따르면 정당성을 인정받지 못하는 환경은 부정적인 감정을 통제하거나 감추는 것을 대단히 중요하게 여긴다. 고통스러운 경험들이 사소하게 취급될 뿐만 아니라, 가뜩이나 쉽게 상처받는 이들에게 다른 사람의 기대에 부응하지 않고 자기 기준에 따라 산다고 비난한다(1993a).

생물사회학적 모형은 끔찍한 피드백 결과를 설명한다. 정당성을 인정받지 못하는 모든 경험은 격한 감정, 감정조절장애의 악화, 버림받은 느낌, 고립감, 수치심을 증가시킨다. 우리는 이런 감정들을 어떻게 다스려야 하는지 모르기 때문에, 우리의 행동은 점점 더 파괴적이고 극단적이 되며, 그 결과 더욱 정당성을 인정받지 못하고 더 심하게 비난을 받는다. 그리고 최종적으로 경계성 인격장애의 모든 증상들을 두루 갖추어, 결국엔 아주 당연한 듯 자신조차 자신의 정당성을 인정하지 않는 사람으로 태어나게 되는 것이다.

변증법적 행동치료가 경계성 인격장애에 그토록 중요한 이유는 그 기술 때문만이 아니다. 그 이유는 인정받고 입증받을 필요와 변화하라고 재촉받을 필요 사이의 아슬아슬한 긴장에 접근하기 때문이다. 나는 이런 접근을 에단과 함께 있을 때 경험했다. 에단은 언제나 내 관점과 느낌을 알아보는 동시에, 다른 방식으로 생각하고 반응할 수도 있다는 걸 가르쳐주었다. "그런 식으로 느낄 이유는 없어요"라는 말을 듣는 것과 "당신이 왜 그렇게 느끼는지 이해할 수 있어요"라는 말을 듣는 것과의 차이는, 미친 다람쥐를 놀리는 것과 진정제를 주는 것의 차이라고 할 수 있다. 궁극적으로 우리는 자기 존재의 정당성을 인정하는 법을 배워야 하지만 지금으로서는 능력 밖이었다. 나는 나를 대신해 내 정당성을 인정해줄 다른 사람들이 필요했고, 경계성 인격장애를 지닌 사람이라면 누구나 알다시피 이런 지지를 받는다는 건 거의 불가능했다.

하지만 나는 자기정당화(self-validation)를 향해 나아가고 있었다. 그 시작은 내 감정적 생활과 내 경험의 생물학적 근거를 이해하는 것이었다. 그리고 2단계, 즉 감정적 경험을 다루는 법을 배우기에 돌입하기 위해 필요한 기술들은 변증법적 행동치료의 기술들, 특히 감정조절기법과 깊이 관련되어 있었다. 그러나 그러려면 먼저 감정이 무엇인지 이해해야 하고 감정에 대한 근거 없는 믿음을 살펴보아야 했다. 또한 우리의 핵심적인 확신 가운데 일부, 즉 우리의 내적 경험들은 모두 사악하거나 의미 없거나 이해받을 가치가 없다는 확신, 감정은 모두 나쁘다는 확신, 무엇을 느낄 때 옳은 방법과 그른 방법이 있다는 확신이 내적인 고통을 더욱 악화시킨다는 사실을 이해해야 했다. 에단과의 심리치료를 통해 내가 모든 부정적인 감정을 장애물로 여기고 있으며 그러한 인식을 변화시키기가 쉽지 않다는 걸 깨달았다.

변증법적 행동치료 모임에서 사이먼은 감정이 특정한 목적에 도움이 된다고 설명했다. "그토록 끔찍한 기분을 느끼게 하고 온갖 분란을 일으키는 것 같지만, 그럼에도 감정은 우리에게 중요한 역할을 합니다. 감정은 소통의 역할을 하고, 동기를 부여하는 역할을 하고, 자기 자신을 인정하게 하는 역할을 하고, 우리의 삶에 풍요와 의미를 주는 역할을 합니다." 계절이 바뀔 무렵, 나는 한심한 패배자라는 판단을 내려놓고 내 지긋지긋한 외로움에서 의미를 찾으려 애썼다. 회사 일은 어느 때는 해볼 만했다가 어느 때는 진이 빠지기도 했고 가끔은 만족스럽기도 하면서 그럭저럭 안정되어 가고 있었다. 회사까지 걸어가는 길은 마음관찰을 연습하는 시간이 됐다. 나는 내 몸의 상태, 내 머릿속을 지나가는 생각들, 그리고 케임브리지의 아침이 전하는 모든 냄새와 소리를 의식하려 노력했다. 올해 봄은 뚜껑을 열면 용수철 달린 인형이 튀어나오는 장난감 상자처럼 느닷없이 왔다가 이내 사라졌다. 수선화가 땅 밖으로 고개를 내밀었다가 그만 눈 폭탄을 맞고 말았다. 눈이 내리면서 비가 되는가 싶더니 다시 얼어버려, 얼음이 된 빗방울에 황금빛 희망의 가지들이 보기 좋게 난타를 당했다. 자연이 얼마나 미련하다 싶을 정도로 인내하는지 한 번도 생각해본 적이 없었다. 자연은 그저 무조건 인내하기로 정해진 것일까? 도대체 그런 인내의 힘은 어디에서 나오는 것일까?

내 미니 냉장고에 불교 경전이 새겨진 자석을 부착했다. "헛간이 불에 타 무너져 내렸다…. 나는 이제 달을 볼 수 있다." 나는 이 새로운 시작의 단순함을 소중하게 여기고, 파괴로부터 창조가 시작된다는 개념을 영원히 마음속에 간직하기 위해 노력했다. 하지만 그럴수록 더 떠오르는 의문이 있었다. 대체 창조는 **누가** 하는 것일까? 수십 년 동안 나는 엉뚱한 방향으로 튀는 충동들, 오해들, 편견들, 과장된 감정들, 가식적인 행동들, 그리고 생살이 드러나도록 노출되어 아픈 신경들이 한데 뒤엉킨 상태로 살아왔다. 지금도 자살하고 싶은 나, 당장이라도 남자들을 숭배하고 지배할 준비가 되어 있는 나, 마트에 잠깐 물건 사러 다녀와서 피로를 회복하겠다고 스무 시간은 내리 자는 나가 있으며, 구세주를 간절히 기다리던 그 옛날 여름 성경 캠프의 키키에게 이르기까지 무수한 다른 나를 만날 수 있다. 그리고 지금, 접수 안내원—외로움으로 나날이 남자를 밝히는 접수 안내원—인 내가 있었다.

봄방학이 끝난 학생들이 다시 학교로 돌아왔다. 갑자기 눈보라가 쌩쌩 불어오는데도 질척질척한 길에 샌들을 신고 선명한 꽃무늬 반바지를 입고서 맨살을 드러내는 아이들 모습이 마치 따뜻한 봄을 소망하는 꽃처럼 보였다. 연인들은 손을 맞잡고 꼭 껴안고서 천천히 거리를 거닐었다. 그들을 보자 가슴에 통증이 느껴졌고, 질투심과 다시는 저렇게 사랑받지 못할 거라는 확신에 사로잡혔다.

누군가의 손길을 느껴본 지도 1년이 넘었다. 그동안 정말 조신하게 살았다. 더는 젊은 정신병 환자들에게 성욕을 느끼지도 않았고 맨레이에도 발길을 끊었다. 그런 만큼 에단과 심리치료를 할 때마다 외롭다, 외롭다 노래를 불렀다. 도대체 얼마나 외롭기에 그러냐고? 1부터 10까지 점수를 매긴다면…. 아니, 10점으로는 어림도 없었다. 그리고 이 욕망이 이제는 밤에만 찾아오는 게 아니었다. 훤한 대낮에도 속으로 으슬으슬 한기가 느껴지고 공허하고 가슴이 아프다가, 짧은 반바지를 입고서 문신을 새긴 다리를 드러내며 땀을 뻘뻘 흘리면서 자전거를 타고 지나가는 택배 총각을 보면 얼굴이 벌겋게 달아올랐고 욕망으로 머리가 어질어질했다. 날이 점점 따뜻해지자 하버드 광장에는 맨살을 드러낸 사람들이 하나 둘 늘기 시작했고, 아웃오브타운뉴스 신문 판매대와 하버드 쿱 서점 사이의 횡단보도에는 반짝반짝 빛나는 피부를 지닌 맨살들의 페스티벌 행렬이 이어졌다. 그 육체들을 바라보느라 두 눈에 어찌나 힘을 주었던지 걷기가 힘들 지경이었다. 남자들, 여자들, 어린 아이들, 노인들. 대상은 아무래도 상관없었다. 나는 원하고 원하고 원하고 원하고…, 또 원했다. 누군가와, 아무라도 좋으니 누군가와 관계를 맺길.

기본적인 물질적 욕구가 충족되고 나면 좋은 인간관계가 행복의 가장 중요한 요소가 된다고 한다. 그럼에도 경계성 인격장애의 증상들은 인간관계를 방해한다. 그러므로 이것은 그야말로 악순환이다. 혼자 있는 것도 고역이지만 다른 사람들과 친해지고, 그들을 필요로 하고, 그들을 소유하는 것 역시 고역이긴 마찬가지다. 경계성 인격장애를 지닌 사람들은 엄마 젖에서 젖을 빨지 못하는 배고픈 아기, 사탕을 입에 달고 사는 당뇨병 환자와 같다. 더구나 이런 자신의 모습을 누구한테 이성적으로 설명하지도 못한다. 그리고 이제 관계에 대한 욕망은 폭격처럼 퍼붓는 두려움과 불안을 야기시킨다. 내가 충분히 건강하고 안정적일까? 내 남자친구가 다른 여자를 쳐다봤다고 버럭 소리를 지르는 식으로 반응을 보이지 않고 내 행동을 좀 더 잘 통제할 수 있을까?

에단에게 심리치료를 받은 지도 일곱 달이 넘었다. 두 개의 변증법적 행동치료 모임 사이에 시작한 기술훈련 모임에도 1년 이상 참석했다. 그리고 지금은 그 노력이 진전을 보이고 있었다. 이제는 내 몸에 칼을 대지도 않았고, 차라리 죽어버리고 싶다는 10분마다 튀어나오는 생각도 더는 하지 않았다. 고통은 도제로 입문하기 위해 필요한 기술이라는 말이 있다. 나는 평생 고통을 느끼며 살아왔지만 지난 수개월 동안 겪은 감정의 지옥은 실제로 긍정적인 결과를 낳고 있었다. 이것은 분명 변증법적 행동치료의 기술들 덕분이었고, 에단과의 심리치료와 전화 통화, 르네와 게일, 리처드 같은 사람과 함께 일하고 가까이에 레이먼드가 있는 직장 환경, 매주 만나는 변증법적 행동치료 모임 등, 결국은 나를 효과적으로 지지하는 사람들로 이루어진 조화로운 집단들 덕분이었다. 지금 나에게 약물을 처방해주는 의사도 많은 도움을 주었다. 주변의 모든 사람들이, 심지어 부모님까지도 어느 정도는, 내가 나이 서른두 살에 이제야 겨우 사는 법을 배우고 있다는 사실을 이해해주었고, 그들의 도움을 필요로 한다는 사실을 인정해주었다. 각각의 사람들로부터 다양한 방식으로 이처럼 특별한 지지를 받지 못했더라면, 누군가 나에게 조금만 친절을 베풀어도 바로 찰싹 달라붙어 진을 빼놓았을 것이다. 내가 가지고 있는 계란을 바구니 하나에 몽땅 담았다면, 나 자신은 물론 다른 사람까지 위험한 처지에 빠뜨렸으리라는 걸 분명하게 깨닫게 되었다. 만일 그랬다면, 그 계란 가운데 연인이 있을 수도 있을까? 그리고 계란껍질이 온 바닥에 흩어질 만큼 엉망진창인 상태를 멈출 수도 있을까?

나는 이제 1단계를 벗어나, 끊임없이 펑펑 폭탄이 터지는 감정조절장애 구역에 더는 갇혀 있지 않게 되었다. 이제는 꽃들의 영원한 낙관주의를 한참 동안 바라볼 수 있고, 공허함과 비통함을 생각하지 않고도 공기의 냄새를 느낄 수 있었다. 마침내 작은 횃대를 발견해, 넘어지거나 뛰어내리지 않고도 주변을 둘러볼 수 있었다. 이제는 상황이 변하면 다시 실패할지 모른다는 두려움, 아무 때나 불쑥불쑥 찾아오는 공허한 외로움이 나를 쉽사리 파괴시킬지 모른다는 두려움, 이런 내 안의 두려움들이 저희들끼리 싸우고 있는 걸 느낄 수 있었다. 그러나 한편 경계성 인격장애에 또 하나의 딜레마가 있었는데, 관계가 우리에게 삶을 제공하기도 하지만 삶을 빼앗으려고 위협하기도 한다는 것이다. 하지만 길가의 꽃들처럼 어쨌든 성장하기로 마음먹었다면 최대한 따뜻한 기운을 향해 발돋움해야 했다.

14

첫 데이트 때 오럴섹스 금지

다음에 에단과 치료할 때 나는 온라인 데이트를 하고 싶다고 의사를 밝혔다. 에단은 고개를 끄덕였다. 다른 사람 같으면 정말로 그런 단계를 밟을 준비가 된 거냐고 의문을 제기했을지 모른다. 하지만 에단은 내 목표가 무엇인지 알고 싶어 했다. 도대체 어떤 동기가 이토록 끊임없이 나를 부추겨 왔던 걸까? 사랑받고, 보살핌 받고, 보호받고, 인정받고, 내 영혼의 한가운데 커다랗게 뚫린 블랙홀에서 멀어지는 것. 그리고 섹스. 나는 섹스를 하고 싶었다. 섹스를 해본 지 정말 오래됐다.

어쩌면 이런 욕구를 병적이라고 생각할 수도 있다. 혹은 세상에서 가장 자연스러운 욕구라고 생각할지도 모른다. 나에게는 종종 둘 다에 해당했다. 누군가 다른 사람을 향한 내 안의 모든 갈망은 우정과 인간의 손길, 그리고 관계를 향한 단순한 갈망이었다. 나는 이런 갈망들을 어떻게 구분해야 하는지 전혀 알지 못했고, 따라서 어떻게 전개해야 하는지는 더더욱 알지 못했다. 에단이 나에게 주로 어떤 식으로 데이트를 할 계획이냐고 물었을 때 나는 선뜻 대답하지 못했다. 20대 때 한 심리치료사가 첫 데이트 때 오럴섹스는 하지 말라고 조심스럽게 당부했던 일이 떠올랐다. 나는 노력해보겠다고 약속했지만, 어쩔 수 없이 약속을 지킬 수 없었다. 분명히 해두자면, 나는 아무하고나 오럴섹스를 하고 다니지는 않았다. 누군가 매력적인 사람이 다가오고 그의 손길을 느끼고 싶다는 갈망으로 이성이 마비되면, 어느 순간 나도 모르게 무릎을 꿇고 있었다. 옛날부터 전해 내려오는 속설과 달리, 남자의 마음을 움직이는 데는 오럴섹스만한 게 없었다.

내가 이런 버릇을 자세히 설명하자 에단은 자신의 펜을 평소보다 좀 더 많이 만지작거렸다. "아무래도 전 관계를 발전시키는 방법을 모르는 것 같아요. 남자들하고 자고 나면 대부분 애프터를 받았어요. 제가 아주 강하게 선을 긋지는 않으니까요." 나는 이렇게 말을 맺었다.

나는 온라인 데이트는 최소한 어느 정도 인위적인 제약이 있을 거라고 판단했다. 그렇다면 관계를 맺는 과정에서 좀 더 통제력을 발휘할 수 있지 않을까 기대했다. 예를 들어, 직접 상대방과 대면하게 될 경우 귀엽게 생긴 남자와 두 번만 키스를 해도 나는 기꺼이 그를 따라 숲속으로 들어갈지 몰랐다. 하지만 컴퓨터 스크린으로는 그러기가 어려울 것 같았고, 어쨌든 그러지 않길 바라야 했다. 졸로프트 복용으로 클리토리스의 감각이 둔해진다 해도 경계성 인격장애로 생기는 외로움과 성적 충동이 이성을 완전히 마비시켜버리면, 현명한 결정을 내리기란 쉬운 일이 아니다. 베넷은 한때 이런 말을 한 적이 있었다. "넌 닥치는 대로 사랑을 하는구나." 나는 상대 남자의 이름을 알기도 전에 그와 영원히 사이좋게 지낼 수 있을 거라는 착각에 빠졌고, 일주일 후에는 거의 신앙에 버금가는 확신으로 이 착각에서 벗어났다. 그러나 만일 외부에 일종의 과속 방지턱 같은 게 있어서 이런 과정을 늦출 수 있었다면 덜 충동적으로 행동하고 내 지혜로운 마음(wise mind)을 바탕으로 좀 더 바람직하게 움직일 수 있었으리라. 리네한 박사라면 이러한 접근을 '환경의 체계화'라고 부를지도 모르고, 온라인 데이트 사이트에서라면 '천생연분을 만날 확실한 방법'이라고 부를지도 모르겠다. 이건 마치 남자 쇼핑과 같았고, 나는 커피를 마시며 남자를 쇼핑했다.

하지만 이 새로운 교미 비행을 시작하려면 먼저 다른 사람들이 나를 볼 수 있도록 프로필 사진을 찍어야 했다. 매력, 유혹, 연애감정을 불러일으키는 작은 뉘앙스들이 이 공개적인 사진 한 장에 집약되기 때문에, 절망의 기미라고는 눈곱만큼도 드러내서는 안 되며 눈을 뗄 수 없을 만큼 매력적이고 호감이 가도록 누구보다 돋보이는 모습으로 꾸며 사진을 찍어야 했다. 나는 어떤 자세로 사진을 찍어야 할지 몰라 조금 난처했다. 이렇게까지 하는 건 아무리 컨디션이 최상인 사람이라도 쉽지 않은 일인데, 하물며 《이상한 나라에 빠진 앨리스(Go Ask Alice, 유복하고 화목한 가정에서 자란 소녀가 우연히 마약을 시작하게 되면서 심각한 중독 상태에 빠져 끔찍하게 삶을 마감하는 과정을 일기 형식으로 묘사한 작자 미상의 자전적인 소설 — 옮긴이)》와 거의 유사한 개인사를 지니고 있고 남자들이 줄행랑을 칠 병까지 앓고 있는 사람이라면 더 말할 나위도 없었다. 에단은 나에게 어떤 상대를 찾고 있느냐고 물었다. 다른 건 몰라도 한 가지는 분명했다. 경계성 인격장애를 이해하고 받아들일 수 있는 사람과 함께할 필요가 있다는 사실 말이다. 아무리 가족이라도 경계성 인격장애에 대해서는 언급하고 싶지 않을 수 있다. 변증법적 행동치료 모임에서 이 주제를 피하려 하는 것도 이해할 수 있었다. 심지어 에단이 '경계성 인격장애의 성향'에 대해서만 이야기한다 해도 얼마든지 그럴 수 있었다. 하지만 누구든 내가 사랑하게 될 사람이라면 내 문제가 뭔지, 우리가 어떻게 하면 그 문제를 해결할 수 있는지 누구보다 잘 알고 있어야 했다. 그렇지 않다면 별 매력이 느껴지지 않을 것 같았다.

하지만 솔직히 미래의 상대에게 "그런데 말이지, 나 경계성 인격장애가 있어"라고 말했을 때 어떤 일이 벌어질지 알 수 없었다. 당연히 내 프로필에는 이 사실을 절대로 언급하지 않을 것이다. 나는 '이력'칸에 어떤 식으로 암시를 주면 좋을지 궁리했다. "많은 일을 겪었으며, 그 때문에 전보다 더욱 강해졌다고 생각합니다"라고 쓸까? 아니면 "저는 빌 W(알코올중독 치료자 모임의 설립자 이름)의 친구입니다. 마샤의 친구이기도 하지요"라는 식의 여러 암호를 사용해 내가 회복 중이라는 걸 넌지시 암시하는 건 어떨까? 나는 하루 종일 머리를 싸매면서 '자기소개'칸에 세 문단을 채우고 여러 질문과 이상형 난에 답을 한 후, 결국 예술가인 척하는 젊은 여자들처럼 연민을 자아내는 완곡한 표현으로 애매모호하게 나를 설명했다. 사무실에서 하루 종일 끙끙거리며 마침내 프로필 작성을 마치고 '보내기' 버튼을 누른 후에야, 거의 일곱 시간 동안 물 한 모금 마시지 않고 화장실 한 번 가지 않았다는 걸 깨달았다.

다음 날 아침, 나를 몹시 궁금해하는 잘생긴 남자들로부터 수십 통의 쪽지를 받았을 거라는 부푼 기대를 안고 서둘러 사무실로 향했다. 그러나 인터넷의 받은편지함은 텅 비어 있었다. 아빠 나이의 뚱뚱한 이혼남들에게 두 차례 '윙크'를 받은 게 전부였다. 윙크라. 호감을 나타내는 이 어정쩡한 표현이 나를 조금 두렵게 했다. 윙크 따위 그냥 무시해도 괜찮지 않을까? 그래도 예의가 아니겠지? 나는 나에게 윙크를 보낸 남자들에게 당신은 내가 원하는 연령대가 아니며 행운을 바란다는 내용의 메시지를 신중하게 작성해 보냈다. 입장을 바꿔서 내가 누군가에게 윙크를 했는데 무시를 당한다면 무척 참담한 기분이 들 테니 말이다. 그런데 3분 후에 이 남자들 가운데 한 명이 자기는 나이에 비해 아주 젊고 우리가 굉장히 잘 맞을 것 같다는 내용의 쪽지를 보내왔다. 게다가 내 전화번호까지 물었다.

이제 어떻게 해야 할지 몰라 쩔쩔매고 있는데 스티브가 서류 한 무더기를 복사해달라고 부탁했다. 나는 제작실에서 복사기를 작동시키는 동안 혹시 이메일이나 윙크를 보낸 사람이 없는지 확인하려고 수시로 내 책상을 왔다갔다 했다. 프로필을 올린 지 열 시간이나 지났는데 아직도 괜찮은 남자한테 연락 한 통 받지 못하다니, 어째 조짐이 좋지 않았다. 나는 벌써 케임브리지 지역에 있는 남자들을 전부 살펴보았고 그 가운데 가장 섹시한 남자들을 내 찜 목록에 추가했다(내 찜 목록은 이제 더는 넣을 사람이 없을 정도로 꽉 차버렸다). 하지만 그들 가운데 나에게 이메일이나 윙크를 보낸 사람은 한 사람도 없었다. 몇 사람이 내 프로필만 보고 지나갔는데 이렇게 묵살을 당하니 완전히 주눅이 들었다. 누가 내 프로필을 봤는지 다 알고 내가 누구 프로필을 봤는지 훤히 알 수 있는 이런 공개적인 시스템은 두려움과 희망을 한층 더 가중시켜 나를 더욱 혼란스럽게 했다. 이러다간 다른 사람 프로필을 들여다볼 수 없을 것 같았다. 내가 봤다는 정보가 그대로 드러나기 때문에 함부로 열어볼 엄두가 나지 않았다. 그리고 언제 쪽지가 날아올지 몰랐다―물론 안 올 수도 있지만. 불안한 나머지 쓸데없이 새로고침 버튼만 죽자고 눌러댈 뿐이었다.

오후 4시쯤 드디어 쪽지 몇 개를 받았다. 회사에서 이 시간이면 다들 지루해하며 사무실 주변을 어슬렁 돌아다니기 시작했다. 파키

스탄 남자가 보낸 쪽지는 서툰 영어로 쓰였는데 그가 성실한 사람이라는 건 알겠지만 영어를 유창하게 구사할 줄 아는 사람을 원하는 내 기준에는 적합하지 않았다. 냉동 사업을 하고 캠핑카를 무척 좋아하며 두 아이를 둔 마흔 살의 한 아버지도 쪽지를 보냈는데, 쪽지 내용이 무슨 자기 소개서 같았다. 아, 정말이지 이만저만 맥 빠지는 게 아니었다. 더구나 내 프로필을 본 사람들 목록을 살펴보니, 내가 찜한 사람들은 하나같이 내 프로필만 쓱 보고는 쪽지 하나 없이 그냥 지나쳤다. 물론 온라인 데이트 사이트에 등록하고 오늘이 겨우 첫날이긴 했다. '천생연분'이 뚝딱 하고 나올 거라고, 하다못해 옥석을 가릴 필요도 없이 쉽사리 무난한 사람을 만날 수 있을 거라고 기대하는 건 무리였다. 나는 인내심을 가질 필요가 있었고 사소한 일에 일일이 상처받지 않도록 마음의 준비를 해야 했다.

그래, 마음을 다잡고 다시 시작해보는 거다.

온라인 데이트는 일주일 내내 내 정신과 육체를 사로잡았다. 나는 아침 일찍 출근해서 밤늦게까지 사무실에 남아 3분 간격으로 이메일을 확인했고, 작은 정사각형의 남자 사진들과 프로필 페이지들 주위를 서성거리며, 혹시나 이 가운데 나하고 어울릴 만한 사람이 있지 않을까 기대하고 따져보았다. 이제 그만 이 짓을 멈추고 싶었지만 그럴 수가 없었다. 누가 날 찾았을까, 혹은 누구에게 차였을까 하는 기대와 걱정이 매 순간 나를 사로잡았다. 나는 정성들여 쓴 인사말과 재치 있는 소개 글을 작성해 세 통의 이메일을 보냈다. 아무 반응이 없었다. 프로필의 표현을 수정했고, 취미를 더 추가했으며, 높게 썼던 소득 수준을 아예 삭제해버렸고, 아이를 원한다고 썼다가 그렇지 않다고 고쳤다. 나는 점점 내 안의 기반을 잃어가고 있었다. 날이 갈수록 내가 호감 가는 사람이라는 느낌이 줄어들었다. 아도니스 같은 체격에 머리카락이 붉은 요가 강사에게 윙크를 보냈다. 반응이 없었다. 예술가들을 위해 개조한 방앗간에 사는 한 조각가는 이런 답장을 보냈다. "쪽지를 보내주셔서 감사합니다만, 제가 원하는 사람은 아닌 것 같군요." 내가 원하는 남자들은 죄다 나를 무시하고, 내 치명적인 매력을 보이고 싶지 않은 남자들만 내 낚싯줄에 걸려드는 것 같았다. 2주가 지날 무렵엔 50대도 훌쩍 넘긴 남자들에게 열일곱 차례나 강렬한 윙크를 받았다. 이제는 정말로 이 짓을 끝내야겠다고 마음먹었을 때, 마침내 꽤 괜찮은 후보자 몇 명에게서 희소식이 날아왔다. 하버드에서 학생들을 가르치는 성경학자 한 명과 엠MIT에서 물리학을 전공하는 학생 한 명이었다. 사진으로는 둘 다 귀엽고 단정해 보였고, 둘 다 나처럼 30대 초반이었다.

먼저 성경을 공부하는 남자와 커피숍에서 만났다. 그는 제법 멋있었지만 성경을 주제로 하는 대화 외에는 대화에 진전이 없었다. 그는 사해문서(사해 북서부 동굴에서 발견된 구약성서 등을 포함한 고문서의 총칭—옮긴이)에 대해 이야기했고 나는 여름 성경 캠프에 대해 이야기했다. 신약성서를 이야기하면서 대충 공통된 주제를 찾긴 했지만 그 이상은 도무지 할 말이 없었다. 다음엔 물리학과 학생과 커피를 마셨다. 그와는 대화가 잘 통했고 생긴 것도 상당히 귀여웠다. 케임브리지 코먼공원까지 걷다가 감자 기근 조각상(1845년 감자 대기근으로 아일랜드 국민의 대다수가 죽거나 나라를 떠난 참상을 기억하기 위해 아일랜드 대통령이 미국에 기증한 청동 조각상—옮긴이)에 앉아 아주 개인적인 대화를 나누기 전까지는 일이 잘되어가고 있었다. 아, 정말이지 나는 자기 노출(self-disclosure)의 여왕이다. 인생의 3분의 1을 심리치료와 알코올중독자 자조모임을 들락거리며 다닌 게 무슨 자랑이라고 그런 불쾌한 일들을 낱낱이 까발리다니, 그런 실수를 해서는 안 되는 거였다. 구체적인 병명을 언급하지는 않았지만, 입을 열 때마다 짝짓기 경주로에는 붉은색 위험 신호기가 쉴 새 없이 올라가고 있었다. 이후로 그에게 아무런 연락이 오지 않았다.

"그 물리학과 학생이 마음에 들었나요?" 심리치료 때 에단이 물었다. 글쎄, 마음에 들었는지 어땠는지 잘 모르겠다. 내 생각엔 서로 마음이 통한다는 느낌만 있으면 됐지 확증적인 사실까지는 필요하지 않았다. 물리학과 학생과 잘될 수도 있었을 것이다. 하지만 내 과거에 대해 그가 겁을 먹었다면 그는 내 기준에 맞지 않는 것이다. 그러나 그가 나를 더 잘 알게 될 때까지 내 과거에 대해 입을 다물고 있었다면 어떻게 됐을까? 나는 어느새 딜레마에 빠져 있었다. 다른 사람들에게 매력적으로 보이려면 내 과거로 그들에게 겁을 주어서는 안 되었다. 행복한 사람, 정서적으로 안정된 사람으로 보여야 했다. 나는 다른 여자들의 온라인 프로필을 몰래 들여다보고, 모두들 좋은 인상을 주려고 최선을 다했다는 걸 깨달았다. 심지어 핑크 머리에 인상이 험악한 아가씨들조차 낮에는 연봉이 높은 직장에서 일하고 밤에는 자기네들 소굴에 들어가 격렬하게 몸을 흔들며 춤을 춘다고 묘사해 자기 일을 똑 부러지게 하는 것처럼 소개했다. 그렇다면 나는 어떻게 긍정적인 표현을 하면 좋을까? 그렇다고 진실이 밝혀지면 허물어질 거짓된 이미지를 꾸미고 싶지는 않았다. 아, 골치 아프다. 나는 열심히 머리를 굴린 끝에 분별력 있고 영리한 사람처럼 보이려 애썼다. 그거 말고 달리 어떤 표현을 할 수 있었겠는가?

세 번째 데이트 상대는 오토바이를 타고 다니는 컴퓨터 프로그래머였다. 그는 프로필에 러시 림보(Rush Limbaugh, 미국의 방송인이며 평론가−옮긴이)를 멍청하다고 생각한다고 작성했다. 우리는 먼저 전화로 통화를 했는데 아주 현명한 방법 같았다. 처음 두 명의 데이트 상대자들에게도 이 방법을 썼어야 했는데. 이후에 우리는 저녁 약속을 잡고 만났다. 오토바이 청년은 키가 크고 말랐으며, 담청색 눈동자에 긴 머리카락은 갈색이었다. 그는 잘 웃었고 전혀 꾸밈이 없었다. 괴짜와 반항아가 특이하게 뒤섞인 인상이었고, 씩 세련된 외모는 아니었지만 새 온수기가 설치된 부모님 집에서 방금 나온 듯한 모습이, 마치 자신이 얼마나 귀여운지 전혀 알지 못하는 고등학생 소년을 연상시켰다. 그의 이름은 테일러였다. 테일러는 일주일도 안 되어 내 세계의 중심을 차지하게 되었다.

세 번째 데이트에도 테일러와 아직 키스를 하지 않았고—나에겐 기록이다—아직 경계성 인격장애의 'ㄱ' 자도 꺼내지 않았다. 영화를 본 다음 테일러에게 내 원룸 아파트를 구경시켜줄 때 ("여기가 내 주방이야") 마침내 기회가 왔다. 우리는 내 과제물이며 책들, 스케치 도구들이 잔뜩 널린 작은 탁자에 앉아 허브 차를 마시고 있었다.

"네가 직접 쓴 거야?" 테일러가 내 경계성 인격장애 증상에 대해 기록한 노트를 가리키며 물었다. 그가 내 과제물을 정리하는 걸 보면서 혹시라도 내용을 읽으면 어쩌나 겁이 났는데, 다행히 그는 과제물에 적은 내 글씨체를 비교하고 있었다. 나는 일기를 펼쳐 그날그날 기분에 따라 내 글씨체가 얼마나 달라지는지 보여주었다.

"이건 아무것도 아니야." 그가 말했다. "다중인격장애가 있는 사람들 글씨체가 시시각각 얼마나 달라지는지 아직 못 봤구나."

순간 나는 일기장을 넘기던 동작을 멈추었다. "아는 사람 중에 다

중인격장애가 있는 사람이 있어?"

테일러는 어안이 벙벙한 표정을 짓더니 이내 표정을 풀었다. "좀 개인적인 일이야." 나는 무슨 뜻인지 알겠다는 듯 고개를 끄덕였지만, 그가 이런 장애를 가진 사람을 알고 있다면 내가 겪고 있는 질병도 이해할지 모른다는 생각이 들어 여기에서 이야기를 중단하고 싶지 않았다.

"인격장애는 참 힘든 거야." 내가 말했다.

"맞아. 그 여자하고 몇 년 동안 친구로 지냈는데 가끔 정말 이상하게 굴 때가 있었어. 하지만 난 원래 저런 식으로 행동하나보다 하고 단순하게 생각했지. 그러니까, 뭐 그렇게 큰 문제일 거라고는 생각하지 않았던 거야. 그런데 어느 날 전혀 통제가 안 될 정도로 길길이 날뛰는 모습을 보고 내가 크게 당황했더니, 자기가 다중인격장애라고 말하더라고. 그래서 관련 자료를 열심히 읽어봤지…."

나는 마시던 차를 내려놓고 그를 바라보며 말했다. "테일러, 나도 인격장애를 가지고 있어. 경계성 인격장애야."

"그게 뭔데?"

아, 내가 이 순간을 얼마나 오랫동안 고대하고 또 두려워했던가. 무수한 단어들이 머릿속을 맴돌았다. '불안정', '충동성', '장애', '징후', '정신병리학'….

"감정조절장애." 나는 마샤 리네한의 용어를 떠올리며 마침내 입을 열었다. "일종의 감정조절장애야." 테일러는 무슨 말인지 이해하지 못했다. "그러니까, 내가 지금 어떤 감정을 느끼고 있다고 해봐. 그 감정이 수시로 여러 가지 감정으로 변하는 거야. 어떤 일에 대해서 격하게 반응하기도 하고 관점도 손바닥 뒤집듯이 자주 달라져…. 가끔 극에서 극으로 치닫기도 하고. 굉장히 빨리."

"허걱…, 그런데 왜 '경계성'이라는 단어가 들어가?"

"그건 오래전에 의사들이 그 증상들을 신경증 환자와 정신병 환자의 경계쯤으로 봤기 때문이야." 나는 아무렇지 않은 듯한 말투를 유지하려 노력했다. 그가 내 질병을 대수롭지 않게 생각하길 바랐다. 어쨌든 지금까지 이 질병을 잘 통제하며 살아왔으니까. 하지만 솔직히 대수로운 일은 대수로운 일이었다. 이건 마치 두 사람이 섹스 전에 각자의 비밀을 폭로하기로 약속했는데, 한 사람이 자신은 에이즈 환자라고 고백해야 하는 것과 마찬가지였다. 나는 지금 내 위태로운 집착, 내 극심한 불안, 내 지나친 열정의 세계에 그를 초대하고 있었다. 나는 그 세계에 대해 기본적으로는 터득했지만, 아직 누군가와 공유하는 데 성공한 적은 없었다.

"흠." 테일러가 다시 입을 열었다. 그리고 내 원룸 아파트를 둘러보았다. 책, 연필, 찻잔. 모든 것이 제 자리에 놓여 있었고, 이불도 침대 위에 가지런히 펼쳐 있었으며, 베개도 적당히 부풀려진 상태였다. 여기, 이 안식처에서 나는 잘 정돈된 삶의 모습을 만들어왔고, 그건 거짓이 아니었다. 하지만 그렇다고 이 모습이 진짜라고 할 수도 없었다. 나는 손이 떨릴까봐 찻잔을 들 수가 없었다. "내가 보기에는 아주 안정돼 보이는데." 테일러가 말했다. "직장 있지, 청구서 꼬박꼬박 지불하지, 그리고 지난주에 너 만날 때 네 감정이 크게 달라지는 거 못 느꼈는데. 아무리 봐도 네 말처럼 상태가 그렇게 나쁠 리가 없어."

"그동안 심리치료를 **얼마나 많이** 받았는데." 내가 말했다. 언제나 처음엔 관계를 잘 맺지만 정이 들 만하면 엉망이 되고 만다는 말까지 해야 할까?

"내가 걱정해야 할 정도야?" 테일러가 물었다. 그의 솔직함이 나를 불안하게 했다.

"내 생각엔… 네가 경계성 인격장애에 대해 알 필요가 있을 것 같아. 다중인격장애였던 네 친구를 만날 때 그랬던 것처럼 말이야. 그 장애가 너한테, 그리고 우리한테— '우리'라는 말을 쓸 수 있다면— 어떻게 작용할지 알아두어야 할 거야."

"공식적으로 연애라는 걸 하고 있어요." 나는 에단에게 말했다. "우리는 데이트만 하고 아직 잠은 안 잤어요." 바깥은 꽃들이 향기를 뿜어내고 있었고, 나는 행복에 들떠 정신이 혼미해질 지경이었다.

에단은 나를 위해 정말 잘됐다고 말했다. 친절하면서도 냉담한 에단의 말투 덕분에 혼미한 머릿속이 그나마 조금 정신을 차릴 수 있어 다행이라고 생각했다. 에단이 나하고 똑같이 기뻐했다면 아마 나는 완전히 정신이 나가버렸을 것이다. "한동안 잠자리를 하지 않을 필요가 있을 것 같습니다." 에단이 덧붙였다.

"네?! 얼마나요?"

에단은 그의 노트에 뭐라고 끼적이더니 한 장을 죽 찢었다. 그건 일종의 계약서로, 한 달 동안 섹스를 해서는 안 된다는 조항이 적혀 있었다. 나는 이건 너무하지 않느냐, 다들 섹스를 하며 살지 않느냐며 우는 소리를 냈지만, 어쨌든 좋은 계획이라는 걸 알고 있었기 때문에 계약서에 서명했다. 누군가의 손길이 닿는 순간 내 현실이 얼마나 빨리 변하는지 에단과 나 둘 다 잘 알고 있었다. 사실 이미 현실이 달라지기 시작했다. 테일러가 나를 바라보고 있으면, 마치 유령처럼, 뇌우처럼, 흩어진 퍼즐 조각처럼 내 모든 것이 그의 눈 속으로 빨려 들어가 그와 하나로 합쳐지는 느낌이 들었다. 심리치료사들에게는, 혹은 엄마와 아빠에게는 이런 느낌이 들지 않았다. 이런 식으로 나를 사로잡는 사람은 오직 연인뿐이었다.

나는 테일러에게 계약서를 보여주었다. "한 달이라고?!" 테일러는 저녁도 먹고 비디오도 같이 보자며 나를 자기 집에 데리고 갔다. 우리의 향후 성생활에 대한 내 심리치료사의 느닷없는 강요에 그가 놀란 것만큼이나 나 역시 그의 집 상태에 당황했다. 그가 자기 집을 소유하고 있다고 말했을 때 당연히 나는 감동을 받았다. 하지만 막상 그의 집을 방문하자 감동이 확 식어버렸다. 족히 백 년은 된 목조 단층집은 고양이털로 뒤덮였고, 종이에, 소형 가전에, 오토바이 부품에, 장난감에, 마분지 상자들로, 난장판도 그런 난장판이 없었다. 크게 재채기라도 한 번 하면 온 집안이 산산조각 날 것 같았고, 고양이 알레르기가 없는데도 집안으로 들어서자 정말로 재채기를 하기 시작했다.

"우리 집이 너희 집보다 조금 더 지저분하지." 우리가 안으로 들어섰을 때 테일러가 말했다. 그가 커다란 먼지 제거 밀대를 쥐고 캔버스 천 소재의 초록색 이불 커버가 드러날 때까지 힘차게 이불을 밀었다. 주방 역시 암울했다. 한쪽 구석에는 쓰레기와 재활용이 잔뜩 쌓여 있어 이러다가는 천장까지 닿을 기세였고, 리놀륨 소재의 바닥은 쩍쩍 갈라져 있었으며, 식탁 위에는 별별 도구들이 잔뜩 올라와 있고, 그 밑에는 상자들이 어수선하게 쌓여 있었다. 나는 스토브 옆에 놓인 고양이 변기를 보고 (그리고 그 지독한 냄새를 맡고) 기겁을 했다. 우리는 핫도그를 마카로니 치즈 크기만큼 잘라 먹었다. 테일러가 오랜 세월 독신으로 지냈다는 사실을 감안해 기꺼이 양보해서 나온 요리였다. 90세였던 이전 집주인이 남긴 원단이라는 먼지투성이 커튼부터 텅 빈 냉장고까지, 그의 집이 구석구석 도깨비 소굴 같은 건 여자의 손길이 닿지 않아서라고 이해하려 애썼다. 어쨌든 그는 집을 소유하고 있었고, 그건 나보다 나으니까.

저녁을 먹은 후 우리는 상당히 깨끗해진 이불 위에 앉아 섹스 금지 계약서를 빤히 들여다보았다. 나는 내가 건강한 관계를 맺는 법을 배워야 한다면 반드시 필요한 계약이라고 열심히 설명했다.

"건강한 관계를 맺기 위해 우리가 알아서 잘하면 되잖아?"

"나는 좀 구체적인 체계를 마련할 필요가 있거든. 너무 빨리 진도를 나가버리면 완전히 균형을 잃을 수도 있어."

"무슨 말인지 알겠어." 테일러가 말했다. "나를 더 알게 되면 내가 아주 천천히 움직이는 사람이라는 걸 알 수 있을 거야. 그리고 네 말대로 네가 충동적인 것과 달리 나는 전혀 그렇지 않아. 내가 짜증나는 건 다른 사람 지시에 따라 통제를 받아야 한다는 사실이야."

나는 그의 어깨에 머리를 기댔다. "이게 최선의 방법이라면 우리 그냥 이대로 하면 안 될까?"

테일러는 내 손가락을 만지작거리더니 그의 집게손가락 아래에 내 엄지손가락을 걸었다. 아주 사소한 동작이었지만 그에게 꼭 안기는 느낌을 주었다.

그가 나를 향해 돌아앉으며 물었다. "그럼 키스는 해도 돼?" 나는 그가 키스해주길 기다리고 있었다고 말했다. "만져도 돼?" 그가 물었다. 나는 그러라고 했다.

그날 밤 우리는 그의 침대에서 잤다. 잔뜩 쌓인 빨랫감과 마분지 상자들 한복판에서 고양이털에 뒤덮인 순결한 한 쌍의 바보들. 그리고 나는 당연히 무척 행복했다.

15

빈 방

   지금 여기에서 이야기를 끝내고 키라와 테일러는 영원히 행복하게 살았다고 말할 수 있다면 얼마나 근사할까. 그렇게만 된다면 내 악몽 같은 여정에 완벽한 결말이 되어줄 텐데. 하지만 지금쯤이면 경계성 인격장애 환자에게 사랑에 빠진다는 것, 친밀한 관계를 맺는다는 것, 애착의 대상을 갖는다는 것 모두가 또 다른 어두운 곳으로 향하는 들창을 여는 것이나 다름없다는 걸 다들 분명하게 알게 됐을 것이다. 테일러와 함께한다는 건 내 두 다리는 시멘트 속에 갇혀 있는데 나를 향해 전속력으로 질주하는 트럭을 속수무책으로 지켜보는 것과 다를 바 없었다. 늘 그랬듯이 처음 2주는 아주 좋았다. 테일러는 나를 취하게 하지 않았다. 그의 땀 냄새는 향신료 같았고, 그를 생각하고 있노라면 마치 꿈결 속을 거닐고 있는 것만 같았다. 그와 이야기를 하고 있으면 그가 내 이야기를 진심으로 귀담아 듣는다는 느낌을 받았다. 심지어 그가 자동차 부품 이야기를 할 때조차 나는 감각의 아편굴에 축 늘어져 앉아 얼굴이 달아오르는 걸 느꼈다.

테일러와 베넷은 닮은 점이 많았다. 둘 다 키가 크고 말랐으며 근육이 잘 발달됐고, 도구나 기계, 날카로운 부품이 있는 물건을 수월하게 다룰 줄 알았다. 생각도 비슷했다. 둘 다 정보의 보고였으며 뼛속까지 이성적이었다. 그러니까 나는 기타와 앰프에 대한 베넷의 장황한 설명에서 오토바이와 컴퓨터에 대한 테일러의 심도 깊은 분석으로 갈아탔다고 할 수 있었다. 그러나 무엇보다 중요한 점은 둘 다 해결사라는 사실이었다. 둘 다 문제를 해결하고 망가진 물건을 수리하는 걸 좋아했다. 베넷이 가구를 수리하고 기타를 다시 조립하고 약물중독자 모임에 처음 와서 우왕좌왕하는 사람들을 도왔다면, 테일러는 오토바이와 컴퓨터를 다시 조립하고 누군가 차를 다른 차 배터리와 연결해서 시동을 걸어야 할 상황이 생기면 밤이고 낮이고 언제든지 달려갔다. 두 남자 모두 망가진 것들을 다루는 인내심과 근성이 있었고, 이 점은 나에게 득이 되었다. 나는 함께 친밀함을 키울 사람이, 내 취약한 부분을 약점으로 보지 않을 사람이, 내 혼란스런 상태를 보고도 차분한 태도를 유지할 수 있는 사람이, 내가 신뢰를 배우는 동안 지나갈 폭풍을 견딜 수 있을 만큼 강인한 자아의식과 자기 세계를 지닌 사람이 필요했다. 테일러는 이 모든 요소를, 아니 그 이상을 지닌 사람이었다. 그리고 무엇보다 가장 중요한 점은, 판단하지 않는 것이었다.

그러나 테일러가 베넷과 닮은 점이 마지막으로 한 가지 더 있었는데, 그걸 발견했을 때 나는 복부를 얻어맞아 다시는 숨을 쉬지 못할 것만 같은 기분이 들었다. 우리는 연인으로 3주째 행복한 나날을 보내고 있었고 아직 섹스 금지 계약을 깨지 않았다. 에단의 사무실에서 요즘 정말 즐겁게 지낸다고 한 시간 동안 신나게 떠든 후 막 문을 열고 나오는데, 휴대전화로 테일러에게서 전화가 왔다. 테일러는 금요일 밤에 그의 집 거실에서 친구 한 명이 자고 가도 괜찮겠냐고 물었다. 나는 왜 이런 걸 묻는지 의아했는데 곧이어 테일러는 그 친구가 **여자**라고 말하는 것이었다.

"그 여자가 누군데?" 나는 차분한 목소리를 유지하려 애쓰면서 물었다.

"이름은 타냐야." 테일러가 잠시 멈춘 후 다시 말을 이었다. "너를 놀라게 하고 싶지 않아. 그래서 전화로 물어보는 거야."

"친한 친구야?"

"음…, 그렇다고 할 수 있지. 내 전 여자친구니까."

케임브리지 가를 걸어가는데 갑자기 땅이 요동을 치는 것 같았다. 어느 약국의 차양 아래로 걸음을 옮겼다. 심호흡이고, 변증법적 행동치료와 인지행동치료에서 배운 방법이고 간에, 아무것도 생각나지 않고 그저 눈물부터 나기 시작했다.

"젠장, 내 이럴 줄 알았다니까." 테일러가 조용히 말했다.

"나한테 한 번도 그 여자 얘기 한 적 없잖아!"

"중요한 일이 아니라고 생각했으니까 그렇지. 얘기하지 않는 게 좋을 것 같기도 했고."

나는 흐느끼지 않으려 애쓰면서 말했다. "그 여자가 밤새도록 너하고 같이 있겠다고 하니까 이제 와서 얘기하는 게 좋겠다 싶었어?"

"그게 아니라. 내 말 들어봐. 그 여자는 내 침대가 아니라 거실 소파에서 자겠대. 잘하면 서로 마주칠 일도 없을지 몰라. 밤늦게 콘서트를 보다가 온다고 했거든."

침착하자, 나는 속으로 말했다. **이성을 잃지 말자**. 가슴 한쪽에서는 내가 과잉반응을 보이고 있다는 걸 알고 있었다. 그러나 다른 한쪽에서는 마구 악을 쓰면서 그 여자를 도로 한복판에 세워두고 머리를 세게 한 대 치고 싶은 심정이었다. 하지만 또 다른 한쪽에서는 내 의사를 물어볼 정도로 테일러가 사려 깊다는 사실을 깨닫고 고맙게 생각하고 있었다. 그렇지만 베넷한테 그랬던 것처럼 착한 척, 다 이해하는 척해서 상처받는 짓은 더는 하지 않을 작정이었다. "괜찮지 않아." 나는 심장이 사정없이 뛰는 걸 느끼며 이렇게 말했다. 그는 이유를 궁금해했다. "왜냐면 그건 적절하지 않으니까."

"나중에 네가 너희 집에 예전 남자친구 재우겠다고 할 때 내가 반대 안 하면 되잖아."

"말도 안 되는 소리 좀 하지 마!" 하긴, 처음 사귀기 시작할 때 테일러는 자기는 질투 같은 거—절대로—안 한다고 말했었다. 그러니 내가 이렇게 흥분하며 날뛰는 걸 이해해달라고 그에게 요구할 수도 없었다.

나는 테일러에게 타냐와의 관계를 정리하라고 말했고, 테일러는 그런 내 요구가 부당하다고 반박했다.

"하지만 넌 내 의사를 물어봤잖아. 그런데 내가 질색하는 걸 알았으면서 왜 굳이 타냐를 재우려 하는 거야?"

고개를 드니 지나가는 사람들이 나를 쳐다보고 있었다. 나는 마치 배를 걷어차인 사람처럼 몸을 굽힌 채 두 손으로 전화기를 붙잡고 귀에 바싹 갖다 댔다. 도저히 눈물이 멈추지 않았다.

"이제 전화 끊어야겠어." 내가 말했다. 벽을 향해 전화기를 내던지거나 도로 한복판에 뛰어드는 바보 같은 짓을 하기 전에, 지금이야말로 에단에게 호출해서 중요한 기술들을 전부 실행에 옮길 절호의 기회라고 생각했다. 그리고 전 여자친구와 아직도 정리하지 않은 테일러를 응징해주고 싶었다. 이건 계획에 없는 일이었다. 에단에게 호출했더니 잠시 후 전화가 걸려왔다. 이따금 에단에게 호출을 하면 에단은 나에게 간결하고도 함축적인 질문을 몇 가지 던졌고, 그러면 나는 새로운 방향으로 생각을 정리할 수 있었다. 그러나 지금 같은 때는 아무 생각도 나지 않았다. 그저 흑흑거리며 울기만 할 뿐이었다.

"어떻게 해야 좋을지 모르겠어요." 나는 흐느끼며 말했다.

"괴로움을 견디는 기술을 시도해볼 수 있겠어요?"

"아무 생각도 안 나요!"

에단은 순서를 일러주고 따라하게 했다. 스스로 달래고, 이 순간을 이용해, 현실을 받아들인다….

"현실을 받아들이고 싶지 않아요!" 내가 울부짖었다. 에단은 내가 코를 푸는 동안 기다려주었다.

"그럼 고통에서 벗어날 방법을 생각해보세요."

나는 주위를 둘러보았다. 저쪽에 아이스크림 가게가 보였다. 하지만 아이스크림을 다 먹고 나면? 다음에 일어날 일이 훤히 눈에 보였다. 이성이고 인내고 다른 일에 대한 호기심이고 전부 몰아내고, 머릿속에서는 온통 그 여자에 대한 생각만 풍선처럼 부풀어 오르겠지. 테일러와 타냐가 테일러의 집 식탁에서 우아하게 저녁을 먹는 동안 나는 내 침실에서 발로 가구를 걷어차고 있겠지.

에단은 남은 하루 동안 뭘 할지 계획을 세우라고 조언했다. 타냐 생각이 날 때 다른 곳으로 주의를 돌리기 위해 생각을 전환하고 자신을 달랠 계획을 세우라는 것이다. "둘이 밤새 신나게 놀 거라는 생각이 들 땐 어떻게 해요?" 나는 에단에게 물었다. "그럴 땐 어떻게 해야 하는지 말해달란 말이에요!"

에단은 입을 다물었다. 그리고는 내가 지혜로운 마음으로 돌아와 그 상황을 좀 더 차분히 생각할 수 있을 때 비로소 입을 열었다.

"지금 일어난 모든 일들을 **정보**로 받아들이세요." 그가 말했다.

"지금 당신은 다른 일을 결정할 때와 마찬가지로 테일러에 대해 자료를 모으고 있는 겁니다. 당신은 아직 테일러와 타냐가 어떤 관계인지 몰라요. 사실 테일러에 대해서도 거의 아는 바가 없지요. 지금 일어나고 있는 모든 일들이 좋은 정보입니다. 그러니 이 상황을 주시해서 바라보세요."

나는 노력해보겠다고 말은 했지만, 이런 일들을 자료로 바라보기란 쉽지 않았다. 내 생각에 우리는 이미 연인이었고, 타냐는 위협적인 존재였다. 분명 지난 몇 주 사이에 연인으로 발전하는 전환점이 있었다. 키스할 때였을까? 아니면 그의 두 손가락 사이에 내 엄지손가락을 걸었을 때였을까? 어느 쪽이든 내 마음을 사로잡은 작은 행동이 지금 나를 구속하고 있었다.

마치 석탄을 운반하는 길 위에 눈속임으로 만든 어린이용 스키 연습장을 내려오는 기분이었다. 발에 스키를 장착하고 언덕 아래를 내려오는데, 테일러와 부딪칠 때마다 아주 살짝 부딪쳤는데도 경로를 이탈하고 있었다. 누군가와 관계를 맺게 되면 효과적인 대인관계 기술이 더 많이 필요할 거라고 생각했다. 하지만 그 생각은 잘못이었다. 나는 내내 고통을 견디는 연습만 하고 있었으니까. 가만 보니, 내가 2단계에서 배우고 있는 감정적 경험을 다루는 방법은 죄다 버림받는 상황에 대비한 것들이었고, 테일러와 타냐의 관계는 내 과거의 모든 두려움들에 다시 불을 붙이는 토대를 마련했다. 타냐를 테일러의 집에서 재우느냐 마느냐 하는 문제로 언쟁이 오간 직후(우리는 둘 다 이 문제를 '묻지도 말고 말하지도 말라'는 식으로 교묘히 회피하고 있었다) 나는 저녁을 먹으러 테일러의 집에 가게 됐고, 테일러의 식탁에서 여자 바지 한 벌을 발견했다. 사실 테일러의 식탁에는 아주 많은 희한한 물건들이 널려 있었다. 태엽을 감아 움직이는, 작은 바퀴와 너풀너풀 움직이는 날개가 달린 플라스틱 무당벌레 인형, 부품들이 분해된 컴퓨터 하드 드라이브, 손가락을 넣어 움직이는 인형들, 1980년대에 받은 우편물, 그리고 지금은 여자 바지까지.

나는 금방이라도 히스테리를 부릴 것 같은 기분으로 식당에 들어서서 식탁 위에 놓인 청바지를 가리켰다. 그나마 바지 사이즈가 투엑스라지(XXL)라는 게 위안이 됐다.

"이거 누구 거야?"

테일러는 주방에서 손을 씻느라 내가 뭘 물어보는지 알지 못했다.

테일러가 걸어올 때 나는 청바지를 들어올렸다. "아, 타냐 거야."

"그 여자 바지가 왜 네 식탁 위에 있어?"

"어제 퇴근 후에 자기 자전거 가지러 우리 집에 들렀거든."

"그런데 어떻게 **바지**를 놓고 갈 수가 있어?"

테일러는 잠시 골똘히 생각에 잠겼고 나는 그의 얼굴에 죄책감의 기미가 보이지 않는지 유심히 살폈다. "아마 우리 집에 와서 작업복으로 갈아입었나보지." 테일러가 어깨를 으쓱하면서 말했다. 내 뇌 속에서 폭탄이 펑펑 터지는 소리가 들리는 것 같았고, 그 파편들이 입 밖으로 튀어 나오려는 것 같았다.

"뭐가 어쩌고 어째?"

"어쩌고 어쩌긴 뭐가?"

"무엇보다 첫째, 네가 그 여자랑 가까이 지내는 거 반대라고 내가 분명히 말했어. 그리고 둘째, 나는 경계성 인격장애 환자이고 이 상황이 내 질환을 촉발시킨다는 말도 했어. 그래 안 그래?"

테일러는 고개를 저었다. "하지만 문제될 건 아무것도 없잖아. 내가 그 여자하고 가까이 지내는 것도 아니고 말이야."

"우연히 바지를 두고 갈 정도면 가깝고도 엄청 가까운 사이야."

"그런 거는 가깝다는 증거가 될 수는 없어. 그 여자가 좀 모자라다는 증거는 될 수 있어도."

테일러하고 말해봐야 속상한 마음만 커질 뿐이었다. 자, 진정하고, 지금 내 기분이 어떻지? 내 기분을 관찰하고 말로 설명해보는 거야! 나는 화가 나고, 상처를 받았고, 배신감을 느끼고, 그래서 머리를 벽에 찧고 싶은 심정이야. "더는 얘기 못 하겠다." 내 안에 분노가 쌓이자 나는 이렇게 말했다. **이제 그만 철수하자.** 나는 테일러의 침실을 향해 돌아서며 속으로 이렇게 말했다. **지금 이 순간을 기술을 연습할 기회라고 생각하자.** 빌어먹을 기술. 그가 아무것도 이해하지 못한다는 걸 알고 나니 분노가 더욱 커졌다. 보통 이 시점이 되면 점점 열이 오를 때가 된다. 테일러의 침실에 들어서니 견딜 수 없을 정도로 가슴이 답답해졌고 왼손에 쑤시는 듯한 통증이 느껴졌다. 마치 손바닥 피부가 무딘 칼끝에 눌려 아프지만, 실수로 칼에 찔렸는지 보려고 손바닥을 뒤집어 봐도 아무런 상처도 없는 상태와 흡사했다. 여전히 테일러를 질책하고 싶으면서도, 마음 한구석은 마치 마약을 갈망하듯 테일러의 확실한 말 한마디를 갈망하고 있었다. 테일러의 침대에 올라가면서 그가 곧 이리로 와서 나를 살펴보길 기대했다. 그러나 테일러는 오지 않았다. 마루 밑 지하실에서 도구들이 덜그럭거리는 소리, NPR 라디오 토크쇼의 리드미컬한 억양이 들려왔다.

가만! 그는 이 방에 올 생각이 없는 거다. 그는 나에게 사과하고 나를 품에 안아줄 생각이 없는 거다. 그렇다면 나는 이제 이 괴로움을 어떻게 해결해야 하지?! 나는 위로받고 싶고 이해받고 싶었다. 그런데 고통이 차츰 커지자 눈물이 흐르기 시작했다. 손바닥의 통증은 성흔(聖痕)과도 같이 뚜렷해졌다. 나는 손을 잡고 흐느껴 울면서 이제부터 어떻게 해야 좋을지 생각했다. 지하실로 내려가 '미안해, 내가 너무 지나쳤어'라고 말하고 안아달라고 할까? 나는 내 행동이 정말 지나쳤는지 진지하게 생각해봤다. 제어할 수 없을 만큼 감정이 격했다는 걸 인정했다. 어쨌든 엄청 큰 바지 한 벌 말고는 무슨 결정적인 증거가 있는 것도 아니지 않은가. 여전히 감정적인 마음이 기승을 부리고 있었다. 인지행동치료에서 말하는 법을 배울 때처럼 표현하자면, 나는 감정이 촉발된 것이다. 베넷과 함께 저녁을 먹는 식탁에서 알렉시스가 내 옆에 앉았을 때처럼, 누군가가 나에게서 테일러를 떼어놓으려 한다는 예감이 강하게 들었다. 마음에 너무나 깊은 상처를 입은 나머지 지하실로 내려갈 용기가 나지 않았다. 그래서 테일러 냄새가 나는 이불 속으로 파고 들어갔다. 우리가 아침에 눈을 뜨면 그의 몸이 내 몸 뒤에 바싹 붙어 한 손으로 내 가슴을 모아 쥐던 때처럼. 나는 내 주위로 베개를 전부 끌어모으고 그 속에서 눈물을 흘렸다. 그리고 마침내 테일러가 침대 곁으로 다가왔을 때, 머리카락과 다리와 팔로 마치 포도나무처럼, 그렇지만 계약을 깨지는 않고 최대한 가까이, 그의 몸을 휘감았다. 나는 그를 완벽하게 소유하고 싶었다.

"테일러가 바람을 피웠다는 증거가 있나요?" 에단이 물었다. 우리는 30분 동안 바지 사건에 대한 대대적인 행동 분석을 하며 나를 완전히 허물어뜨린 생각과 감정이 무엇인지 알아내려 애썼다. 또 끊임없이 불쑥불쑥 찾아오는 이런 생각과 불안한 감정을 끌어안은 채 일곱 시간 동안 사무실 책상 앞에 멍하니 앉아 있고, 퇴근 후에는 헬스

클럽에 가서 운동도 하지 않는 등, 자신의 생활에 충실하지 못하고 하루 24시간을 온통 테일러에 대한 생각으로 쏟아붓는 내 나약한 부분들을 살펴보았다. 이 모든 태도들이 나를 나 자신과 분리시켰고 테일러를 내 삶의 중심으로 만들었다. 이렇게 테일러가 내 세계의 중심이 **되면**, 타냐는 당연히 위협적인 존재가 될 수밖에 없었다. 하지만 실제로 타냐는 얼마나 위협적인 존재인 걸까?

행동 분석이 다 끝나가는데도 나는 여전히 내 문제를 파악하지 못했다. 그들이 섹스를 했다고 지레짐작했다는 건 인정한다. 그래, 그들이 섹스를 하지 않았다 하더라도 타냐가 일부러 바지를 놓고 갔을 거라고 내 마음대로 짐작했다. 타냐는 테일러가 이런 상황에 완전히 무지하다는 걸 틀림없이 알고 있을 터이므로, 나를 고문하려고 그리고 테일러와 나와의 관계를 방해하려고 이런 술수를 썼다고 생각했다. 그러나 뭐니 뭐니 해도 가장 속상한 일은, 이 일로 내가 얼마나 괴로운지 테일러가 전혀 이해하지 못한다는 사실이었다. 테일러와 나는 달라도 너무 달라서 가끔 우리가 평행우주 공간에 살고 있는 게 아닌가 하는 생각이 들 정도였다. 하지만 내가 그에게 끌린 것도 바로 이런 점 때문이었다. 이렇게 상극을 이루는 본성들이 서로를 대등하게 여기게 하고 중도를 유지하게 해주었다. 테일러도 이 점을 잘 알고 있어 우리가 동요 내용 같다고 농담을 하곤 했다. "잭 스프래트는 비계를 못 먹고, 잭의 아내는 살코기를 못 먹지(노래는 '둘이 함께 식사를 하면 접시를 깨끗이 비운다네'로 이어진다―옮긴이)." 우리는 극과 극이었다. 내가 감정적이라면 테일러는 이성적이었다. 내가 충동적이라면 테일러는 계획적이었다. 내가 사회의 숨은 의미의 숨은 의미를 읽는다면 테일러는 사실에 근거한 글자 그대로의 내용만 인정했다. 내가 관계 중심이라면 그는 공간 중심이고, 내가 타오르는 붉은색이라면 그는 차가운 파란색이며, 내가 우박을 동반한 폭풍이고 허리케인이라면 그는 토양이고 바위였다. 테일러는 우리가 처음 만날 때부터 이렇게 말했다. "너에게 뭐가 필요한지 내가 알 거라고 기대하지 마. 그냥 속 시원하게 말해줘." 테일러는 내가 그의 관심이 필요할 때 오히려 무시당하는 기분이 들면 그에게 마구 고함을 지르며 퍼붓기보다 차라리 배를 쿡 찌르는 걸 더 좋아했고, 내가 아무렇게나 속단하기 전에 해명과 정보를 요구하는 걸 더 좋아했다. 그러나 이런 태도는 나에게 상당히 부자연스러웠기 때문에 나는 반드시 연습이 필요했다.

나는 그의 도움이 필요했다. 그래서 그에게 이렇게 말했다. "내가 막 불안해하면서 동요하기 시작할 때 네가 차분한 태도를 유지한다면, 그리고 내가 망망대해에 혼자 있는 것처럼 외로운 기분이 들 때 네가 나에게 관심을 기울여준다면 나에게 큰 도움이 될 거야. 그리고 내가 피해망상에 사로잡혀 있다고 굳이 확인시키려 하기보다 고비를 뚫고 나올 수 있도록 도와주면 나는 곧 다시 논리적인 생각을 할 수 있게 될 거야." 테일러는 침착한 태도를 유지하는 데에 아무런 문제가 없었고, 아무리 강렬한 감정에 휩싸여도 전혀 동요하지 않았다. 과학적이고 탐구적인 테일러의 호기심 덕분에 나는 그에게 무슨 말이든 할 수 있었고, 내가 말을 할 때 그는 무작정 판단부터 하려 들기보다 무엇보다 먼저 내 말의 내용을 파악하려 했다. 하지만 그는 상황을 이해하는 관점이 나와 달랐고 그점 때문에 나는 여전히 외로움을 느낄 수밖에 없었는데, 이런 면은 상상할 수 있는 그 어떤 배신보다 더욱 나를 비참하게 했다.

우리가 연인으로 관계를 발전시킨 지 수개월이 지난 후에야 나는 비로소 테일러의 성향과 테일러가 세계와 관계를 맺는 방식이 나만

3부 빛을 향하여 225

큼이나 확고부동하다는 사실을 이해했다. 어떤 면에서는 이러한 점이 양극단에 있는 우리 두 사람을 안쪽으로 잡아당겨 어떻게든 합의점에 이르게 해주었다. 하지만 다른 면으로 보면 정반대인 우리의 성격이 고통을 유발시키기도 했다—적어도 나에게는. 전 여자친구 문제는 여전히 계속되고 있었고, 그의 집에 쌓인 10년 묵은 먼지와 쓰레기들, 너저분한 잡동사니들은 〈판타지아(여덟 개의 클래식 음악에 각각 성격이 다른 애니메이션을 결합한 영화—옮긴이)〉에 나오는 요술 빗자루로도 쓸어버릴 수 없을 지경이었다. 그러나 무엇보다 나를 가장 고통스럽게 만드는 건, 내 기분이 어떤지 아무리 말해도 그는 자신이 경험하지 못한 부분에 대해서는 전혀 이해하지 못했고, 그 바람에 나는 같은 말을 끊임없이 되풀이해야 한다는 점이었다. "다른 사람들하고 같이 있을 땐 나를 좀 봐줘." "내 기분이 어떤지 물어봐줘." "몇 번씩 반복해서 부탁하는 일이 나한테는 아주 힘든 일이라는 걸 제발 기억해줘." 그리고 "**제발** 부탁인데 저놈의 고양이 변기 좀 주방에서 치워줘!"

리네한 박사는 경계성 인격장애 환자가 주로 겪는 경험 가운데 하나가 변증법을 제대로 활용하지 못하는 것이라고 말했다(1993a). 하지만 인간의 기본적인 성향상, 실제로 대립되는 견해와 극단적인 성향을 화해시키기란 쉬운 일이 아니다. 다만 경계성 인격장애 환자들의 경우 그 성향이 조금 더 과도하게 표출될 뿐이다. 따라서 나는 테일러가 내 기분 상태를 완전히 이해하지 못할 거라고 성급하게 결론을 내리기 전에, 그가 의도적으로 나를 무시하거나 일부러 나를 배려하지 않는 거라고 비난하고 싶은 충동을 자제할 필요가 있었다. 나는 내 의견을 고집하고 테일러와 반대되는 성향을 굳이 밀고 나가기보다, '사람과 사람과의 관계에서 유효하게 사용할 수 있는' 책략들을 시도했다. 테일러에게 내 경험을 이해해달라고 요구하는 대신 내 경험을 그의 경험에 빗대어 해석하려 애썼다. 그래서 나에게는 작동 설명서가 있으며, 경계성 인격장애의 증상들은 자동차 계기판의 깜박이는 불빛처럼 어딘가 문제가 있을지 모른다는 걸 암시하는 거라고 테일러에게 설명했다. 또한 망가졌거나 엔진의 조정이 필요할 경우에 대비해 변증법적 행동치료의 도구들이 마련되어 있다고 말했다. '감정조절장애'와 같은 전문적인 용어도 몇 가지 가르쳐주었다. 그리고 나에게 찾아오는 감정을 나 스스로 알아차리지 못하기 때문에 그가 알아보고 나에게 말해줄 필요가 있으며, 따라서 내가 열을 받아 길길이 날뛰는 걸 보면 이런 용어를 사용해달라고 부탁했다. 내가 여전히 감정을 다스리지 못하고 오히려 이성을 차리지 못할 만큼 악화되어 있다면, 나를 바로잡으려 애쓰지 말고 뒤로 물러나서 그냥 두고봐야 한다고 말했다. 그럴 땐 차라리 "화가 많이 났구나. 이런 기분이 들게 해서 정말 미안해" 같은 말을 하는 편이 더 나을 거라고 말했다. 내가 발작적으로 울 땐 나를 안아주면 좀 진정이 될 거라고 말했고, 내가 문을 쾅 닫으면 그래도 나를 미워하지 않겠다고 약속하고 잠시 쉬라고 충고해달라고 말했다.

  일부 경계성 인격장애 환자들은 자주 격렬하게 화를 낸다고 하는데, 나는 자주 화를 내지는 않지만 한번 화를 내면 아무도 말리지 못했다. 악을 쓰는 데는 나를 따라올 사람이 없었다. 테일러에게 화를 낼 땐 우선 내가 먼저 테일러를 비난하고, 우리 둘 다 동시에 화를 낸 다음, 내가 고래고래 소리를 지르면서 더 크게 비난하는 식의 일정한 패턴이 있었다. 끔찍하게 기만당했다는 느낌이 들면 침대로 기어들어가 나오지 않았다. 무슨 짓을 저지를지 모를 정도로 머리끝까지 화가 나면 가방을 챙겨 들고 집을 나섰다. 나는 변증법적 행동치료 기술에 정통해지고 있고 내 휴대전화에는 에단의 호출 번호도 저장되어 있지만, 한번 이렇게 이성을 잃을 땐 행동을 자제할 힘도 의식적으로 전략을 선택할 능력도 사라지고 테일러를 난폭하게 대했다.

 변증법적 행동치료에서 고통을 참고 견디는 기술은 상황을 악화시키지 않도록 방어하는 가장 중요한 수단이다. 그러므로 이러한 기술을 활용하기 위해 나는 에단의 지도나 테일러의 적절한 조언이 무엇보다 필요했다. 그저 내가 어떤 감정 상태에 있는지 알고 인정해주는 사람이 있다는 것만으로도 감정의 강도를 조절하는 데 도움이 된다. 테일러가 처음 이 역할을 해주었을 때 내 감정이 변하고 있음을 확실히 알 수 있었다. "너 지금 감정조절장애인 것 같다." 테일러가 또 타냐를 만나기로 했다는 말에 내가 잔뜩 흥분해서 씩씩대며 거실을 돌아다녔더니 테일러가 이렇게 말했다. 타냐는 유럽으로 이사할 계획이었다. 정말이지 올해 들던 중 제일 반가운 소식이었지만, 언제나 남의 일을 두 팔 걷어붙이고 도와주는 만만한 테일러가 타냐의 이사를 도와주기로 했던 것이다.

 "타냐는 남자친구도 없어?" 내가 물었다. 분명히 있는 것 같았다. 하지만 테일러가 더 큰 차를 가지고 있었다. 테일러가 나에게 지금 감정조절에 문제가 있다고 말했을 때, 나는 그에게 꺼져버리라고 말하고 싶은 충동이 일었다. 하지만 그러지 않았다.

 바닥이 빙글빙글 도는 것 같은 기분을 가라앉힌 다음 테일러를 똑바로 쳐다보며 말했다. "네가 지금 하려는 짓이 너무 재수 없잖아."

 "나도 알아." 테일러가 말했다. 여전히 짜증이 났지만 화는 좀 누그러지고 있었다. 그가 나를 저버린다고 비난하지 않았다. 대신 샤워를 하면서 뜨거운 물이 몸에 부딪는 느낌에 집중했다. 데일 정도로 물 온도를 높이긴 했지만, 확실히 효과가 있었다. 샤워를 마치고 나왔을 때 나는 한결 차분하고 나긋나긋해졌고 기분도 상쾌했다. 내가 잠옷을 입고 테일러에게 다가가자 테일러는 잠자기 전에 마시도록 우유와 꿀을 넣은 차를 만들어주었다.

"내가 네 곁에 있으면서도 여전히 다른 사람 일에 신경 쓸 수 있다는 걸 이해할 수 있겠어?" 천만에 말씀. 도대체 그런 일을 어떻게 이해한담. 뭐, 테일러가 좀 더 구체적인 확신을 준다면 한번 이해해볼 수도 있겠지만.

우리는 식탁을 사이에 두고 서로 마주앉았다. 나는 그의 손을 잡고 말했다. "내 얼굴을 봐. 그리고 네가 함께하고 싶은 사람은 **나뿐이라고** 말해. **나하고만** 함께하고 싶다고 말해. 그리고 자주 그렇게 말해줘. 나뿐이라고, 나밖에 없다고."

테일러는 절대로 변할 생각이 없었지만, 그럼에도 내 훈련 과정이 우리 관계를 통해 몸속 깊이 각인될 수 있으며, 따라서 나에게 그의 도움이 많이 필요하다는 사실을 이해했다. 또한 내가 아무런 준비 없이 맨손으로 새로운 생활을 만들어가고 있다는 걸 알게 되었다. 나는 상대방을 내 세계의 전부로 만들어놓고 정작 나 자신을 잃어버리는 경향이 있다고 그에게 말했다. 테일러는 내가 원하는 만큼 얼마든지 기꺼이 자신의 세계를 나눠주겠으며 또한 내가 내 세계를 지킬 수 있도록 돕겠다고 말했다. 그러나 인식이란 게 재미있는 점은, 문제가 뭔지 알고 인정하면서도 똑같은 실수를 수없이 되풀이한다는 것이다. 테일러와의 관계에서도 마찬가지였다. 나는 입으로는 "나 자신의 삶을 원한다", "내가 누구인지 알아야 한다"라고 떠들어댔지만, 그러면서도 감정의 탯줄로 테일러에게 친친 묶여 있었기 때문에 독립된 자아의식을 갖기 위해 필요한 거리를 만들 수가 없었다. 신발을 사려다가도 테일러가 이 신발을 마음에 들어 할지부터 궁금해했다. 요즘 나는 포크 뮤직에 푹 빠져 있는데, 테일러가 수집한 CD들이 죄다 포크 뮤직이기 때문이었다. 기꺼이 오토바이 타는 법을 배운다든지, 심지어 HTML 코드를 배우려 하는 등, 그의 중심에 가까이 있을 수 있다면 무슨 짓이든 하려 들었다. 퇴근 후 거의 매일 저녁 그의 집으로 가서 난장판 한가운데에 키라 전용 텐트를 치고 그 안에서 밤을 보냈다. 솔직히 이제는 집에 들어서자마자 나를 맞이하는 고양이 오줌 냄새에 위안을 느낄 정도였다. 내가 메일을 보내면 나에게 답메일을 보내주고, 내가 전화하면 언제든 받아주고, 내가 요구하면 나를 안아주는 테일러에게 편안하게 다가갈 수 있는 한 나는 언제까지나 안정적인 기반 위에 서 있을 수 있으리라 생각했다. 하지만 세상에 어떤 사람이 평생 이렇게 할 수 있을까? 테일러가 타냐의 전화를 받으면, 내 메일에 답장을 보내지 않으면, 나를 특별한 존재로 느끼게 해줄 적절한 말을 해주지 않으면, 그 순간 사이렌이 울리고 나는 … 우리가 지금 말하는 것처럼 감정조절장애를 겪고 말 텐데.

 내가 늘 테일러의 집에 가는 이유 가운데 하나는 테일러가 내 원룸에 오는 걸 좋아하지 않았기 때문이다. 두어 번 우리 집에서 지내려고도 했었다. 하지만 테일러의 머리가 자꾸만 원룸 천장에 닿는데다, 어쨌든 방은 하나뿐이고 텔레비전도 없고 인터넷도 안 돼 놀거리가 하나도 없었다. 그래서 테일러 혼자 카드놀이도 했다가 주방의 수도 시설을 만지작거려봤다가 하면서 몇 시간을 보낸 후 결국엔 영화를 보러 테일러의 집으로 돌아갔다. 겨우 두 달 사이에 내 원룸은 웅장한 무덤, 과거 생활의 몇몇 단편들을 간직한 채 버려진 거대한 여행가방이 되어버렸다.

나는 에단과 함께 앉아 이렇게 말했다. "나 자신을 잃어가고 있어요. 자꾸만 그런 생각이 들어요." 이번 주말에 우리는, 테일러는 친구 집을 방문하고 나는 내 원룸에서 지내기로 계획을 짰다. 그러나 막상 주말이 다가오자 나는 이런 결정을 내린 걸 후회했다. 나는 꽤 많은 기술들을 완전히 익혔다고 생각했다. 다시 말해 테일러가 전 여자친구와 어울려도 웬만큼 참아줄 수 있을 줄 알았다. 하지만 원룸에 혼자 남겨지자마자 고통스러운 감정에 속수무책이 되고 말았다. 불행한 운명을 맞을 것 같은 두려움에 떨며 간신히 잠이 들었고, 아침에 눈을 뜨면 내 인생이 이대로 무너질 것 같은 기분으로 바닥에 누워 흐느껴 울기만 했다.

빛으로 가득한 내 집은 이제 관이 되어버렸다. 내 삶의 원천은 친구들과 머저리 같은 보드 게임을 한다며 날 떠났다. 왼손바닥의 통증이 유난히 화끈거려, 다른 곳에 주의를 돌려 감각을 잊어버릴 요량으로 얼음 덩어리를 손에 쥐었다. 지난번 변증법적 행동치료 모임에서 한 여자가 가르쳐준 방법이었다. 괴로움을 참고 견디는 기술들은 더 큰 손상이나 고통을 일으키지 않도록 하기에는 좋은 방법이지만, 본래의 건강한 상태로 돌아와 앞으로 나갈 수 있을 때까지 자기 자리를 지키도록 하는 임시방편에 불과했다. 이 상태를 벗어날 묘안이 도무지 떠오르지 않았다. 테일러의 부재는 나에게 정확한 시간관념을 앗아갔다.

나는 에단에게 호출을 했다. 에단은 내가 공포를 느끼는 것이 당연하다고 인정했고 이용할 수 있는 여러 가지 기술들을 알려주었다.

에단과 통화를 마친 후 나는 펑펑 울면서 아이스크림을 몇 파인트나 퍼먹은 다음, 테일러의 전화에 여러 통의 메시지를 남기며 분노에서부터 사과에 이르기까지 온갖 감정들을 표출하고는, 마지막으로 기도에 매달렸다. **제발 이 상태가 빨리 지나가게 해 달라고. 다시는 이런 일이 일어나지 않게 해달라고.** 이런 내 반응이 테일러 때문이 아니라 경계성 인격장애 때문이라는 걸 잘 알고 있었다. 이런 행동은 하나의 증상이며 상처였다. 밤에 피는 꽃처럼 밤이면 벌어져 악취를 풍기고 곪아서 고름이 나는 마음속 상처. 이런 감정적인 경험은 무슨 수를 써서라도 피하고 싶었다. 아주 오래전 여름 미술학교에 같이 참여했던 지미라는 소년에게 혈서를 썼던 것도, 테일러가 IT 업계에서 일하는 세 남자 동료들과 치즈를 잔뜩 쌓아놓고 코스믹 인카운터 게임을 즐기는 동안 내가 몸을 잔뜩 웅크린 채 울부짖는 것도 다 이런 감정 때문이었다. 이것은 2단계의 일부로, 나는 지금 견딜 수도 없고 견디고 싶지도 않은—지금까지 결코 견딜 수 없었던—감정들에 노출되어 있었다. 하지만 이제 나는 이 감정들에 맞닥뜨려야 했다. 지금까지 용케 이리저리 잘도 피하면서 살아왔지만, 참고 견디면서 경험하는 것만이 유일한 탈출구라는 걸 마침내 깨달았다.

16

오토바이 배우기

　여름 내내, 경계성 인격장애 증상이 촉발되는 상태와 테일러와의 사랑으로 행복에 겨운 상태 사이를, 세상에 어우러져 조화롭게 살고 싶은 욕망과 달아나고 싶은 충동 사이를 바쁘게 오가며 지냈다. 나는 금세 위협을 느끼다가도 또 금세 훌륭하게 잘 참아냈다. 내 생활에서 가장 안정적인 부분은 에단과 내 직장이었다. 직장에 다닌 덕분에 일주일에 나흘은 다른 사람들의 시시콜콜한 생활을 지속적으로 들여다볼 수 있었고, 칭찬과 격려의 말을 들으며 마치 내 이름이 새겨진 훈장이라도 받은 것 같은 우쭐한 기분을 맛볼 수도 있었다.

　테일러는 요즘 실직 중이라—닷컴 기업의 거품이 꺼진 직후 몇 달은 IT 업계에 종사하는 사람들에게 좋은 시기라고 할 수 없었다—거의 대부분의 시간을 지하실에서 다섯 대의 스포츠 오토바이를 손질하며 보냈다. 테일러가 내게 오토바이를 배워보고 싶으냐고 물었을 때 나는 한 치의 망설임도 없이 그렇다고 대답했다. 나는 정말 오토바이 타는 법을 배우고 싶었다. 우리 둘이 함께 시간을 보낼 수 있는 것도 좋았지만, 오토바이를 타는 섹시한 아가씨를 늘 꿈꿔 왔었다. 가죽 재킷을 입고 긴 머리를 흩날리며 강력 엔진이 장착된 오토바이를 제어하는 모습이란. 내가 신호등 앞에 멈춰 서서 무심코 엔진의 회전 속도를 올릴 때면 남자들은 넋을 잃고 여자들은 부러움 가득한 시선으로 나를 바라보겠지. 나는 캣우먼 복장을 입을 거라고 잔뜩 기대했지만, 안전제일주의자인 테일러는 얼굴 전체를 가리는 헬멧과 전신을 무장한 방수 처리된 우주복을 구입해야 뭘 가르쳐도 가르칠 수 있다고 고집을 부렸다. 주문한 복장이 도착했는데, 고도의 가시성을 자랑한다는 섬뜩한 노란색 옷을 입고 있으니 영락없이 미래 세계에서 온 검투사였다. 한마디로 섹시한 모습은 **전혀** 찾아볼 수 없다는 말씀.

 그런데 이 옷을 입는 순간 좀 이상한 일이 일어났다. 사람과의 관계에서 일어나는 일들을 감정적으로 받아들이지 않고 웬만한 문제는 쉽게 쉽게 넘겨버릴 수 있을 것 같은 기분이 드는 한편, 이대로 위대한 투우사나 소방관이 되어도 좋을 것 같았다—내 몸속에서 활발하게 분비되는 아드레날린 작용으로 몸으로 할 수 있는 직업이면 무엇이든 할 수 있을 것 같았다. 오토바이는 이토록 놀라운 힘을, 아니 그 이상의 힘을 발휘했다. 마침내 오토바이에 올라탔을 땐 가슴 속에 닫혀 있던 문이 활짝 열려서, 순수하고 청량하며 명료하게 빛나는 세계가 내 가슴 속으로 앞다투어 들어올 것만 같았다. 이런 기분은 완전히 깨어 있는 의식 상태로 두려움에 접근하도록, 격앙된 반응을 일으킬 때마다 이성적인 마음을 끌어들이도록 나를 재촉했다. 오토바이는 변증법적 행동치료 기술을 실행할 또 다른 장소이기도 했는데, 예전에 변증법적 행동치료 모임에 참여했을 때 내가 자전거나 오토바이를 탄 경험을 묘사하는 과제를 여전히 활용하지 않는다고 말하자 참가자들이 모두 의아하다는 듯 눈알을 굴리던 모습을 이제 이해할 수 있을 것 같았다. 그 과제를 통해 우리는 카운터스티어링(countersteering, 자전거나 오토바이를 탄 사람이 중력을 조절하기 위해 회전할 때 역방향으로 조종하는 방법—옮긴이)이 어떻게 상반된 행동의 한 형태가 될 수 있는지, 정지 신호에서 어떻게 대인관계 효과를 연습할 수 있는지 경험했었다.

테일러는 타고난 교사였다. 테일러는 먼저 주차장에서 오토바이 혼다호크650에 나를 태웠다. 그는 이 스포츠 오토바이에 비닐이 덮이지 않았다고 해서 벌거벗은 녀석이라고 불렀다. 오토바이는 크고 무거웠지만, 테일러는 마치 세발자전거 위에 올라탄 초등학교 2학년 아이를 다루듯 내가 주차장 안을 오토바이를 끌고 다니도록 내버려두었다. 마침내 내가 작동 방법을 터득하자, 테일러는 곧바로 자신의 오토바이(다른 혼다호크)에 올라타고는 나를 거리로, 진짜 거리로 데리고 나갔다. 그러나 거리에 들어서자마자 나는 방금 배운 내용들을 깡그리 잊어버려 그만 시동을 꺼뜨렸고, 내 뒤로 자동차들을 줄줄이 세워놓은 채 200킬로그램의 금속 덩어리와 함께 길바닥에 나뒹굴었다. 나는 바닥에 누워 엉엉 울었다. 아프지는 않았지만 창피했다. 테일러는 헬멧을 벗고 미소를 지으며 그런 내 모습을 옆에서 지켜보고 있었다.

"괜찮아." 그가 말했다. "별일 아니야. 다시 해보자."

뭐가 어째?! 나는 테일러에게 덤벼들 수도 있었지만 여러 가지로 한계가 많았다. 오토바이는 옆에 쓰러져 있지, 오뉴월 삼복더위에 샛노란 색깔의 무거운 우주복을 입고 있지, 이런 판국이니 어서 차가운 물에 샤워를 하고 TV를 보고 싶은 마음이 굴뚝같았다. 나는 더는 오토바이를 타고 싶지 않다고 말했다.

"하지만 오토바이를 배우려면 계속 타보는 수밖에 없어." 테일러가 쓰러진 오토바이를 일으켜 세우며 말했다. "다들 처음엔 오토바이를 넘어뜨려. 오히려 넘어뜨리지 않는 게 이상한 거라니까."

테일러가 아무리 이렇게 말해도 나는 전혀 마음이 동하지 않았다. 내 세계에서는 잘하거나 완전히 엉터리거나 둘 중 하나밖에 없었으니까. 아니면 거울 앞에서 혼자 몇 시간씩 연습한 다음 완벽해지고 나면 짠 하고 나타나거나.

"그리고 반드시 기억해야 할 가장 중요한 사항이 두 가지 있어." 테일러가 내 뺨에 흐르는 눈물을 닦아주며 말했다. "긴장을 풀어. 그리고 앞을 봐." 긴장을 풀고… 앞을 보라고….

나는 다시 오토바이에 올라탔다. 사소한 실수로도 목숨이 날아갈 수 있는 판에 어떻게 긴장을 풀라는 거야? 그리고 앞을 보라니, 내 옆으로 다른 차들이 바싹 달라붙으면 어쩌려고?

매일 퇴근 후에 집에 오면 테일러는 나를 데리고 나가 연습을 시켰고, 나는 테일러의 충고가 무슨 의미인지 서서히 이해하기 시작했다. "긴장을 풀고 앞을 봐"는 지혜로운 마음을 대변하는 테일러식 표현이었다. 긴장을 푼 상태는 곧 모든 감각을 예리하게 활짝 열어놓고 평온하게 존재하는 마음관찰의 상태였으며, 다시 말해 주변의 자동차들과, 내 오토바이와, 내 몸의 위치와, 두려움과 흥분을 느끼는 현재의 내 감정을 의식하는 상태였다. 그러나 오토바이를 운전하려면 지금 이 순간에 대한 의식과 더불어 이성적인 마음이 결합되어야 했다. 그러니까 내가 어디로 가고 싶은지 그곳에 도착하려면 어떻게 해야 하는지 알고 있어야 하고, 여러 가지 선택 사항을 계산하고 따져보아야 하며, 여러 가지 감정들이 내 행동에 영향을 미치도록 하되 나를 완전히 지배하지 않도록 하는 바탕 위에서 시시각각 올바른 판단을 해야 하는 것이다. 감정적인 마음과 이성적인 마음의 변증법이 마음관찰과 결합함으로써 혼다호크 오토바이를 지혜로운 마음으로 이끄는 장치로 변모시켰다. 평소에 테일러에게 버럭 성질을 부릴 때 이 같은 내면의 미적분학을 다루기 힘들었지만, 희한하게도 오토바이에만 타면 격렬한 감정들을 다룰 여유가 생길 뿐만 아니라 동시에 오토바이도 무리 없이 다룰 수 있었다.

에단, 변증법적 행동치료, 직장, 테일러, 오토바이, 그리고 이제 또 다른 수준의 노출인 섹스까지, 나는 한 번에 하나씩 지속적으로 내 인생을 쌓아가고 있었다. 섹스는 감정을 경험하는 행위인 동시에 감정을 회피하는 행위이기도 했다. 테일러와 나는 한 달간의 계약 기간이 끝나자마자 매일 섹스를 했다. 그렇지만 나는 침대에서보다 오토바이 위에 있을 때 더 기분이 좋다는 걸 인정하지 않을 수 없었다. 내 몸은 다시 항우울제 약물로 가득 차 있어, 기쁨을 느끼는 능력과 성욕이 심하게 충돌을 일으키고 있었다. 마치 내 클리토리스에 국소마취제를 맞은 것 같았다. 매일 두 시간씩 오토바이를 타는 바람에 내 아래쪽이 더 예민해진 걸 감안하더라도 테일러와 나는 내 쾌락을 위해 아주 많은 노력이 필요했다. 테일러와 달리 나는 가르치는 데 젬병이었다. 테일러는 나에게 원하는 걸 말하라고 했지만, 나는 아무 말도 할 수가 없었다. 약물을 복용하는 바람에 그날그날 어떤 방법이 효과가 있을지 예측할 수 없다는 것도 어느 정도 문제였다. 아마도 이것은 경계성 인격장애 평가 기준 10번에 해당될지 모른다. 즉 불안정한 성적 반응은 성적 반응의 부적절한 표출로 이어진다. 마치 우리가 공공장소의 벤치에 앉아 있을 때처럼 말이다.

가끔 테일러의 몸을 보거나 그의 냄새를 맡을 때면 내 모든 감각을 총동원해 그를 사로잡고 싶을 때가 있었다. 하지만 막상 살과 살이 맞닿으면 마치 두꺼운 유리벽에 부딪치는 느낌이 들었다. "약 때문이야." 나는 테일러에게 말했다.

"약 바꾸면 안 돼?"

"음, 지금으로서는 이 약이 최선이야."

"그럼 심리치료로 약 안 먹게 할 수는 없는 거야?"

할 수도 있겠지만 그런 위험을 감수하고 싶지 않다고 말했다. 내 속에는 경계성 인격장애와 더불어 우울증과 불안장애가 마구 휘몰아치고 있었기 때문에, 그런 변화를 시도할 만큼 안정적이라고 섣불리 자신할 수 없었다.

여름이 끝날 무렵엔 매일 호크를 타고 출퇴근을 했다. 아침에는 처치 가와 매사추세츠 거리 모퉁이에 멈춰 서서 헬멧을 벗고 잠시 쉬었다. 그리고 오토바이에 앉아 광장 주변을 둘러보았다. 개학을 맞은 학생들이 학교로 돌아오고 있었다. 가을을 알리는 숨결에 나뭇잎들이 바스락거렸다. 작년 이맘때만 해도 나는 마치 저격수의 총격을 피하려는 듯 황급히 서점을 도망쳐 나오면서, 나라는 사람은 세상에서 제일 단순한 일도 감당할 수 없을 거라고 확신했었다. 그러나 지금 나는 그때 그 장소에서 불과 6미터 떨어진 거리에서 오토바이에 올라앉아 곧 회사로 향할 준비를 하고 있었다. 1년 사이에 이렇게 많이 달라질 수 있다니.

점점 나아가고 있다는 확신은 들었지만, 테일러와의 관계가 깊어질수록 훨씬 더 큰 고통이 들춰지고 있는 걸 깨닫게 되었고, 그럴수록 마음은 점점 괴로웠다. 이런 괴로움은 약물과 알코올을 끊었던 때를 상기시켰다. 재빨리 감각을 마비시켜 마음속 혼란을 다스릴 수 있는 강력한 물질이 없었더라면 내 인생은 사실상 더욱 악화되었을 것이다. 지금 나는 매번 새로운 감정에 부딪칠 때마다 반응하거나 방어하거나 피하는 대신 마음관찰을 실행하려 애쓰면서, 새로운 영역에 아니 정확히 말하면 새로운 관점으로 바라보는 오래된 영역에 몰두하고 있었다.

이제 과거의 감정과 더불어 정신적 외상을 초래할 정도로 심각한 경험을 다스리는 2단계에 들어서자, 병에 가까운 집착과 파괴적인 성격에 대한 경계성 인격장애의 전통적인 이론들이 이해가 되기 시작했다. 나는 경계성 인격장애의 행동과 인식이 다른 방식으로 어떻게 설명되고 있는지 찾아보기 위해 다시 자료들을 펼쳐보았다. 내가 감정조절장애이며 불안정하고 충동적이라는 걸 나도 잘 알고 있었다. 그래서 이런 성격들을 다스리기 위해 있는 힘을 다해 기술을 활용하고 있었다. 그럼에도 테일러가 실제로 그의 어머니와 통화하고 있는데 타냐하고 통화하고 있을 거라고 믿으면서 이성을 잃고 덮어놓고 화를 내는 건 대체 왜일까? 테일러와 달콤하게 애정을 나누는 순간조차 온전히 행복에 몸을 맡기지 못하고, 때로는 심지어 망연자실한 상태로 부정적인 감정들 위를 부유하는 건 도대체 왜 그러는 걸까? 왜 나는 내 자아의 조각들을 다시 조립하지 못하는 걸까? 왜 아직도 다른 사람이 내 세계의 중심이 되는 걸까? 접촉, 사랑, 욕구, 친밀한 관계, 이 모든 것이 이제 테일러 안에 모두 녹아들어 있는데 왜 자꾸만 두려움에 떠는 어린아이로 돌아가려 하는 걸까?

트라우마, 해결되지 않은 문제들, 가슴 속에 응어리진 상처들…. 내가 겉으로 조금만 안전해 보이면 이런 악령들이 어김없이 모습을 드러내는 것 같았다. 그러나 이제 지반이 단단해진 이상, 내 내면의 균열에 그 어느 때보다 쉽게 다가갈 수 있을 것이다.

나는 내 모든 에너지를 쏟아부어 우리의 관계가 내 발전 과정을 해체하지 못하도록 노력했다. 나는 마음관찰에서부터 대인관계 효과, 괴로움 견디기, 감정조절에 이르기까지 변증법적 행동치료 모임에서 배운 네 가지 기술 모듈을 모두 거쳤고, 이제는 2라운드이자 최종 결승전을 시작하고 있었다. 나는 이제 이 모임의 선두에 있었으며, 모임의 여자들은 차츰 나를 대표로 여겼다. 하지만 테일러와 함께 있을 땐 종종 퇴행하고 있는 것 같은 기분이 들었다. 가령 내가 부탁을 했는데도 테일러가 라디오 볼륨을 줄이지 않으면 그가 나에게 관심이 없기 때문에 그러는 거라고 판단했고, 이렇게 아주 사소한 일에서 비롯된 감정들로 그날은 하루 종일 질식할 것 같은 답답한 마음으로 멍하게 지내는 것이었다. 테일러가 주방을 개조해야겠다고 말하지 않았다면 나는 언제까지나 그의 집에서 아늑함을 느꼈을 것이다. 테일러는 식탁으로 파스타 접시를 가지고 오면서 주방 바닥을 새로 하고 싶다고 말했는데, 그가 주방 문지방을 건널 때 나는 완전히 기분이 상해서 발끈 성을 내버렸다.

"아니, 내가 주방에서 식탁으로 오는 사이에 무슨 일 있었어?" 테일러가 도저히 이해할 수 없다는 듯한 표정으로 물었다. 나는 테일러가 주방을 개조하려고 생각하면서 나에게 그의 집에 들어와 살자고 청하지 않는다면, 틀림없이 미래의 계획에 내가 없는 거라고 확신했다. 몇 주 전, 경계성 인격장애는 사람을 '시험한다'는 대목을 읽을 때만 해도 그 말이 무슨 뜻인지 알지 못했다. 그런데 이제 이해가 됐다. 나는 테일러가 나를 사랑하는지 확인할 수 있는 정보를 끊임없이 찾고 있었고, 아무리 사소한 것이라도 그의 몸짓 하나 말 한마디를 그 증거나 반증으로 삼았는데, 이런 내 모습이 바로 사람을 시험하는 것과 같은 맥락이었던 것이다. 나는 느긋하고 안정적인 느낌을 갖길 간절히 바랐다. 그러면서도 다른 한편으로는 내 불안감을 건드리는 행동을 그가 멈춰주길 바랐다. 이건 일종의 악순환이었지만 반면에 학습을 위해 굉장히 비옥한 토대가 되어주었다.

늘 혼란스러웠고 가끔은 흥분해서 제정신이 아닐 때도 있었지만, 사실 생각해보면 이제까지와는 완전히 다른 대단히 만족스러운 날들을 보내고 있었다. 몇 달 하고도 몇 주 동안 줄곧 안락한 보호막 안에서 지낼 수 있을 거라고는 꿈에도 생각하지 못했다. 내가 일하는 사무실은 언제나 즐거움으로 가득했다. 르네와 나는 가구를 사러 이케아 매장에 가거나, 사무실의 모든 접시를 간식으로 가득 채우기 위해 코스트코에 갔다. 사무실에 처음 발을 들였을 때만 해도 잡담 한마디 하지 못하던 내가, 이제는 '사무실의 여신'이 되어(나는 이 사실을 공식적으로 알리는 머그컵을 가지고 있다) 사무실 직원들에게 먹일 다크초콜릿에 딸기를 올리거나, 게일과 르네와 함께 오찬과 파티를 준비하거나, '무료 상담'이라는 표지판과 은색 사탕그릇이 있는 내 책상에서 〈피너츠(찰스 슐츠의 만화로 순진한 소년 찰리와 찰리의 개 스누피, 그리고 심술쟁이 소녀 루시가 등장한다—옮긴이)〉에 나오는 루시처럼 내 업무를 관장하고 있었다. 집에서는(아, 물론 테일러의 집을 의미한다) 잠을 자고, 요리를 하고, TV를 보았다. 테일러는 나에게 웹페이지를 디자인하는 방법과 스테이크 양념을 요리하는 방법을 가르쳐주었다. 한편 나는 계속해서 심리치료를 받았고, 변증법적 행동치료 모임에도 꾸준히 참석했으며, 오토바이도 탔고, 테일러의 어머니와도 가까워졌다. 테일러의 어머니는 아들만큼이나 호기심이 왕성했으며, 고리타분한 인습에 얽매이지 않는 분이라 테일러와 나의 애정이 깊어지는 데 큰 힘이 되어주셨다.

진부한 말이지만 재미있는 일을 할 땐 시간이 **쏜살같이** 지나간다. 괴로운 상태일 땐 당연히 정반대다. 1초가 1년처럼 느껴지고 바위처럼 무거운 무언가가 나를 짓누르는 것만 같다. 요즘 내 생활 리듬이 딱 이런 식이었다. 상황이 괜찮을 땐 일주일이 쏜살같이 지나갔고, 상황이 좋지 않을 땐 1초가 영원처럼 느껴졌다. 지금도 내 생활은 이런 원리로 움직이고 있었다. 예를 들어, 내 옷을 넣을 공간을 확보하기 위해 테일러의 옷장 서랍을 비우다가 타냐의 속옷을 발견했는데, 이런 식으로 전 여자친구의 흔적이 조금이라도 튀어나오면 위협을 느꼈다. (보아하니 테일러는 타냐의 물건을 하나도—**정말 하나도!**—없애지 않은 것 같았다.) 그리고 여러 사람들과 함께 있을 땐 나와 눈을 마주쳐달라는 부탁을 테일러가 잊어버렸다든지 내가 보낸 이메일이나 음성메시지에 즉시 답을 하지 않을 땐, 여전히 가슴을 도려내는 것 같은 기분이 들었다. 나에게 '즉시'라는 단어의 의미가 그와는 하늘과 땅 차이라는 걸 알았지만 전혀 도움이 되지 않았다. 테일러가 나를 어떻게 대하는지에 대한 인식에 따라 그에 대한 인식과 감정이 손바닥 뒤집듯 뒤집혔고, 여전히 테일러에게 깊이 의존하고 있으면서도 그와의 관계를 벗어난 나만의 생활이 거의 없다는 사실을 문득 깨달을 때마다 괜히 그에게 화를 냈다.

테일러는 내가 여전히 자주 감정이 격해지긴 하지만 화를 내는 시간이 점점 짧아지고 있다고 말했다. 그러고 보니 내가 어찌할 바를 모르고 쩔쩔 매는 시간이 한 달에서 하루나 이틀로 줄었고, 무시당한 느낌이 들 때마다 이제 끝이라고 엄포를 놓는 일도 더는 없었다.

정말 그랬다. 고통과의 관계는 계속해서 달라지고 있었다. 감정이 격해지는 건 여전했지만 이제는 감정에 완전히 휩쓸리지 않았으며 즉시 반응하지도 않았다. 때때로 위태로운 순간이 찾아왔지만, 그럴 때 현재 내가 어떤 기분인지 분명히 말할 수 있었고, 그런 순간에도 일부러 나에게 상처를 주려 한다며 테일러를 비난하는 일은 사라졌다. 장기적인 관점을 가지려고, 즉 이 상태를 정당화하려고 변명을 늘어놓기보다 이 상황을 이겨내려고 노력했다. 자해 충동은 여전히 그림자처럼 나를 따라다녀 고통이 절정에 달할 때면 내 의식 속으로 발을 들여놓았지만, 내 몸에 해를 가하지 않은 지 현재로서 1년하고도 반이 지났다. 물론 여전히 충동을 견뎌야 하는 상태였고, 솔직히 '진부한 생존 방식에 의존'하고 있었으며, 얼음조각을 손에 쥔다든지 구두를 쇼핑한다든지 하는 자신을 재차 단속하기 위한 뭔가 다른 방법을 찾아봐야 하는 건 변함이 없었다.

그러나 내 생활의 특정 영역들은 상당한 발전을 보이고 있었다. 예를 들어, 이러다 완전히 퇴행하는 건 아닌지 슬슬 걱정되기 시작하던 내 성생활이 그랬다. 처음엔 당혹감과 수치심 때문에 진찰받기도 힘들었지만, 어느 순간 이러다 불감증 섹스중독자가 되는 게 아닌지 의심이 들기 시작했다. 사랑과 안전을 향한 갈망과 마찬가지로 성욕은 나를 완전히 사로잡았지만 잠시 후 더 큰 단절로 이어질 뿐이었다. 나는 열정적이었고, 스킨십을 몹시 좋아했으며, 고양이처럼 줄곧 어루만짐과 쓰다듬을 받길 갈망했다. 하지만 테일러와 깊은 관계를 맺게 됐을 때, 한 시간 이상 애무를 받지 않으면 몸이 쉽게 반응을 보이지 않았고 오르가슴에 이를 수 없었으며, 어느 땐 애무를 받아도 아무것도 느끼지 못할 때도 있었다. 망가진 건 어떻게든 고쳐야 하는 테일러의 근성에도 불구하고, 테일러조차 이 상황을 어떻게 해결해야 할지 난감해했다.

그러나 확실하게 흥분할 수 있는 방법이 딱 하나 있었으니, 내가 마음대로 상황을 통제하는 것이었다. 나는 연약한 여자, 잠자리에서 순응하는 여자가 되는 법을 배우고 싶었기 때문에, 처음엔 이런 시나리오를 애써 피하려 했다. 하지만 맨레이를 들락거리던 시절 입던 옷상자들을 발견한 순간, 테일러에게 억지로 참여하도록 강요할 필요가 없을 것 같았다. 내가 주도적인 역할을 하고 테일러를 완전히 무력하게 만들자 어처구니없게도 성욕이 마구 샘솟았다. 상황을 내 마음대로 좌지우지할 수 있게 되자 너무나 자연스럽게 쾌락이 밀려왔던 것이다.

테일러가 꼼짝하지 않고 반듯이 누워 있을 때 나는 온몸과 온몸의 모든 감각을 사용해 그를 사로잡을 수 있었다. 두 사람 모두가 만족할 수 있는 섹스를 한다는 사실은 엄청난 기쁨을 안겨주었다. 내가 성행위를 주도하는 여자의 역할에 서서히 싫증을 느끼기 시작하기 전까지는 말이다. 주도적인 역할이 엄청난 기쁨을 주는 건 분명했지만, 매번 섹스를 할 때마다 내가 다 알아서 하고 테일러를 감동시키기 위해 온갖 노력을 기울이고 싶지는 않았다. 겉으로는 내색하지 않았지만 이런 식의 섹스가 결국엔 테일러만 즐겁게 하는 짓이란 생각이 들자 슬슬 화가 나기 시작했다. 생각을 달리 해보려고 아무리 애를 써봐도, 주인에게 즐거움을 줘서 조금이라도 점수를 얻어 보려는 하녀가 된 것 같은 기분을 지울 수가 없었다.

그렇게 이 방법에 싫증이 났고 처음 방식으로 돌아가고 싶어졌다. 문제는, 이불 속에서 두 몸뚱어리가 부딪쳤을 때 과연 내가 쾌감을 느낄 수 있을지 알 수 없다는 것이었다. 어느 순간엔 열정적인 움직임과 격정적인 참여로 최상의 쾌락을 느끼다가도, 다음 순간 돌연 아무런 감각을 느끼지 못하고 테일러와도 멀어지는 것만 같았으며, 그럴 때면 테일러에게 매달려 그가 여전히 황홀하게 뛰어노는 열정의 강물 속으로 나도 다시 뛰어들고 싶은 마음이 간절해졌다. 나도 테일러처럼 빌어먹을 오르가슴이라는 것에 다다르고 싶었다. 그래서 자위를 하며 온갖 공상적인 이미지를 떠올려보기도 하고, 일종의 자기암시를 해보기도 하며(긴장을 풀자! 나는 잘할 수 있어!), 그에게 이렇게 해달라 저렇게 해달라 요구를 하기도 했다. 그러나 거의 항상 술에 취한 상태에서 관계를 가졌던 고등학생 때처럼 테일러의 쾌락에 마지못해 맞장구를 칠 뿐이었다. 그 시절 남학생은 발정난 개처럼 흥분으로 미쳐 날뛰는 낯선 사람으로 돌변했었다. 지금 불을 끄고 나와 한 침대에서 뒹굴고 있는 나의 테일러 역시 낯선 사람이 될지 몰랐다. 그러나 무엇보다 최악의 순간은 성행위의 절정이 지난 뒤 끔찍한 외로움을 맞이할 때였다. 공허함과 더 큰 결핍감이 밀려왔다. 그럴 땐 이런 아픔을 끌어안은 채 잠이 들지 않도록 그가 내게 줄 수 있는 모든 애정을 한 방울도 남김없이 다 짜내고 싶은 심정이 됐다. 나는 그의 품안에 파고들어 편안하게 쉬고 싶었지만, 테일러는 내 마음 같은 건 아랑곳하지 않고 이미 잠들어버렸다.

　나는 위선자였다. 내가 정말 솔직한 사람이었다면, 사실은 섹스가 별 도움이 되지 않는다고 테일러에게 말했을 것이다. 하지만 그렇게 말하면 우리 관계가 위태로워질 것 같았고, 이 관계마저 없으면 나에게는 달리 의지할 관계가 없었다. 이제 테일러의 친구들은 모두 자동적으로 내 친구가 되었다. 지금 나는 언젠가부터 발길을 딱 끊은 멀쩡한 내 원룸을 두고 테일러의 집 빈 방에 주거를 정했다. 내

하루는 처음부터 끝까지 테일러에 따라 체계가 잡혔다. 우리는 매일 꼬박꼬박 이메일을 주고받고, 전화 통화를 하고, 저녁을 함께 먹고, 저녁 뉴스를 보았으며, 그러는 동안 눈곱만큼의 소외감을 느낄 사이가 없었다. 만일 테일러가 가버리고 없다면, 내 삶처럼 형체 없이 사납게 출렁이는 물이 담긴 세면기에 마개를 뽑는 것과 다를 바 없을 것이다. 그리고 그 물처럼 나는 순식간에 메말라버릴 것이다.

그러므로 나는, 여전히 불안하고 초조한 가운데 자아(self) 없이도 건강하고 기능적으로 생활할 수 있는 여러 가지 방법들을 강구할 필요가 있었다. 나는 근본적으로 결핍과 사랑이라는 역설적인 상황에 갇혀버렸다. 나는 테일러에게 나만의 삶을 창조할 필요가 있다고 누누이 말했다. 한편, 에단과는 내가 어떤 식으로 나 자신이 되길 회피하고 있는지, 테일러를 어떤 식으로 비난하고 있는지 살펴보면서 관련된 기술을 연구했다.

내가 테일러에게 모든 것을 투사하길 멈추고 내 마음의 더 심오한 작용들을 볼 수 있다면, 아마도 나는 '기능적인 경계성 인격장애' 수준에서 벗어나 지금처럼 하루하루를 불안하게 살고 있는 여자가 아닌 더욱 근사한 모습이 되었을지도 모른다. 나는 겉으로는 아주 잘 지내는 것처럼 보였지만 마치 헐렁헐렁한 안전 마스크를 쓰고 있는 것과 다를 바 없었다. 내가 이렇게까지 잘해내고 있다는 사실에 모두들 나를 무척 대견하게 여겼지만, 테일러가 시선을 외면해버린다면 내 인생은 그 즉시 파멸의 위협을 받게 될 터였다.

4
탈출

17

첫 번째 손길

 어느새 나는 균열이 시작된 지점으로 거슬러 올라가고 있었다. 아무 때나 엄마의 젖가슴에 파고들어도 되는지 자신할 수 없었던 유아기 때는 아니었다. 남동생이 태어나 한순간에 부모의 관심을 빼앗겨버린 아주 어린 시절도 아니었다. 내 기억이 거슬러 올라간 시점은 마당 한구석에서 두 팔을 활짝 벌리고 빙글빙글 돌면서 놀던 여섯 살 때였다. 집과 거리, 또다시 집과 거리가 머릿속에서 부옇게 뭉개질 때까지 쉴 새 없이 소용돌이쳤다. 하늘만 변함없이 정지된 모습을 간직한 채 푸른색 정문이 양 옆으로 얼룩진 벽을 끼고 있었다. 이것은 내 어린 시절의 중심점이 이동하고 있음을 보여주는 적절한 비유였다. 부모님의 이혼과 아버지의 부재, 6년의 짧은 기간 동안 나를 거쳐 간, 기억도 희미한 언어와 나라들. 마침내 모든 상황이 회전을 멈추었을 때 나는 독일어와 이탈리아어, 그리고 영어가 뒤섞여 혀가 잘 돌아가지 않은 채로 엄마와 남동생과 함께 다시 미국으로 돌아왔다.

외로웠다. 매일 오후 또래 아이들과 떠들썩하게 골목을 누비며 놀았지만 나는 여전히 따돌림을 당했다. 그 무렵 베이비시터가 우리를 돌봤다. 몇 살쯤 됐을까? 대부분의 여섯 살 아이들이 그렇듯이 나 역시 키가 큰 사람은 모두 어른이라고 생각했다. 하지만 아마 그는 잘해야 10대였을 테고 어쩌면 그보다 어린 소년이었을지 모른다. 엄마가 밤에 외출하고 없으면 그가 우리를 돌보았다. 잠자리에 들어야 할 시간에도 그는 우리를 재우지 않고 TV를 보게 내버려두었다. 그는 팝콘 알갱이가 터지는 동시에 버터도 같이 녹는 최신형 기계로 팝콘을 만들어주었다. 어느 날 우리는 거실에 베개와 이불을 가져와 잠자리를 정리했다. 방 온도가 낮은 데다 창문으로 외풍이 들어왔기 때문이다. 남동생은 TV 바로 맞은편 소파 위에 포대기에 단단히 싸여 누워 있었기 때문에 머리 위쪽만 보였다. 나는 반대편 소파에서 보풀이 선 노란색 담요를 덮고 두 다리를 쭉 뻗고 편하게 누워 있었고 베이비시터는 내 발 옆에 앉아 있었다.

TV에서 반사되는 금속성의 빛이 우리를 향해 깜박거리며 푸르스름한 색을 반사했다. 담요 안의 온기 속에서 찬 공기가 내 발목을 가볍게 스치는 느낌이 들었다. 베이비시터가 내 발을 간질였고 나는 키득대며 웃었다. 쉬잇, 그가 손가락을 입술에 대며 말했다. 그의 손이 담요 아래에서 위를 향해 움직였고 그와 동시에 차가운 공기가 전해졌다. 마침내 그가 내 잠옷 가장자리를 손에 쥐었다. 전체적으로 꽃무늬 장식이 달려 있고 소매와 목둘레선에 레이스가 달린 플란넬 잠옷은, 우리가 유럽에서 비행기를 타고 집으로 돌아온 후 할머니와 함께 지낼 때 할머니가 주신 선물이었다.

나는 베이비시터의 옆모습을 보았다. 그는 나를 보지 않았다. 그는 텔레비전에서 들리는 녹음된 웃음소리를 따라 웃었지만, 그의 손은 내 무릎에서부터 허벅지까지 내 몸을 따라 올라갔고 내 몸은 떨고 있었다. 그는 손가락과 손가락을 교차하며 내 몸 위를 더듬으면서 '이치비치 스파이더(itsy-bitsy spider)' 놀이를 하고 있었다. 천장이 무게를 주체하지 못하고 허물어지기라도 하듯 아래로 푹 꺼지는 것 같았고 나는 그 모양에 관심을 집중했다. 베이비시터의 손가락이 더 위로 올라왔을 때 그는 고개를 돌려 나를 보고 윙크를 했고, 나는 온몸을 바들바들 떨었다. 마침내 손가락이 그 지점에 도달했다. 그리고 그 일이 일어났다.

그의 지문의 결이 음모가 나지 않은 내 음부를 마찰했을 때 나는 그를 똑바로 쳐다보았다. 우리 둘 다 얕게 숨을 쉬고 있었다. 따뜻한 공포가 내 몸속을 쿡쿡 찔렀고, 나는 남동생을 바라보았다. 남동생은 아무것도 눈치채지 못한 채 입을 벌리고 TV만 빤히 보고 있었다. 남동생의 눈동자와 윤기 나는 머리칼만이 밝게 빛났다. 베이비시터의 손가락이 내 질을 애무할 때 나는 어떤 느낌이었을까? 그런 자극에 흥분할 수 있었을까? 어린아이가 그런 걸 느낄 수나 있었을까? 왜 나는 소리를 지르거나 그의 손을 밀어내지 않았을까? 우리가 불안한 움직임에 가담하고 있을 때, 나로서는 이해할 수 없는 감각들이 내 안에서 뒤섞이는 걸 느꼈다. 따뜻함, 찌르는 듯한 아픔, 돌연한 공포, 희망—대체 무엇에 대한? 나는 또다시 애무가 이어지길 기다리며 잠자코 있었다. 베이비시터는 TV 스크린에 시선을 고정시킨 채 내 다리 한쪽을 소파 가장자리를 향해 천천히 벌리기 시작했다.

잠시 후 현관문이 열렸고 엄마가 차가운 겨울바람에 양 볼이 빨갛게 물든 채 거실 안으로 들어왔다. 그 순간 담요 밑에 있던 손이 동작을 멈추었고, 엄마가 나에게 몸을 굽혀 이마에 입을 맞출 때 내 안에서 손이 빠져나왔다. 나는 자는 척했다.

그해 우리 마을은 애국심으로 불타올랐다. 집집마다 기둥에 국기가 꽂혀 있었고, 중앙 도로의 푯말마다 국기로 장식되어 있었다. 파이프 음악과 둥둥 울리는 북소리를 배경으로 대포가 발사되었고, 남동생과 나는 독립 200주년 기념 행렬을 지켜보기 위해 몰려든 사람들 틈에 끼어 있었다. 아무래도 독립 200주년은 텀블링을 하며 사탕한 줌씩을 던져주는 광대들 덕분에 기념이 되는 것 같았다. 우리는 거리를 행진하는 악단의 발밑에 떨어진 사탕을 주우려고 위해 사람들을 밀치고 행렬 사이로 파고들었다. 길 건너편 경사진 언덕의 한 집에서 탁한 유리병에 든 콜라를 공짜로 나눠주었다.

   우리는 매사추세츠 주 콩코드의 올드 노스 브리지에서 400미터 떨어진 곳에 살았는데, 이곳에서 발사한 총소리가 전세계 곳곳에 울려퍼졌을 것이다. 남동생과 나는 아파트의 2층 방을 함께 사용했다. 남동생 벤은 야간등이 있어야 했고 나는 그렇지 않았는데 항상 벤이 먼저 잠들었다. 나는 벤의 숨소리를 들으며 눈을 감지 않으려 애썼다. 부모님 말을 듣지 않는 아이를 잡아간다는 귀신이 무서워서가 아니었다. 눈을 감아버리면 그날의 일이 떠올라 눈을 감기가 두려웠기 때문이다. 마음속에 매어둔 밧줄이 풀리면 눈꺼풀 속의 검은 장막이 별도 없는 캄캄한 밤하늘처럼 넓게 펼쳐졌고, 그 안에서 나는 텅 빈 우주 공간을 소용돌이치며 떠내려가는 영화 속 우주비행사들처럼 철저하게 외로움을 느꼈다. 여섯 살인 나에게 눈을 감는다는 건 이런 느낌이었다. 어둠은 무섭지 않았다. 내 안에서 나를 들여다보는 것이 두려웠다.

지금 엄마에게 당시 내가 어땠는지 물어보면 엄마는 아주 행복한 아이였다고 강조했다. 물론 나는 나무타기라면 둘째가라면 서러울 정도로 자신 있었고, 하지 말라고 아무리 말해도 늘 매트리스 위를 폴짝폴짝 뛰면서 즐거워했다. 하지만 나는 그런 일들을 다르게 기억했다. 그 어린 나이에도 나는 언제나 알몸이 되지 않으려고 조심했고, 사람들이 나를 꿰뚫어보며 나를 좀 다른 아이라고 낙인찍고 있다고 생각했다.

이 마을에 처음 이사 와서 놀이를 하는 아이들 무리에 끼려고 할 때 벤의 손을 꼭 쥐던 일, 아이들이 나를 어떻게 생각할지 궁금해하던 일이 떠올랐다. 호흡은 가빴고 심장은 제멋대로 쿵쾅거렸다. 단순한 술래잡기 놀이를 할 때조차 온갖 복잡한 생각들이 나를 짓눌렀다. 놀이 방법 때문이 아니었다. 술래가 된 사람이 다른 사람을 '쳐서' 술래로 만든다는 놀이 규칙 정도는 알고 있었다. 우리는 쫓아가서 치고 달리며 소리를 질렀다. 하지만 하필 왜 나를 친 거지? 칼라가 넓은 옷을 입은 저 작은 남자애는 왜 하필 나를 찍어서 이렇게 맹렬한 기세로 쫓아오는 거지? 내가 '술래'가 될 때라고 다르지 않았다. 고학년 아이들이 왜 우체통 옆 넓은 잔디밭에서 공을 차며 누비고 다니는지 궁금했다. 이런 의문들이 나를 힘들게 했지만, 그 가운데 나를 가장 혼란스럽게 한 일은 어떤 여자아이의 셔츠에 달린 리본을 실수로 움켜쥐어 떼어냈을 때였다. 그런 걸 보면 나는 다른 사람들의 아주 사소한 몸짓에 무척 예민해하면서도 언제나 상당히 거칠게 놀았던 것 같다. 이 작은 여자아이는 내 손에서 리본을 다시 잡아채더니 자기 아빠한테 이르겠다고 말했다. 나는 풀밭 위에 혼자

덩그러니 남아 속으로 울부짖었다.

어린 시절에 흔히 있을 수 있는 일이었지만, 나에게는 대단히 중요한 일이었다.

그러던 어느 날 마법 같은 일이 일어난 것이다. 접촉과 부재, 말과 침묵. 이런 관계가 새로운 형태로 배치되었다는 건 그 당시 내가 내면으로나 외면으로 기반이 부족했음을 의미했다. 어릴 때 성적으로 학대를 당한 사람들이 모두 경계성 인격장애로 이어지는 건 아니지만, 나는 무척 예민한 아이였기 때문에 이 사건은 나에게 중요한 시점이 되었다. 어쩌면 나는 자아가 탄탄하지 못한 아이였는지도 모른다. 어쩌면 나는 친구들과 어울리는 일에 대해 다른 아이들보다 더 불안해했는지도 모른다. 시작이 언제부터였는지 굳이 찾아본다면, 공군인 아버지의 직업 탓에 무수히도 이사를 다녀야 했던 시절을 꼽을 수 있을 것이다. 이탈리아와 네덜란드의 임대 주택을 전전하거나, 그렇지 않을 땐 호텔과 친구 집 아파트에 잠시 머물던 시기는 틀림없이 어린아이의 세계를 혼란스럽게 했을 것이다. 열일곱 살에 집을 나왔을 때에도 이런 불안한 방식은 계속되어 나는 도저히 한 장소에 오래 머물 수가 없었는데, 아마도 프로이트의 반복 강박(repetition compulsion) 개념을 완벽하게 보여주는 예가 아닐까 싶다.

생일 파티, 프로스팅의 달콤한 맛, 잠자리에 들기 전 엄마의 입맞춤, 초등학교 2학년 때 크레파스로 그린 그림 같은 걸 기억할 수 있다면 좋았으련만. 하지만 그런 기억들은 텔레비전에서 비치는 깜빡이는 푸른 빛, 창백한 손길에 바들바들 떠는 어린아이의 몸, 쿵쾅거리는 심장 소리 같은 더 엄청난 다른 기억들에 가려졌다. 그 손길이 지금의 나를 만들었다는 걸 한시도 잊은 적이 없었다. 그것이 나에게 상처를 입혔거나 해를 가했기 때문이 아니었다. 물론 그가 아무리 부드럽게 어루만졌다 해도 상처를 주고 해를 가한 건 사실이었지만. 하지만 나를 만진 그의 손길은 흡사 검은 신(dark god)이 뻗은 구원의 손길 같았다. 혼란스럽게 소용돌이치는 무(無)의 상태이던 내 몸에 이제 그의 손길이 각인되었다. 나는 누군가의 손길에 따라 새로운 형태로 다시 태어나는 기분이었다.

한 번으로 끝난 일이었다고 말할 수 있다면 좋으련만, 그날 밤 TV 앞에서 일어난 일은 첫 번째 사건에 지나지 않았다. 엄마는 안전한 보호를 위해 가끔 바로 앞 길 건너 그의 집에 나를 맡겼다. 그러면 그는 나를 안아 그의 침대에 데리고 갔고, 그 커다란 손으로 내 몸을 더듬으며 옷을 모두 벗겼다. 그는 벌거벗겨진 채 시트 위에 누운 나를 만지며 중얼거렸다. "건강해 보이는군요. 팔 모양도 아주 완벽하고요. 목 상태도 좋습니다…." 그런 다음 의사처럼 무심한 태도로 내 다리를, 그리고 내 몸속을 더듬었다. 내 온몸 구석구석 그의 손이 닿지 않은 곳이 없었다. 우리가 의사놀이를 하는 게 아니라는 것쯤은 나도 알고 있었다. 그러기에는 그 과정이 너무나 진지했고 너무나 심각했다. 그의 진찰은 일종의 시험이었고, 내가 이 시험에 통과하면 그는 하던 행동을 계속했다. 그의 손길을 받는 나는 사랑받고 안기고 어루만져지기 위해 만들어진 완벽한 표본이 되었다.

이윽고 나는 그의 페니스가 엄청난 크기로 발기된다는 사실을 알게 됐다. 그리고 그 사실을 알게 되자 그것을 보고 만지는 걸 멈출 수가 없었다. 우리 식구가 네덜란드에서 이곳으로 이사 오기 전, 나는 백마 탄 기사가 구해주길 기다리는 공주처럼 분장을 하고서 긴 오후 시간을 보내곤 했다. 엄마는 전축에 차이콥스키의 〈백조의 호수〉를 올렸는데, 내가 귀를 쫑긋하고 들은 유일한 음악이었다. 음악이 끝나 바늘이 매끄럽고 조용한 공간을 찾은 다음 위로 들려져 다시 방향을 바꾸면, 주름 장식을 단 드레스를 입은 우아한 백조들이 곧 길을 가득 메우고 다시 춤을 추기 시작했다.

베이비시터의 침대에서 바로 이 음악을 들을 수 있었다. 나는 높은 탑에 사는 공주, 마침내 왕자님을 만나 결혼하게 될 터였다. 그의 손의 더운 흥분과 나를 향하는 그의 눈길을 느끼며 단둘이 영원토록 이 성에 갇혀 지내고 싶었다. 그는 내게 느낌이 어떤지 묻곤 했다. "이건 어때? … 그럼 이건?" 나는 세상의 중심에 존재했으며, 내 몸은 나에게 그를 묶어놓았다. 그는 결코 내게서 눈길을 돌리는 법이 없었다. 성에서 왕자님과 함께 있을 수 있는데, 왕자님도 없는 지상에 뭐하러 내려가겠는가? 그래봤자 잔디를 깎는 눈치 없는 아빠들과 술래잡기를 하는 심술궂은 아이들을 지나 혼자 집으로 돌아가는 것 외에 무엇이 나를 기다리고 있겠는가? 커튼이 드리워진 그의 방에서 나는 감금과 자유 중에 감금을 선택했다. 그러면 절대로 외롭지 않을 거라고 생각했다. 이 소아성애 병자가 더 많은 사랑을 확보하기 위한 절망적인 시도와 만족을 모르는 끝없는 욕망의 순환 속에 나를 가두어버릴 거라고는 꿈에도 생각하지 못했다. 이 일로 말미암아 다른 사람에게 나를 바칠 때마다 비밀과 수치심만 커지게 되리라고는 꿈에도 생각하지 못했다.

열네 살에 처음 심리치료를 받기 전까지 베이비시터와의 일을 누구에게도 말하지 않았다. 단지 이 일이 중요하다고 생각하지 않았기 때문이다. 그런데 지금 내 모습을 보라. 또 다른 누군가에게 각인되기 위해 여전히 누군가의 손길을 간절히 바라는 30대의 한 여자. 나는 지금 그 어린 소녀를 위해 울고 싶지만 그럴 수가 없었다. 나는 테일러가 내 연인이고 아빠이고 의사이고 친구가 되어주길 기대하며 밤이면 그에게 돌아갔지만, 그건 불가능한 꿈이라는 걸 잘 알고 있었다. 내가 아이인 동시에 어른이며, 애원자인 동시에 지배자라는 이런 딜레마를 테일러에게 설명하려 노력했고, 때로는 꼬박 한 시간에 걸쳐 이야기했다. 그는 어떻게 하면 날 도울 수 있는지 알고 싶어 했지만 나는 답을 줄 수 없었다. 회복이라는 토끼 굴 속 깊숙이 들어온 나는 어떻게 해야 이 상태를 고칠 수 있을지 알지 못했다.

나는 이런 원시적인 성격이 선천적으로 타고난 게 아닐까 생각했다. 만일 내가 수치심이라고는 털끝만큼도 없는 야생의 세계에 던져졌다면, 아마도 시시때때로 발정이 나서 마구 울부짖으며 진흙 구덩이든 빗속이든 가리지 않고 아무데나 뒹굴며 아무한테나 다리를 벌려주었을지 모른다. 어쩌면 내가 겪은 트라우마는 단순히 너무 이른 나이에 성을 경험했다는 사실 외에도, 나로서는 통제할 수 없는 이런 물리력이 처음 행사되었을 때 선택의 여지없이 속수무책으로 당할 수밖에 없었고, 그 때문에 내가 그토록 갈구하던 사랑은커녕 더 깊은 소외감만 느껴야 했다는 사실에서 비롯되었을지 모른다. 이후로 나는 이중생활에 돌입하게 되었다. 여전히 인형을 가지고 놀면서도 어른 세계의 비밀스런 경험이 마음을 동요시키고 있었다. 열두 살이 되기도 전에 나는 이미 제자리에서 한 발만 폴짝 뛰면 아무렇지 않게 오럴섹스를 할 정도가 됐다. 초기의 상호작용 경험에서 선택의 여지가 없었던 것처럼 이후에도 선택권이 없기는 마찬가지였다. 나를 둘러싼 소문에도 그리고 중학생치고 지나치게 발달한 가슴을 보고 '창녀'라고 수군거리는데도, 아무나 다가오면 다 받아주는 내 욕망 때문이었다. 섹스보다는 치욕이 나 자신에게 상처가 되었고 또 다른 반복 강박에 사로잡히게 했다. 매번 나 자신을 너무 많이 잃으면서도, 내가 할 줄 아는 유일한 방법으로 남자들에게 몸을 바쳐가며 구원을 찾고 있었던 것이다. 그리고 지금은 테일러에게조차 안 된다는 말을 하지 못하게 됐다. 그가 나를 원할 때면 언제든 그를 받아들였다. 어느 땐 그날의 어두움 속에서 정에 굶주린 아이가 되어 그를 받아들였고, 어느 땐 성숙한 여인으로 그를 받아들였다. 그리고 어느 땐 내 몸이 저항해 그의 품에서조차 외로움을 느끼기 전에, 그를 눕혀 꼼짝 못하게 만들고는 최대한 그의 애정을 얻어내려 했다.

18

노출

    변증법적 행동치료 기술 모임의 최종 단계가 끝나고, 에단과 나는 내 성생활의 이 같은 새로운 영역을 분석하기 시작했다. 나는 이제 막 모임의 모든 과정을 마치고 변증법적 행동치료 이후의 생활로 들어갔다. 아마 수천 명에 달하는 우리 같은 처지의 사람들이 다음에 어떤 일이 일어날지 거의 알지 못한 채 이 단계로 이행할 터였다. 그나저나 정말 이제부터 어떤 일이 일어나게 될까? 내 경우는 운이 좋았다. 나는 트라우마 전문가가 운영하는 기술 모임 이수자들의 모임에 가입할 수 있었다. 앞에서 언급한 리네한 박사의 사례에서처럼 트라우마를 해결하기 위한 열쇠는 2단계를 진행하는 것이며(1993a), 내가 여전히 자신을 트라우마의 희생자로 여기고 있는 한 수십 년간 심리치료를 받아도 일부 문제는 여전히 해결되지 않은 채 남아 있을 거라는 사실을 나는 점점 분명하게 깨닫기 시작했다.

    변증법적 행동치료의 2단계는 트라우마를 비롯해 힘든 감정적 경험들을 다루는 것을 목적으로, 노출을 기반으로 한 절차와 주로 관련된다. 리네한 박사는 변증법적 행동치료 기술 모임에서는 이러한 종류의 심리치료가 행해지지 않는 것이 좋다고 권고한다. 사실상 리네한 박사는 심리치료사들에게 변증법적 행동치료의 제반 기술을 학습하고 자해를 줄이는 것을 목표로 하는 1단계를 모두 마칠 때까지는 과거에 벌어진 사건에 대해 이야기하는 걸 삼가라고 제안한다. 그래야 참가자들이 2단계에서 제기되는 어려운 문제들을 다루기 위한 도구 상자를 마련할 수 있기 때문이다. 2단계는 기술 모임에서 진행해온 과정 가운데 정식 과정이 아니다. 이 과정에서는 평가지에 테일러와 섹스를 할 계획 따위를 작성한다든지 힘든 감정들, 대단히 충격적인 경험들을 구태여 드러내려 애쓰지 않아도 된다. 감당하기 힘든 감정 받아들이기, 인내심 기르기 등의 내용은 점진적으로 이루어져야 하는 경험이다. 리네한 박사의 교재에는 다음 단계와 관련된 많은 기술들이 소개되어 있는데, 촉발 원인에 노출되기, 전형적인 태도로 반응하려는 경향 차단하기, 어떤 행동들이 태도를 강화하는지 (혹은 강화하지 않는지) 선택하기, 역할놀이 하기 등, 모두가 행동이론을 기반으로 한다. 그리고 수용과 변화 사이의 무도회가 생활과 심리치료 안에서 이루어지는 것처럼, 이러한 감정들에 대한 노출과 보호는 변증법적으로 다루어져야 한다. 나는 아직 이 방식에 썩 익숙하지 않았다.

기술 모임을 수료하기 몇 주 전, 나는 내 과정을 검토하고 새로운 모임을 소개받기 위해 사이먼과 함께 수료자 모임을 지도하는 올리비아를 만났다. 나는 이 새 모임에 가입하기 위해 온 힘을 기울였지만, 그럼에도 변증법적 행동치료 기술을 위한 동료 지지 모임 형식

으로 이전 모임에 계속 참석할 수 있는지 물어보지 않을 수 없었다. 기술 모임은 경계성 인격장애에 주안점을 두지는 않았지만, 한때 내가 속했던 회복 공동체와 성격이 거의 유사했다. 나는 내 회복 과정에 대해 계속해서 사람들과 공유하고 싶었고, 그들의 과정을 지켜보고 싶었다. 다르시는 요즘 상태가 무척 좋아졌다. 그녀는 남자친구와 헤어지고 자기 소유의 집을 얻었으며, 새로 다듬은 머리모양 덕분에 아름다운 눈이 더욱 돋보였다. 미샤는 전 여자친구와 정리하고 마침내 다른 여자들과 데이트를 시작했다. 제니(와 그녀의 안내견)는 심리학 대학원 과정을 시작했다. 사이먼은 마치 피리 부는 사나이처럼 한 가지 기술에서 다음 단계 기술로 우리를 안내했고, 우리는 터벅터벅 느린 걸음으로—때로는 발을 헛디뎌 넘어지기도 하지만, 뛰고 달리고 심지어 춤을 추기도 하면서—최선을 다해 그의 뒤를 따랐다. 모임에 함께하면 각자의 경험이 지닌 힘 덕분에 모든 개념들을 더 자세하고 명확하게 이해할 뿐 아니라 새로운 방법을 발견할 수도 있었다. 로빈은 발견된 오브제(found object, 주로 기계 제작된 일상용품으로서 기성의 물건이지만 미술 작품이나 작품의 일부로 새로운 지위를 부여받은 물체를 이르는 말—옮긴이)를 이용해 조각 작품을 만듦으로써 기분전환 기술을 실천했다. 마리아는 시댁 식구들이 만든 각본에 빨려들거라는 걸 알면서도 그들을 방문했는데, 그렇지만 근본적인 수용(radical acceptance)을 실천해볼 수 있었다. 섹시한 영계 나탈리는 벽을 치는 대신 킥복싱을 시작했다. 모두들 각자의 즐거운 경험들을 공유했고 상대방이 지닌 특유의 감정들이 어떻게 변화되었는지 서로서로 증언해주었다. 심지어 우리는 마리아와 섹시한 영계가 서로 머리끄덩이를 잡고 싸우는 상황에서도 끝까지 살아남았다. 대항-회피 반응(fight or flight response)이 전기처럼 우리를 지나갈 때 우리 모두 숨이 가빠지기 시작했는데, 사이먼은 우리에게 격한 감정이 가라앉을 때까지 다들 자리에 앉아 호흡을 하도록 지시했다. 모임 시간은 기껏해야 일주일에 90분에 불과했기 때문에 이 모임이 내 생활의 중심이라고는 말할 수 없었지만 내 기반의 일부를 이루었다는 건 분명한 사실이다. 그리고 나는 기반을 유지하는 것이 필요했다. 호전되고 있다는 이유로 모든 걸 잃고 싶지는 않았다.

우리가 과정을 수료한 이후 동료 모임 형식으로 모임을 계속할 수 있을지 물었을 때 사이먼과 올리비아는 애석하게도 고개를 저었다. 그들은 그건 불가능하다고 말했다. 재원도 없고 시간도 안 되는데다, 아마도 경계를 침해하고 이해관계에 충돌이 생길 수 있다는 것이다. 이 모임을 잃는 것이 어떤 의미인지 그들이 이해하지 못한다는 사실에 몹시 화가 났다. 그래서 우리끼리 몰래 모임을 만들 수 있도록 과정을 모두 마치면 나를 꼭 찾아와달라고 모임의 여자들에게 은밀히 부탁했다. 나는 우리가 누군가의 집 거실에 모여 있는 모습을 상상했다. "고통을 견디는 연습 했어요?" "쉿, 현관 앞에 누가 있는 것 같아요…."

곧 다가올 과도기에 대비하기 위해 나는 다른 지지 모임을 찾아봐야 했다. 먼저 온라인에서 변증법적 행동치료에 관한 리스트서브에 가입했다. 인터넷을 통해 여러 가지 기술들에 대해 다른 사람들과 대화를 할 수 있어 도움은 됐지만 실제 사람을 대신하지는 못했다. 다른 지역 병원에 우울증과 조울증 지지모임 연합 단체가 있긴 했지만, 내 말이 묵살되지 않고 비판받지 않으리라는 걸 어느 정도 확신할 수 있기 전에는 지금 이 시점에서 이곳에서든 다른 곳에서든 경계성 인격장애라는 내 병명을 밝히는 것이 불편하게 여겨졌다. 뉴욕시에서 한 인격장애 협회가 경계성 인격장애 환자의 가족을 대상으로 경계성 인격장애에 대한 워크숍을 개최했고, 경계성 인격장애를 위한 전국교육연합(National Education Alliance for BPD, NEABPD)에서도 최근 유사한 프로그램을 열었는데, 역시나 경계성 인격장애 환자의 가족과 친구를 대상으로 했다. 여기저기 알아보다가 마침내 찾은 곳은 예전에 내가 병원에 입원했을 때 본 적이 있는 어느 지역의 인격장애 단체였다. 이 단체 역시 경계성 인격장애가 아닌 다른 성격장애를 돕기 위해 설립되었지만, 그들 말로는 자기네 워크숍에 참석하는 사람들은 상태와 관계없이 누구나 환영한다고 했다. 이미 인터넷에서 수많은 사연들을 읽고 충격을 받았던 터라, 만일 내가 이 행사 가운데 하나에 참여하는 경우 어떤 반응을 얻게 될지 이만저만 걱정되는 게 아니었다. 그렇지만 이 단체가 제공하는 가족 워크숍에는 유명한 의사들이 변증법적 행동치료의 기술들을 교육해주는 프로그램이 포함되어 있었다. 그러니까 이 모임은 컴퓨터 스크린이니 당장 다리에서 뛰어내리겠다고 위협하는 사람들이 없는, 내가 시작하려고 하는 경계성 인격장애 공동체와 가장 유사한 성격의 모임이었다.

그래서 어느 토요일 오후 마침내 나는 걱정을 뒤로 하고 이 모임에 가보기로 했다. 모임은 지난 여름 최후의 수단으로 부모님을 만났던 구내식당 한쪽 공간에서 열렸으며, 주로 초췌한 몰골의 부모들과 조바심 내는 배우자들이 참석했다. 나는 경계성 인격장애 환자로 짐작되는 한두 사람을 발견했다. 그들이 경계성인 걸 어떻게 알았느냐고? 그들은 나처럼 직접 자리를 찾아 앉았고, 이런 자리에서 당연히 그렇겠지만 '우리'에 대한 대화가 나오겠다 싶으면 벌써부터 방어적인 자세를 취하면서 몸을 수그리고 앉아 아무하고도 눈을 마주치지 않았다. 생각해보면 사실 좀 희한한 일이긴 했다. 암 환자를 위한 지원 단체는 없고 그 가족들을 위한 모임만 있다면 어떻겠는가? 정작 암 환자들은 자신에 대해 어떤 논의가 오가는지 듣기 위해 스파이처럼 몰래 방안에 들어온다면 얼마나 우습겠는가? 암 환자들이 자기들끼리는 말 한마디 나누지 않고, 심지어 어떻게 해야 암에서 회복될 수 있는지 전혀 알지 못한다면, 자신의 질병이 자신을 산 채로 갉아 먹고 있다는 걸 느끼며 한쪽 구석에 조용히 틀어박혀 있다면 어떨지 상상해보라.

  방은 작았고 숨소리조차 들리지 않았다. 한 엄마가 경계성 인격장애인 딸이 하루 종일 자신에게 얼마나 고함을 질러대는지 이야기하고 있었다. 한 남편은 아내에게 치료를 받으라고 아무리 설득해도 소용이 없다고 토로했다. 한 아버지는 아들에게는 치료가 필요하지만 경계성 인격장애는 여성에게만 해당된다는 일반적인 오해 때문에 아무도 아들을 치료하려 하지 않는다고 설명했다. 나는 불안이 위험 수위에 달해 얼른 화장실로 달아났다. 먼저 얼굴에 찬물을 끼얹은 다음 변기에 앉아 손바닥으로 얼굴과 목을 누르고, 두 팔을 가볍게 쓰다듬고, 가슴을 마사지하면서 마음을 진정시켰다. 이런 신체적인 개입(interventions)이 많은 도움이 됐다.

  나는 다시 방으로 돌아갔다. 두 명의 다른 경계성 인격장애 환자들은 이미 자리를 떠났다. 에단에게 오늘 일을 말하면 에단은 틀림없이 이렇게 물었을 것이다. "그렇게 속상해할 거면서 뭐하러 그 모임에 가려는 거예요?" 글쎄, 왜 오려고 했을까? 이곳은 사람들이 '경계성'이라는 단어를 과감하게 입 밖에 내어 말할 수 있는 내가 아는 유일한 장소였고, 나는 늘 감추어야 할 것 같은 기분을 느끼지 않아도 되는 공동체, 심지어 이해받을 수도 있는 공동체를 간절히 원했기 때문이다. 그런 공동체를 정말 간절하게 원했다. 어쩌면 이런 내 소망이 일종의 문제로—종종 경계성 인격장애의 또 다른 특성으로 간주되는 관심을 받고 싶어 하는 병적인 욕구로—여겨질 수도 있지만, 단순히 인간의 본성으로 볼 수도 있었다. 어쩌면 이것은 그 둘 사이의 경계에 놓여 있으며, 노출 대 보호라는 문제와 더불어 또 하나의 변증법일지도 몰랐다. 경계성 인격장애를 가진 우리 같은 사람들의 경우 자신의 경험을 공유한다는 건 불의 고리를 통과해 더 큰 화상자국을 남기는 것과 다름없었다. 그리고 이 경우 아무도 지니려 하지 않을 꼬리표를 달고 다니는 셈이 될 것이다.

나는 이 모임으로 완전히 패닉에 빠졌지만, 다음 달에도 사람들로 가득 찬 이 장소에 다시 찾아와 그들의 말을 경청했다. 이번엔 직업적인 심리치료사들이 경계성 인격장애 환자들을 상대로 했을 때 겪는 직업상의 어려움에 대해 논의했다. 논의가 끝난 후에도 자리를 뜨지 못하고 초조한 심정으로 남아 있자 주최 측 관리자들이 다가와 인사를 건넸다. 상냥한 눈빛과 당당한 태도를 지닌 금발의 여자 앨리슨이 어떻게 이 지지 모임에 참석하게 되었는지 물었을 때, 나는 "제가 경계성 인격장애거든요"라고 말했다. 지극히 간단명료한 한마디를 내뱉었을 뿐인데, 어쩐지 입 밖으로 커다란 바위를 하나 토해낸 것 같은 기분이 들었다. 내 말에 앨리슨은 미소를 지었다. 아니, 그런 말을 듣고도 미소를 짓다니!? 지금까지 한 번도 이런 반응을 받아본 적이 없었다. 앞으로 그녀의 입에서 어떤 좋은 말이 나오든 이 한 번의 미소를 따라오지는 못하리라. 그도 그럴 것이 이 미소는 경계성 인격장애가 있다는 것이 당혹감을 일으킬 만한 일이 아니며, 맹비난을 받을 일도 아니고, 걱정하거나 두려워할 일도 아니라는 걸 담담하게 인정하는 그야말로 최초의 반응이었기 때문이다. 경계성 인격장애에 대해 그렇게 많이 이해하고 지지하는 테일러와 함께 있을 때조차 마치 해양에서 발견된 괴물 이야기를 하고 있는 것 같은 기분을 지울 수가 없었다. 테일러는 내 이야기를 푹 빠져들으면서도, 내가 마음속의 오물을 지나치게 쏟아붓지 않는 한 절대로 동요하지 않았다. 그렇지만 이런 미소와 포옹을 받아본 건 생전 처음이었다.

"우리 딸도 경계성이에요." 앨리슨이 나를 포옹하며 말했다. "이렇게 와주어서 고마워요. 정말 쉬운 일이 아니라는 거 잘 알아요." 아래를 내려다보니, 어느새 내 종이 접시 위에는 다과 식탁에 차려져 있던 커다란 쿠키 다섯 개가 놓여 있었다. 고민에 대처하는 기술 3.4: 탄수화물을 다량 섭취할 것. 나는 앨리슨에게 고맙다고 인사를 했고, 앨리슨은 정장을 차려 입은 키가 큰 남자 돈에게 나를 소개시켜주었다. 돈 역시 다 큰 딸이 경계성 인격장애라고 했다. 그런 다음 경계성 인격장애인 아들을 둔 재닌과 레지 부부도 소개시켜주었다.

"여기에 있다는 게 얼마나 큰 의미인지 모를 거예요." 그들이 내게 말했다. 나는 마치 영화배우가 된 것 같았고, 이렇게 주목을 받게 되자 얼굴이 상기됐다. 사실 거의 무시를 당할 때만큼이나 혼란스러웠다. 그들이 나에 대해 모든 걸 알고 싶어 했으므로 나는 지난 몇 년간의 일들을 설명했다. 그들이 지칠 줄 모르고 연신 감탄을 해대는 바람에 나는 마치 환상의 세계에 와 있는 듯한 기분이 들었다. 그들 대부분이 경계성 인격장애에 대한 교육을 받았고, 경계성 인격장애를 위한 전국교육연합에서 주최한 프로그램을 통해 경계성 인격장애를 극복하기 위한 기술도 어느 정도 학습했다는 걸 알게 됐다. 그들의 이야기를 모두 들은 후, 나는 우리 가족들도 그들처럼 나에게 관심을 가졌더라면 좋았을 거라고 말했다. 부모들은 모두 고개를 끄덕였고, 그 가운데 한 사람이 이렇게 말했다. "우리 아이들도 당신처럼 이곳에 오면 좋겠어요."

구내식당 건너편의 계단을 몇 층 내려가니 지난 여름 부모님과 내가 앉았던 탁자가 보였다. 그 탁자에서 나는 부모님에게 제발 나를 도와달라고 부탁했고, 나를 위해 한 번이라도 최선을 다해본 적이 있느냐고 비난을 퍼부었었다. 지금 나는 변증법적 행동치료의 많은 변증법들 가운데 하나를 생각했다. 모두들 최선을 다하고 있지만 모두가 더 열심히 할 필요가 있다는 것을. 나는 쿠키 네 개를 최대한 조심스럽게 제자리에 가져다 놓았고, 앨리슨과 포옹을 한 뒤 슬며시 밖으로 나갔다. 어쩐지 부적절해 보이는 그들의 감탄에 가슴이 벅차 위스키 몇 잔을 단숨에 들이켠 것처럼 가슴이 뜨거워졌다. 내면의 편안함이 내 안에 번지고 있었다. 다른 사람에게 받아들여지고 이해받는다는 것의 힘이란, 내 정당성을 인정받는다는 것의 힘이란 바로 이런 것이었다.

'정당성을 인정한다(validate)'는 말은 정말 중요한 말이다. 이 말은 누군가가 아무리 문제가 많아 보이고 어딘가 장애가 있어 보이더라도, 그 사람의 감정과 행동, 생각을 타당한 것으로 인정한다는 의미다. 이 말은 '잘못됐음을 입증한다(invalidate)'는 말과 반대 의미로, 리네한 박사는 '잘못됐음을 입증한다'는 것은 생물학적으로 취약한 우리 같은 사람들에게 경계성 인격장애의 증상을 촉발시키는 주요 원인이라고 지적한다(1993a). 앨리슨은 내가 장애가 있음을 인정해주고, 이 모임에 참석한 것이 얼마나 힘든 결정이었고 그동안 내 삶이 얼마나 고통스러웠는지 이해해줌으로써, 바로 이 정당성 인정이라는 강력한 알약을 나에게 제공한 것이다. 정당성을 인정받았다는 인식이 내 안의 작은 구멍을 가득 메웠다. 나는 근본적인 수용을 비롯해 그 밖에 모든 기술들을 연습하기 위해 악착같이 노력해왔지만, 이러한 기술들은 나 자신의 주도로 이루어지는 것인 만큼 그 위로가 불안전할 수밖에 없었고, 따라서 은밀히 장애를 유지하며 이중생활을 하고 있다는 기분이 계속될 수밖에 없었다.

지금처럼 가족들로 구성된 단체들이 제공하는 훈련들은 경계성 인격장애를 지닌 사람을 도울 때 가장 중요한 기술 가운데 하나가 바로 정당성을 인정하는 것임을 일깨워준다. 우리는 이런 도움을 외부에서 구해야 한다. 혼자 힘으로는 방법을 알지 못하기 때문이다. 자기 자신을 이해하고 관대하게 대하는 문제에서 우리는 아주 불리한 처지에서—깊고 깊은 저 밑바닥에서—시작하며, 그러기에 우리는 세상에 맞서 싸우러 나갈 엄두를 내지 못한다. 누군가 우리를 판단하거나 비난하거나 묵살하거나 무시하는 순간, 고통과 반동성(reactivity)의 주기가 늘어나고 수치심과 후회, 거부반응에 따라 상태가 악화된다. 그러나 정당성을 인정하는 행동, 즉 '당신의 관점을 이해합니다' 같은 단순한 말 한마디가 이런 정서적 우회로를 단축시키는 데 도움이 될 수 있다. 변증법적 행동치료에서 심리치료사들은 의뢰인의 생각과 감정과 행동이 아무리 저항적이고, 기능과 조절에 장애가 있다 할지라도, 털끝만큼의 진실이라도 찾아보도록 늘 권유받는다.

그동안 테일러와 우리 가족들에게 알려주려고 그토록 애써왔던 것이 바로 이것이었다. 내 고통의 원인이 정당하다는 걸 인식시키기 위해, 그리고 내가 그들이 이해할 수 없는 방식으로 반응하더라도 여전히 나를 사랑하고 비판하지 않을 방법을 찾아주기 위해서 말이다. 나는 내가 폭풍우 한가운데에 있을 때 나에게 이래야 한다 저래야 한다 말로만 걱정하는 사람이 아니라, 내가 힘들어 한다는 걸 알아주고 내 곁에 함께 있어줄 사람들이 필요했다. 경계성 인격장애라는 진단과, 우리가 겪고 있는 아주 많은 어려움들이 우리가 사랑하는 사람이나 문화로부터 정당성을 인정받지 못하고 있다는 사실이 이러한 근본적인 문제를 더욱 악화시킨다. 요즘 나는 정당성을 인정받지 못하는 것이 내가 지금까지 살아오는 동안 계속되어온 문제가 아니었을까 하는 생각이 들었다. 다시 말해, 우리 가족들은 나에게 심각한 문제는 없으며 특히 인격장애 따위는 전혀 없다고 누누이 주장해왔지만, 생각해보면 사춘기 시절 이후로 내 모든 행동과 감정은 늘 '어려운 것', '관심을 구하는 것'에 고착되어왔다. 오직 에단만이 내가 경계성 인격장애 증상을 보인다고 인정함과 동시에 겉으로 보이는 증상보다 훨씬 심각하다고 확인해줌으로써, 인정과 묵살 사이에서 아슬아슬하게 균형을 잡아주었다. 하지만 나는 다음과 같은 사실도 알고 있었다. 세상 사람 모두가 나와 내 질병을 받아들이고 내 고통을 정당하다고 인정할지라도, 내가 나 자신을 견디고 내 괴로움에 연민을 갖지 못한다면 혼자라는 느낌, 다른 사람들에게 무시받고 있다는 느낌은 평생 떠나지 않을 거라는 사실 말이다.

19

수많은 모습들

변증법적 행동치료 모임의 수료식은 간단했다. 모임 마지막 날이 끝날 무렵, 우리는 한 바퀴 빙 돌면서 작별인사를 했다. 내 마음대로 수료식을 준비할 수 있었다면, 나는 케이크도 사고, 돌아가면서 한마디씩 이야기도 나누고, 기념선물도('당신의 지혜로운 마음을 사용하세요!'라는 글귀가 새겨진 작은 열쇠고리 같은 걸로) 마련했을 거다. 나는 알코올중독자 자조모임과 약물중독자 자조모임의 기념일에 익숙했다. 그 모임들에서는 방안을 돌아다니며 서로 카드를 주고받으면서 사인을 했고, 후원자 한 사람이 앞에 나와 모임에 참여한 사람들이 얼마나 호전되었는지 이야기했다. 가령 이런 식으로 말이다. "우리 키라가 처음 이곳에 왔을 땐 만날 컴배트 부츠에 선글라스를 쓰고 다녔지요! 그런데 보세요, 지금 얼마나 성숙해졌는지 말이에요!"

아마 변증법적 행동치료 같은 유형의 심리치료에서는 의사소통 구축은 목적이 아닌 모양이었다. 따라서 우리는 이곳에서 친구를 사귈 기대해서는 안 되었다. 이 모임은 자신의 인생을 창조하기 위한 기술들을 가르쳤고, 각각의 기술은 내면의 기본 원칙이 되었다. 우리는 이 체계에 매달려서는 안 되며, 대신 앞으로 나아가 자신만의 체계를 만들어야 했다. 그러나 한 가지 성가신 문제가 남았다. 변증법적 행동치료 기술 모임을 마치고 나면 앞으로 어떤 변화가 일어나는 걸까? 하는 문제 말이다. 경계성 인격장애의 일반적인 회복 과정과 마찬가지로, 변증법적 행동치료 기술 모임을 마친 사람들의 장래 역시 흐릿하고 불완전했다. 나는 마샤 리네한의 교재와 자료를 계속해서 들여다보고 있었지만, 2단계에 관한 데이터는 어디에서도 찾아볼 수 없었으며 기술 모임 수료 이후의 생활 지침서 역시 찾을 수 없었다.

정신과 전문 잡지 《사이키애트릭 타임스(Psychiatric Times)》의 한 기사에서 나는 리네한 박사의 인용문을 발견했다. "요컨대 변증법적 행동치료가 지향하는 바는 먼저 통제 아래에서 행동하게 한 다음, 환자의 기분이 좋아지도록 도와주며, 생활에서 일어나는 여러 가지 문제와 나머지 장애들을 해결하고, 즐거움을, 경우에 따라 초월 감각을 찾도록 하는 것이다." 그러나 리네한 박사는 다음과 같이 시인하기도 했다. "내 연구는 모두 1단계에 초점을 맞추었지만, 여기에서 치료를 중단해서는 안 된다. 다음 단계로 진행하지 않는다면 다시 1단계로 되돌아올 가능성이 높다."(Knowlton 1999, 2)

그러므로 이 시점에서 경계성 인격장애를 지닌 우리 같은 사람들이 갖는 의문은, 그렇다면 어떻게 해야 계속해서 전진할 수 있느냐 하는 것이었다. 지금 에단과 하고 있는 감정적 경험에 대한 2단계 작업 덕분에, 나를 자극하는 무수한 요소에도 불구하고 테일러와 관계를 유지할 수 있었으며, 일을 하면서 받는 스트레스도 다스릴 수 있는 것 같았다. 그렇지만 나는 여전히 내면의 지뢰밭에 직면하고 있었다. 지뢰밭을 피해 가려고 최선을 다해 노력했지만, 생활 속으로 점점 깊이 들어갈수록 확인하고 제거해야 할 폭발물들이 점점 많아지는 걸 확연히 느낄 수 있었다.

이때 기적과도 같이 변증법적 행동치료 상급반이 다음 단계의 해결책이 되어줄 것 같았다. 모임의 지도자인 올리비아와 함께한 오리엔테이션에서, 올리비아는 변증법적 행동치료 기술에 대해 논의하는 한편, 이 모임은 특별히 과거의 트라우마와 관련된 상황에 기술을 적용하도록 도움을 주기 위해 만들어졌다고 설명했다.

"내가 위협을 느낄 때마다 나와 테일러에게 일어나는 일처럼 말이지요?" 내가 말했다.

올리비아가 고개를 끄덕였다. 이 모임의 노출 연습 가운데 일부는 자신의 여러 모습 가운데 차단되었거나 서로 충돌하는 부분들에 접근하는 것과 관련되었다. 이 기법은 리처드 슈바르츠(Richard Schwartz)가 심각한 대식증 여성 환자들을 연구하면서 개발한 '내적 가족체계(Internal Family Systems, IFS)'라 불리는 치료법에서 추린 내용이다. 환자들이 자신의 다양한 부분들을 너무나 자주 언급하는 걸 목격한 슈바르츠는 내적 경험이 내면세계의 각각의 요소들에 따라 체계화될 수 있다는 사실을 이해하기 시작했다. 이 체계는 가족관계와 매우 유사하게 작동하며 각각의 부분들은 그 나름의 독자성과 목표와 가치를 지닌다. 내적 가족체계 치료는 언뜻 좀 희한하게 생각될 수도 있다. 이것은 모든 사람은—정신질환이 있는 사람이든 없는 사람이든—복수의 자아를 지니고 있고, 이러한 복수의 자아 혹은 인격은 각각의 역사와 역할, 연합체, 목표, 갈등을 지니고 있어, 가족 구성원이 가정 안에서 행동하는 것과 똑같은 방식으로 상호작용한다는 전제를 기반으로 한다. 슈바르츠는 또한 부족의 비유를 들어 이러한 부분들의 집합을 설명하면서, 한 사람의 총체적인 기능에 기여하는 세 가지 기본 형태에 대해 관리자, 소방관, 망명자로 각각의 역할을 나누었다. 가장 이상적이 되려면 각 부분이 독자적으로 자기 역할을 담당하기보다 서로 협력적인 관계를 맺어야 한다. 그리고 그 역할의 책임은 자아에게 있다. 자아는 부족의 지도자로 활동하면서 이론상 모든 부분들을 확인하고, 요구에 귀를 기울이며, 현명하게 움직이고, 각 부분의 모든 요구를 고려해 모든 부분들과 함께 효율적으로 움직인다.

다양한 부분에 대한 이 같은 개념은 사실 나에게는 별로 놀랍지 않았다. 그동안 내 '내면 아이'를 치유하길 거부했던 여러 가지 이유 가운데 하나는, 사실상 내 안에 너무나 많은 내면의 실체들이 있어 그것들이 내 모습을 수시로 바꿔버리기 때문인 것 같았다. 슈바르츠는 해리 상태에 있는 다중 인격과 (다중 인격장애와 같은) 우리의 내면의 부분들이 전형적으로 작용하는 좀 더 상관적이고 의식적인 방식을 구별한다. 예를 들어, 테일러가 나를 무시한다는 생각이 들면, 나는 15분 만에 행복한 여자친구에서 멸시받는 여자로, 훌쩍이는 아이로 돌변할 수 있었다. 나는 이러한 다양한 부분들을 의식하고 있었고, 이 부분들은 서로 구분되어 공존하면서 나로부터 완전히 떨어져 나가지는 않았다. 좋은 여자 역할이 더는 효과가 없다 싶으면 만 레이 아가씨가 등장했고, 히피 소녀가 내 마음을 진정시킬 수 있을 것 같다 싶을 땐 어김없이 그녀가 모습을 드러내는 걸 알 수 있었다. 나 자신의 다양한 양상들을 자각하고 있었기 때문에, 경계성 인격장애 기준에 대해 처음 들었을 때 '불안정한 자아의식'이 왜 경계성 인격장애의 징후가 되는지 너무나 분명하게 이해할 수 있었다. 또한 마치 내 정체성이 끊임없이 변하는 걸 넘어서, 수시로 상황에 적응하고 있기라도 한 듯—다른 사람들에 소속되어 사랑받고 있다는 느낌을 갖고 싶다는 내 욕구를 기반으로 한 정신의 점진적인 전략으로—나 자신의 새로운 양상들이 툭툭 튀어나오는 것을 여전히 목격할 수 있었다. 내 안에 있는 많은 부분들은 다소 극단적일지 모르지만, 슈바르츠는 누구에게나 이런 부분들이 내재되어 있다고 말한다. 내적 가족체계 치료의 모델은 이 부분들을 없애려 하지 않으며, 오히려 자연스럽고 유용한 것으로 본다. 문제가 발생하는 건 이 부분들이 서로 충돌을 일으키거나, 시간이 지나면서 고착되거나, 과도하게 지배적일 때뿐이다.

 올리비아는 내가 상급자 모임에 대비할 수 있도록 엄청난 분량의 읽을거리를 주었고, 나도 슈바르츠의 설명서 《내적 가족체계 치료(Internal Family Systems Therapy)》(1995)를 구입했다. 내적 가족체계 이론을 이해하기 위해서는 무엇보다도 내 안의 수많은 다양한 모습들 가운데에 과연 진짜 '나'는 무엇인지 명확히 아는 것이 중요했다. 한 가지 모습은 다른 모습들을 대표하는 역할을 하는 걸까? 슈바르츠는 그렇지 않다고 말한다. 그는 내 안의 여러 부분들과 자아를 명확히 구분한다. 자아는 초월적인 양상으로 여겨진다. 즉 변증법적 행동치료에서 지혜로운 마음—감정적인 마음과 이성적인 마음의 통합—이라고 말하는 사리분별을 할 줄 아는 지능과 자각이 곧 자아의 양상으로 여겨지는 것이다. 내적 가족체계 치료에서 자아는 리더십, 연민, 균형감각, 호기심, 자신감, 수용과 같은 특징을 지니며, 다른 모든 부분들과 함께 작용한다. 슈바르츠는 각각의 악기가 내는 소리를 들으면서 모든 연주자들을 통일성 있게 이끌 줄 아는 교향곡의 지휘자를 자아에 비유한다(1995). 이런 면에서 자아와 부분들 간의 관계는 변증법적이라고 할 수 있다. 그러므로 물리학에서 빛을 입자로도 파장으로도 설명하는 것과 마찬가지로 우리는 자기 자신을 수많은 모습으로 간주하는 동시에 하나의 모습으로도 간주해야 한다.

　내적 가족체계 치료와 변증법적 행동치료에는 이 밖에도 유사한 점들이 더 있다. 예를 들어, 내적 가족체계 치료의 모형에서는 어떠한 것도 고정되어 있지 않다. 각 부분의 존재와 움직임들은 다른 모든 부분들에 영향을 미친다. 이것은 조각 하나가 움직이면 그 영향으로 다른 모든 부분들이 반동을 받아 따라 움직이는 모빌과 유사하다. 이것은 일종의 체계 모형으로 여겨지지만, 동시에 상호의존과 변화가 언제나 현실의 불가피한 양상임을 우리에게 상기시키기 위해 변증법이 이용하는 공통감각(common sense)과 동일한 종류의 공통감각을 기반으로 한다.

　변증법적 행동치료와 내적 가족체계 치료는 개인적인 판단을 피한다는 점에서도 유사하다. 내적 가족체계 치료는 한 사람의 여러 양상들에 대해 아무리 파괴적이거나 해로운 양상들조차 선악의 측면에서 판단하지 않는다. 내적 가족체계 치료는 인간의 내면에 나쁜 부분이란 없으며, 내면의 모든 양상들은 그 역할이 궁극적으로 효과적이거나 유용하지 않을지라도 자아를 보호하는 역할을 한다고 주장한다. 마찬가지로 변증법적 행동치료에서 경계성 인격장애를 정의하는 행동과 경험은 목표를 이루는 데 도움이 되지 않는 방식으로 여겨진다. 이런 점에서 두 가지 치료 방법들은 정당성 인정받기 전략을 이용하되, 동시에 그 사람이 이용하는 전략들이 도움이 안 될 수도 있다는 사실을 인정한다.

　올리비아의 변증법적 행동치료 상급 모임에 가입한다는 건 내면의 탐사작업에 동참하겠다고 서명하는 것과 같았다. 우리는 제일 먼저 '회의 탁자(Conference Table)'라고 하는 연습부터 시작했다. 우리는 긴 탁자가 놓인 회의실을 상상한 다음 내면에 있는 다양한 부분들을 모두 불러들여 탁자에 앉혀야 했다. 올리비아는 어떤 부분은 이를 닦으라고 상기시키는 과거의 목소리처럼 선명할 수도 있고, 어떤 부분은 한밤중에 뚜렷한 이유 없이 엄습해 오는 북받치는 감정처럼 흐릿할 수도 있다고 말했다. 그리고 내면에서 일어나는 다양한 목소리들, 다양한 관점들 모두가 내 안의 부분들일 수 있다고 말했다. 올리비아는 우리에게 눈을 감고 탁자를 상상한 다음 그 모든 부분들을 탁자 앞에 앉히라고 요구했다.

나는 올리비아가 시키는 대로 했다. 그러자 이내 여러 가지 모습들이 나타나기 시작했다. 키키, 고스 걸(goth girl), 히피 소녀, 만 레이 아가씨, 오토바이를 탄 아가씨, 작가, 괴짜, 교수, 정신병 환자, 애원하는 사람, 강박적인 기획자, 그리고 실패자까지. 올리비아는 다른 사람들의 내재화된 목소리와 관점들과 함께 우리의 어릴 적 모습들도 탁자 앞으로 데려 오라고 했다. 탁자는 점점 사람들로 가득 찼다. 엄마도 자리를 잡았는데, 엄마의 어깨 위에는 할머니가 앉았다. 때때로 그들은 한 사람으로 겹쳐 보이기도 했다. 아빠도 있었는데 '관찰자'인 듯한 익명의 남자와 함께였다. 하지만 내 어릴 적 모습들은 어디에도 보이지 않았다. 올리비아는 우리의 부분들은 안전하다고 생각이 들면 자연스럽게 모습을 드러내며, 어떤 부분은 드러내길 원하지 않을 수도 있으므로 억지로 불러내려 하지 말라고 당부했다. 그런데 탁자 밑을 내려다보았을 때 나는 재빨리 여섯 살 때 내 모습을 발견할 수 있었다. 여섯 살의 나는 반은 장난삼아 반은 두려움으로 탁자 밑에 숨어 있었다. 곧이어 열두 살의 내 모습도 나타났다. 열두 살의 나는 놀이를 하지 않았다. 그녀는 달아날 방법을 열심히 계획하고 있었다.

나는 시각화가 잘되는 사람이 결코 아니었다. 히피 시절에 창조적인 시각화를 통해 자신을 치유하려 애쓴 적이 있었는데 백색 광선이 내 몸을 투과하는 훈련에 한 번도 성공하지 못했다. 그렇기 때문에 이 모든 영상들이 너무나 선명하게 모습을 드러냈을 땐—벽이 목재 패널로 덮이고 벽을 따라 죽 늘어선 높은 창문들 사이로 어스레한 빛이 흘러들어와 탁자 한 면을 비추는 회의실 풍경까지 자세하게 눈에 들어왔을 땐—놀라지 않을 수 없었다. 회의실 뒤편으로 작은 문이 보였다. 그 문 뒤로 비밀 문이 나 있었고, 그 문은 틀림없이 내 모습의 일부가 숨겨 있을 어느 방으로 나를 안내했다. 모두들 눈을 감은 상태로 자신의 이런 부분들을 상상하고 있을 때 나는 그 문에 가까이 가지 않았다.

나는 에단과의 심리치료에서 이 부분들에 대해 이야기했다. 에단 역시 내적 가족체계 치료 훈련을 받은 적이 있어서 다행히 나와 함께 이 여정을 계속할 수 있었다. 나는 3번 문 뒤에 무엇이 있을지 궁금했는데, 에단은 부분들을 가지고 작업하는 데에는 어떤 절차가 필요하다고 설명했다. 그러니까, 숨어 있는 것을 억지로 끌어내서도 안 되지만 억지로 숨겨서도 안 된다는 것이다. 일단은 부분들의 존재를 의식한다. 그러다 보면 조만간 각 부분들의 역할과 욕구가 무엇인지 정확히 이해하게 된다. 그런 다음 그것들에게 목소리를 주고 직접 말하게 해야 한다.

가장 접근하기 어렵고 두려운 부분들은 망명자라고 한다. 정신적 외상 때문에 잔뜩 경직된 이런 부분들은 무슨 수를 써서라도 몸을 숨겨 보호를 받으려는 욕구를 느낀다. 내 부분들 가운데 최소한 하나쯤은 바로 그 작은 문 뒤에 숨어 있었다. 관리자에 해당하는 부분들은 감정을 다스리고 생존 전략을 세움으로써 이 망명자들을 보호하려 애쓴다. 망명자들이 풀려나 과거의 고통이라는 불에 휩싸여 비명을 지르며 달아나면, 소방관에 해당하는 부분들이 출동해 불길을 진화하려 한다. 소방관들은 선한 의도에도 불구하고 별 도움이 되지 않는다. 변증법적 행동치료가 우리의 행동을 억제하도록 도와주는 데 반해 소방관들은 통제력을 벗어난 행동을 한다. 그리고 변증법적 행동치료와 달리 내적 가족체계 치료는, 이러한 행동들이 자기 파괴적일 수 있다는 걸 이해하는 동시에 받아들일 수 없는 고통을 다루기 위한 생존 전략이라는 사실도 이해한다. 내 잘려진 부분은 바로 이 소방관이었다.

"내 여섯 살 모습은 무엇인가요?" 나는 에단에게 물었다. "성추행을 당한 꼬마아이인가요? 그리고 왜 열두 살 모습이 여섯 살 모습과 연결되는 것처럼 보이지요?"

이런 세상에, 이거 왜 이렇게 복잡한 거야! 물론 다음 모임이 시작되기 전에 내적 가족체계 치료에 관한 교재를 모두 읽었고 내 모든 부분들에 대한 도표까지 작성해놓았다. 나는 해박한 지식으로 모임의 모든 사람들로부터 감탄을 자아내게 할 작정이었지만 그럴 기회는 주어지지 않았다. 모임은 매주 한 사람씩 문제가 되는 행동의 예를 제시하고, 이후 한 시간 반 동안 다 함께 행동 분석을 하면서 관련된 부분들과 이용할 수 있는 기술을 확인하는 식으로 진행되었다. 우리 모임에는 현재 다섯 명의 여자가 참석했는데, 내 차례가 되려면 한 달은 넘게 기다려야 했다. 그래서 나는 뒷자리에 편안하게 앉아, 정보와 나 자신에 대한 사람들의 인식을 다루려고 아등바등 애쓰는 내 안의 완벽한 모범생 부분을 좀 쉬게 해주었다.

내가 경계성 인격장애 환자의 가족들로 이루어진 단체와 관련을 맺은 지 두 달 후, 그들은 나에게 경계성 인격장애 환자와 함께하는 생활에 관한 토론에 참석해달라고 부탁했다. 지금까지 나는 내 경계성 인격장애 질환에 대해 가장 가까운 사람들에게만 이야기했다. 그런데 이렇게 공개적으로 내 치부를 드러낸다고 생각하니 겁이 나기도 했고, 동시에 어차피 내 치료 과정에서 한 번은 겪어야 할 과정이라는 생각도 들었다. 나는 차마 말하기 힘든 병 때문에 내 인생 전체를 숨기면서 살고 싶지는 않았다. 또한 지금까지 내가 보아온 바로는 이 병이 있는 사람들에게 비난과 증오가 거침없이 가해지는데, 그럴 소지를 남길 정도로 지나치게 나약해지고 싶지 않았다. 자기 자신을 폭로할 때 노출과 보호 두 가지가 동시에 요구되는 만큼, 노출과 보호의 변증법이 다시 수면에 떠올랐다. 앞으로 밀고 나가려면 신뢰가 필요했으며, 이 경우 나는 그들을 신뢰하기로 했다. 방 안 가득 모인 부모들과 배우자들이 지금까지 혼란스러웠던 내 삶에 대한 고백에 뜨거운 격려를 보내줄 것이고, 격려를 좋아하는 나로서는 큰 힘을 얻게 될 터였다.

이렇게 어느 봄날 저녁, 나를 비롯한 다른 두 명의 경계성 인격장애 환자들은 부모님과 배우자, 임상의, 심지어 뒷줄에 숨어 있는 같은 처지의 일부 경계성 환자들로 꽉 들어찬 조용한 방에서 차례로 연설을 하게 되었다. 나는 아주 어릴 때부터 경계성 인격장애 증상이 나타났으며, 이제야 비로소 올바른 치료를 받고 있고 이 증상을 끌어안고 사는 법을 배우고 있다고 설명했다. 나는 가슴 아픈 일들을 강조하지 않았다. 내가 사람들의 이해를 구하고 싶은 부분은 내

내면의 고통, 그러니까 지금까지 겪고 있으며 누구에게도 이해받지 못했던 내 절망과 수치심이었다. 나는 무슨 수를 써서라도 내 고통을 감추어야 한다고 주장하는 일종의 윤리의식—그것을 윤리의식이라고 말할 수 있다면—을 떠안으며 성장했다. 나는 연설을 하는 동안 이 고통이, 경계성 인격장애의 주요 증상으로 얼룩졌던 세월이, 이 질병 탓으로 비난받고 무시당한 세월이, 내 상태에 대해 다른 사람들을 탓했던 그 모든 세월들이 뚝뚝 새어나오는 걸 느꼈다. 필요한 도움을 전혀 받지 못하는 상황에서 지나치게 의존적이고 집착이 강하다는 말을 들어야 했던 고통이 말끝에 묻어나왔다. 어느새 내 눈에는 눈물이 고이기 시작했고, 사람들의 눈동자에 내 모습이 비치는 걸 보았다. 이제껏 나는 고립된 채 지독한 수치심을 느끼며 살아왔기 때문에 지금처럼 사람들의 눈에 비친 내 모습을 바라본 적이 한 번도 없었다. 바로 이 순간 한 가지 영상이 떠올랐다. 수많은 사람들이 방 한구석에 웅크리고 앉아 흐느껴 울고, 이불 속으로 모습을 감추고, 살갗에 면도날을 긋고, 비명을 지르더니 이내 사라졌다. 이곳에 얼마나 많은 우리들이 있는 것일까?

    그때 나는 영화 〈오즈의 마법사〉에서 도로시가 위대한 마법사의 영상 앞에 벌벌 떨며 서 있는 장면을 떠올렸다. 도로시는 집으로 가는 길을 알려달라고 청하기 위해 강한 힘을 지닌 이 인물을 찾아 지금까지 먼 길을 여행했지만, 강아지 토토가 커튼을 젖혔을 때 그는 마이크에 대고 이야기하는 초라한 노인에 불과하다는 사실을 알게 된다. 그리고 그가 나약한 인간에 불과하다는 걸 깨달은 순간, 그에게 있다고 믿었던 그 모든 힘과 통제력이 증발되고 말았다. 나는 도로시가 된 것 같은 기분이 들었다. 커튼을 젖혔더니 두려움으로 가득 차 뭘 어떻게 해야 할지 모르는 이 사람들을 발견하게 된 것이다.

사교성 좋은 아이에서 자기를 혐오하고 노상 화를 내며 도무지 이해할 수 없는 낯선 사람으로 돌변한 딸을 두려움에 떨며 목격해야 했던 엄마를 생각했다. 별별 방법을 다 동원해도 효과가 없자 내게 점점 더 많은 알약을 처방했던 수많은 의사들을 보았다. 그리고 무엇보다 나와 같은 부류의 사람들, 비난과 절망이 메아리치는 어두운 방에서 홀로 외로이 숨어 있는 경계성 인격장애 환자들을 보았다.

두 달 후, 나는 경계성 인격장애 자녀를 둔 부모들과 함께 다른 지역의 모임에서 강연을 해달라는 부탁을 받았다. 이 경험에서도 두려움과 해방감, 그리고 친밀함을 느낄 수 있었다. 우리는 우리를 호의적으로 여기는 사람들을 만날 수 있었다. 부모들은 이제는 자녀들이 호전될 수 있으리라는 희망을 더 많이 갖게 되었다고 말했다. 배우자들은 자신의 배우자가 얼마나 힘든 상황을 겪고 있는지 미처 알지 못했다고 말했다. 일부 임상의들은 지금까지 경계성 인격장애가 있는 환자를 만난 적이 없다고 말했다. 나는 이런 반응들을 내가 특별한 사람이라는 신호로 해석하고 싶어졌다. 경계성 인격장애 환자들이 이렇게도 자기 의사를 분명하게 표현하고 자기를 잘 알고 있으며, 이렇게 능력 있고 사려 깊을 줄 누가 알았겠는가? 경계성 인격장애라는 진단이 이 질병을 앓는 사람들의 입을 막아버리는 바람에 비교할 척도가 전혀 없다는 사실을 누가 알았겠는가?

"부모님께서 무척 자랑스러워하시겠어요!" 한 여자가 나를 꼭 끌어안으며 이렇게 칭찬했다.

"그렇지요 뭐." 나는 약간 민망해하며 대꾸했다. (하긴, 내가 엄마, 아빠한테 얹혀살려 하거나 돈을 뜯어내려 하지는 않으니, 그 점에 대해서는 우리 부모님이 나를 좀 자랑스러워하시겠지.) 사람들은 뻔한 질문들을 묻기 시작했다. 그들은 우리 부모님이 이 일을 어떻게 견뎠는지 알고 싶어 했다. 우리가 부모자식 관계를 어떻게 평탄하게 유지했는지, 우리가 어떤 치료와 교육을 받았는지, 우리 부모님이 경계성 인격장애를 위해 전국교육연합이 개최한 가족관계 프로그램에 참석했는지 등등. 사실 나는 엄마에게도 이 학회에 와달라고 부탁했지만, 엄마는 몹시 바쁜 데다 전반적으로 거북하고 꺼림칙하다고 말했다. 나는 앨리슨과 그녀의 딸 캐롤라인을 가리키며 질문의 답을 회피했다. 아름다운 두 금발의 여인은 경계성 인격장애라는 지옥 한가운데를 함께 통과해 지금은 서로 어깨를 나란히 하고 다정히 서 있었다. 병원에서는 앨리슨을 비롯한 다른 부모들을 대상으로 가족 모임을 만들었으며, 캐롤라인이 변증법적 행동치료에 들어갈 때 그녀의 엄마 앨리슨도 경계성 인격장애 환자의 시선으로 딸을 이해했고, 딸과 소통하는 방법과 경계성 인격장애로 수반되는 여러 어려움들에 중점을 둔 훈련을 시작했다. 이제 그들은 서로 문제를 의논할 정도로 대화가 잘 통했는데, 그런 모습이 나에게 깊은 인상을 주는 동시에 질투심을 불러일으키기도 했다. 정말로 너무너무 샘이 났다.

나는 팸플릿과 때로는 기사들을 챙겨들고 정기적으로 엄마와 아빠, 심지어 외갓집에도 찾아갔다. 나는 이제 경계성 인격장애 대변인으로서 서서히 역할 변신 중이었다. 그분들은 정신병에 대해 본능적으로 거부감을 가졌다. 내가 할머니, 할아버지에게 경계성 인격장애에 관한 팸플릿 '가족을 위한 안내서'를 나누어드렸더니, 엄마는 내게 전화를 걸어 할머니, 할아버지에게 다시는 경계성 인격장애에 대해 언급하지 말라고 요구했다. 엄마는 내가 정신병을 앓고 있다는 걸 할머니, 할아버지가 아시면 무척 충격을 받을 거다, 이 질병이 워낙 복잡해서 그분들은 잘 이해하지 못할 거다, 그분들은 이제 연세도 많으신데 굳이 이런 일로 걱정을 끼칠 필요가 없다고 말했다. 엄마와 함께 가족 모임에 갈 때마다 가족들에게 알아듣기 쉬운 말로 꿋꿋하게 이 질병에 대해 설명하려 애썼지만, 내가 입을 달을수록 모두들 편안해한다는 걸 알게 됐다. 때로는 차라리 하반신이 마비가 되거나 암 같은 치명적인 질병에 걸리는 편이 나았겠다는 생각을 한 적도 있었다. 나는 대체로 거의 정상처럼 행동하는 데다 내 질병이 눈에 보이는 것도 아니고 주기적으로 나타나는 거라, 가족들은 내가 그들의 이해를 필요로 한다는 걸 알 필요가 없었다. 게다가 고통과 괴로움은 일단 회피하고 부정하고 보는 것이 우리 집안 대대로 내려오는 가풍이기 때문에, 가족들과 함께 있을 때 내 고통에 대해 함구하도록 유도하느라 크게 애쓸 필요도 없었다. 그러다 보니 내가 고함을 지르고 발작을 부릴 수 있는 대상은 에단과 테일러뿐이었다.

이 무렵 에단이 이런 질문을 했다. "왜 굳이 그들의 이해를 받으려 하지요?"

"그 사람들은 제 가족이니까요! 가족이라면 당연히 이해해야 하는 거 아닌가요?"

"그렇지만 그 사람들이 이해를 못 하겠다는데 왜 자꾸만 그들에게 기대를 하는 거예요?"

아, 이 끈질긴 기대감이란.

그래도 아빠에게는 조금 너그럽게 대했다. 아마도 중독 상태에서 벗어났다는 아빠와 나의 공통점으로, 아빠와의 관계에서는 내 정당성을 인정받았다는 기분을 조금이나마 맛보았기 때문이 아닐까 싶다. 나에게 힘들었던 부분을 아빠도 겪었고, 우리 둘 다 그 힘든 부분을 인정하고 맞닥뜨려야 했다. 그리고 엄마와 외할머니, 외할아버지와 마찬가지로 아빠 역시 나를 든든하게 지지한 적이 없지만 그 때문에 내가 크게 비탄에 빠지지 않는 건, 아빠와 있으면서 편안함과 안전함을 느껴본 적이 한 번도 없었기 때문일 것이다.

새로운 옹호 활동의 일환으로, 나는 좀 더 규모가 큰 정신건강 학회에 참석하기 시작했다. 2003년과 2004년은 경계성 인격장애 연구에 커다란 수확을 가져온 해였다. 기능적 자기공명영상(functional magnetic resonance imaging)과 같은 기술들 덕분에 경계성 인격장애 환자들의 감정처리 과정을 방해하는 원인이 밝혀지기 시작했다. 육체적 고통, 신뢰, 공격성 등에 관한 우리의 경험이 두뇌에 채색된 패턴으로 드러났다. 환자들과 의사들이 한자리에서 자신의 지식과 경험을 논의했다. 이런 콘퍼런스들은 노출의 또 다른 형태였다. 열여섯 살 딸을 둔 어머니가 딸이 어릴 때부터 경계성 인격장애 진단을 받았으며 지금은 변증법적 행동치료 10대 모임에 참석하고 있다고 말했을 때 나는 화장실로 달려가 울음을 터뜨리지 않을 수 없었다. 나는 정신의학 기관의 스파이가 된 것 같았고, 의사들이 나를 비롯해 나와 유사한 상태의 사람들에 대해 '이런 사람들', '저런 사람들'이라고 말할 땐 얼굴이 화끈거릴 정도로 수치심과 절망감을 느꼈다. 이런 행사에서 자기 자신을 알아가는 과정은 마치 자신을 대상으로 하는 대화는 아닐지라도 한마디 한마디가 내 인생에 피가 되고 살이 되는 대화를 엿듣는 것과 같았다.

지역 단체에서 몇 차례 연설을 한 경험 덕분에 경계성 인격장애를 위한 전국교육연합이 주최하는 콘퍼런스에 참석할 기회가 생겼고, 이내 훨씬 더 큰 무대에서 내 질병을 분명하게 밝히게 되었다—그리고 무대에서 내려오면 와들와들 떨리는 심장이 진정될 때까지 화장실에 웅크리고 앉아 있었다. 나는 이 콘퍼런스를 알코올중독자 자조 모임처럼 대하려고 노력했다. "안녕하세요, 제 이름은 키라이고 경계성 인격장애 환자입니다." 회의실 안의 모든 관심이 온통 나에게 쏟아졌다. 나는 솔직하고 싶었지만 완전히 솔직하지는 못했다. 내가 모든 걸 다 까발려버리면—내가 여전히 주기적으로 망가지고 있고, 테일러에게 고함을 지르며 분풀이를 해대고, 고등학교 친구들은 다들 대단한 일을 하고 있는데 나는 이제 겨우 회사의 접수 업무나 하고 있다는 걸—청중들은 내가 정말로 많이 호전된 건지 의아해할 테니 말이다. 그리고 내 상태에 대해 확신이 없는 건 나 역시 마찬가지였다. 무대에서 서서 내 이름을 밝히고 내가 겪은 고통을 설명하느라 어찌나 긴장을 했는지, 한 번 연설을 하고 나면 거의 좀비가 된 것처럼 온몸에 힘이 쭉 빠지면서 한 일주일은 내리 잠만 자고 싶은 심정이었다. 내가 여기에서 분노를 폭발해버리면 어떻게 될까? 엉엉 울거나 누군가와 싸움이라도 하게 된다면 어떻게 될까? 그럼 내가 이들을 기만했거나, 내 상태가 전혀 호전되지 않았다는 의미가 되려나? 지금까지 나에게 너무나 많은 무시를 경험하게 했던, 완벽하게 보여야 한다는 압박감이 이 와중에도 슬금슬금 다가오고 있었다. 이 자리에서 증상이 드러나서는 안 될 것 같았다. 그랬다간 마침내 나를 평범한 사람들과 동등한 길 위에 서게 해준 힘들게 얻은 이 중개 역할을 두 번 다시 얻지 못할 것 같았다.

상황이 이렇다 보니 나는 또다시 이중생활을 하게 됐고 또 다른 변증법적 행동치료를 찾아야 했다. 물론 내 상태는 많이 **좋아졌다**. 하지만 언제 또 느닷없이 급격하게 증상이 나타날지 모를 일이었다. 어느 날 한 지방 대학 교수가 자기 학교 의대 학생들에게 경계성 인격장애에 대해 강연을 해달라고 부탁했다. 그 학교 병원은 내가 사는 지역과 반대편에 위치했기 때문에 나는 낯선 도시의 대학 교정에 가기 위해 버스를 두 번이나 갈아타야 했다. 강연은 흠잡을 데 없이 마쳤지만 학교를 떠나자마자 불안발작이 몰려왔다. 버스 정류장이 어디에 있는지 찾을 수가 없었고, 지도상에서 내 위치가 어디에 있는지도 파악할 수 없었다. 나는 벤치에 앉아 흐느껴 울었다. 뭘 어떻게 해야 할지 알 수가 없었다. 학생들의 박수를 받으며 허리를 굽혀 인사한 지 불과 10분도 안 되어 나는 완전히 엉망진창이 되어버렸다.

에단은 늘 나에게 목표가 무엇인지, 내가 하는 각각의 행동에 대해 장점과 단점이 무엇인지 물었다. 옹호자라는 이 새로운 역할에서 단점은 내가 전혀 감정을 조절할 수 없다는 점이었다. 하지만 나는 이 잔인무도한 노출 이면에 나를 무장해제시키는 해방감을 맛보았다. 이 일이 나를 그토록 무장해제시키는 이유는 다른 사람들에게 "저는 경계성 인격장애에 대해 가르치고 있습니다"라고 말함으로써 나를 더 환자로 정의하지 않기 때문이었다. 사무실에서도 아무런 거리낌 없이 옹호자로서의 임무를 수행해야 한다고 설명하기 시작했고, 동료들이 "경계성 인격장애가 뭔데?"라고 물으면 무슨 고백성사를 하거나 부적절한 일을 밝히는 것처럼 조마조마하지 않고 당당하게 대답할 수 있었다. 사무실에서 나는 여전히 '전속 예술가'지만 '전속 심리학자'로 점점 역할이 바뀌고 있었다. 그리고 놀랄 일도 아니지만, 다들 경계성 인격장애를 포함해 정신질환으로 몸부림치는 사람들이—공식적 비공식적으로—주변에 한두 명은 꼭 있었다.

20

통제와 비난

나는 테일러에게 만일 경계성 인격장애 홍보 포스터에 내 모습이 실리게 된다면 난처하게 여길지 물었다. 테일러는 나를 안으며 미소를 짓더니 이렇게 말했다. "난처하긴, 자랑스럽지." 레이먼드, 르네, 게일, 리처드는 비품실과 복사기를 무제한 사용하게 해주었고, 내 또 다른 '경력'을 위해 휴무를 조정해주었으며, 심지어 이탈리아 피렌체에서 인격장애에 관한 콘퍼런스가 열렸을 땐 비행기를 타고 갈 수 있도록 배려해주는 등(고마워요, 레이먼드!), 모두들 적극적으로 협조해주었다. 하지만 가족들과의 관계는 별 진척이 없었다. 그래서 지지 모임 행사에 참석하는 다른 부모들을 볼 때면 한때 행복한 부부를 볼 때 그랬던 것과 똑같은 감정의 연쇄반응이 나타났다. 그래도 아빠는 비교적 다가가기 쉬웠다. 모든 걸 중독 측면으로 해석하려 해서 탈이었지만. 하지만 엄마는 내가 개인적인 일을 공공연하게 떠들고 다닌다며 여전히 마뜩잖게 생각했다. 그리고 내가 상당한 진전을 보인 데 대해서는 대견하게 여기는 것 같다가도, 막상 시시콜콜 상황을 이야기하려 하면 내 문제를 제외한 다른 부분들을 검토하고 연구하는 게 어떻겠냐, 나 자신 외에 다른 부분에 관심을 가져야 한다고 말했는데, 이런 말을 한 백 번은 더 들은 것 같았다. 이렇게 되니 설사 내가 병을 극복한다 해도 쉬쉬 숨겨야 할 것만 같았다.

일부러 몰래 숨어 있다가 엄마에게 뒤통수를 쳐야겠다고 의도한 적은 한 번도 없었지만 언제나 어떻게 하다 보니 상황이 그렇게 되어왔다. 나는 엄마로부터, 나 자신 외에 다른 부분에 더 많은 관심을 가져야 한다, 너무 내면에 대해 골몰하는 습관을 고쳐야 한다는 이야기를 평생 들으며 살아왔다. 단 한 번이라도 좋으니 엄마가 나에게 이래라저래라 지시하는 대신 내 시각으로 상황을 봐주길 바랐다. 크리스마스 이브에 엄마는 내가 퇴근하기 직전에 전화를 걸어 함께 저녁식사를 할 수 있는지 물었다. 엄마의 남자친구가 일정이 변경되었는데 오늘 같은 날 혼자 있고 싶지 않다는 것이다. 나는 엄마를 보기가 두려웠지만 엄마가 크리스마스를 혼자 보낸다고 생각하니 그건 더 괴로웠다. 그래서 계획을 취소하고 태국 음식점에서 엄마를 만났다. 당초 계획은 음식점에 딱 한 시간만 있다가 나오는 것이었는데, 다행히 시간에 대해서는 걱정할 필요가 없었다. 음식을 먹고 30분쯤 지났을 때 엄마는 이제 그만 가라고 말하는 것이었다. "너 그냥 가라!" 엄마는 포크와 나이프를 내려놓고 두 손에 얼굴을 묻으며 화가 난 듯 낮게 말했다. "얼른 가래도!"

순식간에 일어난 일이었다. 우리는 만나서 그럭저럭 즐겁게 시간을 보냈다. 한 사람만 줄곧 이야기를 하고 있었다는 사실을 깨닫기 전까지는 말이다. 그러니까 요즘 근황에 대해 엄마 혼자서만 열심히 이야기를 하고 있었던 것이다. 나는 동작을 멈추었다. 억울하다는 생각이 가시가 되어 살을 뚫고 들어오는 것 같았다. 지금까지 살면서 내가 엄마와 의논할 일은 정말 딱 한 가지밖에 없다는 건—내가 경계성 인격장애로부터 벗어나려고 노력하고 있다는 것—우리 둘 다 알고 있는 사실이었다. 심리치료, 회사일, 심지어 테일러까지, 이 모두가 회복되는 방법을 배우기 위한 수단이었다. 하지만 엄마는 이런 이야기는 하고 싶어 하지 않았다. 나는 생각했다. '**그래, 어디 한 번 내 얘기 듣고 골치 좀 아파보시지.**' 차라리 잘됐다. 지금이야말로 내가 무슨 일을 하고 있는지 엄마에게 알릴 절호의 기회였다.

그래서 대화가 잠시 중단된 틈을 타, 내가 얼마나 많은 진전을 보이고 있는지 엄마에게 말했다. 엄마는 활짝 웃으며 고개를 끄덕였다. "그거 정말 잘됐구나." 그리고 말을 이었다. "정말 자랑스럽다!" 나도 엄마가 자랑스럽다고 생각했다. 그런 다음 내가 이렇게 잘 지내고 있는 이유 가운데 하나는 경계성 인격장애와 변증법적 행동치료에 대해 많이 배울 수 있었기 때문이고, 특히 리네한 박사의 생물사회적 모형(biosocial model)에 대한 부분과, 생물학적 취약성과 정당성을 인정받지 못하는 환경에서 어떻게 경계성 인격장애가 나타나게 되는지 배울 수 있었기 때문이라고 말했다. 내가 '정당성을 인정받지 못하는 환경'에 대해 설명하자 엄마는 스프링롤을 씹던 동작을 멈추었다.

그날 내 기분이 그렇게 의욕적이지 않았더라면, 엄마가 끊임없이 이 문제를 회피해 이야기할 기회를 번번이 놓치지 않았더라면, 아마 나는 이렇게 막무가내로 이야기를 계속하지는 않았을 것이다. 하지만 엄마의 얼굴이 희색이 만연한 표정에서 혼란스럽고 속상한 표정으로 변하고 있는 걸 뻔히 보면서도 이야기를 멈출 수가 없었다. "엄마, 난 정당성을 전혀 인정받지 못하는 환경에서 자랐어." 내가 딱 부러지게 말했다. "아무도 내 문제를 진지하게 여기지 않았어. 하는 행동마다 비난을 받았어. 내가 속상해서 화를 내도 아무도 나에게 스스로 돌보는 법을 가르쳐주지 않았어. 엄마는 자주 해외로 여행을 다녔고, 여행을 가지 않을 땐 언제나 다른 일에 몰두했어. 엄마는 내 곁에 있을 때조차 나에게 멀리 있었어. 난 철저하게 외로웠어."

엄마의 얼굴을 보고서야 내가 너무했다는 걸 알아차렸다. 그래서 이쯤에서 뒤로 물러나기로 했다. "엄마가 최선을 다했다는 거 알아. 엄마를 탓하는 게 아니야. 절대절대 그럴 생각은 없어. 하지만 이런 상황을 인정하고 반복하지 않는 법을 배우는 것도 회복 과정의 일부야. 변증법적 행동치료 기술이라고 엄마가 배울 수 있는 기술들도 있고, 정당성을 인정받지 못하는 이런 환경을 자꾸 반복하지 않고 우리가 함께 해결할 수 있는 방법들도 있어."

엄마는 화를 감추려고 억지로 미소를 짓느라 거의 우거지상이 됐다. 가지런히 놓인 치아 사이로 엄마가 말했다. "넌 늘 뭐든지 내 탓만 하는구나." 나는 그렇지 않다고 부인했다. 아빠도 많이 비난했지만, 아빠는 우리와 함께 있지 않았고 실질적으로 나를 키운 사람은 엄마 한 사람이 아니냐고 말했다. "넌 왜 일부러 자꾸 지난 일을 들춰서 나한테 상처를 주는 거니?" 엄마가 소리쳤다. 엄마는 간신히 화를 누르고 있어 우리 주위에 험악한 기운이 감돌았다. 그렇지만 누구 하나 굽히려 들지 않았다.

"엄마가 기억하고 싶지 않다는 이유로 아무 일도 없었던 척하지 않을 거야." 내가 반박했다. "그리고 엄마한테 상처 주려고 이러는 거 아니야. 외할머니 외할아버지가 엄마한테 한 행동과 엄마가 나한테 하는 행동이 똑같아. 외할머니 외할아버지도 엄마의 기분을 무시하고, 엄마한테 필요한 걸 인정하지 않고, 엄마를 정당하게 인정하지 않으셨을 거야. 엄마 역시 자랄 때 마음 안에서 일어나는 일에 솔직해지는 법을 한 번도 배운 적이 없었던 거야. 그러니 엄마도 아무렇지 않은 척 살아야 했을 테지."

"그래서 너 지금 할머니 할아버지까지 비난하는 거니? 그래, 심리치료에서 이런 걸 가르쳐주든? 네 기분 좋아지자고 다른 사람 비난하고 다른 사람 상처 주라고?"

"왜 그분들을 비판하지 않으면 사실을 제대로 볼 수 없는 건지 나도 그 이유를 모르겠어. 우리 가족들 안에서 실제로 무슨 일이 일어나고 있는지 **아무도** 말하는 사람이 없었어. 어떤 일이 수면 위로 떠오르면 우리는 늘 감추거나 무시하거나 벌하는 데 급급했잖아."

"그건 몇 년 전에 다 지나간 일이잖니! 그렇게 계속 과거에서 벗어나지 못하면서 무슨 큰 진전을 이루었다는 건지 모르겠구나. 너의 심리치료사한테도 엄마가 한 말 꼭 전해주렴." 음식이 반이나 남았는데도 엄마는 계산을 위해 미친 듯이 손을 흔들며 웨이터를 불렀다. "가라…." 엄마는 더는 나를 보지도 않은 채 지갑을 더듬거리며 성난 목소리로 낮게 말했다. "얼른 가라니까."

나는 음식점을 나왔다.

엄마와 나는 6개월 동안 말을 하지 않았다. 처음엔 두 사람 모두 어느 정도 시간이 필요하다고 생각했고, 나중에는 날이 갈수록 점점 관계를 회복하기가 어려워져 서로 대화를 피하게 되었다. 엄마는 부활절 무렵 편지 한 통을 보냈는데, 부모 자식 관계를 계속 유지하려면 이제 그만 지난 일을 내려놓아야 하지 않겠느냐며 반은 애원조로 반은 협박조로 써내려갔다. 나는 편지를 찢었다. 엄마가 이런 식으로 내 인생에서 사라진 게 백 번쯤 됐다. 그래서 이제는 내가 알아차리기도 전에 내 마음속 스위치를 껐다 켜서 엄마의 생각을 차단할 수 있을 정도가 됐다. 아빠에게도 마찬가지였다. 그러므로 이 상황이 몹시 화가 나지만 낯설지는 않았다. 엄마는 대개 아시아나 유럽으로 여행을 하거나, 그렇지 않으면 사립학교 교사로 일주일 내내 업무에 매어 지냈다. 이번에도 엄마는 다른 도시로 여행을 떠났다. 하지만 이번에는 한 가지 커다란 차이가 있었다. 이번엔 내가 엄마의 부재를 통제할 수 있게 된 것이다.

  통제하고 싶은 것이 많았다. 가령, 테일러의 집—고양이에 대한 문제를 포함해서—이 그랬다. 테일러는 타냐가 이사할 때 그녀의 고양이 두 마리가 해외에 가기 위해 필요한 주사 및 검사를 모두 완료할 때까지—당분간만—고양이들을 맡아주기로 했다. 그 바람에 코딱지만 한 그의 집에는 털이 징그럽게도 많은 고양이가 네 마리나 살게 되어 집안 어디를 가도 녀석들과 부딪쳤다. 타냐의 고양이들은 서커스에 환장한 유전자라도 있는지, 출입구 앞 좁은 선반 위를 돌아다니고, 가전제품 사이를 폴짝폴짝 뛰어다니고, 날아다니는 다람쥐처럼 공중 위를 붕붕 날지 않고는 못 배기는 것 같았다. 공중에도 발밑에도 고양이들이 돌아다니는 바람에 털 삼키는 건 예사였고, 녀석들을 밟거나 녀석들 때문에 넘어지는 일이 비일비재했다. 집안 구석구석 지독한 악취도 났다. 내 면역체계는 필시 이 집이 외계인 무리에 습격당하고 있는 게 틀림없다고 믿게 됐고, 마침내 '알레르기'라는 단어의 의미와 광고에 나오는 사람들이 항히스타민제를 복용하기 전에 왜 그렇게 비참한 표정을 짓는지 알게 되었다.

  "평생 데리고 있을 것도 아닌데 뭐." 테일러가 말했다. 그래, 6개월, 아니 1년 후면 고양이들을 상자에 넣어 유럽행 비행기에 태울 날이 오겠지. 그나마 다행인 건 여름이 다가와 창문을 열 수 있다는 것이었다. 오토바이의 계절이 시작되어 우리는 다시 익숙한 패턴—일, 오토바이 타기, 테일러와 가장 친한 친구인 더그와 바버라와 함께하는 야외 요리 파티—을 시작했다. 그들은 파인애플 주스로 여덟 시간 동안 서서히 재운 20킬로그램의 고기와 세 개의 그릴을 준비해 성대한 고기 파티를 열었고, 덕분에 나는 체중이 심각하게 불었다. 그러고 보니 꾸준히 살이 찌고 있었다. 테일러와 함께한 지 2년이 다 되어갈 무렵에는 체중이 13.5킬로그램이나 늘었다. 아직은 타냐처럼 투엑스라지(XXL)는 아니었지만 그럴 날이 머지않았다. 내가 알기로 테일러는 내가 얼마나 살이 쪘는지 전혀 알아차리지 못했는데, 이건 좋기도 하고 나쁘기도 했다. 테일러는 평소 나에게 칭찬이라는 걸 한 적이 없었는데, 나는 나를 추켜세우는 말과 확신을 주는 말을 끊임없이 필요로 했기 때문에 그의 이런 태도에 마음이 상했다. 하지만 반면에 그는 내 모습이 형편없다고도 **결코** 생각하지 않는 것 같았다. 테일러는 언제나 있는 그대로의 모습으로 있는 걸—현재 그의 곁에 있는 사람이 누구든—좋아했다.

외모에 별로 관심이 없는 사람을 사랑하는 건 불안하기도 했고 안심이 되기도 했다. 나는 테일러가 어떻게 이럴 수 있는지 의아했다. 그의 부모님은 공간과 형태, 색채와 모양에 대한 탁월한 감수성을 바탕으로 높은 수익을 올리는 일을 오랫동안 하고 있었다. 그가 건축가이자 실내 디자이너로 일하면서 정작 자기 집 외관이나 자신의 외모에는 전혀 관심을 갖지 않는다는 건 정말 이해 불가능이었다. 우리는 둘 다 예술에 종사했지만, 시각적인 부분에 관심을 갖는 사람은 나 혼자뿐인 것 같았다. 나는 테일러와 정반대였다. 나는 공간과 이미지가 마치 신경을 건드리는 질감을 갖고 있기라도 한 듯 이것들에 병적으로 집착했다. 가령, 책상서랍 하나라도 제대로 닫혀 있지 않으면 계속 신경이 거슬려 제대로 서랍을 닫고 나서야 마음이 놓였다. 돼지우리 같은 그의 집은 도저히 참아줄 수가 없었다. 그런 집안을 보고 있으면 내 마음도 뒤죽박죽이 되는 것 같았는데, 어쨌든 현재로서는 그의 집이 내 세계의 중심이었기 때문에 나는 이 어질러진 집과 끊임없이 충돌할 수밖에 없었다. 테일러와 나는 아주 많은 부분에서 당황스러울 정도로 양극단을 달렸다. 그는 주변 환경에 대단히 무심한 반면 나는 엄청나게 예민했다. 그는 천성적으로 한결같고 안정적인 반면 나는 굉장히 변덕스러웠다. 나는 채소를 무척 좋아하는 반면 그는 아이스버그 상추만 있으면 만족했다. 이런 식으로 나열하려면 밤을 새워도 모자랄 거다.

이런 차이들을 타협하는 일은 나를 이만저만 지치게 하는 게 아니었다. 서로 생활방식이 달라 늘 충돌이 일었는데, 차츰 시간이 지나면서 서로 삶의 목표도 다르다는 사실이 드러났다. 아니, 좀 더 정확하게 말하면 나는 상당히 많은 부분을 그에게 편승해 살고 있음에도 나만의 독자적인 생활을 만들어가고 있었으며, 내 새로운 생활이 그의 생활과 얼마나 정확하게 맞물려 있는지 자신할 수 없었다. 우리가 처음 데이트를 시작했을 때 나는 마치 갓 태어난 아기가 된 기분이었다. 나는 끊임없는 지지와 조언과 가르침과 지시가 필요했다. 하지만 지금은 나만의 방식을 발견하기 시작했고, 그 결과 더 이상 집안에 틀어박혀 테일러와 보드 게임만 하고 있지는 않았다. 나는 정신건강 콘퍼런스에 참석해 강연을 했으며, 마음관찰 기술을 필요할 때 한 번씩 하는 기술이 아니라 생활양식의 일부로서 더욱 자주 실천하기 시작했다. 채식주의자가 되었고, 다시 학교에 가서 심리학을 공부할 것을 고려하고 있었다. 내가 관계에 대한 경험이 더 많았다면, 이제 두 사람이 슬슬 멀어질 때가 됐다는 걸 알아챘을지 모른다. 하지만 나는 누군가와 이렇게 오래 사귄 적이 없었기 때문에 이런 신호들을 전혀 알아채지 못했다. 뿐만 아니라 삶의 방향성이 이처럼 달라졌는데도 불구하고 여전히 테일러 주위를 맴돌고 있었다. 테일러는 내가 사라질 거라고는 걱정하지 않았지만, 나는 지하에서 콸콸 흐르다가 마침내 수면 위로 왈칵 솟구쳐 올라오는 물처럼 어느 날 불현듯 사라져버려 모두를—나를 제외하고—당황하게 할 것 같아 내심 걱정이 됐다.

한편 에단과 나는 매주 에단의 사무실에서 내 다양한 부분들에 대해 치료를 계속했다. 이건 일종의 부분들의 파티라고 할 수 있었다. 부분들이 많을수록 더 많은 걸 발견할 것 같지만, 내적 가족체계 치료 모형에서 설명된 것처럼 이 부분들은 정서적으로 황폐하고 억압된 망명자 부류, 유익하지만 통제적이고 방어적인 관리자 부류, 과격하고 충동적인 소방관 부류로 나눌 수 있다. 올리비아의 모임에서 처음 연습을 시작할 때, 나는 계속 여섯 살 아이의 모습에 접근해갔다. 이 망명자 부분은 수치심을 느끼고 숨으려 하는 데 많은 시간을 할애했지만, 이 아이는 어떤 희생을 치르더라도 사랑을 받겠노라는 간절한 소망 때문에 감정과 욕구가 엄청나게 강했다. 아이는 성욕과 애정 어린 돌봄과 배려를 혼동했다. 아이는 테일러와 섹스를 하려는 순간 그만 흠칫 놀랐다. 테일러가 아버지를 대신하는 인물이 됐기 때문이다. 아이는 단단한 기반을 경험한 적이 없으며, 여전히 다른 나라에서 사용하는 언어만을 이해했다. 이제 자살 충동을 느끼는 열두 살 소녀를 만났다. 그녀 역시 망명자로, 이름을 키키로 바꾸었다. 키키는 찬장에 있는 술을 모두 꺼내 마시고는 몸속에 신의 사랑을 들이부은 것 같은 기분을 느꼈다. 하지만 가장 깊은 내면에는 내가 '작고 어두운 아이'라고 부르는 망명자 부분이 잠복해 있었다. 이 아이는 분노, 사랑, 욕구의 근원이었다. 아이는 무릎 사이로 고개를 푹 파묻었고, 나는 가까스로 아이의 고개를 들어올렸다. 아이는 이 작은 밀실에 숨어 있었다.

관리자 부분은 접근하기는 좀 더 쉽지만 상당히 독재적이었고, 언제나 대단히 단정적으로 발언했으며, 특정한 방식으로 움직이도록 요구했다. 나는 이런 요소들을 전부 관리자 부분에 일괄적으로 포함시켰다. 관리자는 관리의 여왕이었다. 그녀는 내가 하는 모든 행동을 체계화하고, 계획하고, 통제하고, 비판했다. 그녀의 역할은 아마도 잘못된 어떤 것으로부터 나를 보호하는 것이겠지만, 내가 그녀를 깊이 의식할수록 그녀가 위협과 판단에 지배를 받는 것 같다는 생각이 들었다. 나는 관리자 그녀의 수그러들 줄 모르는 가혹함, 아무리 사소한 실수도 내 인생 전체를 무너뜨리고 말 거라는 그녀의 주장과 완고함에 들볶인다는 느낌이 들었다. 엄마와 할머니의 모습이 토템 기둥의 얼굴들처럼 그녀에게 박혀 있었다. 또한 관리자는 내가 '완벽한 사람', '어디에 내놓아도 부끄럽지 않은 사람'의 모습을 유지하길 간절히 소망하면서도, 정작 자신은 자기혐오, 내면의 수치심, 정당성을 인정받지 못하는 목소리를 지녔다. 관리자는 성행위를 주도하는 여성이 될 수도 있었고, 나를 주시하면서 낮은 목소리로 나를 비판하는 수많은 청중의 이미지가 될 수도 있었다. 그러나 이 같은 내 안의 다면적인 모습은 자신과 타인에 대한 혐오라는 대가를 치르고서라도 살아남으려는 몸부림이기도 했다.

그러므로 이제부터 일기 카드는 필요하지 않았다. 나는 변증법적 행동치료 기술에 대단히 능통하게 되었으며, 이제 나에게 가장 중요한 것은 마음관찰과 받아들임이었다. 이 '부분에 대한 작업(part work)'은 내면에서 일어나는 일들에 더 깊숙이 주의를 기울이도록 요구했다. 1단계에서처럼 나는 반응하지 않는 법, 현 상황으로부터 달아나려 애쓰지 않는 법을 배워야 했다. 정말이지 에단과 올리비아의 모임을 알게 되어 얼마나 다행인지 몰랐다. 내 안의 여러 부분들에 대해 말하는 걸 누군가 다른 사람이 들었다면, 내가 또 다른 병에 걸렸다고 생각했을 테니 말이다. 내가 완전히 엉망인 상태에서 심리치료실에 도착했을 때, 에단은 나를 조용히 앉히고 내가 명상을 할 수 있도록 이끌었다. 그런 다음 내가 어느 정도 정신을 차렸을 때 우리는 '지금 내 안에서 무슨 일이 일어나고 있는가? 내 안에 누가 있는가?'라는 내면세계에 대한 질문을 던졌다. 이 작업은 상당히 으스스했다—등골이 오싹할 정도로! 내 안의 부분들이 반응을 했던 것이다. 나는 이 부분들과 대화를 시작했는데, 내 안의 많은 부분들에 몹시 화가 나 있어 어떤 부분이든 고개만 들려고 해도 가차 없이 공격을 가했고, 그 바람에 침착하게 대화를 시도하기까지 상당한 시간이 걸렸다. 나는 너무나 많은 고통을 생생하게 드러내 보인 망명자들에게 화가 났다. 항상 쉴 새 없이 나를 비난하고 수치심을 느끼게 한 관리자들에게도 화가 났다. 자기파괴가 안전을 유지하는 길이라고 착각한 소방관들에게도 화가 났다.

21

엄마에게 한 걸음 더

그해 초여름, 엄마와 가장 친한 친구인 샐리 아주머니에게 전화가 왔다. 샐리는 "네가 네 엄마 가슴을 찢어놓고 있더구나"라고 말하며, 어서 엄마에게 전화를 걸라고 애원했다. 샐리 아주머니는 노련한 상담 교사라 좋은 뜻에서 한 행동이었지만, 정신질환에 대한 이해가 부족하긴 엄마와 마찬가지였다. "샐리 말로는 네가 경계성 인격장애일 리가 없다고 하더라." 엄마는 가장 친한 친구의 의견이 나나 의사가 제시하는 그 어떤 증거보다 설득력 있다는 듯 다짜고짜 이렇게 입을 열었다. 나는 엄마도 샐리 아주머니도 신뢰가 가지 않았다. "네 엄마한테 전화 좀 해라." 샐리 아주머니가 간청했다. "네 엄마랑 이야기할 때마다 네 얘기를 하면서 우신다."

내가 모녀 관계라는 시련 속으로 다시 들어가는 방법은 단 하나, 우리가 함께 전문가와 상담을 받는 것뿐이었다. 그렇게 해서 내가 심리치료사들과 함께 내 문제를 파고든 지 어언 20년 만에 마침내 엄마와 함께 나란히 상담사를 찾게 되었다. 우리는 케임브리지의 우아한 사무실에서 일주일에 한 번씩 제나라는 부부문제 전문상담사를 만나기로 했다. 엄마는 몇 년 동안 불규칙적으로 주로 위급 상황일 때 제나에게 상담치료를 받아왔다. 엄마가 상담치료를 무슨 관장제처럼 이용했다면, 나는 영양공급 튜브처럼 이용했다. 제나에게 우리 문제를 어떻게 설명해야 할지 모르겠지만, 어쨌든 우리에게 그녀가 필요하다는 것만큼은 확실했다. 우리는 서로에게 가하는 이 고통으로부터 우리를 꺼내줄 누군가가 필요했다.

엄마 또래의 제나는 에스닉 스타일의 커다란 장신구를 착용했으며, 에단과 마찬가지로 속을 알 수 없는 무표정한 얼굴을 하고 있었다. 제나는 한 가지 계획을 가지고 있었다. 엄마와 나는 상대방의 관점으로 서로를 바라보는 작업을 해야 했고, 함께하면서 두 사람의 경험을 모두 수용하는 방법을 배워야 했다(상당히 변증법적이다). 먼저 우리는 심리치료를 받으려는 이유에 대해 각자 설명했다. 물론 우리는 서로 다른 이유를 댔다. 엄마는 마음속의 모든 앙금을 풀고 싶다고 했고, 현재에 충실하게 살고 싶지 정신병 같은 부정적인 일에 치중해서 살고 싶지 않다고 했다. 내가 더 많은 걸 내려놓고 지금보다 덜 비판적이 되길 바란다고 말했으며, 그렇게 된다면 우리는 사이좋은 모녀가 될 수 있을 거라고 생각한다고 말했다.

엄마의 말을 듣고 있으려니 가슴이 답답해 터질 것 같았다. 아니 **나만** 비판적인가? "엄마, 내가 학교에 다닐 때 나보고 늘 사람들 주의를 끌려고 희한하게 하고 다닌다며 뭐라고 한 사람은 엄마야. 그건 비판적인 게 아니야?" 으윽… 나는 벌써 논쟁을 시작하고 있었다.

엄마가 반박하고 나섰다. "넌 항상 괴상망측하게 하고 다녔잖아! 눈썹을 시퍼렇게 칠하질 않나, 커튼을 뒤집어쓰질 않나, 머리를 밀거나 염색을 하질 않나, 매일 네 방에서 희한한 차림을 하고 나왔잖니."

"나는 그런 식으로 나를 표현한 거야. 그런 걸 창의적이라고 하는 거라고."

"주목을 받으려고 발버둥친 거잖아!"

이때 제나가 손을 들어 대화를 중단시켰다. 아마 제나는 머지않아 경적을 들고 다녀야 할 것이다. 제나는 우리에게 심리치료를 받으려는 목적에 대해서만 이야기하라고 제안했다. 나는 침을 삼키고 에단과의 첫 번째 심리치료와 우리의 첫 번째 목표인 안전에 대해 생각했다. 엄마에게 바라는 것도 더도 말고 덜도 말고 바로 안전이었다. 비판받고, 지시받고, 과소평가 받고, 수치심을 느끼고, 엄마의 모든 고통의 원인이며 짐처럼 취급받는 것이 아니라, 인정받고 있다는 걸 느끼며 엄마 곁에 편안하게 있을 수 있는 것. 나는 현재 내 감정에 솔직할 수 있길 바랐다. 내가 경계성 인격장애임을 엄마가 이해하고 **그런 나를 도울 방법을 배우길 바랐다**. 이걸 어떻게 요약해서 말하면 좋을까? "엄마가 내 모습을 있는 그대로 이해하고 인정하면 좋겠어." 마침내 내가 말했다. "내 모습 전부를."

"인정해, 인정한다고!" 엄마가 끼어들었다. "내가 언제 너한테 확실하게 이래라 저래라 말한 적 있든? 나는 늘 네가 행복하길 바란다는 말밖에 한 적 없다. 그래 좋아, 말리지 않을 테니 너 하고 싶은 대로 다 해!"

"우울해하고, 자살 충동을 일으키고, 약물중독에 빠진 정신병자가 되는 거 빼고 말이지? 그건 엄마가 인정할 수 없는 거니까."

"세상에 **어떤** 부모도 자기 자식이 그렇게 되길 바라는 사람은 없어."

"엄마한테 그런 걸 바라라고 말하는 게 아니잖아. 엄마는 내 그런 모습을 인정하지도 않았고, 그런 모습 때문에 내 곁에 있으려고도 하지 않았어."

"나보고 뭘 어쩌라는 거니? 너도 네 동생도 내가 완전히 통제할 수 없는 지경이 됐는데! 그리고 내가 언제 네 상태를 모르는 척했니. 상담치료사도 알아봐주고, 너를 도우려고 얼마나 애를 썼는데."

제나는 이제 혼이 나간 사람처럼 보였다. 우리는 죽을 때까지라도 이렇게 계속할 수 있다고 우리 중 한 사람이라도 미리 말해줄 걸 그랬나보다.

"이 심리치료를 받으려는 목적으로 돌아가세요." 제나가 단호하게 밀고 나갔다. "처음에 제가 제안했던 대로, 두 분 모두 서로 소통하고 이해하고 상대방의 관점을 존중할 방법을 찾기 위해 노력하겠다는 데 동의할 수 있겠어요?"

엄마와 내가 마지못해 고개를 끄덕였고, 그 순간에도 나는 '**그렇지만 내가 옳아**'라고 생각했다.

그런데 뭐가 옳다는 거지? 지금 우리 모녀 사이에 누가 더 큰 희생자인지, 누가 더 상처받았는지 증명하려 하는 거야? 대체 이러고 있는 이유가 뭐지? 엄마와 나는 다음 예약 날짜를 잡고 사무실을 나왔다. 몇 개월 만에 처음으로 단둘이 있게 됐다. 우리는 자동차가 지나가는 모양만 멀뚱히 바라보며 어색하게 서 있었다.

"어휴…." 엄마가 입을 열었다. "정말 힘들었다, 그렇지?"

나는 고개를 끄덕였고, 곧이어 왈칵 눈물이 쏟아졌다. 정말이지 엄마하고 싸우고 싶지 않았다. 제발 지난 일을 내려놓고 이 질병에 너무 마음을 쏟지 않는 날이 오길 바랐다. "이 상담이 도움이 되면 좋겠어." 엄마가 나를 포옹할 때 내가 말했다.

"엄마도." 엄마는 이렇게 말하며 울기 시작했다. 우리는 둘 다 엄청난 울보였다. 앞으로 제나는 티슈와 온전한 정신을 충분히 챙겨야 할 것이다.

그해 여름 엄마와 나는 상담치료를 받기 위해 매주 수요일 오후에 만났다. 제나의 상담소가 그 지역 명상센터에서 길 하나 건너 바로 아래에 위치해 있어, 나는 상담치료를 마치면 센트럴 광장 주변을 돌아다니다가 명상센터의 저녁 명상 수업에 참여해 45분간 고문 같은 수업을 받았다. 이곳에서는 위빠사나(Vipassana) 명상, 즉 통찰 명상이라고 하는 명상을 가르쳤다. 이곳은 내가 변증법적 행동치료 기술 모임을 마친 후, 마음관찰을 계속하려면 아무래도 다른 모임을 찾는 것이 최선의 방법이라고 판단하고 보스턴과 케임브리지 주변의 수많은 명상센터를 두루 돌아보고 찾아낸 곳이었다.

리네한 박사는 명상과 마음관찰을 구분해야 한다고 주장했지만(1993a), 마음관찰을 처음 생활의 기반으로 삼기 시작할 땐 명상에 더 주목하지 않을 수 없다. 둘의 차이를 묻는다면, 그 대답은 각자에게 달려 있다고 생각한다. 순수한 의식, 지금 이 순간에 마음을 엶, 아무것도 판단하지 않음, 현재 상태를 있는 그대로 받아들임. 명상 지도자들의 설명대로 이 모든 것은 명상의 양상들이다. 사실 변증법적 행동치료 기술모임에서 가르친 마음관찰의 핵심 내용과 명상과는 별반 차이가 없는 것 같았다. 반면에 이 명상은 훨씬 더 부단한 노력이 필요했다. 그러니까 더 오랫동안 앉아 있어야 했다. 아무것도 설명하지 않고 그저 관찰해야 했다. 다리가 저리는 일도 자주 발생했다. 내 생각에 사람들이 굳이 여럿이 모여 명상을 하는 이유는 주위에 서른 명이나 앉아 있는 상황에서 혼자 일어나 TV를 틀기는 어렵기 때문이 아닐까 싶다.

지도자들이 반복해서 말하는 명상의 요령은 자신의 호흡에 집중하고 드나드는 생각과 감정을 바라보는 것이다. 즉 변증법적 행동치료 방법에서와 마찬가지로 생각과 감정을 그냥 있는 그대로 관찰하고 흘려보내는 것이다—강물이 흘러가듯, 구름이 하늘을 지나가듯. 호흡은 유용한 보조 장치인데, 무슨 일이 일어나든 언제나 다시 호흡으로 돌아올 수 있기 때문이다. 지도자들은 앉아서 명상을 하고 있으면 마음속 괴물들과 씨름하는 것 같은 기분이 마침내 멈춘다고 주장했다. 말이 그렇지 사실상 굉장히 힘들고 자세를 바로잡는 것만도 고역이었다. 가부좌를 틀고 가만히 정지된 상태로 방석 위에 앉아 있노라면, 딱히 어디가 아프다고 말하기는 어려운 몸의 통증과 아픔이 침묵이라는 확대경 아래에서 활활 타올랐다. 아무튼 나는 엄마와 함께 제나에게 상담을 마치고 나면 수요일 저녁마다 이 명상센터에 와서 서른 명의 사람들과 함께 침묵을 지키고 앉아, 상담하는 동안 주고받았던 대화 내용을 머릿속에서 한마디 한마디 곱씹는 내 모습을 바라보았다. 나는 길고 열띤 가상의 논쟁을 시작했고, 그 속에서 제나와 엄마는 내 고통에 압도되어 유순하게 주장을 철회했다. 그러는 동안 허리는 욱신거리고 무릎은 쑤시고 목의 근육은 뻣뻣해졌다.

태엽을 감아 움직이는 장난감이 지칠 때까지 덜그럭거리며 뱅글뱅글 도는 것처럼, 내 몸과 마음의 긴장도 아무 일도 하지 않는 빈 공간을 뱅글뱅글 돌고 있었다. 이럴 때 내가 선택할 수 있는 건 둘 중 하나였다. 벌떡 일어나 방을 나가든지 그대로 앉아서 참고 견디든지. 내 옆 방석에 앉은 덩치 큰 남자가 코를 골고 있었다. 정말 이해가 안 됐다. 어떻게 사람이 앉은 자세로 곤하게 잠을 잘 수 있는지. 그런데 그런 사람들이 한둘이 아니었다! 이건 뭐, 눕지만 못할 뿐이지 어른들의 낮잠시간 같았다. 눈을 떠서 주변을 둘러보면 고개를 위아래로 끄덕끄덕 움직이는 사람들 천지였다. 사람들은 깜박 졸다가 옆으로 넘어지기 직전에 기가 막히게 동작을 멈추었다. 나는 내 옆의 코 고는 남자가 내 무릎 쪽으로 쓰러지지 않을까 조마조마 마음을 졸이느라 여느 때보다 더 긴장이 됐다.

운이 좋을 땐 30초 정도 호흡에 주의를 기울일 수 있었다. 이건 그야말로 또 다른 차원의 노출이었다. 서두르지 않고 가장 핵심적이고 기본적인 수준에서 자기 자신과 함께하기, 그런 다음 그 상태를 유지하기. 순수한 의식 상태로 보내는 이 30초는 꽤 긴 시간이었으며, 특히나 무슨 수를 써서라도 자기 자신으로부터 달아나려고 평생 발버둥 쳐온 사람에게는 더더욱 긴 시간이었다. 45분 후에 명상 지도자가 벨을 울렸을 때 나는 눈을 치켜뜨고는 깜짝 놀랐다. 주의를 기울여 의식 상태를 유지하면 상황이 변하게 되리라는, 변증법적 행동치료와 내적 가족체계 치료에서 사람들이 말한 그대로였다. 내 몸은 여전히 경직된 상태였다. 여전히 오만가지 생각들이 쏜살같이 지나갔다. 많은 사람들에 둘러싸여 있다는 불안감이 슬며시 고개를 들었다. 그렇지만 동시에 해방감도 느꼈다. 아니 이 느낌은 불과 한 시간 전 걷잡을 수 없이 나를 짓누르던 모든 일들이 스르르 빠져나가는 느낌이라고 말하는 것이 더 정확할 것 같았다. 나는 다시 눈을 감았고, 이번에는 이글거리는 분노를 느끼지 않고도 제나의 사무실을 떠올릴 수 있었다. 이렇게 아무것도 하지 않는 행동을 통해 해방감을 느낄 수 있었다.

현실에 대한 자신의 견해를 철석같이 믿는 건 대단히 위험한 태도다. 모두가 그렇지만 특히 우리 같은 경계성 인격장애 환자들의 경

우 이런 태도를 더욱 경계해야 하는데, 우리는 다른 사람의 견해를 받아들일 아량을 베풀기가 대단히 어렵기 때문이다. 극단적인 감정에 휩쓸리다 보면 자연히 주의를 집중하는 폭이 좁아지기 마련이다. 인지 필터(cognitive filter), 활성화된 부분들(activated parts), 핵심 도식(core schemas) 등, 뭐라고 이름을 붙이든 이런 것들은 탄력적인 사고를 더욱 어렵게 만든다. 변증법적 행동치료가 대립되는 사실들을 인식하고 근본적인 수용과 같은 기술을 연습하는 데 그토록 역점을 두는 이유도 그 때문이다. 이른바 절대적 사실이라고 하는 것, 극단적인 견해들은 놓아버려야 한다. 우리의 견해를 완벽하게 공유할 수 있는 사람은 세상에 아무도 없으며, 심지어 아니 어쩌면 특히 어머니들은 더더욱 공유하지 못한다. 내가 무시당하고 오해받은 과거의 일들을 하나하나 제기할 때마다 엄마는 다른 견해로 반박했다. 나는 엄마가 내 문제를 심각하게 여기지 않았다고 말했고, 엄마는 심각하게 여겼지만 방법을 몰랐다고 말했다. 나는 엄마가 나보다 남동생을 편애했다고 말했고, 엄마는 남동생은 부담 없이 사랑을 받아들였다고 말했다. 나는 엄마는 내가 정신적으로 아프고 절망적인 상태라는 걸 알아주기는커녕 고집 세고 까다로운 아이라며 늘 나를 비난했다고 말했고, 엄마는 내가 미술이면 미술, 운동이면 운동, 뭐든 못하는 게 없어서 나에게 정신병이 있고 내가 절망적인 상태일 거라고는 꿈에도 생각하지 못했다고 말했다. 나는 나에게 엄마가 가장 많이 필요한 시기에 엄마는 나를 소홀히 했다고 말했고, 엄마는 그 당시엔 엄마 한 몸 건사하기도 벅찼다고 말했다. 이런 식으로 끝도 없이 주고받고 주고받고를 반복했다. 이건 마치 테니스 경기 같았고, 절대로 동점이 되어서는 안 되었다. 그러나 또 한편으로는 동점이 되어도 좋을 것 같았다. 우리 사이에는 그 강도와 극단적인 성격으로 나를 오싹하게 만드는 어떤 결속력 같은 게 있었다. 나는 단 한 번도 보호받고 있다는 느낌이 든 적 없다고 말했고, 엄마는 세상이 그렇게 잔인할 줄 미처 몰랐다고 말했다.

 엄마와 내가 현실에 대한 서로의 견해를 살펴보는 동안 나는 엄마의 관점을 인정하려고 노력했는데, 그럴 때마다 어쩐지 내가 지워지는 것 같은 기분이 들었다. 엄마가 너무 많은 일을 해야 했고 엄마 자신도 힘들었다는 걸 잘 알고 있었지만, 그럼에도 불구하고 엄마가 나를 저버렸을 때 내 기분이 어땠는지 알려줄 필요가 있었다. 내가 너무너무 고통스러워할 때 엄마는 언제나 나를 혼자 내버려두었다는 걸, 이러다 죽을 것 같아 숨을 헐떡이며 엄마 방에 들어갔더니 엄마는 "가서 좋은 생각 하고 있으면 괜찮아져"라고 말하면서 내가 단지 악몽을 꿔서 그러는 거라고 여겼다는 걸, 내가 마리화나를 피우는 걸 새아빠가 보고 내 얼굴에 마리화나를 대고 꾹꾹 누르는 걸 보면서도 엄마는 아무 말 하지 않았다는 걸, 내가 이리저리 병원을 바꾸어 다니면서 이 치료 저 치료 받게 내버려둔 채 단 한 번도 내 치료 과정에 관심을 보이지 않았다는 걸, 아무리 엄마가 힘든 시기여도 그렇지 나는 고작 아이일 뿐이었는데 상황을—심지어 나조차도—전혀 통제할 수 없었던 그 시기에 내가 엄마 인생을 망쳐놓고 있다고 한탄하고 다녔다는 걸 엄마에게 반드시 말할 필요가 있었다.

 엄마는 내 말을 다 들었고 눈물을 참으려 애썼지만, 어느새 두 눈에 눈물이 고여 뺨으로 흘러내리고 있었다. 나는 분노와 상처를 주체하지 못하고 지금까지 한 번도 표현하지 못한 채 소홀하게 방치했던 과거의 일들을 낱낱이 이야기했고, 그러는 동안 엄마의 고통과 무력감을 느낄 수 있었다. 마침내 엄마가 입을 열었다. "너와 벤을 돌보기 위해 할 수 있는 **모든 걸** 다 했다. 나는 너를 사랑으로 키웠어. 네 장래를 위해 그 학교에서 교편을 잡았다. 더는 정부 보조금으로 생활하지 않으려고 일주일 내내 일했어. 여름 캠프며 방과 후 프로그램이며 좋다는 데는 다 보내줬다. 때마다 생일 파티도 열어줬고, 축구 경기에도 데려다 줬고, 옷을 사달라고 조르면 옷을 사줬고, 여행도 데리고 갔다. 내 딴에는 최선을 다해 너를 사랑했어."

엄마의 변명을 듣고 있으려니 가슴이 찢어지는 것 같았다. 엄마의 행동에 악의라고는 눈곱만큼도 찾아볼 수 없었다. 엄마의 말 속에는 다정하고 행복했던 어린아이에서 언제나 검은색 옷만 입고 자신을 증오하며 세상에 분노하는 낯선 사람으로 변해가는 내 모습을 지켜보며 느껴야 했던 고통과 두려움만 있었다. 엄마가 다시 말을 이었다. "네가 네 인생을 망가뜨리는 걸 보고도 바로 잡을 수가 없었다. 내가 뭘 할 수 있었겠니? 그 정도는 이해할 수 있겠지? 넌 내가 엄마 노릇을 제대로 안 했다고 나를 비난해서는 안 돼. 그 시절에 아무도 날 도와주는 사람이 없었어. 나는 완벽한 학교에서 완벽한 교사가 돼야 했다. 네 아빠는 양육비 한 푼 보내지 않았지, 네 새아빠는 제대로 된 일자리를 알아보려 하지 않았지, 그러니 내가 돈을 벌지 않으면 무슨 수로 먹고 살 수 있었겠니. 그 시절 내가 얼마나 비참했는지, 얼마나 불안하고 외로웠는지 네가 어떻게 알겠니. 내가 하루하루를 얼마나 위태롭게 살았는지 네가 어떻게 알겠어!"

엄마와 나는 둘 다 엉엉 울었고, 제나는 우리에게 심호흡을 몇 차례 해보라고 권했다.

"내가 울 때면 난 그저 엄마가 내 곁에 있어주기만을 바랐어." 내가 울면서 말했다. "그냥 내 곁에만 있으면 됐을 텐데 왜 그러지 않았어? 왜 내가 '나쁜 애', '반항적인 애', '관심받으려고 애쓰는 애', '짐스러운 애'라고 불려야 해? 내가 견딜 수 없이 고통스럽다는 걸 왜 이해하지 못했어?"

엄마는 고개를 저었다. "네가 힘들다는 거 알고 있었어. 지금도 그걸 생각하면 너무너무 가슴이 아프다. 너와 벤, 그리고 네 인생을 생각하느라 밤에 잠을 이룰 수가 없었어. 모든 것이 나빠지기만 하는데 어떻게 해야 바로잡을 수 있을지 도무지 방법을 모르겠더라. 내가 한 말이나 행동들은 전부 지독한 절망에서 나온 것들이었어. 나는 그 상황을 극복하려고 노력했을 뿐이야…."

제나가 앞으로 몸을 숙이며 엄마에게 물었다. "그런 고통을 경험했을 때 어떻게 극복하셨나요?"

엄마는 잠시 생각하더니 눈물을 훔치며 말했다. 제나가 엄마와 나에게 티슈를 건넸다. "아마…, 아마 고통을 감수하며 사는 법을 배웠던 것 같아요."

"그렇다면 어떻게 고통을 감수하며 살 수 있었나요?" 제나가 다그쳤다.

"엄마는 해외로 가버렸어요." 내가 말했다. "방학이고 여름휴가고 할 것 없이 학교에 수업이 없을 땐 비행기를 타고 해외로 날랐거든요."

"일종의 도피였어요." 엄마가 고개를 끄덕였다. "인정해요. 하지만 그렇게 하지 않고는 제정신으로 살 수 없었을 거예요." 엄마는 이제 나를 향해 말했다. "키라, 내가 나 자신을 돌보는 법을 배우지 못했다면 넌 이런 엄마조차 갖지 못했을 거야."

"그 밖에 어떤 방법으로 자신을 돌보았나요?"

"가식적으로 행동했어요." 엄마가 말했다. 제나는 눈썹을 치켜떴다. "말하자면, 다른 일들에 관심을 쏟았어요. 그래야 숨이라도 쉴 수 있었으니까요."

"그걸 부인이라고 하는 거야." 내가 덧붙였다.

"그렇지만 상황이 어렵다는 건 알고 있으셨지요." 제나가 말했다.

"당연하지요! 전 그저 … 모르겠어요…. 그저 어떻게든 계속 살아야 한다고 생각했고, 그래서 채널을 돌려버린 거예요. 긍정적인 일에만 집중하려고요. 문제만 생각하면서 마음을 졸이면 불평만 하게 되고 상황은 더 악화될 뿐이라고 믿었어요."

내가 엄마에게 반박하며, 문제를 인식하고 제대로 다룰 때 비로소 상황이 개선되는 거라고 말하려는데, 제나가 손을 들어 나를 가로막았다. "인생을 살면서 부딪치는 어려움을 극복하는 방법이 두 분이 아주 다르다고 말씀드리고 싶군요. 각자 상대방이 자신을 이해하지 못한다고 생각하는 것도 그래서예요."

나는 이 말에 대해 잠시 생각했다. 맞는 말이었다. 우리는 다른 별에서 태어난 사람 같았다. 엄마는 모든 고통을 상자 안에 넣어놓고 나 몰라라 하고 떠나버렸다. 반면에 나는 고통을 끌어당기는 자석 같았다. 분노, 상처, 두려움, 불안, 증오 같은 무수한 금속 가루들이 사방에서 나에게 달려들어 내 살갗을 뚫고 들어와 곧장 혈류를 타고 흘렀다. 내가 아는 유일한 해결책은 고통으로부터 달아나기 위해 나 자신을 지우는 것이었고, 엄마의 해결책은 상황 자체를 지우는 것이었다.

"베스, 당신은 고통을 구분해요." 제나가 말했다. "이건 일종의 관리 기법이에요. 모든 사람은 저마다 다른 방식으로 고통을 다룹니다. 당신은 이 상태를 계속 유지하기 위해 괴로운 일은 말하지 **않고**, 미루거나 심지어 잊어버리는 것이 최선이라고 배운 거예요. 키라의 고통 때문에—그리고 당신 자녀들이 처한 모든 문제들 때문에—감당할 수 없을 만큼 힘들어지면, 자신의 역할을 계속해나가기 위해 무슨 일이든 닥치는 대로 할 수밖에 없었을 거예요. 안타깝게도." 제나가 나를 보며 말했다. "이 방법이 키라 당신에게는 전혀 도움이 되지 않았던 거지요. 제 말 이해하겠어요?"

이해할 것 같았다. "엄마가 문제를 극복하는 방식은 결국 정당성을 인정하지 않는 극단적인 형태라는 거지요. 엄마는 뭐든지 무시하고 넘기려고 했어요. 그게 엄마에게 효과가 있으니까요."

"바로 그거예요. 하지만 그 방법이 당신에게는 효과가 없었던 거지요." 확실히 맞는 말이었다. 나는 아무리 편안한 상태일 때에도 사람들에게 끊임없이 내 감정을 이해받아야 했고 내 정당성을 인정받아야 했다.

"일부러 너를 무시하거나 묵살한 적은 한 번도 없었어." 엄마가 말했다. "나는 늘 네가 강하고 재능이 많은 아이라는 점에 관심을 쏟았어. 특히 네가 최악의 기분 상태에서 자기 자신을 믿지 못할 땐 더욱."

"하지만 왜 내 정신병을 심각하게 받아들이지 못해? 나는 수시로 위험에 빠진 것 같은 기분이 들어. 휠체어 없어 걸어야 하는 불구자 같고, 다들 나에게 마라톤 경기에 나가라고 부추겨놓고 우승을 못 했다고 창피하게 여기는 것 같은 기분이 든단 말이야."

"네가 정신병이라는 걸 차마 인정할 수가 없어."

나는 다시 화가 났다. 우리는 원점으로 되돌아오고 있었다. "내가 얼마나 힘든 일을 겪었는지 다 봐놓고 어떻게 그런 말을 할 수 있어?"

제나가 엄마를 향해 말했다. "이건 매우 심각한 문제입니다. 그리고 이 일을 무시하는 건 누구에게도 득이 되지 않을 거예요."

"하지만 넌 많이 호전되고 있잖아." 엄마가 나에게 말했다. "그런데 왜 자꾸만 아프다고 말하는 거니?"

나는 애원하듯 제나를 바라보았다. 나는 미리 제나에게 전화를 걸어, 엄마가 경계성 인격장애를 이해하도록 도울 방법을 생각해봐달라고 말해두었다. 제나는 최선을 다하겠다고 약속했다. 이제 그때가 온 것이다. 나는 제나가 입을 열길 기다렸다.

"베스." 마침내 제나가 말했다. "경계성 인격장애에 대해 얼마나 알고 계시는지…."

"키라가 준 책을 읽었어요!" 엄마가 제나의 말을 잘랐다. (앗, 내가 준 《나는 네가 싫어, 그러니 날 떠나지 마》를 읽었단 말이야? 어쩜 그러면서 나한테는 한 번도 그런 말을 안 할 수 있담.)

"그렇다면 키라의 수많은 진단들이 경계성 인격장애와 결합되어 있다는 점을 감안할 때, 키라가 살아 있다는 것이 대단한 행운이라는 사실도 이해하시겠군요?" 엄마는 고개를 저었다. "경계성 인격장애가 있는 사람 열 명 가운데 한 명이 자살로 사망합니다. 약물중독을 포함시키면 사망 비율은 그보다 더 높고요. 우울증과 그 밖에 다른 요인들이 더해지면 생존 가능성은 훨씬 낮아집니다."

"어쨌든 키라는 살아남았잖아요." 엄마가 딱 부러지게 말했다.

"맞아요. 하지만 그러기 위해 키라는 매일, 어느 땐 매 순간 몸부림쳐야 했다는 걸, 그렇게 몸부림을 쳤는데도 어머니는 거의 매번 눈 하나 깜짝하지 않았다는 걸 아셔야 합니다. 장애가 없는 우리 같은 사람들은 좀처럼 이해하기 어렵지만, 어머니께서 당신과 다른 따님의 현실 세계, 따님의 예민한 성향, 따님이 지닌 고통을 인정하는 것은 심지어 한 사람의 목숨을 구할 수 있을 정도로 대단히 중요합니다."

이 말에 엄마는 길게 침묵을 지켰다.

엄마는 마지못해 고개를 끄덕였다. "도저히 받아들일 수가 없어요…. 키라가 얼마나 대단한 아이인데요. 정말 재능이 많은 아이예요. 그런 아이가 이런 장애를 갖고 있다니요. 키라에게 두 가지 모습이 있다는 걸 저는 이해할 수가 없어요."

"그런 게 경계성 인격장애라고 생각하면 되겠네." 내가 빈정대며 말했다.

"키라는 어머니와 다른 면에서 많이 약해요." 제나는 이렇게 말한 다음 나를 돌아보며 말을 이었다. "그렇지만 키라. 어머니가 당신과 같아야 한다는 기대 역시 역효과를 낳아요. 어려움을 극복하는 자신만의 방법을 어머니에게 강요하고, 어머니에게 탈출구가 필요하다든지, 구획을 정할 필요가 있다든지, 어떤 식으로든 어머니 스스로 돌볼 필요가 있다는 사실을 인정하지 못한다면, 당신은 어머니를 비난한 것과 똑같은 행동을 하고 있는 거예요."

"그렇다면 우리는 서로의 정당성을 인정하지 못하는 거로군요…."

"그 문제는 다음 상담 때 이야기하기로 하지요." 제나가 미소를 지으며 말했다. 나는 엄마를 바라보았다. 엄마는 완전히 기진맥진했다. 격한 논쟁이 오가는 심리치료가 나에게는 그리 생소한 경험이 아니었지만, 어려움을 극복하는 전략들이 서로 다를 수 있다는 사실을 깨닫고 나니, 엄마로서는 이렇게 극도로 나약한 모습이 적나라하게 드러난 상태에서 가만히 앉아 있는 것만으로도 진이 빠지는 일이라는 걸 금세 이해할 수 있었다.

우리는 상담실 밖을 나왔다. 바람에 나뭇잎이 흔들리며 우리의 얼굴에 슬쩍슬쩍 빛을 비추었다. "진짜 빡세게 힘든 상담이네." 내가 말했다. 우리는 서로의 손을 잡았다. "우리 이제 엄마의 극복 방법을 이용해볼까, 엄마?"

"어떻게 하려고?" 엄마가 물었다.

"일단 태국 음식점에 가서 식사하고 영화를 보는 거야. 그리고 오늘 밤엔 우리 관계에 대해 아무 말도 하지 말자."

"좋았어." 엄마가 빙그레 미소를 지었다.

22

정점

　이즈음 나는 항상 변증법적 행동치료의 각 단계와 목표들로 되돌아갔다. 여전히 이것은 내가 어떤 일을 겪고 있고 어디에 위치하고 있는지 이해하기 위해 내가 지니고 있는 지침에 가장 가까운 형태였다. 에단은 회복으로 향하는 길은 언제나 공사 중이며, 대체로 그 단계들은 결코 말끔한 직선 형태로 나타나지 않는다고 말했다. 이따금 여러 단계들이 동시다발적으로 일어나기도 하고, 잠시 한 단계를 건너뛸 수도 있다. 이것은 우리를 목적지로 데려다 주는 기차가 아니다. 물론 우리는 어디쯤에선가 출발을 하긴 해야 하지만 말이다. 그런 점에서 1단계가 대단히 중요한데, 1단계는 스스로 목숨을 유지하는 것과 관계되기 때문이다. 리네한 박사는 행동을 통제하는 방법을 확립하고 변증법적 행동치료 기술을 배우기까지 1년 이상의 시간이 걸리며, 대체로 트라우마가 진행되고 여러 가지 감정을 경험하는 2단계를 시작하기에 전에 완료되어야 한다고 말한다(1993a). 또한 2단계에서는 간혹 다른 형태의 심리치료에 들어갈 필요가 있을 수 있다고 언급하며 그것을 문제로 여기지 않는다.

　회복 과정은 때로 우리가 혼자 힘으로 버틸 수밖에 없을 때조차 대립되는 경험들을 끌어 모으고 새로운 성장단계를 촉진시키는 등, 끊임없이 변하고 있으며 변증법적으로 움직인다. 나는 지금 영락없는 3단계에 있는 것 같았다. 나는 삶의 목표들을 발견하고 그것을 이루려고 노력하고 있으며, 지속적이고 성실한 관계를 발전시키며, 의미 있는 일들을 창조하고, 단순히 비싼 여행 가방일 뿐인 집이 아니라 한 가정을 이루고 있었다(테일러가 도와주는 한에서). 그리고 단순히 생활 이상의 무언가를 바라고 있는 것으로 보아 서서히 4단계가 다가오고 있음을 느끼기 시작했다. 나는 쉴 새 없이 두려움과 욕구에 매달리지 않는 경이로운 삶을 원했다. 세상은 적의로 가득하며, 나는 사랑받을 자격이 없고 혼자임에 마땅한 존재라고 주장하는 인지 필터(cognitive filter)로부터 자유롭길 원했다.

　이제 나는 내 현실이 이러한 내면의 상태에 얼마나 깊은 영향을 받는지 충분히 이해하게 됐고, 내 감정에 반응하고 이해하는 일이라면 굉장히 잘해내고 있었다. 그러므로 어떤 면에서는 경계를 건넜다고 볼 수 있었다. 사람들이 바라는 바가 이런 게 아닐까? 사랑을 받고, 나를 지지하는 안정적인 직장을 갖고, 어딘가에 소속되어 있다는 느낌을 갖는 것? 이쯤 되면 일부 경계성 인격장애 환자들은 심리치료를 끝내기로 결심하는 것 같다. 목표가 이루어졌고, 어쨌든 겉으로는 정상적이고 안정된 모습을 보이고 있으니 말이다. 하지만 내 경우는 그렇지 않았다. 내 안에서는 여러 부분들이 수많은 방향으로 나를 끌어당기고 있었다. 나는 여전히 내가 누구인지 정말 모르겠고, 테일러와의 관계가 아니면 이렇다 할 소속이 없었다. 내 안의 여섯 살짜리 아이는 여전히 어른 침대에서 내려오지 못했다. 그리고 끊임없이 무언가를 갈망하면서도 그것이 무엇인지 알지 못했다. 어쩌면 그건 4단계에서 제시되는 초월성이거나 전일감(sense of wholeness)일지도 몰랐다. 그것이 무엇이든 에단은 나와 이 여정을 함께하는 사람이며, 에단과 함께하면서 한결 상태가 좋아졌기 때문에 그와의 관계를 그만둘 생각은 조금도 없었다. 에단에게 상담받은 지 3년이 지난 후부터 상담 횟수는 일주일에 한 번으로 줄었지만, 그 50분은 내가 깊게 숨을 쉴 수 있고 내 초점을 다시 조절하면서 한숨 돌릴 수 있는 귀중한 시간이었다. 세상 그 누구보다 에단은 나에 대해 속속들이 목격한 사람이었고, 밤새도록 그와 술잔을 기울이고 싶을 만큼 내가 어떤 모습을 보이든 무조건적으로 나를 존중하며 품어줄 수 있는 사람이었다.

최근 에단은 나에게 무례한 태도를 보이는 기술을 가르쳤다. 나는 여전히 사람들이 나를 보잘 것 없는 사람, 불쾌한 사람으로 여긴다는 생각에 극심하게 시달렸고, 특히나 사람들에게 친절하게 대하려 할 땐 그런 생각이 더욱 심해졌다. 에단은 나에게 다른 사람들의 행동에 지나치게 휘말릴 땐 심호흡을 한 번 한 다음 '또라이들 같으니'라고 말해보라고 제안했다.

"또라이들 같으니." 이 말은 마법처럼 효과가 좋았다. 나는 적대적인 느낌에 부딪칠 때 그 느낌을 놓아버리기가 무척 힘들다는 걸 깨닫는 중이었다. 최근에 나는 정신건강에 대한 '소비자' 집단에 진출을 시도하기 시작했다. 이 집단에서는 정신질환을 앓는 사람들이 동료 지지(peer support)라는 개념을 바탕으로 프로그램을 만들기 시작했는데, 나는 안정감을 유지하는 데 도움이 되기 위해 이런 식의 편법이 필요했다. 그런데 어떻게 된 게 모임에 갈 때마다 매번, 몇 년 동안 지속적으로 입원해 있는 사람 아니면, 전기 충격 요법으로 완전히 맛이 가서 경계성 인격장애는 일종의 억압의 도구라는 식으로 일장 연설을 늘어놓는 사람을 만나게 되는 것 같았다. 이런 사람들을 만나면 나는 독설을 퍼부으며 신랄하게 말다툼을 하고 돌아오곤 했다. 사람들은 어떤 모임이든 경계성 인격장애에 조금이나마 도움이 될 테고, 다른 정신병들도 마찬가지일 거라고 생각하겠지만, 천만의 말씀. 뭐 최소한 그런 기분이 들 수는 있겠다. 하지만 나는 결국 정신병을 지닌 자유의 수호자들 사이에서 내 진단을 정당화하느라 지칠 대로 지쳤기 때문에, 화도 나고 주눅도 든 상태로 굽실거리며 다시 에단에게로 돌아갔다. 당연히 에단은 내가 왜 굳이 그 집단에 가입해야 했는지 궁금해했다. 내 대답은 여느 때와 같았다. 어딘가에 소속되어 있다는 느낌을 갖고 싶었던 것이다.

"하지만 감수해야 할 부분이 너무 크면 어떻게 하겠어요?"

나는 아무 대답도 하지 못했다. 나는 언제쯤 물러나서 방향을 바꾸어야 할지 전혀 감을 잡을 수 없었다. 리네한 박사는 경계성 인격장애가 있는 사람은 선입견을 쉽게 놓지 못한다고 말한다(Linehan 1993a). 누구나 자신의 인생이 특정한 방향으로 흐르길 원하지만, 우리 같은 경우 감정이 극대화된 나머지, 있지도 않은 장난감을 내놓으라며 비명을 지르는 아이처럼 어떤 소망은 충족되지 못한 채 남아 있기 마련이라는 사실을 인정하지 못하고 현실을 부적절한 상태로 만들어버릴 수 있다. 에단과 나는 사람들은 각자 나름의 한계를 지니고 있다는 사실을 검토했고, 이러한 사실이 무엇이 '이루어져야 한다'는 내 집착과 어떻게 상충하는지 살펴보았다. 감정적인 상태에 있지 않을 땐 종종 다른 사람의 관점에서 상황을 이해할 수 있었다. 하지만 그럴 때조차 다른 사람의 동기를 이해하지 못하면 호기심을 주체하지 못했다. 예를 들면 이런 식이다. 붐비는 인도 한가운데를 걸어가던 사람들이 왜 갑자기 걸음을 멈추기로 결정한 걸까? 자기 뒤로 수백 명의 사람이 있다는 걸 모를 리 없을 텐데. 그렇다면 그들은 뒤따라오는 사람이 다쳐도 상관없다는 건가? 내가 지나가면서 그들을 발로 차거나 방해가 되지 않도록 옆으로 밀어버리면—아주 세게—좀 도움이 될까?

"사실, 사람들이 왜 그런 행동을 하는지 평생을 가도 알 수 없을 거예요." 에단이 말했다. "그럴 때 자신에게 이렇게 말하는 거지요. '또라이들 같으니.' 어느 때가 되면 그 상황을 외면하고, 다른 사람들이 그들의 관점대로, 그들의 대처방식대로 살도록 그냥 내버려둬야 해요. 그럴 때 확실히 근본적인 수용을 시도해볼 수 있는 거지요. 누군가가 도무지 이해가 안 돼서 당황하면 그냥 당황한 채로 내버려두고, 상황을 효과적으로 만들려는 노력을 멈추세요."

"또라이들 같으니." 나는 되풀이해서 말해봤다. 입에 착착 달라붙었다.

"그게 바로 변증법적 행동치료의 네 번째 마음 상태입니다." 에단이 말했다. "일명 '건방진 마음'이라고 하지요."

어딘가에 소속되고 싶고 성과를 올리고 싶은 열망은 여전히 내 인생의 커다란 주제가 되었고, 몸은 힘들고 마음은 수시로 상처를 받으면서도 경계성 인격장애 환자들을 돕는 활동은 이 열망에서 벗어나기 위한 주된 배출구가 되었다. 에단은 이따금 내 모습을 위태롭게 바라보며, 이 홍보 활동이 소속되고자 하는 욕구를 만족시키는 효과적인 방법인지 묻곤 했다. 늘 그렇듯이 대답은 변증법적이었다. 경계성 인격장애 환자와 관계를 맺는 것은 위험하다는 믿음 내지 오명이 있는 만큼, 나는 내가 경계성 인격장애라는 걸 공공연하게 발표함으로써 나와 관계를 맺는 대부분의 사람들을 자동적으로 위태롭게 했다. 반면에 이러한 노력들 덕분에 나는 일종의 권한을 부여받기도 했다. 사실 옹호 활동은 나를 경계성 인격장애가 있는 개인으로 진심으로 이해해주고 내 정당성을 인정해주는 사람들과 접촉하게 해주는 유일한 통로였다. 뿐만 아니라 콘퍼런스에 참여하는 동안 경계성 인격장애와 관련된 임상의들과 연구원들을 만날 수 있었고, 그들 가운데 대부분이 나를 동료로 대해주었다.

그리고 이런 관계들은 더 많은 기회를 가져다주었다. 경계성 인격장애 지원 센터는 〈한 발짝 뒤로 물러나(Back from the Edge)〉라는 제목의 경계성 인격장애에 대한 교육 영화를 만들기 위해 다큐멘터리 프로듀서인 빌 리히텐슈타인(Bill Lichtenstein)을 영입했고, 나는 이 영화에 출현하게 되었다. '이행 프로젝트(Project Transition)'라고 하는 펜실베이니아에 있는 한 생활치료 센터는 나에게 의료 책임자 가운데 한 사람인 로렌 크랩트리와 공동으로 경계성 인격장애에 대한 프레젠테이션 작업을 해줄 것을 부탁했다. 6개월 뒤, 나는 센터의 직원들, 심지어 버스 기사들에게까지 경계성 인격장애에 대한 상담 서비스를 제공하고 훈련시키기 위해 정기적으로 필라델피아로 날아갔다. 크랩트리 박사는 다른 의사들과 임상의들에게 나를 '전문 교육자'로 소개했다. 여기에서는 질병이 있는 사람이라는 내 처지가 소중하게 여겨졌고, 경작하고 길러야 할 자원으로 다루어졌다. 그리고 소비자 집단에서 패배를 인정하려던 찰나, 정신건강의 주요 옹호자들 가운데 한 명이며 정신질환 동료 지지 모임의 대부인 모에 암스트롱이 나를 식사에 초대해 내 헌신적인 노력이 매우 가치 있었다고 옹호해주었다.

이렇게 많은 면에서 보람을 느꼈지만, 저울은 기진맥진한 방향으로 너무 많이 기울고 있었고 나는 덫에 걸린 기분마저 들기 시작했다. 언제까지나 경계성 인격장애의 상징으로만 남고 싶지 않았다. 그때 엄마가 누누이 하던 말이 떠올랐다. "너 자신이 아닌 다른 것들에 더 많이 눈을 돌릴 필요가 있다. 네 문제 외에 다른 일들에 관심을 돌려라!" 정당성을 인정받는 것이 꼭 필요할 때에도 노상 이런 말을 해서 그렇지, 나쁜 충고는 아니었다. 나는 인생이라는 여행을 위한 지도를 만들기 시작했고, 그 안에 나와 관계를 맺는 모든 사람들, 장소들, 활동들을 표시했다. 작은 집들과 오토바이들도 그리고, 모형도 붙이고, 관계망의 진화 과정을 표시하기 위한 관계도도 그렸다. 일에 대한 부분은 레이먼드와 르네와 연결시켰다. 테일러에 대한 부분은 그의 친구와 가족, 오토바이 동호회와 연결시켰다. 경계성 인격장애 부분은 리스트서브, 소비자 집단들, 옹호 기관들과 연결시켰다. 그리고 외부로 더욱더 활동을 넓히기 위해 애썼다. 테일러의 어머니는 한 예술인 공동체에 소속되어 있었는데, 나는 일주일에 한 번씩 열리는 워크숍에 용기를 무릅쓰고 참석했다가 그곳의 독특한 분위기와 창작 수업에서 느낀 좌절감으로 잔뜩 기가 죽은 다음부터 발길을 끊었다. 내 내면의 관리자들은 어찌나 완벽을 주장해대던지, 창작 수업을 마친 후 나는 두 시간을 들여 힘들게 만든 점토 조각을 부숴버렸다. 나는 테일러의 인간관계에 의지하기보다 나만의 친구들을 만들려 애썼다. 변증법적 행동치료 상급반에서 한 여자를 알게 됐는데, 워낙 내 프로그램에 우정이라는 걸 설계해본 적이 없다 보니 마치 정부를 둔 것 같은 기분이 들었고, 그녀에 대한 소유욕이 점점 커지는 바람에 관계가 악화되었다. 테일러한테 그랬던 것처럼, 그녀가 나를 무시하는 기분이 드는 순간 나는 너무 화가 나 이 관계를 파괴해버리고 싶었던 것이다.

이 무렵 나는 내 회복 과정과 안정된 상태가 경계성 인격장애의 증상들을 잘 관리하기 때문만이 아니었음을 이해하기 시작했다. 환경 역시 그 못지않은 영향을 미친다는 걸 깨달으면서, 경계성 인격장애는 만들어지는 것이고 따라서 관계들을 통해 해체될 수 있다는 리네한 박사의 견해를 다시 한 번 확인하게 된 것이다(1993a). 많은 사람들이 당연한 듯 받아들이는, 겉보기에는 일상적인 생활 양상들 —직업을 갖고, 관계를 맺고, 살 집을 소유하는 것—이 기술을 배우고 심리치료를 받는 것만큼이나 내 회복에 대단히 중요했다.

경계성 인격장애를 회복하는 요인을 이해하는 데 가장 큰 도움을 준 경험 하나는 영화 제작에 참여할 때 찾아왔다. 크렙트리 박사는 '이행 프로젝트'에 나를 초대했고, 우리는 생활 치료 센터에 있는 경계성 인격장애 여성 세 명을 이 작업에 합류시켰다. 우리는 이렇게 그룹을 만들어 각자의 회복 과정과 자신이 어디쯤 위치하는지 토론했다. 한 여성은 최근에 경계성 인격장애 진단을 받고 이제 막 변증법적 행동치료 프로그램을 시작했다. 그녀는 크렙트리 박사와 내가 '감정조절장애 구역에서 살아남기'라고 이름을 붙인, 자신의 행동과 고통으로 끊임없이 씨름하는 단계에 있었다. 두 번째 여자는 거의 1년 동안 '이행 프로젝트' 프로그램을 함께 해왔다. 그녀는 크렙트리 박사가 탈출 단계라고 부르는 2단계와 3단계에 있었다. 그녀는 데이트도 하고, 학교도 다시 다니고, 자기 소유의 아파트도 얻어야겠다고 생각하기 시작했고, 결코 1단계로 물러나지 않고 각각의 도전에 돌입하기 위해 몸부림쳤다.

나는 이 여성들 모두와 동질감을 느꼈지만 세 번째 여성에게 가장 깊이 공감했다. 그녀는 2년간 상담치료를 받고 이제 치료를 그만둘 준비를 하고 있었으며, 나처럼 3단계와 4단계 사이에 있었다. 우리는 둘 다 증상으로부터 벗어나 정상적인 상태로 이행하는 틈새, 환자에서 정상인으로 이행하는 틈새를 건너는 방법을 알아내기 위해 몸부림치는 중이었다. 수십 년 간 소외당하고, 따돌림 받고, 무력함을 느끼고, 낙오된 세월을 보낸 우리 두 사람은 이제 세상과의 관계를 회복하고 세상 안에서 우리의 자리를 찾아가고 있었다. 이 무렵 우리는 눈에 띌 만큼 나약하지는 않았지만 여전히 나약한 상태를 유지하고 있었고, 치료될 거라는 기대감, 하다못해 극복할 수 있을 거라는 기대감으로 겁을 먹고 있었다. 그건 너무나 정상적인 현상이었다. 우리는 모두 경계성 인격장애가 회복될 수 있다고 간절히 믿고 싶었던 것이다. 우리처럼 회복 중인 사람들, 우리의 친구들이나 우리가 사랑하는 사람들, 우리를 믿는 사람들은 누구든 이 몸부림이 평생 지속된다고 믿고 싶지 않을 거다. 하지만 평생 계속되면 어떻게 하지? 우리의 증상들을 억제하기 위해 평생 몸부림을 치고 수많은 자원과 지지를 필요로 하면 어떻게 하지? 그건 우리가 구제불능이라는 의미일까?

　우리는 장래에 대해 토론하면서 회복 중이든, 이미 회복되었든, 조금이라도 차도가 보이든, 경계성 인격장애의 회복 과정은 삔 발목이 낫는 과정과 같지 않다는 걸 분명하게 이해했다. 모든 단계마다 한층 더 힘든 일이 기다리고 있었고, 우리는 여전히 도움이 필요했다. 나는 테일러와의 데이트가 나의 증상을 심하게 촉발시킨 나머지 데이트를 하지 말까 하는 생각이 들 정도라고 이야기했다. 그리고 지금도 겉으로는 아주 사이좋게 지내는 것 같지만 여전히 소외감을 느낀다고 말했다. 몸은 테일러의 집에 머무르고 있지만 여전히 떠돌이 생활을 하는 것 같고, 여전히 스트레스를 다스리지 못해 쩔쩔맨다고 말했다. 그리고 증상이 촉발되면 그 즉시 뒷걸음쳐 자신을 증오하고 세상을 적대적으로 보게 된다는 말도 했다.

크랩트리 박사는 이렇게 견해를 밝혔다. "각각의 새로운 도전들은 또 다른 불안정성과 잠재적인 상실을 가져옵니다. 따라서 여러분이 '회복'될수록 지지가 덜 필요한 게 아니라 계속해서 더 많은 지지가 필요하지요." 그의 말에 우리 모두 고개를 끄덕였다. 정말 맞는 말이었다. 성공과 발전은 언뜻 좋은 것이라고만 생각되지만, 근본을 해체시킬 수 있다. 그 결과는 여러 가지 형태로 드러난다. 가령, 프로그램을 그만둔다든지, 다른 사람들은 이제 우리가 완전히 회복되었다고 믿기 때문에 더 이상 그들의 공감을 얻지 못한다든지, 심지어 ─아니 어쩌면 특히─자신이 치료되었다고 굳게 믿고 있기 때문에 스스로 정당성을 인정하지 않고 자신을 질책하기도 한다. 관계와 통제력에 대한 보장 및 회복 상태에서 얻을 수 있는 모든 이점과 더불어 마지막 단계에서 나타나는 이런 현상이 사실이라면, 우리는 회복 과정 자체를 다른 관점으로 볼 필요가 있었다.

우리는 마지막 단계는 통합에 대한 것으로 판단했고 이 새로운 지점에 도달하기 위해 어떻게 다리를 놓고 길을 낼 수 있을지 연구했다. '이행 프로젝트'에서는 의뢰인들을 평생회원으로 여긴다. 다시 말해, 그들을 만성적인 정신병 환자로 낙인을 찍는 것이 아니라 언제나 그들의 위한 자리가 마련되어 있는 영구적인 동호회의 회원으로 인정하는 것이다. 그들은 필요할 땐 언제든지 부끄러워하지 않고 '이행 프로젝트'로 돌아올 수 있다. '이행 프로젝트'는 치료와 생활 사이를 넘나드는 접점을 만드는데, 이 접점을 인식하고 나면─개인에 따라 치료와 생활을 통합시키는 데 몇 년이 걸릴 수도 있다─여러 단계를 거치는 동안 발전과 퇴보를 거듭하거나 수차례 벽에 부딪치는 과정에서 든든한 안전망을 두를 수 있게 된다.

과거에는 경계성 인격장애 환자 모임의 장점을 다소 의심했지만 지금은 철저한 신봉자가 됐다. '이행 프로젝트'에서 토론을 하고 영화를 만들면서 이틀을 보낸 후, 나는 내 통합 과정에 도움이 될 경로와 공동체를 지속적으로 만들어갈 지점을 찾기 위해 내 인생 지도로 돌아왔다. 그러면서 경계성 인격장애를 도우려면 마을 하나가 필요하다는 사실을 그 어느 때보다 여실히 깨닫게 되었다. 치료는 우리에게 여러 가지 도구를 제공할 수 있으며, 운 좋게 '이행 프로젝트' 같은 프로그램에 참여하는 사람들의 경우 전문가들이 상주해 치료와 생활을 통합할 수 있도록 도와준다. 그러나 궁극적으로는 우리 자신이 혼자 힘으로 이런 일을 만들어가야 한다.

하지만 어떻게? 에단과 처음 상담치료를 받을 때부터 나는 어디에도 속하지 않은 느낌이 든다고 누누이 말해왔었다. 이것은 가장 끈질기고 가장 깊숙이 자리 잡은 감정 가운데 하나였다. 12단계 모임이 그토록 오랫동안 나에게 긍정적으로 여겨졌던 것도 바로 그래서였고, 그레이트풀 데드의 팬클럽 활동을 한다든지, 머리부터 발끝까지 온통 검은색으로 꾸며 짐짓 침울한 분위기를 보이려 한다든지, 심지어 그저 누군가의 여자친구가 되려는 이유도 그것이 해결책이 될 것 같았기 때문이었다. 소속감은 누구에게나 있는 근본적인 욕구다. 하지만 경계성 인격장애가 있는 사람의 경우 그 도를 넘어선다. 아무리 신맛이 나는 음료라도 누군가가 마시라고 주면 아무렇지 않다는 듯 꿀꺽꿀꺽 받아 마시고, 그러고 나면 일시적으로나마 자아감(sense of self)이 만들어지니 말이다. 그리고 솔직히 말하면, 옹호자로서 역할을 수행할 때조차 내가 이런 식으로 행동하고 있는 건 아닌지 걱정이 됐다. 여전히 나는 스스로 설정한 역할과 목표 외에는 나 자신을 이해하지 못하고 있으며 스스로 관계를 맺는 부분이 거의 없었다.

　최근에 나는 콘퍼런스나 모임, 워크숍, 교육 등으로 한편으로는 의기양양하기도 했고 한편으로는 지치기도 한 상태로 매주 에단에게 돌아왔다. 나는 동료 지지 모임과 관계된 모든 곳에 공식적으로 인정을 받고 있었고 접촉할 수 있는 모든 기관에 참여했다. 이건 알코올이나 섹스에 정신없이 빠져 있는 것과 다를 바 없었다. 내 목적은 보다 많은 관계를 만들고 보다 깊은 소속감을 느끼는 것이었지만, 어떻게 된 게 움직이면 움직일수록 점점 피폐해지고 있었다.

　에단은 늘 이렇게 물었다. "이것이 당신이 원하는 건가요?" 우리는 내가 내어주는 것과 받는 것의 무게를 달아보면서 내 선택의 장점과 단점을 살펴보았다. 내 내면의 어떤 부분들이 관계되어 있는가? 그리고 나를 지지하고 육성하는 공동체와 실질적으로 관계를 맺기 위해 얼마나 많은 노력을 기울이고 있는가? 관계를 맺음으로써 얻는 장점이 무엇이든, 지난 몇 년 동안 쌓아놓은 정서적인 비축물들이 차츰 줄어들고 있었으며, 콘퍼런스와 프레젠테이션을 통해 이를 만회하려면 점점 더 오랜 시간이 걸린다는 건 생각할 필요조차 없었다. 나는 단지 잠을 자기 위해 휴가를 내는 날이 많아졌다. 여러 기술로 무장되어 있었지만, 점점 외부 요인에 반응하게 되었다. 콘퍼런스 주최 측에 심한 말을 쏟아붙였고, 나를 지지하려 애쓰는 다른 소비자 단체들에게는 나에게 등을 돌린다며 비난을 퍼부었다. 변증법적 행동치료 상급 모임에서 알게 된 여자가 남자친구를 사귀게 되자, 질투심을 이기지 못한 나머지 사람들이 다 있는 자리에서 버럭 분통을 터뜨리고는 다시 돌아가지 못하는 일도 있었다.

　나는 황폐해졌고 몹시 부끄러웠다. 그리고 그때그때 기분에 따라이 여자는 세상에서 제일 나쁜 불여우라고 생각하기도 했다가, 나는 친구 한 명 사귀지 못하는 완전히 망한 인생이라고 생각하기도 했다. 테일러는 별일 아니고 다른 친구를 사귀면 된다고 나를 설득하려 애썼지만, 그런 말로는 전혀 위로가 되지 않았다. 에단과의 심리치료가 이제는 내 내적 가족체계 심리치료의 중심인 만큼 변증법적 행동치료 상급반 모임을 그만둔 것에 대해 속상하거나 하지는 않았다. 그럼에도 불구하고 에단은 다른 형태의 모임을 찾아보라고 제안했는데, 정말이지 내키지 않았다. 나는 뭔가 다른 것—기술이나 심리치료, 옹호 활동이 아닌—이 필요했지만 그게 뭔지는 알지 못했다. 마음관찰 연습조차 도움이 되지 못했다. 이 연습은 아무 맛도 나지 않는 맹맹한 음식 같았다. 그러니까 영양분을 섭취하긴 하는데, 필수적인 무언가가—내 안에 있는 무언가, 세상과 나와의 관계 안에 있는 무언가가—빠져 있는 것 같았다.

5 고통의 변형

23

귀의(歸依)

초가을, 나는 하버드 쿱 서점 3층에 다시 나타났지만, 이번에는 화장실에 숨거나 심리학 코너를 샅샅이 뒤지지 않았다. 나는 자신을 불교신자라고 생각하지는 않았지만 옹호 활동 외에 다른 활동을 찾으면 찾을수록 자꾸만 이쪽 방향으로 끌리고 있던 터라, 동양의 종교 특히 불교에 관심을 갖게 되었다. 내가 읽는 책, 마음관찰을 위해 찾아가는 장소 등, 모든 것이 한 방향, 즉 불교를 가리키고 있었다.

그리고 요즘 나는 부쩍 혼란스러웠다. 경계성 인격장애와 변증법적 행동치료에 대한 학습 과정을 모두 마치고, 이제 다시 초보자가 되었으니 말이다. 변증법적 행동치료에서 불교를 향한 도약은 그리 힘들 것 같지 않았다. 어쨌든 리네한 박사가 연구한 심리치료의 상당 부분은 선불교 신자로서 자신의 경험을 바탕으로 했으니 말이다. 변증법적 행동치료의 실천 가운데 일부는 불교의 수행과 유사할 뿐 아니라, 변증법, 상호의존, 끊임없는 변화, 무상(無常), 원인과 결과의 본질 이해 등, 많은 동일한 원칙들이 이 둘의 기초를 이룬다. 하지만 불교를 정확하게 이해하기는 여전히 어려웠다. 오랫동안 나는 고요히 앉아 명상을 하면서 만물은 하나임을 믿는다면 불교신자로서의 자격을 충분히 갖춘 거라고 생각했다. 그리고 명상을 할 때의 느낌이 마약을 복용하고 환각상태에 빠졌을 때의 느낌과 똑같다고 생각한 때가 있었는데, 어쩜 그렇게 말도 안 되게 갖다 붙여 생각했는지 모르겠다. 하지만 지금은 변증법적 행동치료의 마음관찰 및 수용 연습과 불교의 핵심을 이루는 명상은 결코 동일하지 않다는 사실을 알게 됐다. 명상은 범위가 굉장히 넓었다. 예를 들어, 요가는 몸과 마음뿐 아니라 받아들임과 판단하지 않음을 강조했고, 기독교와 유대교는 관상기도와 연민을 지닌 관조라는 전통을 지녔다. 그러므로 나는 더 깊이 파고들어야 했다. 경계성 인격장애, 변증법적 행동치료, 그리고 내적 가족체계 치료를 탐구했을 때 그랬던 것처럼, 노선을 바꾸려면 새로운 정보 속으로 뛰어들어 나에게 가치 있고 의미 있는 정보를 추려내야 했다.

'불교'라는 용어는 굉장히 넓은 의미를 지니고 있어, 이 용어가 담고 있는 수많은 형태 안에서 길을 잃기 십상이다. 2,500여 년 전 인도에서 창시된 이래로 불교는 수십 개 나라와 대부분의 대륙에 전파되었으며, 그 수행 방법과 개념들은 불교가 접촉하는 문화에 따라 다양하게 형성되었다. 이것은 불교가 지닌 대단한 매력인 동시에 불교를 이해하기 어렵게 만드는 원인이 되기도 한다. 처음 불교에 입문할 땐 부처라는 남자와 그의 생애에 대한 이야기를 반드시 이해해야 한다. 요약해서 말하면, 인도의 왕자였던 부처는 세상의 고통을 목격하고 깊은 충격에 빠진 나머지 고통을 벗어나는 방법을 찾아 나서기로 결심했다. 그는 자신의 지위와 물질적 부를 모두 버리고 당시 위대한 영적 스승들과 수행했지만, 그들의 금욕주의와 육체적인 극기가 자신이 떠나온 풍족하고 방탕한 생활만큼이나 역효과를 낳는다는 걸 깨달았다. 따라서 죽기를 각오하고 깨달음을 얻기로 결심하고 고요히 앉아 명상을 시작했다. 이후 많은 날이 지나, 그는 명상을 통해 마침내 고통의 원인과 그 원인으로부터 벗어나는 방법을 명확하게 보여주는 지혜의 단계에 이르렀다.

그 순간 그는 부처, 즉 '깨달은 자'로 알려지게 되었다. 그러므로 부처는 신이나 신성한 존재가 아니며, 모든 이를 고통과 혼란에 빠뜨리는 왜곡된 인식, 극도의 부정적 감정과 행동으로부터 벗어나는 법을 이해한 고타마 싯다르타(Gautama Siddhartha)라는 한 남자에게 붙이는 칭호이다. 여기에서 **모든 이**란 정신질환이 있는 사람만이 아닌 그야말로 세상의 모든 사람을 말한다. 이 같은 깊은 통찰력의 순간에 부처는 '깨달음'을 얻게 되는데, '불교'라는 용어와 마찬가지로 이 '깨달음'이라는 용어 역시 많은 다양한 의미를 함축하지만, 본질적으로 '눈을 뜸'을 의미한다. 그렇다면 무엇에 눈을 뜨는 걸까? 일부 전승에서는 이를 참 존재(true state of being)에 대한 자각이라고 말하고, 다른 곳에서는 모든 집착으로부터의 해방이라고 정의한다. 나는 자각하는 사람, 깨어 있는 사람의 특성에는 박식함, 사심 없음, 순수한 이타심—그야말로 연민과 지혜로 똘똘 뭉친 완벽한 화신—이 포함된다는 걸 알게 됐다.

변증법적 행동치료를 처음 시작할 때 몰리가 준 평가서 내용을 떠올렸다. 평가서에는 변증법적 행동치료 기술훈련의 목표는 감정, 행동, 사고 패턴을 변화시키는 법을 배움으로써 고통과 불행을 줄이는 것이라고 설명되어 있었다. 그 과정에서 우리는 살 만한 가치가 있는 인생을 창조할 능력을 계발한다. 당시만 해도 이 목표가 불가능하게만 여겨졌는데 지금 나는 그 목표에 거의 유사하게 살고 있다.

나는 내 고통과 불행을 감소시키는 법을 배워**왔다**. 여전히 고통스럽지만 많은 면에서 내 고통은 다른 사람들의 고통과 유사했다. 그리고 이제 나는 내가 받아들이기로 마음만 먹는다면 새로운 목표가 생겼다. 불교 신도가 된다는 건 고통으로부터의 자유—나 자신만을 위해서가 아니라 모든 중생을 위해—를 열망한다는 걸 의미한다. 충분히 가치 있지만 불가능하게만 여겨지는 이 목표에 이르는 길은 오직 그것이 이루어질 때까지 성실하게 수행하는 것뿐이다.

그리고 변증법적 행동치료에서와 마찬가지로 불교 수행 기법들에는 감정, 생각, 행동 들이 함께 수반되지만, 이 경우에는 고통을 완전히 제거하는 것을 목적으로 한다. 그 유익은 나 자신을 넘어서서 크고 작은 모든 중생들에게까지 미친다. 나는 이 길을 시작하겠다는 결심은 모든 것을 거는 결단과 다름없다고 생각하지 않을 수 없었다. 논리상, 불교의 목표를 성취하는 건 완전히 불가능해 보인다. 그리고 내가 테일러를 많이 좋아하고 있는 건 사실이지만, 테일러가 나에게 '기분 나쁜' 말을 할 때면 테일러를 한 대 패주고 싶거나 펑펑 눈물을 흘리는 건 여전했다. 나는 사람들에게 마음을 쓰고 있지만 어디까지나 그들이 나를 만족시키는 경우에 한해서였다. 심지어 옹호 활동을 할 때도 다른 사람들에게 영향을 미친다는 기분에 푹 빠졌고, 누군가 내 말을 거스르면 그 사람의 태도를 받아들이지 못했다. 나는 정당성을 입증받길 원했고, 올바른 사람이라는 평가를 받길 원했다.

제자들을 가르칠 때 부처는 자신의 말을 의심 없이 받아들여서는 안 되고, 모든 내용을 즉시 경험하라고 제자들에게 경고했다. 불교

수행에서도 지도자와 공동체를 갖는 것이 중요한 것 같았다. 불교와 변증법적 행동치료는 둘 다 많은 지지를 필요로 한다는 점에서 유사하다. 변증법적 행동치료에서는 심리치료사, 기술, 기술모임이 필요하고, 심리치료사들도 스스로 더 큰 집단에 참여해 올바른 지도를 위해 서로 상담을 해준다. 불교에서도 스승과 가르침 그리고 다른 불교 신도들과의 모임이 필요하며, 변증법적 행동치료에서와 마찬가지로 스승은 다른 스승들에게 지도를 받고 지혜를 전수받아 교파나 종파와 같은 형태의 공동체에 소속되어야 한다. 지지와 지도를 위한 세 가지 요소를 불교 용어로 삼보(三寶), 즉 세 가지 보석이라고 한다. 첫 번째 보석은 완벽한 지혜를 구체적으로 드러내고 우리가 이룰 수 있는 본보기를 제공하는 부처(나아가 나의 스승)이다. 두 번째 보석은 **다르마**(Dharma), 즉 부처의 가르침과 그 가르침으로부터 비롯된 교의(敎義)의 수많은 전통이다. 세 번째 보석은 **승가**(Sangha, 산스크리트어로 불교 공동체, 수도승 교단이라는 의미-옮긴이), 즉 수행자들을 비롯해 적극적으로 이 길을 따르는 사람들의 공동체다. 변증법적 행동치료와 달리 특별한 프로그램을 위해 대기자 명단에 이름을 올릴 필요는 없다. 내 길을 발견하는 것도 나에게 달려 있고, 깨달음에 이르는 것도 나에게 달려 있다.

나는 이 세 가지 보석으로 도피하고 싶었지만 어떻게 다가가야 할지 모른다는 걸 깨달았다. 물론 불교 관련 서적이 엄청나게 많았고, 보스턴 지역만도 열두 개의 불교 모임이 있었다. 그 가운데에는 일본의 선불교, 중국의 대승불교, 태국의 소승불교, 티베트의 바즈라야나 불교, 베트남 불교 등, 다른 나라에서 직접 옮겨온 순수한 승가들도 있고, 여러 종파와 수행 방법들의 일부로 이루어진 미국화된 분파들도 있었다. 그리고 모든 종파들이 공통적으로 고통을 없애는

데 초점을 맞추고 있었으며, 그 목표는 부처가 깨달음을 얻은 후 첫 번째 가르침인 사성제(四聖諦)의 내용으로 나타났다. 사성제의 내용은 첫째, 인생은 고통으로 만연되어 있다. 둘째, 고통에는 원인이 있다. 셋째, 고통은 멈출 수 있다. 넷째, 고통을 멈추기 위한 올바른 길이 있다, 이다. 사성제를 이루는 구체적인 방법은 어느 종파를 따르느냐에 따라 다르다. 당분간 나는 많은 지식을 섭렵하는 방식을 취하기로 결정하고, 티베트의 바즈라야나 불교 종파에서 수행하는 한 미국인 비구니가 쓴 책들을 읽었다. 페마 쵸드론(Pema Chödrön)이라고 하는 이 비구니는 내면의 고통에 마음을 열어야 하는 필요에 대해 꾸밈없이 담담하게 써내려갔다. 생각을 적게 할수록 더 많은 지혜를 얻는다고 주장하는 선불교 승려 스즈키 선사(D. T. Suzuki)가 쓴 책도 부분적으로 읽어보았다. 일상생활에 마음관찰을 적용하는 것이 주요 수행인 베트남의 틱낫한(Thich Nhat Hahn) 스님이 쓴 책들도 섭렵했다.(리네한 박사는 틱낫 스님의 열렬한 팬이다.)

한편 심리치료에서는 보다 실질적인 문제들, 가령 어떻게 하면 테일러에게 고양이 변기를 주방 바깥으로 내놓게 할 수 있을까 하는, 나를 아주 열 받게 만드는 문제들에 초점을 맞추었다. 아무리 생각해도 이 문제에 대해서는 타협의 여지가 없을 것 같았다. 테일러는 원래 거기가 고양이 변기 자리라고 우겼다. 그러면 이따금 강박적인 행동 형태로 등장하는 소방관 부분이 이에 질세라 테일러의 주방 찬장을 싹 다 정리하느라 난리를 쳤고, 테일러는 어떤 그릇이 어느 자리에 있는지 몰라 몇 주 동안 한참 헤매면서 어리둥절해했다.

테일러와 생활방식에서 충돌이 생기거나 성향의 차이가 드러날 땐 어떻게 조화를 이루어야 할지 알 수 없었다. 테일러는 여전히 집에서 지내고, TV를 보고, 오토바이를 손보고, 친구들과 보드 게임을 하러 나가는 생활을 만족스러워했다. 반면에 나는 여전히 '경계성 인격장애 환자를 구하라(Save the Borderlines)' 캠페인 활동에 깊이 관여하고 있고, 점점 커지는 불교에 대한 관심과 내 직업, 그리고 계속되는 옹호 활동 사이를 분주하게 오가고 있어, 테일러와 서로 얼굴을 마주할 수 있는 시간은 고작해야 둘이 같이 좋아하는 TV 프로그램을 보기 위해 소파에 앉을 때하고 잠자리에 들 때뿐이었다. 한 가지만큼은 달라지지 않았다. 여전히 침대는 내 수많은 괴로움과 대립의 중심지로 남아 있었다. 나는 언제나처럼 앞으로 어떤 일이 일어날지 몰라 두려운 마음에, 섹스에 관한 한 테일러에게 마음을 열지 못하고 힘들어 하고 있었다. 적어도 아직까지는 오르가슴을 느끼는 척 속이지는 않았다. 하지만 언제나 그가 즐거운지에 초점을 맞추었다. 이런 걸 관용이라는 불교의 수행이라고 할 수 있을지 모르겠지만 사실상 생산적인 방법은 아니었다. 내가 이해하기로는 극기가 목표가 아니라 자기 해방과 다른 사람을 자유롭게 하기가 목표가 되어야 했다. 하지만 내가 이것을 해결하는 방식은 내가 우리 두 사람을 철창 안에 가두어 놓고 열쇠를 찾지 못하고 있는 형국임을 차츰 깨닫기 시작했다. 그가 최선을 다하고 있긴 하지만 그의 집은 우리 두 사람을 아수라장 속에 가두어 놓고 있으며, 그는 나를 위한 공간을 마련하기 위해 어디 한 군데 치울 생각을 하지 못하는 것처럼 말이다.

불교에서는 제자가 준비가 될 때 비로소 스승이 나타난다고 말한다. 내 경우 엄마와 내가 심리치료를 모두 마친 직후 사이가 무척 좋아진 그해 늦가을에 스승을 만났다. 어느 금요일 오후 스타벅스에 가는 길, 사무실 건물 밖 가로등에 부착된 전단지 하나를 지나쳤다.

전단지 속 사진의 동양인 남자는 붉은 색 법복을 입고 평화롭게 앉아 카메라를 응시했는데, 그 모습에 나는 가던 길을 멈추고 되돌아와 사진을 빤히 쳐다보았다. 남자의 시선은 모나리자 그림처럼 모든 각도에서 나를 바라보는 것 같았다. 전단지는 사무실에서 불과 두 블록 떨어진 곳에 위치한 선원에서 손님으로 오는 티베트 승려와 함께 주말 명상 수행을 한다고 안내하고 있었다. 호흡을 통해 지복에 이르는 방법을 가르친다는 터번을 쓴 여자들, 몸과 마음을 완벽하게 조절하는 법을 가르친다는 법복을 입은 남자들 등, 이런 내용의 전단지를 수도 없이 지나쳐왔다. 이런 전단지를 늘 무시해왔는데, 어쩐 일인지 이 전단지는 내 관심을 잡아끌었다. 나는 사무실로 돌아오자마자 선원에 등록했다. 그런 다음 퇴근 후에 티베트 공예품 상점에 들러 예쁜 명상용 방석 하나를 구입했다. 음, 말하자면 파티에 가기 위해 새 구두를 사는 것과 같은 식이라고나 할까.

다음 날 아침 선원에 도착해 현관 안에 들어섰다. 내부는 법당으로 개조되어 방 맨 끝의 제단은 온통 꽃으로 장식되어 있었고 그 한가운데에 양단으로 장식한 불좌가 있었다. 화려한 색상의 커다란 부처 그림들이 벽마다 걸려 있었다. 우리는 각자의 방석 옆에 서서 샬파 린포체(Shyalpa Rinpoche)라는 이름의 스승을 기다렸다. (린포체 Rinpoche는 티베트 불교에서 스승에게 부여되는 존칭으로 '고귀한 사람'이라는 의미다.) 그는 법당에 들어서자 부처들이 그려진 그림 앞에서 세 차례 무릎을 꿇어 절을 했고, 우리도 똑같이 따라했다. 샬파 린포체가 자리에 앉는 순간 나는 방안의 공기가 달라지는 걸 느꼈다. 영적인 페로몬이라고밖에 설명할 수 없는 짙은 강렬함이 그에게서 풍겨 나왔다. 그가 방안을 둘러보았는데 그 모습이 예사롭지 않았다. 그가 사람을 응시하는 모습이 마치 한 사람 한 사람과 대화를 나누는 것 같았다. 거의 알아차리지 못하게 누군가에게는 아주 살짝 고개를 끄덕였고 누군가에게는 조용히 눈을 깜박였는데, 그가 나에게 시선을 던졌을 때 그가 나를 진심으로 이해하고 있다는 느낌을 받았다. 심장이 두근거렸다. '구세주'를 찾는 내 작은 안테나가 분주하게 신호를 보내고 있었다. 혹시 이 사람이 내 스승일까? 드디어 세 가지 보석 가운데 하나를 발견한 걸까?

지금까지 티베트 불교의 가르침을 접해본 적이 한 번도 없었다. 우리는 먼저 티베트 불교의 옛 스승들, 즉 샬파 린포체의 스승들과 그들이 물려준 전통을 향해 기도를 올렸다. 그런 다음 자리에 앉아 중간중간 짧은 말을 읊조리며 명상 수행에 들어갔다. 언제나처럼 나는 명상을 한다는 생각에 주눅부터 들었다. 그런데 린포체는 어떤 명상 수행에서든 가장 중요한 것은 올바른 견해를 갖는 것이고, 올바른 견해가 없으면 명상이라고 할 수 없다고 말하는 것이었다. 그의 말은 나를 헷갈리게 했는데, 선불교의 명상 수행에서는 어떤 것에도 매달리지 말라고, 아무런 견해도 생각도 갖지 말라고 가르쳤기 때문이다. 그리고 내가 주로 행해온 주된 명상 방법인 위빠사나, 즉 통찰 명상에서도 그냥 가만히 앉아 호흡으로 되돌아오라고 거듭 강조했다. 앉아서 호흡하기, 앉아서 호흡하기, 앉아서 호흡하기, 이것이 위빠사나의 핵심이었다.

내 마음을 읽기라도 한 듯 린포체가 이렇게 말했다. "소들은 하루 종일 들판에 앉아 숨을 쉬지요. 그렇게 하면 소들이 불자가 될까요?"

그러자 몇몇 사람들이 무슨 말인지 알겠다는 듯 서로를 바라보았다. 나를 비롯한 다른 사람들은 무슨 말인지 전혀 이해할 수 없다는 듯한 표정이었다. "그렇다면 무엇이 올바른 견해일까요?" 린포체는 이렇게 묻더니 옆에 놓인 화려하게 장식된 머그잔을 입에 가져가 우아한 자세로 물을 조금 마셨다. "무상(無常). 우리가 가져야 할 견해는 태어난 모든 것은 죽는다는 사실을 이해하는 것입니다. 일어나는 모든 일은 사라집니다. 그 무엇도 이 사실에서 벗어날 수 없습니다. 나뭇잎, 인간, 우주, 조건적인 모든 만물은 언젠가 소멸됩니다." 그는 이 말이 가슴속에 깊이 가라앉도록 잠시 말을 멈추었다. "이것은 불교의 믿음이 아닙니다." 그가 마침내 다시 입을 열었다. "우리는 이것을 믿을 필요가 없습니다. 만물이 무상하다는 사실은 자명한 것입니다. 그리고 인생이 얼마나 무상한지 알 때, 그 소중함을 이해하게 됩니다. 언제 어느 때라도 인생은 사라질 수 있습니다. 우리 자신의 생명은 사라질 수 있습니다. 이 사실을 생각한다면 숨을 쉴 때마다 이번 숨이 마지막 숨이 될 수 있습니다. 내가 다시 숨을 들이마실 거라고 어떻게 장담할 수 있습니까? 언젠가 다시는 숨을 쉬지 못할 순간이 옵니다. 하지만 우리는 모두 다음에 또 숨을 들이마시는 걸 당연하게 여깁니다. 호흡을 관찰하면 호흡 역시 항상 들어오고 나간다는 걸 알게 됩니다. 호흡을 잡아둘 수 없습니다. 해보시면 아실 겁니다!" 방안에 있는 사람들은 모두들 그가 계속해서 말을 잇기를 기다렸지만 그는 진지했다. "자신의 호흡을 붙잡아보십시오." 우리는 서로를 멀뚱히 쳐다보다가 여러 차례 심호흡을 한 다음 숨을 멈추었다. 나는 아마 1분쯤 숨을 참았던 것 같다.

"우리는 모든 것이 영원하다는 환상 속에 살고 있습니다. 이 몸뚱어리도 영원히 여기에 있을 테고, 이 의자도, 내 아내도, 이 개도, 이 호흡도 영원할 거라고 말입니다. 하지만 그렇습니까?" 나는 다른 사람들과 함께 고개를 저었다. 나는 마음 깊은 곳에서는 영원하지 않다는 걸 알면서도 여전히 영원을 믿었다. 내 생각들 가운데 너무 많은 부분들이 왜곡되어 있고, 내 중심을 이루는 신념들이 내가 보고 느끼는 모든 것에 덧칠을 했다는 사실을 깨닫게 해준 인지행동치료 모임에서와 비슷한 느낌을 받았다. 그러나 여기에는 또 다른 왜곡이 있으며, 이 왜곡은 우리가 사는 방식의 본질이다. 사실 무언가가—모든 것이—언제 어느 때고 사라질 수 있다는 걸 순간순간 느끼면서 살아간다면 우리는 끊임없이 무력해지지 않겠는가?

그때 어떤 생각 하나가 번쩍 하고 뇌리를 스쳤다. 이것은 모든 인간이 감수하는 받아들이기 힘든 문제지만, 경계성 인격장애의 뇌는 이러한 기본적인 현실을 더욱 견디기 힘들어 한다는 생각이 떠올랐다. 경계성 인격장애가 있는 우리들은 언제나 이 무상성 때문에 고통을 받고 있다. 손 안에 움켜쥐려는 우리의 욕망은 강렬하고 완고하며, 우리의 집착은 굽힐 줄 모른다. 무상성은 인생의 필연적인 사실이지만 우리에게는 악몽이다. 마샤 리네한은 현실을 받아들이는 법칙을 강조했다(1993b). 현실이 항상 변하고 있다면 우리는 현실에 매달리려 해서는 안 된다는 것이다.

이제 린포체가 다시 말을 이었다. "모든 것은 항상 오고 가기 때문에 어떤 것도 붙잡을 수 없습니다. 이 사실을 이해한다면 마침내 사물의 근원을 인정하고 오고 가는 것에 휘둘리지 않을 수 있게 됩니다. 그리고 자신에게 이렇게 물을 것입니다. '나는 지금 누구를 혹은 무엇을 붙잡고 있는가? 그리고 이 모든 것들은 어디에서 시작해 어디로 사라지는가?'라고 말입니다." 그는 법복을 정돈하고 다시 물 한 모금을 마셨다. 법당 안은 조용했다. 그가 미소를 지으니 방 안이 환해졌다. 그는 우리에게 무상에 대해 명상하라고 지시했다.

우리는 한 시간 동안 앉아 있었다. 나는 그냥 가만히 앉아 나 자신을 바라보며 내 안의 무상성을 경험함으로써, 평생 처음으로 명상을 통해 편안한 기분을 느꼈다. 이것은 단순히 나뭇잎이 개울을 따라 흘러 내려가고, 드러나는 생각과 감정을 받아들이려 애쓰는 차원이 아니었다. 지금까지 나는 의식하기와 마음관찰하기를 기분이 나아지기 위한 자기수양 기법으로만 이해하고 있었다. 그런데 지금 이러한 수행 방법들이 현실을 바라보는 다른 방식—보다 정확하고 분별 있는 방식—을 향해 문을 열어주고 있다는 생각이 들었다. 정말 뜻밖의 일은 이것이 대단히 훌륭하고 참신한 발상이 아니라는 사실이었다. '유일하게 변하지 않는 건 변화뿐이다'라거나 '이 또한 지나가리라' 같은 말들을 누구나 흔히 듣고 있으니 말이다. 리네한 박사는 변증법적 행동치료에 관한 그녀의 저서들에서 지속적인 변화는 변증법의 기본 원칙 가운데 하나라고 설명했다(1993a, 1993b). 지금까지 이런 내용을 어느 정도는 이해하고 있었지만 이해하는 것과 깨닫는 건 엄연히 달랐다. 나는 이제야 비로소 깨닫게 된 것 같았다.

점심식사 후에 린포체에게 면담을 신청했다. 면담 시간이 되어 양단과 꽃으로 화려하게 장식된 작은 방으로 들어갔다. 내 소개를 하자 린포체는 나를 보고 활짝 웃었다. 그가 웃는 모습을 보니 마치 내 자신이 그의 생일선물은 생일선물이나 신경증과 몸부림만 한 보따리 들어 있는 생일선물이 된 것 같았다. 구세주를 찾고 싶다는 내 욕망이 다시금 꿈틀거리는 게 아닐까 생각했다. 삭발한 머리에 붉은색 법복을 입은 그는 영락없는 스님이었다. 하지만, 그리고 무엇보다, 그가 나보다 기껏해야 몇 살 더 많다는 사실만으로 나도 모르게 그에게 강하게 끌렸다. 그는 무슨 일로 면담을 신청했는지 물었다. 나는 시간에 제약이 있다는 걸 알았기 때문에 자세한 배경 이야기는 하지 않고, 그저 내가 겪은 수많은 정신질환과 그것을 극복하기 위해 시도한 심리치료들에 대해 죽 열거한 다음, 얼마 전부터 나도 모르게 불교에 끌리기 시작했다고 설명했다. 그리고 예전에 비해 상당히 좋아졌지만 여전히 많이 몸부림치고 있다고 말했다.

린포체는 고개를 끄덕였다. "우리는 부처는 의사와 같고 다르마, 즉 부처의 가르침은 약과 같다고 말합니다. 승가에 있는 사람들은 간호사와 같아서 당신이 필요할 때 언제든 당신을 돕기 위해 존재합니다."

"그렇지만 제 질병은 어떻게 고칠 수 있지요?"

"당신 역시 다른 사람들과 같습니다. 고통을 주는 감정들—분노, 욕망, 무지—때문에 고통을 받는 거지요. 당신은 영원이란 없는데도 영원을 믿고 있고, 단단한 자아란 없는데도 그런 자아를 붙잡으려고 합니다. 당신은 카르마(Karma, 업)의 무오류성을 이해해야 합니다. 하지만 무엇보다 당신은 자신의 본질, 타고난 내면의 지능, 즉 부처의 본성을 알아보지 못하고 있습니다."

"스님 말씀은 모든 사람의 본질은 선하다는 의미인가요?"

"선과 악의 측면에서 생각하지 마세요." 린포체가 말했다. "당신의 존재는 근본적으로 순수하며 절대적으로 완벽합니다. 언제나 그 자리에 있는 하늘과 같아요. 일시적으로 구름에 덮여 있을 수는 있지만 언제나 그 자리에 있다는 걸 누구나 분명히 알고 있지요. 결코 빛을 거두지 않는 태양과도 같습니다. 무슨 말인지 이해하시겠어요?"

"이해는 하지만… 솔직히 믿지는 못하겠어요. 느낌도 안 오고요."

"당연합니다." 그가 미소를 지었다. "깨달음을 통해 알아야 하는 거니까요. 당신은 가난한 집에 살고 있는 것과 같습니다. 쓰레기 위에 지어진 판잣집에 살고 있지만, 쓰레기 아래에는 가장 고귀한 다이아몬드가 있습니다. 소망을 이루어주는 보석이 있습니다. 당신은 그 보석을 발견해야 하고 손에 쥐어야 합니다."

꽉 붙잡아야 할 보석이 내 안에 있다고? 나는 그 말에 귀가 솔깃해졌다. 제발 나에게 그것을 붙잡을 수 있는 설명서를 주세요!

"지금은…," 린포체가 결론을 내렸다. "당신은 올바른 동기를 지니고 있지만, 지금은 올바른 지도자가 필요합니다. 지금까지 당신은 아주 뜨거운 찻잔을 쥐고 있어서 손가락을 데이고 있는 것과 같습니다. 불교 수행이 당신에게 방법을 알려줄 겁니다. 그리고 마침내 명석한 내면의 지능을 갖게 될 터이고, 그러므로 매 순간 무엇이 필요한지 정확하게 알게 될 것입니다. 또한 연민에 제약이 없을 터이므로 무한한 연민을 느끼게 될 것입니다. 진정한 자유를 갖게 될 것입니다."

"그 수행이라는 게 뭔가요?"

"진지하게 원하신다면 불교에 귀의해야 합니다." 나는 고개를 끄덕였고 눈에는 눈물이 글썽이기 시작했다. 스승, 가르침, 공동체—세 가지 보석—를 설명하는 불교에 관한 책의 내용이 이 자리에서 재현되는 것 같았다.

그날 하루는 기쁨과 혼란으로 멍한 상태에서 지나갔다. 린포체의 자리 바로 앞에 방석을 끌어다 놓고 그의 발치에 앉아 있고 싶은 심정이었다. 어쩌면 지금 내 안의 새끼오리 부분이 다시금 각인되고 있는지도 몰랐다. 첫날 명상 수행이 끝나고 불교의 귀의 의식에 관한 자료들을 받았다. 그리고 완벽하게 혼자 있는 시간을 갖고 지금 일어나는 일들과 내가 원하는 것을 명상하기 위해, 테일러의 집을 나와 내 집으로 돌아가기로 결심했다.

불교에 귀의한다는 건 본질적으로 고통으로부터 벗어나는 방법으로, 부처님과 부처님의 가르침, 그리고 부처님의 공동체—세 가지 보석—를 신뢰하기로 결단을 내리는 것을 의미한다. 감정적인 고통을 줄이기 위해 정신과 의사나 심리치료를 신뢰하기로 결심하는 것과 마찬가지로, 불교에 귀의한다는 것은 불교의 도움을 받고 그것을 바탕으로 자신의 인생에 전념하기로 태도를 밝히는 표현 방식이다. 변증법적 행동치료에서는 1년 동안 기술 모임에 참여하기로 계약서에 서명하는데 불교에 귀의하는 것은 그런 것과는 성격이 다르다. 불교에 귀의함으로써 불교의 가르침에 헌신하겠다는 결심을 공표하게 되는데, 여기에는 서명도 지불해야 할 돈도 필요하지 않다. 그리고 그날 오후 린포체가 설명했던 것처럼 부처는 일부 신들처럼 자신을 중심으로 한 번듯한 종교를 만들 의도가 전혀 없었다. 부처는 고통으로부터 벗어나는 방법을 발견하고, 그러한 깨어 있는 상태에 이르는 길을 사람들에게 가르치기 위해 헌신한 한 인간에 불과했다. 불교에 귀의한다는 것은 이것을, 즉 우리 모두가 부처이고 깨어있음이 필요한 존재임을 인정한다는 의미이다. 또한 이 목표를 향해 전념한다는 의미이기도 하다.

공동체를 갖고, 병원이나 진단을 떠나 지속적으로 연습을 할 수 있는 것—이것이야말로 내가 진심으로 원한 것이었다. 여전히 내 사고가 얼마나 왜곡되어 있는지, 내 감정적인 마음이 얼마나 나를 몰아대는지, 나 자신과 타인에 대한 연민이 근본적으로 얼마나 부족한지 잘 알고 있었다. 나는 경계성 인격장애 환자를 부처로 탈바꿈시켜줄 것만 같은 길의 초입에 서 있음을 깨달았다. 그리고 기꺼이—완전히 들뜬 마음으로—불교에 귀의했다.

다음 날 오후, 네 사람은 린포체 앞에 앉아 그가 하는 말을 따라했다. "나는 부처님께 귀의합니다. 나는 다르마에 귀의합니다. 나는 승가에 귀의합니다." 린포체는 각자의 머리카락을 조금 잘랐고 각자에게 법명을 주었다. 나는 '지복의 연꽃'이라는 법명을 받았는데, 다른 여자가 받은 '다르마의 옹호자'라는 법명보다 훨씬 섹시하고 더 재미있는 이름이라 속으로 은근히 기분이 좋았다. 린포체는 우리를 보호한다는 의미가 담긴 끈을 직접 축성해서 선물했고, 붓글씨체로 각자의 티베트 법명이 새겨진 양피지 한 장씩을 주었다. 나는 의식이 치러지는 내내 소리 내어 울었다. 도무지 울음이 그치질 않아 조금 당황스러웠다. 그날 오후 업과 무상에 대해 명상을 하면서도 계속 흐느껴 울었다. 그리고 오후가 끝날 무렵 새로운 감정이 시작됐다. 완전히 패닉에 접어든 것이다. 이제부터 뭘 해야 할지 도무지 생각이 나지 않았다!

린포체의 제자 한 명이 린포체의 실제 거주 지역은 네팔이며 1년 동안 네팔에 가 있을지 모른다고 알려주었다. 그 말에 몹시 상심해하는 내 모습을 보고 그녀가 내 어깨에 팔을 두르며 말했다. "걱정할 것 없어요. 이제 린포체는 언제나 당신과 함께 있으니까요." 나는 고개를 끄덕였지만, 내가 헤어짐이라든지 타인의 존재를 '내재화'한다든지 하는 문제를 힘들어 한다는 말은 하지 않았다.

마침내 수행을 모두 마치고, 우리는 린포체에게 감사를 전하며 티베트 전통에 따라 그에게 흰색 실크 스카프를 전달했다. "메일 보내세요." 그가 목에 스카프를 두르고 미소를 지으며 말했다. 이런 그의 모습을 보니 조금 진정이 됐다. 불교의 린포체들이 인터넷을 사용할 줄 알다니, 이 얼마나 다행스런 일인가!

그날 저녁 나는 내 명상 방석을 가지고 불교에 귀의한 새로운 모습으로 테일러의 집으로 돌아왔다. 테일러는 소파에 앉아 노트북으로 총과 미국 남북전쟁에 관한 다큐멘터리를 보고 있었다. "이야! 얼마나 보고 싶었다고!" 그가 이렇게 말하며 자리에서 벌떡 일어나 나를 안았다. "수행은 어땠어?"

나는 그의 옆에 앉았다. 오랫동안 복용하던 엘에스디를 끊은 것처럼 현기증이 일면서 정신이 혼미해졌고, 그동안 있었던 일들을 어떻게 설명해야 할지 적당한 말을 찾지 못했다. "음… 어… 그게…." 나는 그동안의 일을 설명해보려 했지만 쓸데없는 감탄사만 튀어나왔다. 굉장했어! 믿을 수 없을 정도였지! 나는 테일러에게 내가 받은 두루마리를 보여주고 새 이름을 알려주었다.

"머리 깎고 티베트로 가는 거 아니겠지?" 테일러는 진심으로 걱정하는 표정이었다. 그는 키키에게 어떤 변화가 일어났는지 직감하고 있었다. 나는 그럴 일은 없을 거라고 약속했다. "그럼 됐어." 그가 말했다. "젊은 여자가 가기에는 꽤 먼 곳이잖아." 우리는 고양이들과 함께 편안하게 앉아 TV를 보았다. 마음 한편은 여전히 법당에 가 있었고 나에게 열린 다른 세계를 느끼고 있었다. 그러나 다른 한편은 테일러의 집과 그의 몸에서 나는 냄새와 감각, 익숙한 분위기로 돌아와 마음이 놓였다. 불교신자는 남자친구—혹은 남편—가 있으면 안 된다는 말은 없다. 두 달 후에 테일러는 내게 청혼을 했다.

24

반전들

 얼마나 꿈같은 이야기인가. 아주 오래전부터 갈망해오던 일이, 반드시 이루어지리라는 믿음이 마침내 실현된다는 것은. 테일러의 영원불멸한 헌신과, 우리가 함께 나눌 가정과, 이제 다시는 혼자가 되지 않으리라는 밝은 미래가 모두 내 것이 되었다. 모두들 내 행복을 기뻐했다. 레이먼드는 꽃을 보내주었다. 게일과 르네는 근사한 점심을 사주었다. 엄마는 울음을 터뜨렸다. 테일러의 어머니도 거의 울먹이셨다. 나는 마침내 테일러의 집으로 아주 이사를 했는데, 테일러 세계의 중심이 된다는 건 장롱 속 공간조차 혼자만의 공간이 될 수 없음을 의미한다는 걸 깨달았다.
 린포체의 갑작스런 등장과 곧 이은 부재는 나에게 직접적으로 악영향을 미쳤다. 뭐랄까, 마치 영적으로 뺑소니를 당했다고나 할까. 그의 존재가 풍기는 맑은 기운 위에 두둥실 떠 있을 때조차 나는 발밑의 기반이 심하게 요동치는 걸 느꼈다. 테일러는 내가 온 방에 린포체의 사진들을 걸어놓아도 약속대로 조금도 질투를 느끼지 않는 것 같았다. 나는 그와 지속적으로 연락을 유지할 필요가 있었지만, 어쩐지 내가 무척 초라하게 느껴졌다. 그는 전 세계에 수천 명의 제자를 두고 있는 터라, 그가 메일을 보내라고 권하긴 했어도 보내면 안 될 것 같다는 생각이 들었다. 게다가 "제발 저한테 관심 좀 가져주세요!"라는 말 외에는 딱히 할 말도 없었다. 수행이 끝날 무렵 린포체의 오랜 제자들 가운데 한 명이 나에게 자신의 이메일 주소를 가르쳐준 것이 생각나, 나는 내 혼란스러운 마음과 린포체에게 연락하고 싶은 소망을 그녀에게 써서 보냈다. 명상 수행을 할 때 다른 제자 한 명이 그랬던 것처럼 그녀 역시 내가 린포체를 생각하고 있다면 그가 나와 함께할 거라는 말로 나를 안심시켰다.

"하지만 그를 느낄 수가 없어요." 나는 말했다. 나는 린포체의 사진들을 더 많이 복사해서 공책이며 거울에 잔뜩 붙였다. 제단 앞에 엎드려 간절히 기도했지만 여전히 린포체에 대해서는 아무것도 느끼지 못했고, 오히려 테일러를 더 많이 느꼈다. 우리가 나란히 앉아 TV를 보고 있으면 테일러는 나를 꼭 끌어안고 내 어깨를 주물렀다. 내가 사무실에 있을 땐 매일 재미있는 인터넷 사이트를 무작위로 열다섯 개씩 보내주었다. 나는 영적인 수행에 강하게 이끌리면서도, 여전히 테일러와의 관계라는 현실적이고도 본능적인 세계 안에서 피신할 곳을 찾고 있었다. 아침이면 함께 프렌치토스트를 먹고, 밤이면 나란히 누워 독서등을 켜고서 책을 읽는 일상은 나에게 안정감을 주었다.

마침내 나는 결혼에 대한 조언을 구하기 위해(이미 청혼에 응했으면서) 린포체에게 이메일을 보냈다. 그는 "어떻게 해야 할지 알게 될 것입니다"라고 말했다. 어쩌면 에단과 똑같은 말을 하는지. 나는 결혼 일정 계획을 작성하는 고가의 책을 구입해 식탁 위에 올려놓았지만, 테일러가 부지런히 쌓아 올린 쓰레기 더미에 묻혀 순식간에 자취를 감추었다. 집안이 다시 아수라장이 되지 않게 하려면 끊임없이 신경을 써야 했는데, 그런 내 모습이 마치 혼자서 쉴 새 없이 소용돌이를 막아보려 애쓰고 있는 것 같았다. 그러니 에단에게 제일 처음 진지하게 불평을 늘어놓은 문제는 다름 아닌 집에 대해서였다.

"이러다가 폐소공포증이 생기겠어요." 나는 에단에게 말했다.

"아니, 결혼 문제로 걱정하실 줄 알았는데요."

"아니에요, 집 때문에 골치예요. 고양이 털 때문에 제 옷은 전부 다락에 올려놓아야 하고, 고양이 변기는 수시로 주방 뒤에 치워야 해요."

에단은 고개를 끄덕였다. "그러니까 테일러와 함께 사는 일이 걱정이로군요."

"아니 뭐, 꼭 그렇다기보다…." 나는 내가 정확히 뭘 걱정하는 건지 파악하려 애썼다. 사실 요즘 나는 질식할 것 같은 기분이 들기 시작했다. 테일러 때문은 아니었다. 테일러는 내가 원하기만 하면 최대한 나를 자유롭게 해주려고 배려했다. 문제는 다른 데 있었다. 일부 경계성 인격장애 환자의 경우 버림받는 데 대한 공포인 유기불안과 반대로 집어삼켜질 것 같은 두려움인 붕괴불안을 느낀다는 글을 읽은 적이 있었다. 그러니까 '버려져도 골치, 버려지지 않아도 골치'인 거다. 우리가 원하는 건 오로지 사랑과 소속감이며, 우리의 존재는 바로 이것에 따라 좌우된다. 하지만 정작 원하던 사랑을 얻는다 하더라도 그 사랑을 제외한 어떤 것도 남아 있지 않으며 여전히 내 존재는 찾을 수 없다. 그리고 나는 마지막으로 남아 있던 미미한 저항감을 포기함으로써 내 모든 생활은 온통 테일러와 테일러의 고양이털로 뒤덮였다. 이러다 정말 숨이 막힐지도 몰랐다.

하지만 이런 일은 생전 처음이기도 했다. 평소에 나는 어떻게든 안전을 지킬 방법을 찾느라 늘 너무나 분주했다. 그런데 자신의 일생을 기꺼이 나에게 헌신하고 자신의 모든 것을 나와 공유하려는 테일러의 행동은 그 엄청난 사랑의 힘으로 나를 겁에 질리게 했을 뿐 아니라, 나라는 사람은 진정한 사랑을 받을 자격이 없는 이른바 불가촉천민이라고 끊임없이 외치는 내 깊은 믿음에 이의를 제기하기도 했다. '이행 프로젝트'에서 탈출 과정을 검토했던 당시, 크렙트리 박사는 얻는 게 있으면 잃는 게 있기 마련이라고 말했었다. 성공이 벽돌 쌓듯 차곡차곡 이루어진 것처럼 보일지라도, 그 과정에서 균형이 깨지기도 하고 그 때문에 우리가 더욱 나약해지기도 한다는 것이다. 나는 지금 그 과정을 겪고 있는 것 같았다.

그리고 이런 혼란을 겪는 데에는 각기 다른 욕구와 관점을 지닌 내 안의 모든 부분들에도 원인이 있었다. 대체 진리는 어디에 있으며, 무엇이 옳은 것인지 어떻게 판단할 수 있을까? 지혜로운 마음은 어떤 관점을 갖는지 에단에게 묻자 에단은 이렇게 대답했다. "당신의 불교신자 부분은 무엇을 보고 무엇을 원하나요?" 이런, 불교신자 부분에게 물어본다는 걸 미처 생각하지 못했다니. 이 부분은 비교적 낯설었고, 린포체의 견해를 충분히 담지 못해 여전히 상심하고 있긴 하지만 분명 린포체의 목소리를 지니고 있었다. 그렇다면 그녀는 지금 무얼 보고 있을까? 그녀는 내가 여전히 고통 받고 있다는 걸, 비록 원하는 걸 얻었지만—청혼도 받고 가정도 생겼지만—나는 여전히 무언가와 투쟁 중이라는 걸 보고 있었다. 내 마음속 불교신자는 내가 완전히 다른 방향으로 들어가 이 원인을 찾길 바랐다. 그녀는 내가 이 작업을 수행하기 전까지는 아무리 노력을 해도 오히려 고통만 더 커질 뿐이라고 말했다. 그녀가 옳았다. 하지만 나는 에단의 사무실을 나오는 순간 그녀가 전하는 말을 깡그리 잊어버렸다.

어떻게 하면 마음속 불교신자 부분의 입을 다물게 할 수 있느냐고? 현실적인 모든 일에 강박적으로 집중하고, 머릿속에 어지럽게 펼쳐지는 오만 가지 생각들을 잠시도 멈추게 해서는 안 되며, 이 활동에서 저 활동으로 분주하게 옮겨 다니고, TV와 수면으로 생각을 마비시키면 된다. 이 방법은 낮에는 꽤 효과가 좋았지만 밤에는 나를 완전히 지치게 했다. 나는 고양이가 내 얼굴을 덮고 있는 것 같은 기분이 들어 수시로 잠에서 깨곤 했다. 가끔 정말로 그런 때도 있었지만 대개는 순전히 공황 상태에서 느끼는 공포일뿐이었다. 몇 분 안 되는 짧은 시간을 영겁처럼 느끼며 나는 이 결혼과, 이 집과, 테일러에 관해 조만간 엄청난 실수를 저지르게 생겼구나, 하는 생각으로 암담해했다. 나는 안전이라는 껍질을 얻었지만, 실질적이고 영구적인 내 안의 씨앗—린포체가 말했던 근원적인 순수함—은 거의 건드려보지도 못했다. 나는 테일러 옆에 누웠다. 이렇게 끔찍한 상황을 알아차리는 와중에도 그의 숨소리는 나를 달래주고 있었다. 곧이어 나는 다시 잠이 들고 나를 사로잡던 공포를 거의 잊어버렸다.

몇 달 후, 나는 결혼에 대한 흥분이 시들해지는 내 모습을 바라보았다. 나는 무력감을 느꼈지만 차마 테일러에게 말할 수가 없었다. 그리고 독립을 하면 어떤 식으로 생활할지 상상하기 시작했다. 우선 사무실 근처에 작은 아파트를 얻어야지. 매일 명상을 하고, 채식주의자가 되고, 야간에 여는 대학원에도 다니고, 고양이는 발도 들여놓지 못하게 해야지. 내 공간은 깔끔하게 정돈되어 있고 내 몸은 온전히 나만의 것이 되겠지. 우리의 차이점에 대해 마음속으로 목록을 만들기도 했다. 우리의 목표와 우선 사항, 좋아하는 음식, 살림하는 방식, 심지어 위생 습관까지. 섹스와 오토바이 같은 처음에는 우리를 가깝게 해주었던 활동들이 내 쪽에서 흐지부지됐고, 요즘 우리는 같이 밥 먹고, 자고, TV 보는 게 전부였다. 하지만 이런 이유들로 우리가 헤어지는 것이 타당한지, 아니면 계속 노력하면 충분히 해결할 수 있는 문제인지 확신이 없었다.

내 몸이 나를 대신해 결정을 내려주는 것 같았다. 처음에는 갇혀 있는 느낌이 들었고, 집안에 있으면 숨을 쉴 수 없을 것 같은 느낌이 들었다. 그러더니 밤이면 패닉에 빠져들었다. 나는 내가 모는 차가 절벽 아래로 굴러 떨어지는 것 같은 기분으로 불안 속에서 식은땀을 흘리며 잠에서 깼다. 테일러와 결혼 계획을 의논할 때마다 명치가 꽉 막히는 느낌이 들었다. 그리고 집안 가득 독성이 배어 있는 것 같은 기분이 들었다. 어느 날 밤, 우리가 침대에 누워 있을 때, 가뜩이나 예민한 신경을 고양이털이 최고조로 끌어올린 바람에 나는 더는 참지 못하고 테일러에게 이렇게 말해버렸다. "나, 이 집 때문에 미쳐버리겠어. 같이 사는 거, 별로 좋은 생각이 아닌 것 같아." 테일러는 나를 더 꼭 끌어안으며 말했다. "걱정 마." 그러는 동안 나는 벌써 슬며시 잠이 들기 시작했다. "지금 공황 상태라서 그래. 다 괜찮아질 거야."

하지만 괜찮지 않았다. 이러다 내가 괴물을 낳을 것 같았다. 테일러는 아직 눈치채지 못했지만 결국 알게 될 터였다. 우리가 함께할 날이 얼마 남지 않았다는 걸. 사흘 후 밤, 우리가 침대에 누워 있을 때 나는 테일러를 향해 돌아누웠다. 테일러가 팔로 나를 감쌌고, 나는 차마 그의 얼굴을 볼 수 없어 그의 어깨에 파고들었다.

"아무래도 파혼하고 집을 나가는 게 좋겠어." 나는 머리, 꼬리 다 자르고 본론만 말했다. 테일러의 팔에 힘이 들어갔고, 그대로 누운 채 잠시 끔찍한 시간을 보냈다. 둘도 없이 친밀했던 애인 사이가 말

한마디로 멀어졌다. 테일러가 나를 싫다고 하면 어떻게 하나, 지난 몇 년 동안 매 순간 전전긍긍한 쪽은 나였는데, 정작 내가 테일러에게 이별을 통보하고 있었다. 내 입으로 헤어지자고 말하다니, 이상해도 너무 이상한 일이었다.

테일러는 일어나 다른 방으로 갔다. 다음 날 테일러는 하루 종일 나에게 한마디도 하지 않았다. 나는 공허하고 무서우면서도, 테일러를 대면하고 싶지는 않았다. 에단에게 호출을 했다. 에단은 감정에 흔들리지 말고 마음을 차분히 가라앉힌 다음, 지금 당장 눈앞에 있는 일에 집중해서 그 일을 하라고 안내했다. 그날 밤 퇴근해서 집에 돌아왔을 때, 테일러는 침대에 누워 있었고 나는 흐느껴 울기 시작했다. 내가 무슨 짓을 저질렀나 싶은 게 전부 되돌리고 싶은 심정이었지만, 그럴 수는 없었다. 필연적으로 일어나야 할 일이었다. 내가 침실 문을 노크하자 테일러가 말했다. "오늘 밤 집을 나가주면 좋겠어."

"알았어." 나는 울면서 말했다.

"일주일 안으로 네 물건 모두 정리해 줘. 안 그러면 열쇠를 바꿀 거야."

나는 살짝 열린 문틈으로 그가 앉아 있는 모습을 보았다. 그가 다시 입을 열었다. "이게 뭘 의미하는지 알 거야. 우린 끝났어. 네가 끝낸 거야. 네가 다시 애원해도 예전의 나로 돌아가지 않아."

나는 알고 있다고 말하고 내 약과 옷가지들을 챙겼다. 본능적으로 엄마 집을 향해 차를 몰았다. 엄마와 전화 통화를 하는 내내 너무 심하게 흐느껴 우는 바람에 엄마는 내가 무슨 말을 하는지 거의 알아듣지 못할 정도였다. "조심히 운전해서 얼른 와." 엄마가 말했다.

엄마 집 앞에 차를 세우자 엄마가 나를 집안으로 데리고 갔고 잠시 후 나를 침대에 눕혔다. "어떻게 해야 좋을지 모르겠어." 내가 흐느끼면서 말했다. 엄마는 두 팔로 나를 감싸 안고 좌우로 부드럽게 흔들어주었다. "괜찮아, 괜찮아…." 엄마는 족히 한 시간가량 나를 안아주었다. 나는 마침내 잠이 들었고 베개는 눈물로 흠뻑 젖었다.

"나 아직도 테일러를 사랑해." 엄마가 나를 깨워 옛날에 내가 쓰던 침실로 데리고 갈 때 내가 말했다.

"때로는 사랑만으로 안 되는 게 있단다." 엄마가 내 눈가의 머리카락을 귀 뒤로 쓸어내고 굿나잇 키스를 하면서 말했다. "잘 이겨낼 수 있을 거야."

사흘 뒤에 나는 이삿짐 운송업자를 고용해, 부동산을 통해 구한 원룸 아파트로 이사했다. 평범한 벽돌 건물에 있는 이 집은 테일러의 집에서 2킬로미터가량 떨어져 있는데, 충동적으로 그에게 용서를 빌러 한밤중에 그의 집으로 달려가기에는 너무 멀지만 여전히 전과 다름없이 생활을 하는 듯한 착각이 들 만큼 충분히 가까웠다. 막상 이사를 마치자 어떻게 해야 할지 몰라 쩔쩔맸다. 문득 고독이라는 사막에 갇히게 되니, 내가 원하고 필요한 것에 대한 그 모든 확신들이 증발하고 말았다. 퇴근 후 고양이 한 마리 얼씬하지 않는 깨끗한 새 침실에 들어오면, 침대에 웅크리고 앉아 잠을 자거나 울었다. 사무실에서는 사람들이 지나가다 잠시 들러 포옹을 해주었다. 게일은 매시간 내 상태를 확인했다. 레이먼드는 더 많은 꽃을 보내주었다. 관계를 끝내자고 한 사람은 나이므로 이 상황을 잘 다스릴 수 있을 줄 알았다. 엄마는 추가되는 임대 보증금 부담을 덜 수 있도록 내 집세를 내주겠다고 제안했고, 집에 혼자 있을 때 생각을 다른 데로 돌릴 수 있도록 DVD 플레이어가 딸린 TV를 사주었다. 아빠는 매일 밤 전화를 했으며, 마침내 모임에 다니라는 제안을 중단했다. 아빠는 그저 내가 잘 있는지 궁금해했다.

2주가 지났지만, 테일러에게 다시 시작해보자고 애원하기에 결코 늦은 기간이 아니었다. 어느 날 테일러가 내가 사는 원룸에 들러 우리는 함께 대화를 나누었다. 너무나 고통스러웠고 아무것도 해결된 건 없었지만, 우리가 다시 잘해볼 수 있을 거라는 내 태도만큼은 확고했다. 그러나 며칠 후, 우리 관계에서 불만스러웠던 점들, 힘들었던 점들이 조목조목 떠오르자 몹시 당황스러웠고, 그 길로 이제 정말로 끝이라고 단호하게 써서 테일러에게 이메일을 보냈다. 지극히 당연하게도, 테일러는 자기를 가지고 논 거냐, 그렇지 않고서야 어떻게 또 이럴 수가 있느냐며 화를 냈다. 그러나 관계에 희망이 보이는 시기엔 섹스를 하기도 했다. 그리고 인정하고 싶지 않지만, 서로 부딪치고 물러나는 반복 속에서 두 육체가 이 같은 극단적인 줄다리기를 하기 때문인지 테일러와의 섹스가 나를 굉장히 흥분시켰다. 테일러를 잃게 될 거라고 생각하니 어쩐 일인지 그를 붙들고 싶은 욕망이 더욱 거세졌다. 그리고 그의 집에서 지낼 땐 내 몸이 그의 몸을 거부했다면, 지금 내 몸은 다시 그를 받아들이며 그를 끌어당기려 애쓰고 있었다. 테일러는 육체적으로는 나에게 돌아왔지만 두 가지 감정 사이에서 갈등하고 있었다. 나는 그의 집 상태나 과거의 우리 문제, 그와 나의 다른 점들보다 그가 느끼는 감정적인 거리감이 더 견디기 힘들었고, 그래서 더욱더 그를 원했다.

나는 테일러를 되찾기 위한 이런 시도들에 대해 에단과 실컷 상의를 해놓고는, 얼마 후 갑자기 또 변덕을 부려 그를 밀어내고 싶다고 번복하곤 했다. 에단은 내가 상반되는 감정—나 자신과 테일러에 대해서—사이에서 힘들어하기 때문에 이렇게 자꾸만 생각이 흔들리는 거라고 말했다. 테일러는 더 이상 내 것이 아니었지만, 그리고 내가 그를 원하기는 하는지 대체로 자신이 없었지만, 여전히 우리에게는 다시 합칠 수 있는 가능성이 있었다. 우리는 애매한 상태에 놓여 있었고 나는 이런 상태를 참을 수가 없었다. 이런 흑백의 사고방식, 이상화와 가치 저하 사이의 격렬한 흔들림이 내 위치를, 그리고 테일러의 위치를 확고히 하려는 시도로 드러난 것이다. 이런 변화가 너무나 급속도로 일어나는 데다 내 감정을 송두리째 잡아끌어, 어떤 날은 눈물을 흘리며 테일러를 그리워하다가도 또 어떤 날은 우리는 영원히 헤어질 수밖에 없다고 굳게 확신했고, 어느 땐 이런 두 가지 감정이 단 몇 시간 사이에 오락가락하기도 했다. 나는 이처럼 모순적인 내 태도 때문에 테일러를 괴롭히지 않으려고 정말 열심히 노력했다. 하지만 내 마음대로 되지 않았다. 이틀 동안 테일러에게 전화 한 통 걸려오지 않으면 테일러가 너무나도 간절하게 보고 싶었다. 하지만 그와 다시 잘 지내보려고 그의 집 소파에 앉아 있으면 얼른 깨끗하고 조용한 내 원룸으로 돌아가 혼자 있고 싶어졌다.

 이처럼 혼란스러운 상황이 과거의 경계성 인격장애 증상들을 하나씩 끌어내고 있다는 걸 분명하게 느끼고 있었다. 수년간의 심리치료와 훈련, 불교에서 배운 내용에도 불구하고, 이 증상들은 마치 물이 비등점을 향해 가듯 점점 심해졌고 과거보다 더 큰 고통을 가했다. 모든 것이 원점으로 돌아오고 있었다. 흑백의 사고방식, 혼자임을 견딜 수 없게 만드는 쓰리고 통렬한 공허함, 버림받았다는 느낌을 외면하기 위해 필사적으로 섹스에 매달리는 모습(이것은 경계성 인격장애의 기준이 되는 항목 가운데 최근에 나에게 추가된 항목이다). 새로 이사한 내 원룸에 들어와 5분쯤 지나면 나는 마치 무덤에 갇혀버린 느낌이 들었고, 활기라고는 눈곱만큼도 찾아볼 수 없는 이 공간에서 맥없이 침대에 누워 주야장천 울거나 DVD를 보면서 시간을 보냈다. 나 자신을 찾기 위해 수많은 방들을 전전했지만, 결국 마지막에 도착한 지금 이 방에서 지독한 고통을 안겨줄 뿐이었던 지난날들을 똑같이 반복하고 있었다.

나는 침대에서 울 때면 옆에 봉제인형들을 잔뜩 쌓아놓았다. 인형을 곁에 두면 물밀 듯 밀려드는 고통이 한결 빨리 사라진다는 걸 알게 됐기 때문이다. 집안에 늘 봉제인형들이 있었지만, 인형들과 이야기를 나누는 건 지금이 처음이었다. 나는 플러시 천으로 만든 얼굴 속 유리 눈동자를 들여다보며, 내가 괜찮을 거라고 말해달라고 인형들에게 청하곤 했다. 사자 인형 모에는 "잘 이겨낼 거야, 키라"라고 말했다. 강아지 루크는 그 말에 동의하듯 고개를 까딱까딱 움직이며 얼굴로 부드럽게 내 목을 눌렀다. 곰돌이 리온은 "괜찮아, 괜찮아, 괜찮아"라고 말했다. 그래, 뭐, 난 서른다섯이나 먹은 여자지만, 봉제인형하고 상상의 대화를 나누는 것으로 간신히 위로를 얻었다. 내친 김에 포대기 얘기도 해야지. 나는 플러시 천으로 된 담요를 여러 장 사서, 도저히 울음이 멈추지 않거나 걷잡을 수 없이 커지는 자해의 충동을 막을 수 없을 때, 숨을 쉴 만한 구멍으로 얼굴만 빼꼼 내민 채 알몸에 담요를 둘둘 말았다. 그렇게 포근하게 담요를 두르고 누워 담요에 감싸인 느낌과 호흡에 집중했다. 그리고는 "나는 이 고통을 받아들인다. 나는 이 고통이 지나갈 것을 믿는다"라고 여러 차례 반복해서 말했다. 이따금 이 방법으로 고통에서 벗어나기도 했다.

이 방법도 안 되면 에단에게 호출을 했다. 그의 목소리를 듣는 것만으로도 벼랑 끝에서 어느 정도 뒤로 물러날 수 있었다. 에단은 전화로 어느 땐 변증법적 행동치료 기술에 집중하도록 지도했고, 어느 땐 내 마음속 부분들을 다루도록 지도했다. 그는 내 안에 인정받기를 원하는 부분이 있는지 묻곤 했다. 처음엔 정확히 대답하지 못했지만 작고 검은 한 부분이 있음을 차츰 분명하게 알 수 있었다. 망명자인 이 부분은 이제 내가 혼자 있게 되자 아주 신이 나서 수면 위로 올라왔다. 망명자는 온몸이 털로 뒤덮이고 천방지축인 데다 이제 겨우 말문이 트인 것이, 영화 〈아담스 패밀리〉에 등장하는 커즌 잇(Cousin Itt) 하고 약간 닮았다. 그녀는 내 왼쪽 손바닥에 통증을 일으키고 그녀의 머리를 벽에 찧었다. 그녀는 내 마음속의 모든 부분들 가운데 위로와 관계를 가장 절실하게 원했고 걱정과 분노도 가장 크게 느꼈다. 그녀가 한번 등장하면 그녀의 고통이 나머지 부분들을 모두 가려버리기 때문에 평소에는 꼭꼭 숨어 지냈다.

"어떻게 해야 당신 안의 작고 검은 부분을 돌볼 수 있을까요?" 에단이 물었다. 나는 봉제인형들과 대화를 하고 심지어 담요를 둘둘 말고 자기도 하지만 여전히 혼란스럽다고 말했다. 에단은 이 작고 검은 부분을 직접적으로 안심시키라고, 그녀의 욕구를 지레짐작하지 말고 원하는 바가 무엇인지 직접 물어보라고 제안했다. 에단의 말을 들으니, 내가 자신을 아무리 달래봐야 내 안에서 활동하는 부분들이 목소리를 내게 할 수는 없다는 생각이 들었고, 이 사실은 아주 중요했다.

그래서 이번에 침대에 들어가 누울 땐 내가 느끼는 고통이 내 전부가 아닌 내 안에서 움직이는 마음속 부분이라고 여기고 고통과 어느 정도 거리를 유지하려 노력했다. 나는 이 작고 어두운 부분이 머리를 산발한 채 좁은 공간에 웅크리고 앉아 앞뒤로 몸을 흔드는 모습을 상상했다. 그녀는 아무 말도 하지 않을 터이므로, 나는 그녀에게 다가가 내가 잘 돌봐주겠다고 말했다. 잘 돌봐줄 테니 걱정하지 말라고 약속했다. 그녀는 여전히 입을 다물었다. 나는 그녀에게 잠시 밖으로 나와 원하는 걸 말해주지 않겠느냐고 부탁했다. 그리고 그녀가 필요한 걸 채워주기 위해 최선을 다하겠다고 다시 한 번 말했다. 처음엔 그녀가 계속 침묵을 지켰다. 그런데 잠시 후 내 안에서 미세한 움직임이 느껴졌고(이럴 때면 나는 늘 기겁을 하고 놀란다), 그녀가 작은 목소리로 이렇게 속삭이는 것이었다. "주스."

"주스?" 내가 물었다. 내 안의 어둠 속에서 가녀리게 고개를 끄덕이는 느낌이 들었다. 나는 그녀가 목이 마르다는 걸 알아차렸다. 갈증을 느끼는 게 나일까, 아니면 마음속의 이 부분일까? 틀림없이 이게 다가 아닐 것이다. 그녀가 울지 않은 이유가 단지 수분이 부족하기 때문이라니, 그럴 리가 없었다. 어쩌면 그녀는 자신이 원하는 걸 내가 정말로 줄지 어떨지 이런 식으로 시험하는 건지도 몰랐다. 그래서 나는 냉장고를 열어 사과주스를 한 잔 따랐다. 사과주스에서 차가운 별들과 따뜻한 스카프가 함께했던 가을 밤 엄마 집 뒤편 풀밭 같은 맛이 났다. 아주 평범한 사과주스 한 잔, 해마다 과수원과 해질녘을 담뿍 담고 돌아오던 어린 시절의 달콤한 음료 한 잔. 주스를 다 마실 즈음 눈물도 사라졌다. 그리고 내 안에 이런 부분들이 살아 있고, 그들이 실제로 나와 이야기를 나누고 있다는 사실에 또다시 잔뜩 겁을 집어먹었다.

확실히 증상이 재발된 게 틀림없었다. 자해하고 싶다는 충동을 따르지는 않았지만, 쇼핑 욕구는 그 어느 때보다 강했다. 어느 날 나는 시어스 백화점에서 브래지어를 좀 사려고 벌링턴 쇼핑몰로 차를 몰고 갔다가 엄하게 가죽으로 된 마사지 의자를 구입해버렸다. 신용카드 명세서를 보니 지난 몇 달간 쓴 돈이 과거 10년 동안 쓴 돈보다 더 많았다. 뿐만 아니라 소소하게 짜증스런 일들을 참고 넘어가지 못했고, 조금이라도 침해당했다는 생각이 들면 걷잡을 수 없이 분노가 밀려들었다. 거리에서 누가 길을 방해하면 되돌아가서 발로 뻥 차주고 싶었고, 복사기가 제대로 작동하지 않으면 도끼로 확 내려찍고 싶었다. 퇴근 후 텅 빈 집으로부터 관심을 돌리기 위해서라면 어떠한 과격한 짓도 할 수 있을 것 같았다.

"다시 원점으로 되돌아간 것 같아요." 내가 에단에게 말했다. "지금까지 얼마나 많은 노력을 했는데 어떻게 또다시 이렇게 엉망이 될 수 있지요?"

에단이 물었다. "이별의 아픔으로 한창 힘들어 할 때 외롭고 고통스러운 게 비정상일까요?"

내가 말했다. "아니, 뭐 그런 건 비정상이라고 볼 수 없지요…. 하지만 그 때문에 내 경계성 인격장애 증상들이 몽땅 다 튀어나오고 있단 말이에요."

"극심한 고통 속에 있거나 지독한 상실감을 겪을 때 일시적으로 경계성 인격장애 증상들이 튀어나오는 건 지극히 정상적일 수 있어요."

그런 식으로 생각해본 적은 없지만 일리 있는 말이었다. 이별은 대부분의 사람들을 비탄에 빠뜨리고, 그렇지 않다 하더라도 뭔가 문제를 일으키기 마련이다. 그렇지만 많은 사람들이 지금 나보다 훨씬 더 심하게 욱하고 화를 내지만, 그들 가운데 대부분이 언제 재발될지 모를 20년 묵은 질병으로 노심초사하지는 않는다.

에단은 정말로 원점으로—우리가 처음 만난 때로—돌아갔는지 물으면서 그의 소크라테스식 현실 확인 작업을 시작했다. 그가 말했다. "그런 생각이 들 수 있어요. 하지만 그때하고 지금하고 정말 아무런 차이가 없나요?"

아, 에단, 당신은 정말 최고예요. 사실 나는 없는 것 없이 뭐든 다 갖추고 있었다. 청구서 꼬박꼬박 지불하지, 여전히 직장에 잘 다니고 있지, 나한테 해 끼치는 거 없지(신용카드를 신나게 긁어대는 거 말고는), 더구나 지금은 혼자도 아니었다. 내 주변에는 진심으로 나에게 힘을 주는 사람들이 있었고, 무엇보다 나는 게일과 좋은 관계를 맺고 있었다. 게일은 내가 회사에 있는 동안 물심양면으로 나를 도왔다. 그녀는 내가 눈물을 뚝뚝 흘리면서 책상 앞에 앉아 있는 걸 보고 나를 꼭 안아주었고, 자주 사무실 밖에 나가 산책을 하고 바람을 쐴 수 있도록 배려해주었으며, 테일러에 대한 생각이 하루에도 열두 번씩 오락가락할 때에도 나에게 충고 한마디 하지 않고 내 변덕을 묵묵히 다 받아주었다. 그녀는 "네 마음에서 옳다고 믿는 대로 행동하게 될 거야"라고 거듭거듭 되풀이해 말해주었다.

회사에 오는 길이 집에 오는 것처럼 편안했다. 지금까지 한 직장에서 이렇게 오래 일한 적이 없었다. 지지 모임이나 심리치료 모임에서 만난 사람들이거나 섹스를 위해 만난 사람 외에 사람들과 이렇게 지속적으로 관계를 맺어본 적이 없었다. 책상 앞에 앉으면 마치 수행을 위해—그리고 나 자신에게 머무르기 위해—'방석 위에 앉는' 기분이 들었다. 명상은 아니지만 명상에 버금가는 기분이었다. 책상 앞에 앉을 때면 얼마간 나 자신과 함께할 수 있었다. 물론 인터넷이며 옹호 활동으로 방해를 받을 때도 있지만, 때때로 나 자신을 관찰하고 내 마음을 의식하는 시간을 가질 수 있었다. 확실히 나는 원점으로 되돌아간 건 아니었다. 나는 내 인생에서 무엇을 가지고 있는지 누구와 관계를 맺는지 더 많은 지도를 만들면서, 나 자신에게 이 사실을 되풀이해 말해야 했다. 이 지도들을 보고 있노라면 내가 혼자라는 걸 확인할 수 있었다. 엄마와 아빠는 자주 전화를 걸어주었다. 심지어 테일러의 어머니도 2주에 한 번씩 내 안부를 물어주었다. 레이먼드는 정기적으로 저녁을 사주었는데, 채식주의자가 돼볼까 생각 중이었지만 잘게 자른 고깃덩어리는 여전히 거부할 수 없는 유혹이었다.

요즘 내 몇 안 되는 즐거움 가운데 하나는 홀푸드마켓에서 쇼핑하는 것이었다. 이제는 테일러와 정반대인 식습관을 맞추려 애쓸 필요도 없기 때문에, 내 건강을 유지하고 예전 체중을 되찾는 데 도움이 될 채소와 곡물, 유기농 음식들을 다시 찾기 시작했다. 예전 불안발작에 시달릴 땐 홀푸드마켓에 오는 것이 고문이었다. 하지만 지금은 체중관리식품 통로를 서성거리면서 엄마 아빠에게 과일로 만든 담배 모양 과자를 사달라고 조르는 아이들 모습을 즐겁게 바라보게 되었다. 어느 날, 홀푸드마켓 뒤편 식당 코너에서 초밥을 먹다가 계산대 앞에 서 있는 키 크고 마른 남자를 보았다. 남자가 금전등록기를 마주하고 있어서 누구인지 바로 알아보지는 못했지만 어디서 많이 보던 동작이다 싶은 게 베넷을 연상시켰다. 나는 자세히 보려고 자리에서 일어났는데, 세상에, 정말 베넷이었다! 베넷도 나를 알아보고 장바구니를 들고서 내 쪽으로 다가왔다.

"여기에서 뭐해?" 내가 물었다. 마치 그가 머나먼 우주 공간에서 이곳으로 건너온 것 같았다. 그는 다른 나라, 아니 하다못해 다른 지역에 있을 줄 알았다. 하지만 밝은 흰색 스니커즈에 끝이 뾰족한 구레나룻까지, 4년이 지난 지금도 그때하고 똑같은 모습으로 내 눈앞에 서 있었다. 그는 이 근처에서 목공일을 하고 있어서 저녁에 먹을 걸 사러 들렀다고 했다.

우리는 잠시 서로를 바라보며 서 있었다.

"저기…." 나는 과거에 미치광이처럼 굴던 내 행동을 사과하기 위해 입을 열었다.

"아니야, 괜찮아." 베넷이 고개를 저었다. "우리 둘 다 힘든 시기를 지나온 거야."

"난 그때 정말 최악의 상태였어. 네가 나한테 더 많은 도움을 구해 보라고 말했을 때 네가 내 목숨 구해준 거 알아?"

베넷이 미소를 지으며 반갑다고 말했다. 베넷은 내가 행복하기를 진심으로 바랐다. 나는 알렉시스에 대해, 두 사람이 아직도 같이 사는지에 대해 물었다.

"아니, 알렉시스는 다른 지역으로 이사했어. 지금 불교신자 다 됐을 걸."

"불교신자라고?" 나는 베넷의 말을 되풀이해 말했다. "어떤 불교?"

"티베트에서 시작된 불교인 것 같아. 완전히 푹 빠졌더라고."

나는 베넷에게, 정말 재미있는 일이다, 나도 티베트 불교를 열심히 공부하는 중이다, 라고 말했다. (하지만 깨달음에 다시 열중하기 시작했다는 말은 하지 않았다.) 베넷은 재킷 주머니를 뒤지더니 오래된 영수증 뒤에 알렉시스의 이메일 주소와 전화번호를 적었다. 그런 다음 우리는 어색하게 서 있었다. 딱히 더 할 말이 없었다. 우리는 서로를 방해할 뿐이었기에 포옹을 하며 작별인사를 했다.

알렉시스. 이 이름을 다시 듣게 되다니. 그녀의 목소리, 눈꺼풀이 무거운 그녀의 눈이 떠올랐다. 그녀가 나보다 더 열심인 불교신자가 되어 있을까봐 걱정이 됐기 때문에, 그녀에게 연락을 하고 싶기도 했고 그렇지 않기도 했다. 나는 더는 린포체에게 이메일을 쓰지도 않고 기도도 하지 않으면서, 여전히 이 생활에서 벗어나고 싶다고 외치고 있었다. 여전히 이틀에 하루는 테일러의 집에서 TV를 보고 고기를 먹고 섹스를 하면서 보냈다. 테일러는 나에게 이렇게 따졌다. "이런 생활을 계속하다간 자신이 망가질 거라며 헤어지자고까지 하더니, 이제 와서 네가 먼저 이렇게 놀자고 하면 내가 네 불평을 어떻게 진지하게 받아들일 수 있겠어?"

할 말이 없었다. 그 순간 나는 너무 혼란스러운 나머지 이렇게밖에 말할 수 없었다. "네 말이 맞다. 저녁 뭐 먹고 싶어?"

이른 봄이 되어서야 마침내 알렉시스에게 연락을 했다. 나는 간단한 안부인사로 메일을 써서 보냈다. 알렉시스는 이렇게 연락이 되어 몹시 기쁘다, 꼭 만나고 싶다는 내용으로 즉시 답장을 보냈다. 알렉시스는 아직 로웰에 살고 있었지만, 대부분의 시간을 서머빌에서 그녀의 승가 사람들과 함께 보냈다. 서로 경로는 완전히 다르지만 결국 불교라는 같은 목적지에서 위안을 구하게 됐다는 사실에 둘 다 깜짝 놀랐다. 알렉시스의 승가의 교파와 린포체의 교파는 많은 스승과 수행 방법들을 공유했다. 그러나 알렉시스의 스승과 공동체는 매우 가까이에 있어서 매주 모임을 가졌다.

나는 다시 메일을 보내 이렇게 물었다. "넌 너희 티베트 스님이 편해?" 사실 나는 무척 샘나 있었다. 알렉시스는 그들의 수행 모임에 꼭 한번 오라고 말했고 나도 곧 가겠다고 약속했다. 그 사이에 우리는 오래간만에 만나 커피를 마셨다. 몇 년 만에 만났지만 알렉시스는 여전했다. 그녀는 아름답고, 강하고, 자기주장을 굽히지 않고, 변덕스럽고, 그리고 지금은 불교신자였다. 그리고 또 하나, 그녀는 불교의 가르침을 **실천하고** 있었다. 내 뜨뜻미지근한 노력과는 비교도 안 될 정도로, 알렉시스는 불교에서 위안을 찾았을 뿐 아니라 지난 3년 동안 티베트 언어를 배우고, 수행에 전념하고, 경전을 공부하고, 명상을 했다. 그리고 무엇보다 자신을 든든하게 뒷받침해줄 승가가 있었다.

알렉시스는 내가 지난 5년 동안 어떻게 지냈는지 궁금해했다.

"베넷하고 사귈 때 나 경계성 인격장애 진단받았던 거 기억나?"

알렉시스는 어렴풋하게 기억난다고 말했다.

"베넷하고 헤어지고 크게 앓다가 다시 병원에 입원해야 했어. 넌 어떻게 기억하는지 모르겠지만, 한때 나는 네가 내 인생을 망가뜨리고 있다고 진심으로 믿었어."

"정말?! 키도 작고 나이도 많은 내가?"

"어쨌든 네가 베넷하고 지내는 시간이 더 많았잖아."

"웬일, 그 시기는 나만의 인생을 찾는 시기였는걸." 알렉시스가 말했다.

그런 것 같았다. 지금 베넷이 그녀와 아무 상관없는 사람인 걸 보면. 알렉시스를 만나서 무척 즐거웠다. 우리는 몇 시간 동안 스타벅스에 앉아 그동안 어떻게 지냈는지 수다를 떨었다. 알렉시스는 내가 평범한 아내고 엄마가 되면 부처님의 가르침을 실천할 시간이 없을 터이므로, 결혼하지 않길 정말 잘했다고 말했다. 세상에, 얘 완전히 골수분자잖아!

나는 파혼까지 했지만 아직 테일러를 보내지 못하고 있다고 고백했다.

"놔줘야지." 알렉시스는 나에게 장애급여를 신청하고, 정신질환이 있는 걸 절대로 부끄러워해서는 안 된다고 말할 때처럼, 지금도 아주 딱 부러지게 이렇게 말했다. 그리고 언제고 자신의 승가에 꼭 한번 오라고 되풀이해 말했고, 나도 그러겠다고 다시 한 번 약속했다. 그러나 막상 때가 되면 매주 서머힐에 가지 않을 핑곗거리를 찾고 있었다.

테일러와의 이런 애매한 관계가 얼마나 오래 지속될 수 있을지 알 수 없었다. 테일러는 다른 여자와 데이트하겠다고 말했고 나는 마지못해 그러라고 했다. 테일리와 함께하길 원하는지 아닌지 매일같이 생각이 바뀌는 마당에 어떻게 그에게 내 권리를 주장할 수 있겠는가? 그러면서도 우리는 여전히 한 침대에서 잠을 잤다. 그러던 어느 날 생리일이 예정보다 늦다는 걸 알아차렸다. 나는 임신 테스트기를 사러 약국에 갈 때 테일러가 같이 가주길 기대하며 그에게 세 번이나 전화를 걸었지만 연락이 되지 않았다. 결국 나 혼자 약국에 갔다. 집에 돌아와 테스트를 하고 음성 반응을 확인하고는 침대에 쓰러져 누웠다. 임신을 해서 그냥 결혼해버릴까 아니면 낙태를 하고 영원히 테일러에게 등을 돌릴까, 하루 온종일 두 가지 생각이 머릿속을 들락거렸다. 그리고 5분마다 대답이 달랐다.

시시때때로 감정이 죽 끓듯 변하는 바람에 가뜩이나 힘들어 죽겠는데 테일러에게 연락이 오지 않자 무척 화가 났다. 연락을 기다리다 지쳐 결국 그날 저녁에 다시 한 번 전화를 걸었더니, 세상에 테일러는 하루 종일 집에서 오토바이를 손보느라 전화를 받고 싶지 않았다는 것이다. 나는 테일러에게 빽 하고 소리를 질렀다. "어떻게 하루 종일 내 전화를 피할 수가 있어?! 난 임신한 줄 알았단 말이야!"

"아니, 정 그러면 급한 일이라고 메시지를 남기지 그랬어."

나는 이건 말도 안 되는 궁색한 변명이라고 악을 쓰며 말하고는 엉엉 울기 시작했다. 테일러는 즉시 차를 몰고 우리 집에 왔다. 우리는 소파에 앉았고, 내가 이 모든 상황을 한탄하는 동안 테일러는 나를 꼭 안아주었다. 다시 시작할 수도 없고 놓아줄 수도 없는 답답한 상황이었지만, 오늘은 마침내 한계를 넘었다. 나 자신을 위해서도 그를 위해서도, 언제까지 이렇게 지낼 수는 없었다. 나는 결국 결심했다. "이제 정말 끝내야겠다. 우리 이제 정말로 끝내자."

테일러는 고개를 끄덕였다. "결국 이렇게 될 줄 알았어." 우리는 한동안 아무 말 없이 앉아 있었다. 그가 가려고 자리에서 일어섰을 때, 나는 그를 소파에 쓰러뜨려 키스하고 싶은 걸 꾹 참아야 했다. 더는 테일러에게 희망 고문을 가해서는 안 되었다. 그가 저 문 밖으로 나가도록 그를 놓아주어야 했다. 그는 이제 내가 자신을 잡지 못하게 해야 했다. "미안해." 그가 코트를 손에 집어 들었을 때 내가 말했다. "미안해, 미안해, 미안해." 그가 집을 나갔고, 나는 다시 성냥갑 같은 작은 집에서 혼자가 되었다. 나는 잠이 잘 오게 하는 차에 우유와 꿀을 타서 마시고 봉제 인형들을 옆에 끼고 흐느껴 울었다. 그리고 온라인 데이트 사이트에 등록했다.

25

날라리 불교신자

물론 내가 알렉시스였다면 나는 곧장 승가로 달려가서 나를 법당에 꽁꽁 묶어두고 억지로라도 명상 수행을 하게 해달라고 사람들에게 부탁했을 거다. 내가 다시 균형과 안정감을 찾을 수 있도록 무슨 일이든 시켜달라고 애원했을 거다. 하지만 데이트 사이트에 접속해 얼마든지 정신 나간 짓을 할 수 있는 환경에서 누가 그런 걸 하려고 하겠는가?

내가 온라인 데이트 사이트를 훑어본 지도 어언 3년이 다 된 터라, 지금은 그때하고 분위기가 좀 달라졌다. 가령 사진이 그랬다. 옛날엔 얼굴 사진 한두 장이면 충분했다. 그런데 지금은 어떻게 된 일인지 기록물을 남기는 모험가이거나 세계 여행가, 아니면 철인 삼종 경기 결승선을 통과했거나, 산 정상에 국기를 꽂고 왔거나, 하다못해 영화배우들과 악수를 한 사람이 아니면 명함도 내밀지 못할 것 같았다. 프로필 소개도 완전히 예술 작품 수준이었다. 데이트 경험을 기록할 수 있는 블로그와 동영상을 올릴 수 있는 공간도 있었고,

나와 어울릴 것 같은 사람들이 나를 찾을 수 있도록 핵심어를 나열하기도 했다. 개인적으로 올린 글들은 하나같이 대학원생 에세이 뺨칠 정도로 수준이 높고 글 솜씨도 좋았다.

나이와 사는 지역 등 내 신상명세를 올린 다음 미래의 파트너들을 훑어보다가, 테일러의 사진들과 그가 올린 기록들을 발견했다. 무척 당황스러웠다. 우리 두 사람 모두 우리를 연인으로 맺어주었던 이 사이트로 다시 돌아와 새로운 누군가를 낚으려 한다고 생각하니 마음이 몹시 아팠다. 테일러의 프로필도 나를 괴롭게 했다. 한 글자 한 글자가 3년 전 내가 읽었던 내용과 거의 다르지 않았던 것이다. 그때 나 지금이나 변함없이 같은 모습이라니, 정말이지 믿을 수 없을 정도였다. 자신이 뭘 좋아하는지, 자신은 어떤 사람인지, 어떤 일을 하는지 등, 그가 말한 모든 내용들이 3년 전이나 지금이나 조금도 다른 게 없었다. 반면에 나는 그동안 많이 변했고, 따라서 내 프로필에 작성한 내용도 처음 작성한 내용과 판이하게 달랐다. 이번에 나는 정신건강 옹호자이고, 오토바이를 탈 줄 알고, 불교신자이고, 작가라고 나를 소개했다. 고작 온라인 프로필이지만 여기에서도 우리의 성격 차이가 그대로 드러났다. 그는 깊이 정체되어 있는 반면 나는 경박하리만치 확 달라져 있었다.

테일러에게 돌아가고 싶은 마음을 돌릴 수 있을 만한 사람을 빨리 만나고 싶은 충동으로, 그 어느 때보다 도발적인 사진들을 골랐다. 먼저 가죽 라이더 재킷을 입고 오토바이 위에 올라탄 사진 한 장과, 허벅지까지 올라오는 긴 부츠에 코르셋을 입은 사진, 해질녘에 옆모습이 나온 사진, 그리고 법당 앞에 앉아 있는 사진을 올렸다. 어쩜 이렇게 골고루 잘도 올렸는지. 나를 소개하는 글도 아주 솔직하게 썼다. 내 관능적인 기질과 '대담한 성격'을 강조했고 스킨십을 아주 좋아한다고 노골적으로 밝혔다. 새롭게 포장된 키라에 대한 소개는 대체로 상당히 성공적이어서 즉시 반응이 왔다. 오토바이를 타고, 자기 사업을 경영하며, 나와 나이가 같은 잘생긴 인도 청년 하리는 나에게 아름답고 매력적이라고 말했다. 마치 코카인을 흡입한 것처럼 그의 이메일은 내 쾌락 중추를 정확히 명중시켰고, 나는 요 몇 달 동안 그 어느 때보다 행복했다. 이틀 뒤에 그와 데이트를 했다. 그는 어디에서나 눈에 확 띄는 남자였다. 일단 체격이 아주 좋았고, 막 샤워를 하고 면도를 마친 사람처럼 깔끔했으며, 유럽 남자들 특유의 분위기가 느껴지게—맞춤옷이면서도 어쩐지 당장이라도 럭비 경기를 하러 갈 것만 같은—옷을 입었다. 그는 BMW를 몰고 나를 데리러 왔고, 우리는 금속조각으로 장식한 코끼리들, 황금 불상들, 대나무, 액자에 끼워진 춤추는 여인들 그림이 있는 도시 근교의 태국 음식점에 갔다. 망고 라시(lassi, 요구르트로 만든 인도 전통 음료—옮긴이)를 마실 때 그는 내 손을 덥석 잡더니 나에게 완벽하다고 말했다. 나는 그렇지 않다고 말했고 나에 대해 잘 모르고 있다고 일깨워주었다. 앗, 하지만 그는 이런저런 내 모습을 알고 있는 것 같았다. 그는 내가 친절하고 정 많고 독창적이고 대담한 사람이라는 게 다 보인다고 했다.

"대화하는 거 좋아해요?" 그가 물었다.

나는 말했다. "내가 알기로는 대화를 꽤 잘하는 편이에요."

그는 상대방과 대화가 잘 통하는 게 자기에게는 무척 중요하다고 말했다. 그는 내가 독립적인 사람인지도 물었다. 나는 지금 혼자 살고 있으며 스스로 생계를 책임지고 있다고 말했다(이 말을 하면서 속으로 조금 뜨끔했다. 솔직히 나는 독립적인 여성이라기보다 파고들 무르팍을 찾아다니는 길 잃은 강아지에 더 가까웠으니까). 나는 어릴 때부터 독립해 살고 있다고 말했는데, 이건 확실히 사실이었다. 그는 자기도 인도에서 미국으로 건너온 후로 죽 혼자 살고 있고 사업에서 점점 성공가도를 달리고 있다고 말했다.

그는 두 손으로 내 손을 잡고 연신 쓰다듬었다. 그의 손은 부드러웠고 손길은 내 마음을 편안하게 해주었지만, 눈빛은 이글이글 타올랐다. 나처럼 그의 마음 안에도 두 가지 상반된 힘, 온화하면서도 강력하고, 냉담하면서도 필사적인 두 가지 힘이 있었다. 우리는 카레를 먹으면서 각자의 연애 경험을 간단히 이야기했다. 나는 나하고 많이 다른 한 남자를 깊이 사랑했지만 장기적으로 결코 잘되지 않으리라는 걸 깨닫고 결국 파혼해야 했다고 설명했다. 하리는 매우 지적이고 섹시한 여자와 사귀었지만 그가 출장을 가느라 자주 만나지 못하는 문제로 너무 많이 다투었다고 설명했다.

그는 나를 보면서 물었다. "내가 몇 주씩 출장을 가거나 아무런 예고도 없이 갑자기 출장을 가야 한다면, **당신은** 어떻게 하겠어요?"

아, 뭐야. 지금 나보고 멀쩡한 애인이 곁에 없고 혼자 남겨지면 기분이 어떻겠냐고 묻는 거야? 경계성 인격장애 환자와의 첫 데이트 때 물어보는 질문치고 너무 심한 것 아니야? 나는 몇 년 동안 테일러의 집에 진을 치고 살면서 테일러와 늘 함께할 수 있었기에 안정감을 느낄 수 있었다. 테일러는 아무 데도 가지 않았기 때문에 언제나 그를 곁에 둘 수 있었다. "사귀는 사람이 늘 출장을 가고 없다면 별로 행복할 것 같지 않은데요." 내가 하리에게 말했다.

"내가 묻는 이유도 그래서예요." 하리가 목소리를 낮추어 말했다. "마지막으로 만난 여자친구도 그 문제로 무척 힘들어했어요. 그녀는 내가 해외에서 한창 중요한 업무를 보고 있을 때 전화를 걸어 빨리 돌아오라고 애원하곤 했지요. 그리고 막상 집에 돌아오면 그녀가 너무 화가 나 있어서 여전히 그녀를 사랑한다는 걸 납득시키느라 며칠 동안 진땀을 빼야 했어요." 그는 어리둥절한 표정으로 고개를 저었다. "그녀에게 전화로 곧바로 연락하지 않으면 무슨 일이 일어날지 상상도 못 할 거예요."

"알 것 같아요." 나는 조용히 말했다. 그의 전 여자친구가 나하고 상당히 비슷하다는 생각이 들었다. 이런 모습은 내가 아주 잘 알고 있는 경계성 인격장애 증상이었다. 하지만 그녀가 경계성 인격장애인 것 같다는 말을 어떻게 하겠는가? 설사 말을 한다 해도, 나 역시 그렇다는 말을 또 어떻게 하겠는가? 음, 저기요, 그런데 당신의 전 사이코 여친 말이에요. 저도 그 여자하고 똑같은 증상이 있어요. 하지만 걱정 마세요, 저는 많이 좋아졌거든요. 제 전 남친한테 저에 대해 묻지 마세요. 당신한테 속속들이 다 말해버리면 곤란하니까…, 이런 말을 어떻게 하겠는가?

하리는 초조한지 손을 비벼댔다. "어느 날, 나는 그녀에게 전화해서 집에 늦게 도착할 것 같다고 말했어요. 그런데 마침 제가 탄 비행기가 지연되어 활주로에서 움직이질 않는 거예요. 겨우 집에 도착했더니 그녀는 욕실에서 나오려 하질 않더군요. 결국 한 시간 동안 침대에 앉아 제발 나오라고 그녀를 설득했어요. 그런데 마침내 그녀가 욕실 밖을 나왔을 때 양쪽 팔에 피가 철철 흐르지 뭐예요." 그는 천장을 올려다보며 깊이 한숨을 쉬었다. "그러더니 그녀가 말하더군요. '당신이 날 어떤 꼴로 만들었는지 봐'라고요."

나는 하리의 손을 잡았다. "그녀로서는 그럴 수밖에 없는 이유가 있었고, 그것이 당신 탓은 아니에요."

"이해할 수 없어요."

"그녀는 아마 경계성 인격장애가 아닌가 싶어요." 나는 그에게 증상을 하나하나 이야기했고 그는 그때마다 고개를 끄덕였다. 그녀는 백발백중 틀림없는 경계성 인격장애였다.

"그녀를 이해하겠어요?" 하리는 당혹스런 표정으로 물었다.

"뭐…, 어떤 면에서는 그렇다고 할 수 있지요." 지금 내가 그렇듯이 경계성 인격장애가 '회복 중'인 시기엔 다소 혼란을 겪을 수 있었다. 그에게 전 여자친구가 경계성 인격장애이고 나 역시 같은 질환을 갖고 있다고 말한다면 그는 벼랑에서 뛰어내릴지도 몰랐다. 반대로 내가 아무 말 안하고 그와 사귀게 된다면, 나는 그의 전 여자친구와 상당히 비슷한 데다 스스로 통제하는 능력이 많고 내가 싸우는 대상이 무엇인지 아주 잘 인식하고 있으므로 우리 둘이 깊은 관계로 발전하는 건 식은 죽 먹기보다 쉬울지 몰랐다.

나는 심호흡을 하고 입을 열었다. "이런 말 하면 황당하시겠지만, 전 그녀에게 무슨 일이 있었는지 알 것 같아요. 왜냐하면 그런 증상들을 다루는 법을 배웠을 뿐 저 역시 그녀와 같은 문제를 갖고 있거든요."

하리는 잠시 아무 말이 없더니 의자에 등을 기대고 앉았다. 마치 나를 피하려는 듯 최대한 의자를 뒤로 뺐다. 나는 그렇지만 그의 전 여자친구와 많은 면에서 같지 않고, 오랫동안 경계성 인격장애 치료를 받아왔다고 서둘러 덧붙였다.

"완쾌됐나요?" 그가 물었다. "그럼 이제 정상이에요?"

나는 지난 몇 달 동안 일어난 모든 일들을 생각해보았다. 마음속으로는 아직 치유되지 않았음을 알고 있었다. 이제 다 사라졌다고 믿는 순간에도 여전히 이 증상들을 가지고 있었다. 이것은 에단이 처음 내 안에서 보았던 바로 그 변증법이었다. 나에게는 경계성 인격장애가 있기도 하고 없기도 했다.

"아니요. 아직 노력 중이에요." 결국 나는 이렇게 말했다. "대부분의 경계성 인격장애 환자들보다 조금 나은 편이지요."

"제가 다시 연락하지 않으면 어떻게 하시겠어요?" 하리가 물었다. 그는 자신이 까딱 말 한번 잘못했다가는 내가 칼붙이를 들고 욕실에 틀어박히지나 않을까 걱정하고 있는 게 분명했다. 나는 이런 일 정도는 얼마든지 감수하고 살 수 있다고 말해 그를 안심시켰다. 나는 더는 자해를 하지 않으며 어느 누구에게도 상처를 주지 않으려고 열심히 노력하고 있다고 말했다.

"정말 훌륭하세요." 그가 말했다. "솔직히 전 어떻게 해야 좋을지 모르겠어요. 당신을 다시 보고 싶기는 합니다. 다만 당신이 끔찍한 행동을 하지 않겠다고 저에게 확신을 줄 수 있다면 말이에요. 정말이지 그런 경험을 또다시 겪고 싶지 않아요. 그 일은…." 그는 차마 말을 맺지 못했다.

"알아요." 내가 말했다. "저 역시 그 시절로 돌아가고 싶지 않아요."

하리는 나를 집 앞에 내려다 주었다. 그는 현관문 앞에서 내게 키스를 했고 우리는 서로 포옹을 했다. 꽤 바람직한 첫 데이트였다는 생각이 들었다. 상대방이 날 떠나고 싶게 하지도 않고 끔찍한 과거사를 일일이 들추지 않고도 나를 있는 그대로 보여주었다는 사실이 믿기지 않았다. 그렇지만 키스는 안 했더라면 더 좋았을 뻔했다. 긴 포옹 후에 하리는 잠깐 커피 한 잔 할 시간이 있느냐고 물었다. 나는 우리 둘 다 잠시 긴장을 푸는 것도 좋을 것 같아 하리의 제안에 동의했다. 그리고 내 원룸에서 오랫동안 키스를 나눈 다음 소파에서 뒹굴다가 문득 그의 손이 내 속옷을 향해 다가오는 걸 느꼈다. 나는 주춤하고 몸을 빼며 말했다. "서두르지 말아요."

하리는 피부가 검은 남자와 관계를 가진 적이 있느냐고 물었다.

나는 대답하지 않았다. 아마 그는 내가 관계를 맺은 열한 번째 인종이었을 것이다. 그가 내 다리를 쓰다듬기 시작했다. 그의 근육질의 팔에 안겨 진한 키스를 하고 있으려니 내가 다시 약해지는 기분이 들었다. 그는 아무런 예고도 없이 몸을 아래로 굽혔다.

"잠깐만요." 내가 말했다.

"당신을 느끼고 싶어요."

"잠깐 기다리라니까요." 나는 그를 제지하려 했지만 그는 어느새 내 허벅지 사이로 들어와 있었다.

이제 두 가지 전투가 벌어지고 있었다. 내 몸은 연인에게 반응하고 있었고, 특히나 내 클리토리스는 이런 감각을 느껴본 지가 너무나 오랜만이라 그가 계속해주길 바랐다. 하지만 그와 동시에 더는 안전하다고 느끼지 못했다. 나를 정말로 혼란스럽게 만드는 건 이런 갈등이 일어나는 동시에 내가 극도로 흥분하고 있다는 사실이었다. 나는 이런 몸부림에 흥분을 느끼기 시작했다. 마침내 하리가 나의 가장 예민한 부분에 닿으려 할 때, 대신 나는 고개를 들고 이렇게 말했다. "이건 좋은 생각이 아닌 것 같아요." 그런 다음 몸을 비틀어 뒤로 물러났다.

"이만하면 됐어요." 마침내 내가 분명하게 의사를 표시했다. 그리고 옆으로 몸을 돌려 자리에서 일어났다.

"이만하면 충분히 즐겼을 텐데요."

나는 식탁 의자에서 그의 코트를 집어들어 그에게 내밀었다. "이제 가주셔야겠어요." 그는 코트를 받아들고 주머니에서 자동차 열쇠를 꺼냈다. 그제야 나는 그의 이름이 뭔지, 그가 어떤 회사를 운영하는지 전혀 아는 게 없다는 사실을, 도대체 그에 대해 아는 게 하나도 없다는 사실을 깨달았다. 그는 그냥 나에게 찬사를 잔뜩 늘어놓은 잘생긴 남자일 뿐이었고, 나는 단지 외로웠기 때문에 그를 집으로 불러들인 것이다.

다음 상담 때 에단과 나는 이 일에 대해 상의했다. 에단은 현재 내가 어떤 느낌인지 궁금해했다. 너무 진부했지만 나는 죄책감과 수치심을 느꼈다. 하리를 집에 데리고 들어가지 않았더라면, 그렇게 필사적으로 애정을 구하지 않았더라면, 이 모든 일을 막을 수 있었을 것이다. 에단은 내가 상황을 완벽하게 통제할 수는 없으며 나로서는 최선을 다했다고 일깨워주었다.

"하지만 그게 끝이 아니에요. 저는 자제력을 잃었고 흥분했어요. 그를 거부했지만 그런 행동이 나를 더 흥분하게 했어요. 그리고 그가 나가고 난 후에," (아, 정말이지 에단한테 이런 말 하는 거 너무 싫다.) "그가 나가고 난 후에, 음, 그러니까, 성적 쾌감을 느낄 수 있었어요." 하리와 성관계를 갖는 상상을 했다는 말까지는 자백하지 않았다.

에단은 너무 놀라 어안이 벙벙한 표정을 지었다. "아니 왜 그랬어요? 궁극적으로는 두 사람이 다른 목적을 가지고 있었는지 모르지만, 어느 정도는 그가 당신을 기분 좋게 해줬잖아요."

"그거야 그렇지만…."

"동시에 상반된 관점을 갖는 것과 마찬가지로 동시에 상충하는 감정을 갖는 건 얼마든지 있을 수 있는 일이에요. 변증법을 다시 생각해보세요. 당신은 원하는 동시에 원하지 않을 수 있고, 둘 다 옳아요."

우리는 아무 말 없이 앉았고 나는 수치심이 뭉글뭉글 끓어올랐다. 에단에게 내 성생활까지 밝히는 건 사실 어려운 일이었다. 에단에게 이런 말을 할 때면 그에게 내 가장 나쁜 점이 들키는 것 같아 항상 걱정이 됐다. 지금까지 내 성생활은 테일러와 우리의 문제에 집중되어 있었기 때문에, 에단은 내 자유분방한 파괴력을 목격한 적이 없었고 내가 얼마나 빠른 시간에 문제를 일으킬 수 있는지 알지 못했다. 그가 나를 어떻게 볼지 걱정된다고 말하자, 에단은 자신이 나를 부정적으로 판단할 거라고 여길 만한 무슨 근거를 제공한 적이 있는지 물었다. 나는 지금까지 단 한 번도 그런 적이 없다고 고백했다. 하지만 자신의 마음을 검증하고 인정한다는 건 어려운 문제다. 그러니까 사람들은 어떤 말이든 할 수 있지만 다른 사람의 마음 상태를 알지 못하는 것처럼, 자신의 생각과 마음에서 일어나고 있는 일들에 대해 궁극적으로 알지 못한다. 가령 사랑이나 헌신을 어떻게 확인할 수 있겠는가? 에단에게 나를 노출시킬 때면, 나는 언제나 내가 얼마나 혼란스러운지를 드러내기 위해 저 밑바닥에 가라앉은 부정적인 마음을 찾고 있었다. 어쩌면 그가 여전히 '경계성 인격장애'라는 단어를 거의 사용하지 않는 이유는 자책이라는 내 무기고에 이것까지 더해지지 않게 하기 위해서일지 몰랐다. 나와 하리와의 데이트를 검토한 후 에단은 내게 남자 혹은 배우자, 심지어 첫 데이트로부터 원하는 것이 무엇이냐는, 몇 년 전에 던졌던 질문과 똑같은 질문을 던졌다. 그리고 이번에도 내 안에서 강렬한 충돌이 일었다. 나는 나를 천천히 능숙하게 설득할 줄 알고, 그러면서도 내가 분별력을 잃지 않도록 도와줄 온화하면서도 강인한 사람을 원했다. 하지만 그와 동시에 누군가가 억지로 나를 장악하고 부수고 내 안에 침입해 들어와, 결국 나 자신을 잃어버리고 다른 사람에게 열중하길 바라기도 했다. 도대체 이런 변증법은 어떻게 해결해야 하지?

이따금 내가 정신의학 실험을 하고 있는 게 틀림없다는 생각이 들었다. 그렇지 않고서야 가뜩이나 경계성 인격장애까지 있는 사람이 약한 정신줄을 놓지 않고 이렇게 오랫동안 온라인 데이트를 즐길 수 있겠는가? 물론 과정은 험난하고 결과는 참혹했다. 테일러를 만나기 전까지 마지막으로 온라인 데이트를 했을 때처럼, 지금도 나는 단시간에 이 놀이에 푹 빠져들었다. 불과 한 시간 만에 내 온 인생이 잔뜩 움츠러들었고, 이메일을 주고받느냐 마느냐에—그것도 낯선 사람으로부터!—내 운명이 달려 있었다. 테일러와의 경우에는 적어도 진정한 관계를 맺고 있는 구체적이고 복잡한 인간으로부터 거절을 당할까봐 걱정했었다. 하지만 지금 내가 애착을 갖는 대상은 스크린 속의 키메라 괴물들과 유령들에 고정되어 있었고, 나 자신이 투영된 모습들에 고통을 당하고 있었다. 이런 제한된 대화와 피상적인 데이트를 생사가 걸릴 만큼 중요한 문제라고 정당화하기에는 스스로 납득시킬 만한 근거가 눈곱만큼도 없었지만, 그럼에도 이런 생각들이 나를 놓아주지 않았다. 온라인 데이트에 중독되었지만 섹스를 해본 지는 한참 되었다. 며칠 동안 열정적으로 이메일을 보내던 남자들은 하루아침에 일언반구도 없이 사라졌다. 한번은 불교신자인 귀여운 남자와 데이트를 했는데, 그가 섹스를 할 것처럼 행동해 나를 유혹해놓고 2주 동안 실컷 밀고 당기기만 하는 바람에, 몰래 그의 뒤를 밟아 으슥한 골목에서 그를 꼬여내 확 섹스를 해버릴까 하는 생각도 했다. 아, 정말 섹스가 뭐라고 내가 이렇게까지 해야 하나? 나는 엄마에게 이런 내 불만을 말했더니, 엄마는 애팔래치아 등산모임(내 직장 동료 말로는 모내드녹 산Mt. Monadnock 등산모임은 노처녀들이 굶주린 암

늑대 떼처럼 득실거린다고 했다. 보아하니 남자들은 외로우면 술집을 전전하고, 여자들은 외로우면 강의를 듣거나 등산모임에 가입하는 것 같다)에 가입하는 게 어떻겠냐고 권했다. 엄마가 이곳을 권한 게 이번이 처음은 아니었다.

최소한 하루에 한 번은 테일러에 대한 그리움이 밀물처럼 나를 덮쳐, 내 욕망의 파편들은 실체가 까발려진 채 해안가에 갇혀 오도 가도 못 하고 있었다. 나는 이 파편들을 긁어모아 혹시나 그 가운데 하나쯤 걸리지 않을까 하는 기대로 전부 인터넷에 끌어다 넣었다. 알렉시스가 없었더라면 불교 수행은 깡그리 잊어버렸을 것이다. 알렉시스는 내가 얼마나 방황하고 있는지 목격하고는 자신의 승가에 오라고 다시 한 번 말했다. 아니, 솔직히 말하면, 알렉시스는 나에게 제발 그 쓸데없는 짓 좀 그만하라고 말한 다음 빨리 자신의 승가에 오라고 재촉했다. 그녀는 언제나처럼 단도직입적으로 말했지만 그녀의 말은 하나도 귀에 들어오지 않았다.

나는 한 이혼남과 한 달 가까이 담백한 데이트를 즐기고 있었다. 그의 전 부인이 경계성 인격장애였다는 사실을 알게 됐는데(도대체 그들이 나를 알아보는 걸까, 아니면 내가 그들을 알아보는 걸까?), 어느 날 그는 나를 보면 전처가 너무 많이 생각난다며 그만 만나자고 했다. 강박장애가 있는 남자와 2주 동안 만났고, 그 후 불안장애가 있는 남자와 2주 이상 데이트를 했다. 이건 뭐, 정신건강 지지 모임을 만드는 것도 아니고. 그러나 지금까지 누구하고도 잠자리를 같이 하지는 않았다. 토니를 만나기 전까지는. 테일러와 마찬가지로 토니도 오토바이를 타고 다니고 컴퓨터밖에 모르는 컴퓨터광이었지만, 테일러와 닮은 점은 딱 거기까지였다. 사실 토니는 거슬리는 면이 한두 군데가 아니라서 차마 그에 대해서는 알렉시스에게 말할 수가 없었다. 그가 어떤 사람인지 듣는다면 보나마나 알렉시스는 나에게 소리를 꽥 지를 게 뻔했기 때문이다. 그는 오토바이에 나를 태우고 시속 210킬로미터로 고속도로를 달렸을 뿐 아니라 매일 술을 마셔댔는데, 우리가 두 번째 데이트를 할 때에도 사실상 말술로 술을 들이부었다. 그날 밤 나는 완전히 필름이 끊겨 아이처럼 그에게 매달린 채 그와 같이 잤다. 그런데 그에게서 데이트를 하자는 연락이 없자 나는 망연자실했다. 미쳐도 보통 미친 게 아니었다. 망가진 차에 수년 동안 갖은 공을 들여 이제 겨우 부품들이 쓸 만해지니까 변속기를 날려먹은 것과 다를 바 없었다.

"너무 많은 걸 붙들고 있어." 알렉시스가 내게 말했다. "넌 윤회의 악순환에 사로잡혀 있어. 너의 모든 성적인 에너지를 불법 수행에 쏟았으면 넌 로켓처럼 단숨에 깨달음을 향해 날아갔을 거야."

이게 무슨 귀신 씻나락 까먹는 소리람? 불교가 내 고통을 어떻게 덜어주는지 까맣게 잊어버린 지가 언젠데. 희망, 좌절, 절망, 욕망, 분노. 나는 시시각각 나를 엄습하는 이런 감정들을 처리하기에 급급해 다른 건 아무것도 생각할 수가 없었다. 이제 나는 누군가에게 내 근황을 알리기 위해 알렉시스에게 매일 전화를 하거나 이메일을 보냈다. 슬슬 내가 겁나기 시작했기 때문이다. 그리고 얼마 후부터 내 마음을 네팔 어딘가에 있을 린포체의 마음과 접속하려 애쓰며 차츰 좀 더 자주 법당에 앉아 있기 시작했다. 마음속에서는 이제 그만 이런 성적인 탐구에 제동을 걸어야 한다고 아우성을 치고 있었지만, 회사에서 일하는 낮이면 낮마다 퇴근해 집에 있는 밤이면 밤마다 인터넷 법당 앞에 앉아 있노라면 욕망의 신기루들이 한꺼번에 내 시야를 가로막아 혼을 쏙 빼놓았다.

　이렇게 혼란스런 와중에도 봄은 다시 찾아와, 깨끗하게 단장한 케임브리지는 정원마다 꽃으로 가득했고 거리에는 학생들이 반바지 차림으로 돌아다녔다. 나는 직장에 다니고, 전화를 받고, 날라리 불교신자가 되지 않기 위해 노력했다. 하지만 그러면서도 여전히 광적으로 이메일을 확인하고 프로필을 훑어보고 있었다. 전화 통화를 하고, 데이트를 하고, 비통해하는 과정의 연속이었다. 지쳤다. 마치 세 개의 타이어를 통과하고 불을 지펴야 하는 등 아주 긴 장애물 코스를 달리는 TV의 서바이벌 프로그램을 하고 있는 것 같은 기분이 들었다. 다만 내 경우 체력 대신 원하고, 갖고, 잃어버리는 감정적 능력—강렬하고 되풀이되는—으로 내 지구력을 측정하는 것이 서바이벌 프로그램과 다를 뿐이었다. 욕망과 거부, 가능성과 거절을 오가는 괴로운 시련의 연속이었다. 불교에 따르면 이것은 '윤회'—우리가 고통의 상태에 갇혀 있음을 온전히 이해하는 끝없는 순환—의 본질이다.

　지금까지 얼마나 많은 날들을 내 삶의 중심에 남자들의 관심을 두고 살았던가. 아무리 사소하고 저열한 관심일지라도 그 관심에 시간과 에너지를 바친 날들이 얼마나 많았던가. 누군가의 손길을 갈망하고, 그 반향에 동요하며, 그 결핍을 견디지 못하고 또다시 그것을 좇느라 끝도 없이 많은 시간을 바쳐왔다. 물론 지금은 과거처럼 이런 일련의 과정으로 나 자신을 완전히 피폐하게 하지는 않았다. 나는 다음과 같은 사실을 줄곧 상기해야 했다. 즉 내 외로움과 성욕으로 빚어진 일은 내가 어떻게든 그 일을 경험하고 해결할 각오가 되어 있기에 생겨난다는 사실을. 이런 무모한 짓에도 일련의 과정이 있었다. 나는 밑으로 가라앉아 익사하고 있는 듯한 기분이 들었지만 지금은 물속에서도 눈을 뜰 줄 알았다. 물속에 잠긴 상태에서 사물의 왜곡된 모습을 볼 줄 알았다. 물에 잠겨 있는 동안에는 한 순간이 영겁으로 느껴져 벗어날 희망조차 갖지 못했다. 하지만 물을 헤치고 올라갈 힘을 지속적으로 구하면 마침내 물 위로 솟아올라 다시 두 발을 딛고 일어설 수 있었다.

이 모든 통찰은 대단히 훌륭했지만, '짝짓기' 사이트에 대한 관심을 끊게 해주지는 못했다. 솔직히 나는 관련 사이트들이 더 있다는 사실을 발견하고는 케미스트리닷컴(Chemistry.com), 이하모니(eHarmony), 야후 퍼스널스(Yahoo! Personals), 너브닷컴(Nerve.com) 같은 다른 사이트에도 가입하기 시작했다. 에단에게는 말하지 않았다. 내가 프로필을 만들고 수정하는 데 지나치게 많은 시간을 할애하고 있다는 걸 아주 잘 알고 있었기 때문이다. 나는 다섯 개의 사이트에 각각 다른 프로필 사진을 올렸는데, 각각의 사진이 저마다 독특해서 동일 인물임을 알아볼 수 없을 정도였다. 사실 내가 온라인 데이트 사이트마다 전부 등록할 정도로 필사적이라는 걸 사람들에게 알리고 싶지 않았기 때문에, 각각 다른 사진들을 사용하고 다른 면들을 강조했다. 이 사이트에서는 다소 예술가인 척 튀는 스타일의 사진을 올리고, 다른 사이트에서는 다소 안정적이고 보수적인 스타일의 사진을 올렸다. 그러면서 그날그날 기분에 따라 다를 뿐이지 전부 다 내 모습이야, 라고 나 자신을 설득시켰다. 그렇지만 내 안에서 충돌을 일으키는 모순들에 대해서는 전혀 생각이 미치지 못했다. 내 안의 불교신자는 이 모든 집착으로부터 벗어나길 열망했다. 내 안의 가임기 여성은 섹스를 원했다. 내 안의 어린아이는 보호받고

양육받길 원했다. 내 안의 경계성 인격장애는 어떤 희생을 치르고서라도 안전하길 원했다.

데이트 사이트 가운데 가장 활발한 너브닷컴에서 나는 래리라는 중년 남자로부터 이메일을 받았다. 래리는 긴 산책과 바다, 영화를 좋아한다는 진부한 문구로 자기소개를 했다. 그는 자신을 의사라고 소개했고, 보트와 말 위에서 찍은 사진, 자신의 메르세데스 옆에 서서 찍은 사진을 올렸는데 굉장히 조잡한 느낌이었다. 그가 '당신의 팔이 무척 섹시하다고 생각했어요'라고 말하지 않았다면 그에게 답을 할 이유가 없었다. 이 한마디는 나를 이만저만 난감하게 만든 게 아니었다. 나는 너브닷컴에 올린 내 프로필 사진을 보았다. 청바지와 탱크톱 차림으로 그냥 내 책상에 앉아 있는 사진 한 장만 올렸다. 규칙적으로 운동을 해오긴 했지만 섹시해보일 정도는 아니었다. 답장을 써서 이유를 물었다. 그는 "털에 뒤덮인 당신의 팔은 여인이 지닐 수 있는 가장 아름다운 모습이었습니다"라고 답을 보냈다.

세상에, 털 페티시스트는 듣지도 보지도 못했는데 잘하면 이제 곧 내 눈으로 확인하게 될지도 몰랐다. 알렉시스를 만나 커피를 마시러 스타벅스에 들렀을 때 나는 그녀에게 래리에 대해 이야기했다.

"털에 페티시가 있는 거야?!"

"다행인지도 몰라. 정상인처럼 굴려고 내 몸에 난 털의 절반을 면도하는 건 정말 피곤한 일이잖아."

"알았어, 그렇지만 내 말 잘 들어." 알렉시스가 말했다. "그 남자가 네 몸에 난 털을 보고 흥분을 느꼈다고 해서 그와 데이트를 해야 한다는 법은 없어."

"하지만 이런 남자가 얼마나 드문지 몰라서 그래?"

"독일에 가면 천지가 그런 남자야!" 알렉시스가 나에게 냅킨을 던지며 말했다. "너, 관계를 원한다고 말했던 것 같은데, 아니야?"

"아니 뭐…. 이렇게 만나다가 진정한 관계로 연결될 수도 있잖아."

"순리는 그런 게 아니야."

참내, 내가 알렉시스 때문에 비탄에 빠진 날이 얼마나 많았는데, 이제 그녀가 나에게 관계에 대한 충고를 하다니, 어떻게 이럴 수가 있지?

다음 상담 때 에단에게 이 문제를 이야기했다. 나는 이미 이 남자에게 내 전화번호를 알려준 상태였고, 그 일에 대해 반쯤 후회하고 있었다. 에단은 내게 아무것도 하지 않아도 된다고 말했다. 그는 이 일이 옳지 않다고 생각이 들면 데이트를 미루고 이틀 정도 기다리는 게 어떻겠냐고 제안했다. 마지막으로 보낸 이메일에서 자신의 입을 이용해 내 온몸을 숭배하고 싶다고 말한 수수께끼 같은 남자와의 데이트를 미루라고? 상담을 마치고 나와 차를 운전하는 길에 휴대전화가 울려서 아무 생각 없이 전화를 받았다. 울림이 있는 굵은 목소리가 내 전화가 맞는지 확인했다. 그였다. 털 페티시가 있는 남자. 내가 뭘 원하는지, 뭘 말하고 싶은지 미처 생각하기도 전에, 그는 마치 우리가 몇 년 동안 알던 사이인 것처럼, 혀로 직접 내 클리토리스를 애무하는 게 좋은지 아니면 클리토리스 옆을 위아래로 핥아주는 게 좋은지 물어보는 것이었다. 하마터면 도로를 벗어날 뻔했다.

나는 불쾌하다는 듯한 말투로, 그와 이런 이야기를 하기에는 상당히 사적인 내용이라고 말했다. 하지만 솔직히 불쾌하지는 않았다. 털을 좋아하고 이런 식의 정보를 알고 싶어 하는 남자에게 확실히 관심이 생겼다. 꼭 오래 만나야만 이런 이야기를 할 수 있는 건 아니지 않은가. 모든 사람은 자기 몸 구석구석을 숭배받을 가치가 있는 것 아닌가. 이런 이유로 결국 이틀 뒤에 한 시간 동안 남쪽으로 차를 몰아 래리를 만나러 그의 집으로 갔다. 래리는 자기네 집 풀장에서 브런치를 만들어주겠다고 했다. 그리고 제발 제모를 하지 말아달라고 부탁했다.

집에서 샤워를 하고 제모를 하지 않은 채로 차에 올라탈 때부터 생전 처음 와보는 교외의 식민지풍 대저택 앞에 멈춰 설 때까지, 나를 이곳으로 이끈 건 단순히 욕정, 순수한 욕망이었다. 문을 열러 나온 남자는 셔츠를 입지 않았고, 몸 전체가 햇볕에 검게 그을렸으며, 잘생기긴 했지만 당장에 눈물이 핑 돌 정도로 강한 향수냄새를 풍겼다. 그는 반갑다며 손을 내밀었는데, 내가 악수를 하기 위해 손을 뻗자 가슴팍으로 나를 끌어당기더니 내 머리를 기울여 목덜미에 키스를 하는 것이었다. 우리가 현관 안에 들어서자 그가 낮게 속삭였다. "하루 종일 이 순간을 기다렸어요." 나는 그래봐야 지금 겨우 오전 11시라고 말하려고 했지만 그럴 수가 없었다. 그가 열정적으로 내게 키스를 했기 때문이다. 아주 격정적인 키스였다. 하리의 강제적인 힘이 떠올랐고, 그때처럼 상충하는 욕망이 올라왔다. 그는 넓은 거실로 나를 이끌었고, 나는 거실을 둘러볼 시간조차 거의 갖지 못했다. 이 모든 일들이 순식간에 일어났고, 간신히 정신을 차렸을 땐 여기까지 나를 몰고 온 모든 욕정이 증발해버렸다. 불과 1초도 걸리지 않았다. 이제 나는 완전히 초연해졌고 그를 받아들일 마음이 싹 달아났다.

그렇지만 그만하라는 말을 어떻게 하지? 아주 쉬운 일일 수도 있었다. 그만하라고 간단히 한마디만 하면 될 테니까. 하지만 그럴 수가 없었다. 그는 거실에서 내 옷을 벗기고 있었다. 그리고는 나의 무성한 털을 보며 경외심에 가득 찬 표정을 짓고 있었다. 이 상황에서 그냥 '이제 그만 가봐야겠다'고 한마디만 하고 일어났더라면 딱 좋았으련만. 하지만 그는 나를 다시 일으켜 세우더니 천장이 거울로 꾸며진 2층 침실로 이끌었다. 아, 정말 장난 아니었다. 두 시간 동안 나는 섹스를 하는 내 모습, 포르노 영화 주인공처럼 열렬히 숭배를 받는 내 모습, 침과 윤활제로 온몸이 범벅이 된 내 모습, 너무나 혼란스러워 정신이 멍해 있는 내 모습을 보았다. 이번에도 나에게 선택의 여지가 없었다는 사실을 깨달은 순간 마치 내가 여배우가 되어 역할을 맡고 있는 것 같았다. 나는 이 역할을 좋아하는 척했지만 이런 태도가 나를 더욱 공포스럽게 했다. 이 역할로 지금 엄청난 정신적 충격을 받고 있으면서도 그의 욕정에 놀아나고 있었다. 그러면서도 차마 그만하라고 말을 할 수 없었고, 그가 세 번째 오르가슴 후 잠이 들고 나서야 겨우 자리에서 일어나 옷을 입고 "그만 가야겠어요"라고 말했다.

"애초에 그만뒀어야지." 알렉시스에게 자초지종을 말하자 그녀는 나에게 빽 소리를 질렀다. "잘못하면 그가 널 죽일 수도 있었어."
"알아, 나도 안다고."
"사이트에 올린 프로필 전부 내려."
"그러긴 싫어!"
"당장 내리라니까. 안 그러면 누가 네 몸을 토막 내서 나무 밑에 묻고, 나는 그걸 찾으러 돌아다녀야 할지도 몰라."
지금까지 내가 위험한 짓을 하고 있다는 생각은 한 적이 없었다. 더구나 싫다는 말을 할 줄 모른다는 이유로—섹스를 진짜 정말 진심으로 원하지 않을 때조차—위험한 짓을 하고 있다고는 꿈에도 생각해본 적이 없었다.

"그게 얼마나 미친 짓이었는지 너도 알지, 응?"

그래, 나도 안다.

나는 모든 이야기를 에단에게 자백했다. 에단은 딱히 이렇다 할 반응을 보이지 않은 채 잠자코 내 이야기를 들었다. 나는 수도원에라도 들어가야 할 것 같다고 말했다.

"수도원에 가면 아무하고도 섹스를 하지 않을 것 같아요?"

아마 그렇지 않을까. 아니지, 어쩌면 수도사들을 유혹하려 들지도 모르지. 에단은 내 안의 어떤 부분들이 래리와의 이번 경험과 관련되었는지 알고 싶어 했다. 도대체 어떤 부분이 나를 보호하지 못하도록 방해하는 걸까? 나는 일련의 사건들을 순차적으로 되짚어보았다. 문이 열리고 그가 나를 끌어당긴 그 순간, 내 안에서 충돌이 일었다. 내 어린 부분들은 겁에 질렸고 어른인 부분들은 섹스를 원했다.

"그래서 겁먹은 부분들이 무얼 느끼고 있는지 전혀 주의를 기울이지 않았나요?"

"그건 아무것도 아니에요, 에단. 사실 전 섹스를 하고 싶지 않다고 말할 줄 아는 어른 부분과의 접촉이 완전히 끊어졌어요. 언제부턴가 어른이 시키는 대로 하는 아이가 돼버려서 한계와 권리의 개념조차 갖지 못하게 됐어요."

나는 소리 내어 울기 시작했다. 섹스와 관계에 대한 욕망에 아무리 눈이 멀어도 그렇지, 어떻게 이렇게까지 끌려 다니고 결국 자신을 보호할 능력조차 갖지 못할 수 있을까? 나는 도살장에 끌려온 소나 다름없었지만, 사실상 제 발로 걸어 들어왔다고 해도 과언이 아니었다. 테일러와 함께 있을 땐 이런 충돌이 비교적 잠잠했었다. 그가 나를 돌보고 보호한 덕분에 내 안의 어린 부분과 어른인 부분들이, 침대에서는 조금 혼란스러워했을지 몰라도, 어느 정도 사이좋게 공존할 수 있었다.

"래리의 집에 있을 때 당신 안의 어떤 부분이 움직이고 있었나요?" 에단이 물었다.

그건 여섯 살 어린 아이였다. 나는 모르는 남자가 내 여섯 살 어린 아이와 섹스를 하도록 허락했던 것이다. 그 순간 문득, 그 아이가 싫다는 말을 한 번도 배워본 적이 없다는 사실을, 내가 그 아이를 보호해야 한다는 사실을 깨달았다.

"난 요즘 날라리 불교신자야." 알렉시스와 나는 매주 토요일 스타벅스에서 차를 마시는 시간을 갖기로 했다. 어느 토요일에 나는 그녀에게 이렇게 말했다. "이제는 명상도 안 되고, 쾌락만 추구하고 고통은 피하려 하고 있어. 네 승가에는 갈 엄두도 못 내고 있고."

"바보, 넌 날라리 불교신자가 **아니야**. 그런 건 있지도 않아."

"그럼 왜 수행이 안 되지?"

알렉시스는 자신의 차를 마저 쭉 들이켠 다음 이렇게 말했다. "불가에서는 위대한 사람일수록 더 많이 제련되어야 하고, 위대한 사람일수록 더 많은 장애를 넘어야 한다고 말해."

"그게 무슨 뜻이야?"

"다이아몬드가 되려면 때때로 재수 없는 일들을 많이 겪어야 한다는 뜻이지. 오늘 오후 우리 승가에 개방 파티가 있어. 나하고 같이 가자. 최소한 승가의 기는 받을 수 있을 거야." 알렉시스의 승가는 최근 보스턴 근교의 커다란 건물 절반을 빌려 명상센터를 열었다.

사람들은 수행을 하러 그곳에 모였고, 티베트 승려 라마가 거주하면서 사람들에게 가르침도 주었다.

나는 명상 수행을 하려고 할 때마다 느끼던 저항심과 똑같은 저항심을 느꼈지만, 알렉시스에게는 단순한 부탁도 들어주지 않으면 안 될 것 같은 강한 지배력이 있었다.

좋아. 가지 뭐. 하지만 딱 개방 파티까지만이야. 나한테 명상을 강요하려고 괜히 애쓰지 않는 게 좋을 거야.

26

바즈라야나 불교

　충동적으로 마사지 의자를 사고, 긴 곱슬머리를 싹둑 자르고, 생판 모르는 사람과 섹스를 하고, 학교를 그만두는 시절이 있었다. 어떤 결과를 초래할지 이해하지 못하면 반드시 그에 해당하는 문제를 갖기 마련이다. 반대로, 경계선 안에 제대로 안착하지 못하면 보통 사람들은 좀처럼 엄두도 내지 못하는 방향으로 움직일 수 있다. 감성, 이성, 계획은 직관적이고 즉흥적인 행동이 들어설 여지를 남기지 않는다. 부처와 티베트의 승려들로 가득 찬 법당 안에 들어서서 이곳이야말로 나에게 꼭 필요한 장소임을 깨달을 때처럼 말이다. 특히나 한때 내 인생을 망쳐놓았다고 믿었던 한 여자가 내 다음 달 집세를 대신 내주었을 땐 더더욱.

　나무에 매단 오색의 티베트 기도 깃발과 파티를 장식하는 색 테이프 같은 차양으로 한눈에 그 집을 알아보았다. 사람들은 음식이 담긴 접시를 들고 통로와 베란다 계단에 앉아 있었다. 나는 아무리 불교신자들이라 해도 사람들이 바글거리는 건 딱 질색이었는데, 집안으로 들어선 순간 이 넓은 공간에 고요한 정적이 흐르는 걸 느끼며 깜짝 놀랐다. 1층 공간은 대형 명상 홀과 정교하게 꾸민 법당으로 이루어져 있었다. 높은 천장과 원목 마루 사이에는 세밀하고 정교하게 그려진 부처의 그림들이 벽을 따라 즐비하게 장식되어 있고, 대좌(臺座)와 그 아래 선반은 꽃과 봉헌물로 둘러싸여 있으며, 그 한가운데에 아름다운 청동상들이 놓여 있었다. 알렉시스가 뷔페 탁자 뒤에서 큰소리로 나를 불렀다. 나는 그녀에게 다가가 주변을 살펴보았다. 아, 이럴 수는 없다. 어떻게 불교신자 가운데 섹시한 남자가 **단 한 명**도 없을 수 있단 말인가.

"어쩜 귀여운 남자가 한 명도 없니?" 나는 즉시 알렉시스에게 따졌다.

"그러게, 끔찍하긴 하다." 알렉시스는 식당과 햇볕이 들어오는 베란다, 법당, 식품 저장실 등 1층의 다른 방으로 나를 데리고 갔다. "일종의 전염병 같은 거지 뭐. 남자들은 실컷 무술에 심취하다가 몸이 망가진 다음에야 종교에 눈을 뜨는 것 같아."

현재는 불교신자 세 사람과 상주하는 지도자인 소남 라마승이 이 센터에 거주하고 있었으며, 알렉시스는 여전히 로웰에 살지만 거의 매일 이곳에서 시간을 보냈다.

알렉시스가 나를 쿡 찌르며 이렇게 말했다. "여기에 세를 놓으려고 내놓은 방이 있긴 해. 넌 여기에서 하루도 못 견디겠지만 말이야."

"왜 그렇게 생각해?"

"뭐, 우선 이 집에서 **섹스**는 안 되니까." 뭐가 어째? 세상에 어떤 사람이 섹스도 못 하는 집에서 살려고 하겠어? 아니, 잠깐, 그게 아니다. 다시 생각해보니 이 집에서 사는 것도 꽤 괜찮을 것 같았다.

알렉시스에게 그 방을 좀 보여 달라고 했더니 알렉시스는 이렇게 말하는 것이었다. "그런데 너 정말 섹스도 못 하는 집에서 살 수 있을 것 같아? 고기도 못 먹는데? 소남 라마승은 수도승의 계율을 철저하게 지키신단 말이야. 그러니까 이 집에서 사는 건 수도원에서 사는 것과 마찬가지인 거지. 아, 잡다한 비품 같은 것도 가지고 오면 안 되는 거 알지?"

"그래도 밖에서는 고기도 먹고 섹스도 해도 되지?"

알렉시스는 내 손등을 톡톡 두드리며 말했다. "그럼요, 센터 밖에서는 무슨 짓이든 마음대로 하셔도 됩니다. 이 섹스쟁이 키라 아가씨. 여기에서만 착하게 지내면 돼요."

섹스 금지 규율 정도야 얼마든지 지킬 수 있을 것 같았다. 아니, 오히려 도움이 될 것 같았다. 덕분에 올바른 결정을 내리고 생활을 체계적으로 계획하는 데 도움이 될 테니 말이다. 우리 같은 경계성 인격장애 환자들에게는 이런 부분이 필요했다. 그런데 좀 이상한 점이 있었다. 벽에 그려진 부처 그림들을 자세히 들여다보면서, 두 사람씩 나체로 섹스를 하는 그림들이 상당히 많다는 걸 발견한 것이다. 나는 이 그림 가운데 하나를 알렉시스에게 가리키며, 섹스를 금지시켜놓고 온 사방을 이런 포르노 그림들로 꾸미는 건 모순이 아니냐고 따졌다.

알렉시스는 내 머리를 찰싹 때리며 말했다. "이 그림들은 불교의 모든 교리 가운데 가장 심오한 가르침을 나타내는 거잖아." 나는 더 자세히 들여다보았다. 섹스가 심오한 교리라고? 오, 이 그림들 **덕분에** 여기에서 살아도 심심하진 않겠는걸. "이 이미지들은 평범한 사람이 아니야, 키라." 우리는 두 몸뚱어리가 서로 부둥켜안는 커다란 그림 앞에 섰다. 남자는 가부좌를 틀고 앉아 있고 여자는 다리를 벌리고 그 위에 올라앉아 두 사람의 배와 사타구니가 서로 맞닿았다. 두 사람 모두 아주 행복한 표정이었다. "그들을 사람이라고 생각하면 안 돼. 이 그림은 **깨달음을 얻었을 때의 특징**을 이미지로 나타낸 거야. 남성은 자비와 숙련된 방법을 상징하고 여성은 지혜와 통찰력을 상징해. 이러한 특징들이 합해졌을 때 깨달음에 이르게 되는 거야."

알렉시스는 나를 법당에 데리고 들어갔다. "이곳의 이미지들도 보이는 그대로 해석하면 안 돼." 알렉시스는 손으로 방을 매만지면서 말했다. "이곳의 **모든 것들은** 다 상징적이야. 이 이미지들, 이 불상들, 수행 방법들 모두가 다른 관점으로 보고 긍정적인 특성을 함양하도록 마음을 단련시키는 장치들, 방법들을 가르치고 있어." 나는 법당을 둘러보았다. 정말 그랬다. 사방에 상징들, 의식을 위한 물건들, 도구들, 조각들이 있었다. 그리고 조금 전 불교신자의 이미지들을 보았던 방과 달리 이 방에는 남성과 여성 부처 한 쌍과, 수천 개의 팔을 가진 부처들, 잔뜩 쌓인 두개골 위에서 춤을 추는 전라의 여인들, 악마처럼 생긴 이미지들—머리에서 불이 나오는 붉은 생물체—이 있었다. 나는 알렉시스에게 몇 가지 더 물어보고 싶었지만, 사람들이 두부 캐서롤 만드는 걸 도와달라며 알렉시스를 끌고 가버렸다. 그나마 벽에 스테이크와 닭 날개 그림이 없는 게 천만다행이었다. 그렇게 엄청난 유혹은 차마 떨치기 어려웠을 테니까.

나중에 알렉시스는 다른 거주자들을 소개시켜주었다. 50대의 메리앤은 수술실 간호사이고, 20대 초반의 소피는 아름다운 화가였으며, 젊은 청년 앤드류는 플로리다 생활을 완전히 청산하고 이곳에 와서 이 명상센터 설립을 도왔다.

티베트의 승려이며 지도자인 소남 라마승은 고동색 법복을 입고 머리는 삭발을 했다. 알렉시스는 나를 소개하면서 이렇게 말했다. "키라는 이곳에서 살고 싶어 해요. 이곳에 딱 맞는 사람일 거라고 생각합니다."

소남 라마승은 미소를 지으며 내 손을 잡았다. "지내기 좋으실 겁니다."

"사실 이곳은 키라에게 꼭 필요한 곳이에요." 알렉시스의 말에 나는 그녀를 무섭게 노려보았다. 아직은 내 비행을 들키고 싶지 않았다.

소남 라마승은 고개를 끄덕였다. 혹시 그는 짐짓 모르는 척하고 있지만 나에 대해 이미 많은 걸 알고 있는 게 아닐까? 나는 그에게 고맙다고 인사를 했고, 그는 환영의 의미로 나를 안아주었다. 이곳이 마음에 들든 들지 않든 관계없이 아무래도 이곳으로 이사를 오게 될 것 같은 불길한 예감이 들었다.

개방 파티가 끝나기 전에 나는 이미 마음의 결정을 내렸다.

"세상에서 제일 멍청하거나 제일 현명한 짓을 한 것 같아." 그날 밤 나는 엄마와 전화 통화를 하면서 이렇게 말했다.

"웬일이니, 제발 또 머리 깎겠다는 말이나 하지 마라."

학교 다닐 때 실수로 낡은 보트 창고를 태워먹고 경찰에 붙잡혀 수감된 일을 비롯해서 하고 많은 잘못들 다 놔두고, 엄마가 하필이면 내가 머리를 민 일을 제일 먼저 떠올렸다는 사실이 너무 재미있었다.

"나, 불교 명상센터로 이사해."

"그거 정말 잘됐구나!" 엄마가 분명하게 말했다. 엄마는 월섬의 성냥갑 같은 집에 나 혼자 사는 게 영 마뜩잖았다고 말했다. 나도 그랬다. 그 집에서 별로 즐거운 기억이 없었다. 하지만 엄마는 명상센터에서 지내려면 뭔가 '특정한 일들'을 해야 하는 게 아닌지 궁금해했다. 나는 아무래도 성스러운 장소인 만큼 정해진 규칙이 있고, 센터 안에서는 그 규칙에 따라야 한다고 설명했다.

"그렇지만 스님인지 수녀인지 뭐 그런 게 될 필요는 없는 거지, 그렇지?"

"당연하지. 거기에 있는 사람들 다 평범한 사람들이야." 적어도 나는 그렇게 생각했다.

레이먼드는 이 이사 계획에 대해 더욱 걱정스러워하며 이렇게 물었다. "하기 싫은 규칙을 억지로 지키게 하는 건 아닌지 확실하게 알아봤니?" 그럴 것 같지는 않았지만 솔직히 알 수 없는 일이었다. 이번 시도는 철저히 나 자신에 대한 시험이었다. 나는 불교신자가 되고 싶었고, 이곳은 내가 착륙한 곳이었다. 아무리 최악인들 혼자 살면서 밤낮으로 남자를 사냥하러 다니는 것보다 더 최악일리는 없었다.

아빠는 이렇게 말했다. "네가 지금까지 한 행동 중에 제일 잘한 행동이다."

나는 어리둥절해하면서 이유를 물었다.

"그야 네가 혼자서는 잘 못 지내니까 그렇지." 아빠가 말했다. "나도 그 정도는 안다. 그리고 다른 곳보다도 불교신자들하고 같이 지낸다니 아주 대찬성이다. 최소한 요리할 걱정은 별로 안 해도 되잖니."

나는 드리쿵 명상센터에서 무기한 '안거(安居)'에 들어가게 될 거라고 모두에게 말했다. 이 말은 내 인생이 다시 완전히 통제력을 벗어났다든지 내가 다시 감정조절장애 구역에 들어섰다고 말하는 것보다 훨씬 나은 것 같았다. 에단은 내가 통제력을 벗어나지도, 감정조절장애 구역에 들어서지도 않았다며 거듭 나에게 일깨워주었지만, 사실 내가 어디에 있든 나에게 불안한 장소이기는 마찬가지였다. 그러므로 이번 일을 계기로 내가 경계성 인격장애 증상을 통제할 수 있었던 건, 그만큼 나 스스로 성실하게 노력하기도 했지만, 테일러와 변증법적 행동치료 모임으로 비교적 최근까지 안정적인 생활을 유지할 수 있었기 때문임을 인정하지 않을 수 없었다.

현재 진행되는 연구에 따르면 경계성 인격장애가 있는 사람들 가운데 최대 88퍼센트가 결국엔 호전될 거라고 주장하고 있다(Zanarini 외 2006). 그러나 나는 끝까지 발버둥치게 될 나머지 12퍼센트 가운데 한 사람이 될지 몰랐다. 어쩌면 남은 평생을 신경증과 정신병 사이의 경계에서 지내게 될지 몰랐다. 아니다. 이 자료를 그런 식으로 해석할 수는 없다. '호전'이라는 말은 엄연히 회복과는 의미가 다르며, 다만 《정신장애의 진단 및 통계 편람》의 공식 목록에 등록된 증상 가운데 다섯 가지 미만의 증상을 보인다는 걸 의미할 뿐이다. 더구나 이 자료만으로는 우리의 회복 과정에서 볼 수 있는 주기적이고 복잡한 특성을 알기 어렵다. 내가 불교 명상센터로 이사하려는 정말 중요한 이유는 더는 나 자신을 증상, 기준, 백분율을 포함한 진단의 측면에서만 생각하지 않기 위해서였다. 나는 경계성 인격장애의 증상들을 영적인 측면에서 다른 사람들과 함께하는 일상적인 수행의 일부로 다루기 위해 이곳으로 이사하기로 결정했던 것이다.

나는 이 결정이 나를 바람직한 방향으로 이끌 거라고 믿긴 했지만, 솔직히 경계성 인격장애가 아니었다면 절대로 여기까지 흘러 들어오지는 않았을 것이다. 그리고 한때 내 숙적이자 내 인생을 파괴시킨 기폭제라고 믿었던 여자, 알렉시스가 도와주지 않았더라면 결코 이곳까지 올 수 없었을 것이다. 이제 그녀는 나에게 딱 맞는 장소, 구세주는 없지만 부처가 되기 위해 한 발 한 발 걸음을 옮기는 사람들로 가득 찬 이 곳의 문을 활짝 열어주었다.

명상센터로 들어가는 것은 샘물로 채운 수영장에 뛰어드는 것과 같을 거라고 상상했다. 나는 맑고 고요한 샘물과도 같은 집안에 부유하리라. 이곳에서 사람들은 매일 한 차례씩 방석 위에 가부좌를 틀고 앉아 심호흡을 하고, 경전 주위에 모여 심오한 영적 계시를 연구하고 나누리라. 나는 이곳이 지금까지 내가 방문했던, 규칙과 예를 중요하게 여기며 무엇보다 조용하고 평온한 불교신자들이 모인 장소와 달리 보다 가정적일 거라고 기대했다. 그래서 스님들이 심벌즈를 울리고, 북을 치고, 인간의 두개골처럼 생긴 컵 안에 포도즙을 넣고 지혜의 과즙으로 변형시키는 예식을 치를 거라고는 생각하지 못했다. 사람들이 이따금씩 소남 라마승에게 축복을 받으러 온다든지, 음력 주기에 따른 특정한 날짜에 부처님께 봉헌을 하러 오리라고는 생각도 하지 못했다. 하지만 신심 깊은 신도들이 신선한 과일과 맛있는 먹을거리를 실어 나른 덕분에 법당이 사실상 식품 저장실이 되는 데에는 불만이 없었다.

한때 린포체와 가끔씩 불교 경전을 읽고 수행에 참석했다는 점을 제외하면, 생활 속 수행으로서 티베트의 불교에 대해 거의 아는 바가 없다는 사실을 깨닫고 나는 초라함과 좌절감을 느꼈다. 지금까지 불교와 관계된 훈련과 경험은 한마디로 '바닥에 앉아 호흡하기'와 무상(無常), 불성(佛性), 귀의(歸依) 같은 개념들을 붙들고 이해하기 위해 고심하는 것으로 압축할 수 있었다. 이런 판국이니 드리쿵 명상센터의 분위기와 행사들은 도무지 적응이 되지 않았다.

마침내 나는 처음으로 참석하는 집단 수행에 억지로 끝까지 앉아 있었다. 이 수행은 내가 아는 것과 달리 명상이 포함되지 않았다. 대신 우리는 티베트어로 만트라와 기도문을 되풀이해 읊조렸고 정수리 속으로 부처가 점점 사라지는 모습을 상상했다.

"이해가 안 돼요." 나는 메리앤에게 말했다. 금방이라도 왈칵 눈물이 쏟아질 것 같았고, 영어로 표기한 티베트의 기도문을 읽느라 하도 신경을 썼더니 머리에 쥐가 날 것 같았다.

"우리는 밀교의 일파인 바즈라야나(Vajrayana) 불교예요." 메리앤이 말했다. "적응하는 데 시간이 좀 걸릴 겁니다." 메리앤은 미소를 지으며 걱정하지 말라고 말했다. "살다 보면 비개념적인 방식으로 경험해야 하는 일이 있는데, 이 수행 방법이 그럴 거예요."

나는 법당의 정화를 위해 방석을 쌓고 있는 알렉시스에게 다가갔다. "비개념적이라는 건 내가 하고 있는 일을 이해할 필요가 없다는 의미야? 부처님은 우리에게 어떤 일도 결코 맹목적으로 해서는 안 된다고 말씀하신 줄 알았는데."

"각 전통마다 깨달음을 주기 위한 그 나름의 중심 교리와 수행 방법들이 있어." 알렉시스가 말했다. "우리는 티베트 카규파(Kagyu lineage)의 일부로, 기도와 암송, 심상화 같은 물리적인 수행 방법을 강조해. 교파마다 경전을 연구하거나 특정한 종류의 요가를 하는 등, 중점을 두는 부분이 달라. 그러니까 각자에게 도움이 되는 교파가 무엇인가가 관건인 거지."

나는 저항과 갈망 사이에서 망설여졌다. 가만히 앉아 숨만 쉬는 일이 얼마나 피곤한 줄 아느냐. 나는 마음관찰 수행을 넘어선 뭔가 더 심오한 수행을 하고 싶다, 불교의 세 가지 보석―부처, 다르마, 승가―을 원한다, 라고 알렉시스에게 이미 지겹도록 불평을 해왔다. 나는 나 자신을 향한 이런 적대감의 뿌리를 찾아 그것을 바꾸고 싶었다. 그러나 이제 드리쿵 카규파라는 티베트 불교의 구렁텅이에 빠진 이상, 과연 그럴 수 있을지 확신이 서지 않았다. 불교가 내 회복과 치료, 기술과 깊은 관계가 있을 거라는 한때 명료했던 생각이 점점 모호해져 각각의 연관성을 찾으려 애썼다. 나는 '기분과 우울을 위한 프로그램'에서 배운 인지행동치료의 생각, 감정, 행동의 삼각관계가 심리학이 아닌 2,500여 년 전 부처가 그의 첫 제자들에게 가르친 내용, 즉 "우리의 전 존재는 생각의 결과이다. 마음이 모든 것이다. 우리는 생각대로 되어진다"(Cook 2007, 346)에 뿌리를 두었다고 배웠다. 불교는 고통의 원인이 '세 가지 독'—탐욕, 성냄, 어리석음—에 뿌리를 두고 있다고 설명하고 있으며, 나 역시 수년간의 심리치료를 통해 내 고통의 가장 큰 원인 가운데에는 집착, 자기혐오, 인지왜곡이 있음을 알게 됐다. 이 연관성과 유사성들을 간단명료하게 도표로 만들 수 있으며, 이미 그렇게 해보았다. 그런데 왜, 도대체 왜, 나는 이 새로운 불교 유형으로부터 달아나고 싶은 걸까?

한 가지 이유는 분명히 잘못된 기대와 관련이 있었다. 그러니까 또다시 집착이 문제가 되는데, 이 경우 불교라면 모름지기 어떠해야 한다는 내 나름의 고정관념이 있었던 것이다. 나는 센터로 이사를 하면 앞으로 어떤 일이 일어날지 아주 구체적으로 상상했었다. 가령 고즈넉한 연못 같은 걸 상상했는데, 웬걸 내가 처한 현실은 티베트의 바즈라야나 불교인지 뭔지 하는, 세 가지 서커스가 동시에 펼쳐져 눈이 핑핑 돌아갈 것처럼 정신없는 분위기에서 광대와 트럼펫 연주자들을 피해 다니며 이 서커스 저 서커스 사이를 들입다 뛰어다니고 있었다. 회사 사람들은 센터 생활은 어떠냐고 계속해서 물었다. 정신적으로 좀 편안해졌어? 이젠 명상이 몸에 배었겠네? 나도 나 자신에게 계속 질문을 던졌다. 이 방법에 불만이 있다면 내가 여전히 '날라리 불교신자'라는 의미일까? 아래층에 내려갔다간 알렉시스가 수행에 나를 끌어들일 테고 그러면 꼼짝없이 한 시간 동안 불경을 암송해야 할 것 같아서, 대부분의 저녁 시간을 내 방에 틀어박혀 온라인 데이트 사이트를 돌아다니며 보내고 있는 내 모습을 솔직하게 인정해야 할까?

알렉시스에게 내 행동에 대해 변명을 늘어놓으려 하자, 알렉시스는 "소남 라마승에게 말해"라고 했다. 하지만 여러 가지 이유에서 라마승에게는 말하기가 힘들었다. 나는 지금 내가 있고 싶다고 생각한 바로 그 장소에, 티베트의 수도원에서 자라고 수련을 받은 한 수도승과 함께 살고 있었다. 그는 히말라야 산맥을 세 번이나 넘었고, 기독교에 의해 두 차례나 투옥된 경험이 있으며, 이제 나 같은 중생에게 가르침을 주기로 결심한 사람이었다. 나는 그가 주방에서 차를 만드는 동안 옆에 서 있었지만 말문이 막혀 아무 말도 할 수 없었다. 멍청한 사람처럼 보이고 싶지 않았기 때문이다.

그래서 대신 메리앤에게 다가갔다. 어느 날 저녁 주방 식탁에서 메리앤에게 이렇게 물었다. "이 바즈라야나 수행의 핵심이 뭔지 알려줄 수 있어요? 나는 불교는 고통에서 해방되는 방법을 가르친다고 알고 있어요. 그런데 이곳의 수행 방법은 어떤 식으로 고통에서 벗어나게 해주는 건가요? 전 정말 뭐가 뭔지 하나도 모르겠어요."

메리앤은 공감한다는 듯 고개를 끄덕였다. "사실상 바즈라야나 수행은 변형에 중점을 두고 있어요."

"어떻게요?"

"음, 그러니까 인간인 우리는 전생의 업에 갇혀 있고 온갖 종류의 무명(無明) 속에 살고 있어요. 감정적으로나 정신적으로 말이지요…. 우리는 이 모든 것을 변형시키기 위해, 그리고 다른 모든 존재들의 변형을 위해 수행을 하는 거예요."

메리앤은 손을 합장하고 가부좌를 틀고 앉은 팔이 네 개인 부처 그림과 두 송이 연꽃과 수정 목걸이를 쥔 다른 부처 그림을 가리켰다. "저기 계신 부처님이 자비의 부처님이신 관세음보살이에요. 우리가 관세음보살께 참배를 하면 우주의 모든 만물이 이 같은 자비의 화신으로 보인답니다. 우리가 읊는 만트라는 이 자비의 표현이에요. 우리가 자기 스스로 관세음보살이라고 상상하면 감정적인 고통, 정신적인 무명이 모두 사라지고 마침내 깨달음을 얻은 순수한 의식 자체가 되지요." 그녀는 나를 보며 미소를 지었다. "이것은 고통에서 벗어나는 일종의 고속도로인 셈이랍니다."

어느 날 나는 마침내 용기를 내서 소남 라마승에게 다가가, 선이나 통찰명상처럼 이 형태의 불교가 지닌 장점이 무엇인지 물었다. 나는 이 불교의 수행 방식이 몹시 혼란스럽다, 관점이 가장 중요하다는 샬파 린포체의 주장을 여전히 마음에 간직하고 있는데 이곳에서는 어떤 선명한 관점도 찾지 못하고 있다고 토로했다.

소남 라마승은 식탁에 앉아 은근한 내 불평이 다 끝나기를 기다렸다.

"과거에는 말이에요." 마침내 그가 입을 열었다. "이런 기술이 반드시 필요하지 않았습니다. 사람들의 마음이 보다 쉽게 길들여졌기 때문이지요. 과거에는 수행하기도 더 쉬웠고 깨달음을 얻기도 더 쉬웠습니다. 하지만 현대에는 상황이 많이 달라졌어요. 지금은 쇠퇴하는 시기예요. 영적 지도자를 비롯해 전 인류가 아래로 아래로 하락하고 있어요. 모두가 그저 그런 상태로 살고 있는 거지요."

"그래서요?"

"그래서 우리는 무지와 욕망을 뿌리 뽑기 위해 정교한 수단, 강력한 수단이 필요합니다. 공격성을 변형시키기 위해서 말이에요. 바즈라야나 불교 수행은 대단히 효과적입니다. 이 수행 방법의 숙련된 수단을 이용하면 빨리 깨달음에 이르게 됩니다."

"그럼 이곳의 수행들이 해결책이 될 수 있을까요?"

소남 라마승은 미간을 찡그리며 말했다. "해결책이라고요? 질문의 의미가 뭔가요?"

"어떻게 수행해야 하나요?"

그는 부드러운 표정으로 나를 보았지만 어쩌면 속으로는 걱정이 커지고 있는지 몰랐다. 그는 영어를 썩 잘하지 못했고 나는 점점 혼란에 빠졌다.

"당신은 이곳에 있습니다." 그가 미소를 지으며 말했다. "이 공동체 안에 다른 사람들과 함께 있어요. 부처님의 가르침에 둘러싸여 가르침을 배우고 있어요. 이런 소중한 기회를 얼마나 많이 만날 수 있을까요?" 그가 잠시 말을 멈추더니 다시 말을 이었다. "중요한 건 친절해야 한다는 겁니다."

나를 보는 그의 눈빛이 반짝였고, 그 눈빛 속에 많은 말이 담겨 있는 것 같았다. 마치 눈동자에서 번쩍하고 전구가 켜지는 것 같았고 한 순간 주변이 환해지는 느낌이었다. 친절이라, 언뜻 굉장히 만만한 개념인 것 같지만, 사실상 마음관찰과 수용을 훌쩍 뛰어넘는 엄청난 개념이었다. 소남 라마승과 나는 자비의 화신인 관세음보살 그림을 응시했고, 나는 다시 한 번 드리쿵 명상센터에 처음 발을 들였을 때와 똑같은 느낌을 가졌다. 나는 지금 모든 걸 이해하지는 못할지라도 바른 길을 가고 있었다.

이 집의 2층 서재는 바즈라야나 불교와 관련된 책들로 가득했다. 책들은 예외 없이 모두 바즈라야나 불교에 대한 정의와 깨달음에 이르도록 이끌어주는 모든 야생적인 방법들을 설명했다. 그리고 변증법적 행동치료와 인지행동치료와 마찬가지로, 이 불교 수행에는 목적을 성취하기 위한 기술과 기법들로 가득한 연장통이 수반되었다. 마음관찰과 명상 역시 이 도구들 가운데 일부지만, 바즈라야나 수행은 더욱 강렬한 기법들을 사용하기 때문에 사람에 따라 거부감을 느낄 수도 있었다. 이른바 필사적인 시기에 필요한 필사적인 수단이라고나 할까. 메리앤은 '변형'이라는 용어를 사용했고, 소남 라마승은 '뿌리 뽑기'에 대해 이야기했다. 어떤 용어를 사용하든, 수용과 무판단 같은 단순한 기법과는 현저하게 달랐다.

나는 센터의 책들을 들추면서, 이 강렬한 접근 방식이 용어 자체를 통해 드러나고 있음을 알게 됐다. 가령, 부정적인 생각을 근절하고 긍정적인 생각을 키우기라든지, 부정적인 행동을 정화하고 유익한 행동에 몰입하기 같은. 이런 유형의 수행은 강물 위의 나뭇잎이나 하늘의 구름처럼 그저 감정을 드나들게 내버려두지 않으며, 마음을 어지럽히는 모든 감정들을 완전히 뿌리째 뽑는 걸 목적으로 한다. 단순히 내 안에 평화가 들어오게 하는 것에 그치지 않고, 자비와 자애라는 구체적인 태도를 통해 평화를 만들어낸다. 이타적이 되려고 노력하는 데 그치지 않고 타인의 유익을 위해 내 몸과 내가 가진 모든 것을 바치는 내 모습을 심상화한다. 한 가지 실천 방법으로, 타인의 고통을 말 그대로 들이마시고 그들의 필요를 위해 내 모든 선함을 내쉰다. 이 유형의 불교는 대개 인지행동으로 설명되는, 변화를 위한 변증법적 행동치료 기술과 실제로 상당히 닮아 있다.

사실상 이 접근법의 전체 요지는 마음의 변형을 요지로 하며, 마침내 나는 메리앤과 알렉시스를 비롯한 다른 사람들이 빙 둘러앉아 심상화를 하고 관세음보살에게 기도를 하는 이유를 이해하기 시작했다. 그것은 그들이 네 개의 팔을 가진 부처를 신이라고 생각하기 때문이 아니라, 자비 가득한 마음을 훈련하는 방식으로 관세음보살의 이미지와 그의 깨달음의 본질을 이용하기 때문이었다. 바즈라야나 수행 방법은 편협하고 의존적이며 자기망상적인 마음으로부터 포괄적이고 관대하며 이타적인 마음으로 변화되는 과정에서, 전체 시공간을 통해 모든 존재에 자비를 불어넣는 것까지 염두에 둔다.

이런 소망은 상당히 고상하게 들리지만, 나는 몇 가지 의문점이 계속해서 머릿속을 맴돌았다. 그렇게 자아를(물론 징그럽게 불안정한 상태일수록 미친 듯이 쌓아올리려 애썼던) 다 없애버리고 나면, 도대체 어디에 의지한단 말인가? 자신을 자신의 생각이나 감정, 혹은 자신의 다른 면모와 동일시하지 않는다면 도대체 우리는 무엇으로 나를 표현한단 말인가? 불교에서는 실체가 있는 유형의 물질은 모두 덧없이 사라지는 것이므로 본질적으로 공허하다고 말한다. 그렇다면 무엇이 영구적일까? 나는 영구적인 것은 불성(佛性)뿐이라는 샬파 린포체의 목소리를 분명하게 떠올릴 수 있었다. 불성은 애초에 태어난 적도 없기 때문에 파괴시킬 수도 없다. 불성은 우리의 존재 자체, 다시 말해 원시적인 순수함, 타고난 지성, 깨달음에 이른 마음—진흙 속의 다이아몬드—이다. 이런 내용들을 배우면서 나는 조금씩 눈을 뜨기 시작했고, 최소한 아래층으로 내려가 수행을 시작해볼까 하는 생각이 들기 시작했다. 얼마 후부터는 내 방에 있으면 염불 외우는 소리와 종이 울리는 소리가 귀에 들어왔고, 뒤이어 침묵이 이어지면서 온 세상이 빛과 자비심으로 변화되는 걸 느낄 수 있었다. 이것은 내가 새로 찾은 '애인을 만들 수 있는 가장 화끈한 사이트'인 온라인 데이트 사이트 플링닷컴(Fling.com)에 올라온 온갖 프로필을 훑어보느라 마우스를 클릭하는 소리와 극명하게 대조를 이루었다.

27

고기를 요리하는 남자

 이쯤 되면 내가 문제를 일으키는 건 시간문제라는 걸 짐작하고도 남을 것이다. 명상센터에서 섹스를 할 수 없다고 해서 남자를 포기할 내가 아니었으니까. 불교 용어로 욕계(desire realm)가 나를 완전히 사로잡았고, 몇 차례의 만트라와 소남 라마승의 기운만으로는 이것으로부터 벗어나기에 역부족이었다. 그리고 단순히 거처를 옮기는 것만으로 모든 것이 변화된다면, 나는 진정한 바즈라야나를 수행하지 않았을 것이다. 이 전통에서는 모든 것이 변형을 위한 소재가 된다. 누군가 나를 향해 벽돌을 던진다면, 이는 내가 자비를 실천할 기회, 다시 말해 상대방이 나쁜 업을 쌓아 내가 아닌 그 혹은 그녀에게 더 큰 해를 입히고 있음을 깨달을 기회이거나 그리하여 논리적으로 따지는 행위를 중단할 기회가 된다. 게다가 깨달음에 이르는 유일한 방법은 자신의 업을 정화시키고 긍정적인 특성을 기르는 것이다. 그러므로 이 벽돌은 동시에 여러 개의 목표물을 명중시킨다. 그 비결은 이러한 종류의 기술적인 수단들을 가지고 모든 상황에 두루

활용할 수 있도록 하는 것이다.

따라서 그해 여름, 내가 센터에서 생활한 지 두 달이 지난 어느 날 매튜를 만났을 때, 이 사건은 내 자신 안에서 일어나는 이중성과 충돌의 수난극을 표면으로 끌어올렸다. 모두들 명상 수행을 위해 모여 있는 이 와중에 키라는 어디에 있었을까? 키라는 오토바이 헬멧과 하이힐을 넣은 가방을 들고서, 매일같이 술과 마약을 하는 건 물론이고 철저한 무신론자이기도 한 한 남자를 만나러 슬그머니 집을 빠져나오려던 참이었다. 그는 컴퓨터 프로그래머이자 아마추어 비행사이고, 오토바이를 타며, 밴드에서 기타를 연주했다. 그래, 뭐 컨트리 뮤직 밴드이긴 하지만 그 당시엔 이것저것 가릴 처지가 아니었다. 그가 두 소년의 아버지이고 20년의 결혼생활 후 이혼을 위해 법정 소송을 진행 중이라는 점에서, 나로서는 처음 만나보는 미지의 영역이라고 해도 과언이 아니었다. 나쁜 남자, 아버지, 모험가인 그는 전체적으로 내 무수한 욕망을 건드렸다. 이런 그를 내가 어떻게 사귀지 않을 수 있겠는가?

우리의 첫 번째 데이트를 위해 슬그머니 센터를 빠져나가려 하는데, 느닷없이 알렉시스가 출입구 앞에 떡하니 나타나더니 이렇게 말하는 것이었다. "그러지 마." 매튜가 기도 깃발 아래에서 오토바이 엔진의 회전속도를 올리고 있는데도, 나는 알렉시스가 무슨 말을 하는지 모르겠다는 듯 시치미를 뗐다.

"그냥 데이트야." 내가 우겼다.

"그래, 알아. 네가 언제 '그냥 데이트' 아니라고 한 적 있었어?"

내가 얼른 이 상황을 모면하려고 헬멧을 썼을 때 알렉시스가 자리를 비켰고 뒤에 소남 라마승이 나타났다. 나는 마지못해 매튜를 향해 몸을 돌려 매튜에게 그들을 소개시켰다. 알렉시스는 요즘 내가 점점 좋아하는 그녀의 표정, '네가 멍청한 짓을 하고 있지만 그래도 널 사랑해'라는 표정으로 눈을 동그랗게 뜨고 나를 바라본 다음 매튜를 향해 돌아서며 이렇게 말했다. "우리 키라를 안전하게 집에 데려다 주세요."

매튜의 집에 도착하자 매튜가 물었다. "그 사람들 누구야? 부모님이야?" 나는 많은 양육방식이 필요한 사람이라고 그에게 말했다. "전체적으로 종교적인 분위기가 풍기는 것도 그렇고 데이트하는 것까지 일일이 허락받아야 하는 집에서 산다는 거, 좀 괴상하다고 생각하지 않아? 그런 불상들 속에서 지내는 거 겁나지 않아?" 그가 몸을 부르르 떨면서 말을 이었다. "꼭 무슨 성당 같던데? 아니, 그보다 더 이상해…. 맞아, 무슨 사이비 종교집단 같아."

"참고로 말해두겠는데요, 불교에는 신이라는 존재가 없어요. 물론 벌이라는 형태도 없고, 다만 업이 있을 뿐이에요. 누구도 다른 사람에게 무엇을 믿으라고 강요하지 않아요. 부처님은 우리가 매일 고통받고 있는 모든 헛된 생각과 행동으로부터 벗어나는 방법을 깨달은 한 인간일 뿐이에요."

매튜는 어깨를 으쓱해 보이며 냉장고로 향했다. "자, 이제 금욕 생활은 잠시 접어두시고 맛좋은 음식을 먹는 게 어때?" 그거 좋지. 뿐만 아니라 우리가 서로 포옹을 한 후 그가 내 엉덩이에 양손을 갖다 댄다든지 키스를 하는 데에도 나는 전혀 거부감이 없었다.

"그 남자와 안 잤다고 말해줘." 알렉시스는 나를 보자 울면서 이렇게 말했다.

"안 잤어…. 아직은."

"무슨 일이 일어날지 잘 알 거야, 그렇지? 그 남자하고 잔다면 말이야. 네가 스스로 나약하게 만들면 말이야."

나는 고개를 끄덕였다. 나는 알렉시스에게 경계성 인격장애에 대해 자세히 이야기한 적이 있었다. 심지어 내 안의 온갖 다양한 부분들에 대해서도 설명했던 터라 이제 알렉시스는 그 부분들에 관심을 가졌다.

"너를 움직이고 있는 것이 여섯 살 아이구나, 그렇지? 그 아이가 보살핌을 받길 원하고, 그 남자는 바로 얼마 전에 이혼한 아빠고 말이야." 나는 다시 고개를 끄덕였다.

"다르마가 너를 보살피도록 몸을 맡겨 봐, 키라! 이곳의 공동체가 네 욕구를 충족시키도록 이곳에 몸을 맡겨봐. 그 남자는 너를 위해 아무런 긍정적인 역할을 해주지 못할 거야."

나도 안다, 아주 잘 안다. 하지만 이건 멀쩡하게 술병이 열려 있는 상황에서 알코올중독자에게 술을 마시지 말라고 말하는 것과 같았다. 알렉시스는 고개를 저으며 말했다. "언제쯤 끝날지 말해줘. 네가 다시 완전히 제자리를 찾을 수 있도록 도와줄 수 있게."

같은 일을 반복하지 않겠노라고 말할 수 있다면 얼마나 좋을까. 하지만 그렇지 않았다. 매튜와 섹스를 한 후로 일주일도 안 되어 나는 거의 매일 밤을 매튜의 집에서 보냈다. 매튜는 최근에 헤어진 아내와 두 아이를 대신할 누군가가 필요했던 것이고 나 역시 나를 품어주고 통제해줄 누군가가 필요했으며, 승가에 그 역할을 맡길 수는 없을 것 같았다. 왜냐하면 무엇보다도 승가는 정기적인 아침 섹스를 제공하지 않았다. 그리고 승가에 있는 사람들은 아무도 내가 회사에 있을 때 이메일을 보내, 오늘 저녁엔 뭘 먹고 싶으냐고 묻지 않았다. 꿀을 바른 오리고기를 먹을지, 갈비찜이나 팬에 구운 가리비를 먹을

지, 아니면 아스파라거스나 뇨키를 먹을지 아무도 물어보지 않았다. 내가 매튜의 집에 갔을 때 매튜는 앞치마를 두르고 아래층에서 염소젖으로 만든 셰브르 치즈와 브리 치즈 같은 독특한 치즈들로 치즈보드(cheese board, 도마처럼 생긴 용기에 여러 가지 치즈를 담아 칼과 함께 내는 요리−옮긴이)를 내고 그릇에 포도를 가지런히 담고 있었다. 저녁을 먹은 후 그는 TV를 튼 다음 한 팔로 내 어깨를 감싸고 나머지 팔로 맥주잔을 쥐었다. 우리는 매일 똑같은 의식을 치렀다. 밤이면 욕실의 이중 개수대 앞에 나란히 서서 이를 닦고 치실질을 했고 아침이면 섹스를 했다. 그는 자기 아내에게 했던 방식으로는 나를 오르가슴에 이르게 할 수 없다는 사실에 무척 당황했고, 나는 단순히 약물 탓으로만 돌리기에는 당시 오르가슴에 이르지 못하는 이유가 훨씬 심오하다는 걸 알면서도 그냥 평소대로 '약물 때문'이라고 둘러댔다. 나는 그에게 대안적인 방법을 연구해보라고 말할까 잠시 생각했지만, 매튜는 그런 요구를 들어주는 사람이 아니었다. 그는 어깨를 으쓱해 보이며 알겠다고 말했고, 그때부터 내 즐거움은 말하자면 내 손에 달려 있었다. 섹스를 하고 나면 우리는 서로의 등에 비누칠을 해주며 함께 샤워를 했다. 그는 어쨌든 내가 요구하면 계란으로 요리를 만들어주었고, 회사에 출근하는 길에 마실 수 있도록 휴대용 머그에 커피를 담아주었다.

곧 지독하게 비참한 기분이 들었지만, 이런 방식에 너무나 단단히 적응된 나머지 내 힘으로 설 방법을 찾지 못했다. 매튜와 내가 기름과 물과 같았기 때문에 나는 몹시 비참했다. 그는 키라와 정반대였으며, 나 역시 아마도 매튜와 정반대였을 것이다. 매튜는 느낌에 대해 말하지 않았고, 종교를 싫어했으며, 정신병이라든지 내가 견뎌온 과정 따위는 전혀 관심이 없었다. 내가 정치에 대해 대화를 시작하면 그는 '에이, 이 여자가 이제 귀여운 짓을 그만두려고 이러나? 갑자기 왜 이렇게 똑똑하게 굴고 그래'라고 말하는 듯 재미있다는 표정을 지었다. 그리고는 내가 아무런 반박도 하지 못하도록 결정적인 진술로 대화를 끝내버렸다. 게다가 더 비참한 사실은 그가 컨트리 뮤직 밴드를 한다는 점이었다. 하지만 그의 품에 안겨 있을 땐, 혹은 그가 팬에 구운 가리비를 나에게 먹일 땐 그런 건 아무런 문제가 되지 않았다.

가장 초현실적인 양상은 내가 두 세계 사이를 얼마나 갈팡질팡하는가, 두 개의 생활, 두 개의 관점, 두 개의 정체성 사이를 얼마나 정신없이 뛰어다니는가 하는 것이었다. 불교에서는 우리는 모두 이원론에 갇혀 있다고 말하는데, 이 말은 유독 지금 이 시점의 나에게 해당되는 것 같았다. 매튜가 사는 세계가 있고, 불교의 교리에 따라 사는 세계가 있는데, 나는 각각에 발 하나씩을 걸쳐놓고 있었던 것이다. 매튜의 세계에서 상황은 우리가 부여하는 것 이상의 의미를 지니지 않았으며, 닥치는 대로 그리고 종종 불공평하게 상황이 벌어졌고, 우리가 지나온 행적을 덮어버리는 한 어떤 행동을 하든 결과가 따르지 않았다. 삶의 질은 음악이든, 와인이든, 좋은 음식이든, 마약이든 얼마나 깊이 얼마나 오랫동안 몰두할 수 있느냐로 측정되었다. 그의 세계에서는 맛좋은 양고기 스튜와 〈사우스 파크(South Park, 1997년 미국에서 방영된 드라마-옮긴이)〉의 연작 시리즈를 이길 수 있는 것은 아무것도 없었다.

반면, 불교의 교리에 따라 사는 세계에서는 마구잡이로 혹은 불공평하게 일어나는 일이란 결코 없었다. 모든 일은 원인과 결과가, 즉 업의 법칙(law of karma)이 존재했다. 불교에서는 진정한 현실이 **있으며**, 단지 우리의 무지와 부정적인 감정이 그것을 부옇게 흐려놓아볼 수 없을 뿐이라고 말한다. 인생의 성공은 우리가 연마한 긍정적인 내적 품성, 너그러움과 이타심을 통해 이룬 가치의 양에 따라 결정된다.

그렇다면 키라가 만든 세계는 어떨까? 내 세계는 내가 어디에서 잠을 자느냐에 전적으로 달려 있었고, 이처럼 죽 끓듯 변하는 관점이 나를 지치게 했다. 나는 내 위치를 확고히 하고 싶었지만, 어떤 상황도 나를 안전하게 지탱시켜주지 못했다. 아니, 사실상 모든 상황마다 나를 안전과는 정반대 방향으로 몰고 가는 것 같았다. 매튜의 양육 방식은 지나치게 무신경한 비판과 노골적인 멸시가 산발적으로 배치되어 있었으며, 이런 그의 태도는 때때로 내가 눈물 바람을 하며 집으로 달려가게 할 만큼 나를 속상하게 했다. 그래서 내면에 집중하는 승가의 금욕적인 세계에 다시 마음을 붙이려 하면 몸이 근질근질하면서 안달이 났고 다른 방식으로 덫에 갇힌 기분이 들었다. 나는 더 많은 자극과 육체적인 접촉과 오토바이를, 즉 남자와의 잠자리를 원했다.

매튜와의 관계를 내 '질병'의 관점에서 보았다면 아마 나는 여전히 재발 내지 징후적인 측면에서 생각했을 테고, 핵심적인 문제에 대해서는 아무런 진전을 보이지 않았다고 믿으려 들었을 것이다. 하지만 바즈라야나 불교의 관점에서 보면 내 행동이 그렇게 암울한 모습으로 드러나지 않았다. 물론 내 행동이 바람직하다고는 볼 수 없었지만, 그렇기 때문에 아무리 독이라도 올바른 방식으로 사용되면 약이 될 수 있음을 인식하게 해주는 이 수행이 그토록 강한 영향력을 미칠 수 있었다. 나는 에단이 항상 나에게 취해온 접근 방법도 바로 이런 식이었다는 걸 깨달았다.

　최근의 연애에 대해 에단에게 말했을 때 에단은 내 안의 부분들에 어떤 일이 일어났는지 알고 싶어 했다. 우리는 내 안의 어린 부분들이 매튜의 진가를 확실하게 인정했다는 걸 알아냈다. 매튜는 나의 어린 부분들을 안아주었고, 그들에게 먹을 것을 주었으며, 아침이면 그들을 깨워주었다. 내 안의 어른인 부분들은 그의 손길을 받고 그와 섹스를 하면서 남자로서의 그의 관심을 즐겼다. 하지만 나머지 다른 부분들은 별로 만족스럽지 않았다. 불교신자 키라는 그가 키라의 세계관을 더는 비난하지 않길 바랐다. 지성인 키라는 다소 심오한 대화를 나누고 싶었다. 만 레이의 섹시걸 키라는 컨트리 뮤직을 걷어차고 코르셋을 입을 수만 있다면 뭐든 할 기세였다. 그리고 무엇보다 나는 자기 잇속을 차리기 위한 누군가의 욕망에 붙들려 있는 것이 아니라(당연히 지금 내가 매튜와 맺고 있는 관계가 바로 이런 방식이었다) 진정한 사랑을 받길 원했다. 나는 아주 많은 상충하는 요소들을 원했으며, 지금은 변증법으로 통합하기는커녕 오히려 대립만 커질 뿐이었다. 나는 욕망으로부터 해방되길 원했다. 나는 섹스를 원했다. 나는 해를 끼치지 않길 원했다. 나는 두툼하고 지방이 많은 스테이크를 원했다.

　이런 연애 관계는 다음 달에도 계속되었고, 내가 퇴근 후에 작은 여행 가방을 챙기러 집에 올 때마다 알렉시스는 어김없이 꼭 한마디를 하고야 말았다. "그 멍청한 자식 좀 차버리라니까."

　불교의 한 교파에 소속될 때 얻을 수 있는 이점 가운데 하나는 많은 스승들과 함께 수행할 기회를 가질 수 있다는 것이다. 드리쿵 교

파는 네팔, 인도, 티베트에 수도원을 두고 있으며 많은 라마승들과 린포체들이 정기적으로 미국을 드나들면서 승가를 방문해 가르침을 주는데, 온툴 린포체도 여름이 끝날 무렵 우리 승가를 방문할 예정이었다. 나는 모든 중생을 이롭게 하고 각자의 고통으로부터 벗어나도록 하기 위해 해방에 이르는 길을 찾는 자비의 수행, **보디치타**(bodhicitta, 산스크리트어로 '깨어 있는 마음' 혹은 '이타적인 마음', '보리심'을 의미한다)에 초점을 맞출 거라는 말을 듣기 전까지는, 승가를 방문하는 불교의 대스승 온툴 린포체의 가르침 같은 건 들을 생각도 하지 않았다. 온툴 린포체는 **통렌**(tonglen)이라고 하는 특정한 수행으로 우리를 이끌었다. 통렌은 나 자신과 다른 사람이 정신적인 수준에서 교감을 주고받는 수행 방법이다. 우리는 기꺼이 우리의 행복을 다른 사람들에게 주고 다른 사람들의 고통과 괴로움을 나 자신에게 가지고 온다. 이 말을 액면 그대로 받아들이면 굉장히 자학적으로 들리지만, 그만큼 다른 사람들에게 도움을 줄 수 있을 정도로 자신의 내면에 선함이 가득하다는 걸 믿어야 한다는 의미이기도 하다.

린포체가 우리에게 숨을 들이마실 때 어둠이 들어오고 숨을 내쉴 때 빛이 뿜어져 나오는 상상을 하도록 수행 방법을 가르치는 동안, 나는 내 내면의 원천이 빈곤하다는 사실에 충격을 받았다. 나는 여전히 다른 사람들로부터—기왕이면 페니스가 있는 누군가로부터—최대한 많은 사랑과 빛을 흡수하려 애쓰고 있었다. 온툴 린포체가 우리에게 세상의 고통이라는 검은 망상들을 들이마시고 행복의 하얀빛을 내쉬어 다른 사람들에게 전달하라고 지도할 때에야 마침내 나는 깨달았다. 통렌, 보디치타, 마음의 변형. 이 모든 것은 나에게 한 가지 결정적인 요인으로 귀결되었다. 즉 나는 나 자신을 위해 쓸 자비조차 부족하기 때문에 다른 사람들을 위해 자비를 내어줄 수 없었다. 이것이 지금 현재 나에게 가장 핵심이 되는 문제였다. 나는 사랑이 지나친 상호의존적인 여자도 아니고, 회복 중인 알코올중독자도 아니며, 정서가 불안정한 사람도 아니었다. 나는 자기 자신에게 머무를 수 없는 여자였다. 지지와 지도를 받을 수 있는 기회가 사방에 널려 있는, 세상에서 가장 특별한 장소 가운데 한 곳에 거주하면서, 자신을 '냄새나는 뚱보 여자친구'라고 부르기 시작한 한 남자와 잠자리를 하는 여자. 이 여자가 지금의 내 모습이었다.

나는 온툴 린포체에게 면담을 요청했고, 다음 날 그와 마주 앉았을 때 다른 사람을 위해 어떻게 나 자신을 내어줄 수 있는지, 나 자신을 위해 쓸 자비도 부족한 마당에 어떻게 다른 사람에게 자비를 베풀 수 있는지 물어보았다.

그는 한참 동안 나를 뚫어지게 바라보더니 마침내 이렇게 대답했다. "이타심을 갖는 것이 우리의 목표지만 그 안의 핵심은 자기애(self-love)입니다. 그리고 이 자기애는 초심자에게 아주 중요합니다. 자기애란 당신이 다른 지각 있는 존재를 위해 자비를 베푸는 것과 마찬가지로 자기 자신에게도 자비를 베푸는 것입니다. 보디치타는 다함이 없습니다. 필요한 곳이면 어디든 넘쳐흐릅니다. 당신이 자신을 미워하게 되면, 보디치타의 뿌리를 잘라내고 있는 것입니다."

그는 나에게 업의 개념을 이해하는지, 내가 다른 사람을 해할 때 어떤 일이 일어나는지 알고 있는지 물었다.

나는 고개를 끄덕였다. 나는 한 불교신자에게 이 내용을 배웠고, 변증법적 행동치료와 인지행동치료를 통해 이러한 기본적인 우주의 법칙, 다시 말해 모든 것은 원인과 결과를 낳고, 해가 되는 행동은 일시적으로는 위안을 제공할지 몰라도 반드시 더 큰 고통을 야기한다는 내용을 강화했다.

"그렇다면 당신이 자신에게 해를 끼치면, 자신을 미워하면, 마찬가지로 다른 사람에게도 그와 똑같이 대하는 것입니다. 나와 남이 같고, 그 업도 같습니다."

늦은 오후의 햇살이 방안에 밀려들기 시작했고, 나는 린포체가 하는 말을 한마디 한마디 마음에 담으려 애쓰고 있었다. 그때 문득 이런 생각이 머리를 스쳤다. "린포체, 그럼 자기 자신을 죽이는 것은 다른 사람을 살인하는 것과 같은가요?"

린포체는 바로 대답했다. "그렇습니다."

"자신이 그렇게 선택한 건데도요?"

린포체는 머리를 가로저었다. "어떤 식으로든 살해를 한다는 건 엄청난 고통을 낳는다는 걸 이해한다면 왜 스스로 목숨을 끊으려는 선택을 하겠습니까? 그건 검으로 가려운 곳을 긁는 것과 같습니다. 업의 측면에서 말한다면, 살인을 하는 사람은, 심지어 자신의 목숨을 끊은 사람들조차 죽음 후에 위안을 얻지 못합니다. 유익한 행동이든 해가 되는 행동이든 모든 행동이 그렇듯, 이러한 행동 역시 반드시 그 결과를 맞게 됩니다."

나는 그에게 내 팔을 보여주며 말했다. "제가 제 자신한테 저지른 짓이에요. 이제 더는 이런 짓을 하지 않지만, 대신 다른 방식으로 자해를 해요. 저는 어떻게 해야 보디치타에 이를 수 있는지 모르겠어요. 저는 불교에 귀의했고, 관세음보살 수행도 하려고 노력해요. 저에게 해를 입히는 사람들을 스승으로 여기며 제 마음을 변형시키려 노력하고 있어요. 하지만 제가 아무리 애를 써도 선함과 순결함의 근원에는 이르지 못하는 것 같아요. 몸은 이곳에서 지내고 있지만 그 근원에 이르는 방법을 도무지 찾을 수가 없어요."

온툴 린포체는 나를 향해 몸을 기울이며 말했다. "하지만 당신은 이미 그 근원을 지니고 있습니다. 그것은 언제나 이곳에 있어요. 그리고 당신은 지금 배우고 있는 중입니다."

나는 어떻게 해야 보디치타에 이르는 방법을 배울 수 있는지 물어보려다가 이내 입을 다물었다. 그것은 지난 이틀 동안 린포체가 우리에게 가르친 내용이었고, 불교 수행의 근본이었다.

그날 밤 나는 매튜의 집에 가지 않았다. 나는 내 방에 숨어 있었다. 내 방 아래 주방에서는 불교신자들이 차를 마시고 쿠키를 먹으면서 떠들썩하게 앉아 있었다. 나처럼 혼란에 빠진 사람들을 가르치고 조언을 주며 긴 하루를 보낸 티베트 라마승들은 이제 내 방 위층 바닥에 앉아 편안하게 쉬고 있었는데, 아마도 TV의 리얼리티 쇼를 보며 신나게 웃고 있는 것 같았다. 나는 러그 위에 누워 호흡을 하면서 그날의 강렬한 인상을 진정시키려 애썼다. 조금 기운이 빠진 느낌이었는데, 그보다는 뭔가 변화가 일어나고 있음을 깨달았다고 하는 편이 더 정확할 것 같았다. 다시 말해 그건 오히려 일종의 깨달음, 이제는 완전히 회복됐음에도 불구하고 여전히 품고 있던 미심쩍은 신념이 수정되는 과정에 더 가까웠다. 마음 한구석, 작고 검은 것이 숨어 있는 왼편 어딘가에는 최후의 수단인 소방관이 있었다. 그녀는 양말 서랍 속에는 알약이 가득 든 병을, 욕실에는 면도날 한 팩을 숨겼고, 적에게 포위될 경우에 대비해 청산가리 캡슐을 지니고 다니는 비밀 요원처럼 옷소매 속에 자살 계획표를 지니고 다녔다. 나는 여전히 적법한 선택으로서 자살에 집착했다. 그리고 다른 사람의 목구멍에 알약 한 통을 들이붓는다든지, 면도날로 다른 사람 살을 긋는다는 건 상상도 할 수 없으면서, 나 자신과의 관계에서는 얼마든지 이 방법을 용납했다. 어떤 면에서 그동안 내가 자신을 받아들이려 애쓰고 회복을 위해 노력해왔던 건, 누군가에게 '사랑해'라고 말하지만 그 사람이 나를 열 받게 할 경우에 대비해 내 뒷주머니에 총알을 장전한 총을 숨겨두고 있는 것과 같았다.

업이라는 개념은 자비와 지혜 같은 개념에 비해 너무나 부차적인 것처럼 여겨져서, 지금까지 업에 대해 거의 관심을 두지 않았다. 하지만 업에 대해 관심을 갖으면서부터, 저항하기 힘든 감정과 충동에 눈이 멀어 인생 대부분을 무분별하게 관리해온 사람으로서, 마치 새롭게 눈을 뜬 것 같은 기분이 들었다. 처음 이 센터에 들어왔을 때 소남 라마승은 나에게 부처의 그림이 그려진 작은 카드를 주었다. 카드의 한쪽 날개에는 이런 글귀가 적혀 있었다.

어떠한 해로운 행동도 저지르지 마라.
완벽하게 선을 행하라.
철저하게 마음을 닦아라.
이것이 부처의 가르침이다.

반대편 날개에는 부처님께 귀의하는 기도가 적혀 있었는데, 소남 라마승은 나에게 매일 아침저녁으로 암송하라고 권했다. 지금까지는 센터의 일정을 제대로 지킨 적이 한 번도 없었지만 이제부터는 그러기로 결심했다. 그래서 사방이 귀중한 티베트어 필사본과, 깨우친 이들의 그림과, 봉헌된 조각상으로 가득한 집에 살고 있지만, 나는 작은 카드를 손에 들고 내 방 방석에 앉았다. 기도문을 암송하자 마치 철자를 처음 배우는 초등학생이 된 기분이 들었다.

나는 깨달음에 이를 때까지
부처님과 다르마와 가장 위대한 승가에 귀의합니다.
너그러운 마음과 공덕으로
모든 중생 구제를 위해 성불에 이르게 해주소서.

그런 다음 내 침대 위에 쪼그리고 앉아 매튜의 집으로 달려가고 싶은 충동을 억눌렀다. 나는 다른 조치를 취하기로 결심하고, 주방 식탁에 모여 있는 내 승가의 회원들과 함께하기로 했다. 나는 내 안에서 일어나고 있는 일에 대해 설명하고, 마치 영화 〈매트릭스〉에서처럼 미망을 벗기는 붉은 알약을 삼켜 다시는 행복한 무지의 세계로 돌아가지 않기로 결심했다고 말했다.

그러자 나와 함께 센터에 거주하는 소피가 이렇게 물었다. "어머, 무지가 행복하다고 생각한 적이 있긴 해요?"

28

참된 본성을 비추는 거울

 가을이 다가와 드리쿵 명상센터에 화려한 단풍나무 잎들이 쏟아져 내렸다. 기도 깃발이 바람에 펄럭였다. 나는 사무실에서 일하는 것 외에는 오로지 불교신자로서의 삶에만 충실했다. 나는 모든 옹호활동을 그만두었고, 매튜는 그의 이혼 소송이 마무리되자마자 나를 차버렸다. 오랫동안 바라던 바였음에도 불구하고, 2주 내내 쉴 새 없이 눈물 바람으로 지냈다. 필요한 일인 동시에 불가피한 일이라는 걸 잘 알면서도 이 일은 언제나처럼 나를 비탄에 빠뜨렸다. 나는 상실감과 해방감, 무언가를 잃은 느낌과 찾은 느낌을 동시에 느꼈으며, 이번에는 그 대상이 남자가 아니었다. 내가 경계성 인격장애라는 사실을 발견한 지도 거의 6년이 다 되었다. 나 자신뿐 아니라 이 질병 자체에도 많은 일이 일어났다. 새로운 과학기술은 경계성 인격장애에 생물학적 기반이 뒷받침되어 있음을 증명했으며, 좀 더 많은 연구들이 유전적인 요인을 속속 밝히고 있었다(Lis 외 2007). 변증법적 행동치료 외에 여러 가지 치료 방법들도 개발되었다. 나는 모든 치료 방법에 관심이 있었지만 과거에 내가 해온 방식에는 관심이 없었다. 그리고 경계성 인격장애가 무엇인지, 혹은 내가 경계성 인격장애인지 아닌지 이제는 관심이 없었다. 내 관심은, 그리고 내가 지향하는 것은, 어떻게 하면 마침내 우리가 질병을 초월하면서도 우리의 경계적 인격 특성—격정적이고 맹렬하게 사랑하기, 고통스러울 만큼 매달리기, 충동적인 자아—과 더불어 삶의 여행을 계속할 수 있을까 하는 문제에 해답을 제시하는 것이었다. 어떻게 해야 우리를 충족시킬 누군가에게 매달리기보다 관세음보살의 자비와 같은 이미지를 내면화할 수 있을까? 깨어 있는 존재가 보여주는 모범적인 행동들이 어떻게 마음관찰의 새로운 수준을 향해 우리를 고무시키고 우리에게 동기를 부여할 만큼 강력한 힘을 발휘하며, 그리하여 우리가 현실을 똑바로 직시하고 탐욕과 성냄과 어리석음이라는 삼독(三毒)에 무작정 휘둘리지 않을 수 있을까?

지금으로서는 불교가 나에게 그 해답이 되어주었다. 내가 불교의 가르침에 몰입하면 할수록 불교의 가르침은 내 모든 고통의 양상을 정상화시키고 나를 타인과 연결시켜주었다. 불교의 가르침은 내가 경계의 어느 쪽에 서 있든 내 마음속 어리석음을 해결할 수 있도록 서서히 나를 깨우치고 있었다. 내가 불교의 교리가 나를 가르치고 있다고 말할 때 나는 단순히 지적인 차원의 가르침만을 이야기하는 것이 아니다. 나는 수년간 다르마를 살고 실천해온 사람들에 둘러싸여 있었다. 불교의 수행은 그 자체로 살아 있는 것이지, 단순히 상징이나 예법, 책을 일컫는 것이 아니다. 이 세계에서 경계성 인격장애는 정신이상이 아니다. 경계성 인격장애는 그저 나를 비롯한 많은 사람들이 겪는 경험을 명명한 것에 불과하며, 이 경험에서 우리는 고통의 연속체 맨 끝에 살고 있을 뿐이다. 끝없는 탐욕, 지나친 편협함, 우리의 행동이 어떻게 이 끝없는 순환 속에 우리를 가두어놓는지에 대한 완전한 무지 등, 경계성 인격장애의 징후들은 불교에서 둑카(dukkha, 고苦)라고 묘사하는 내용의 핵심 요소들이다.

불교의 가르침은 모든 존재는 착각 속에 살고 있으며, 우리는 모두 행복을 원하지만 어떻게 해야 행복을 위한 올바른 환경을 만들 수 있는지 알지 못한다고 주장한다. 그렇다면 올바른 환경이란 무엇일까? 내 경우 그것은 바로 이곳, 이 센터에 머무르는 것을 말했다. 어떤 사람들에게는 굳이 이 같은 온전한 몰입까지 필요하지 않을지 모르지만, 나는 이런 몰입이 반드시 필요했다. 한 장소에서 이 모든 것을 취할 수 있는 사람은 많지 않으며, 대부분은 각자가 이곳저곳에서 나름의 공동체를 형성해야 할 것이다. 센터에 몰입하는 내 모습에 대해 내가 불교신자로서 정체성을 키워가고 있다고 생각하는 사람도 있을 테고, 잘하면 나를 되찾을지도 모를 환경에 나를 끼워 맞추는 경계성 인격장애의 또 다른 특성을 드러내고 있다고 생각하는 사람도 있을 것이다. 둘 다 일리 있는 생각이면서도, 내가 구세주가 없는 수행에 몸과 마음을 피신하고 있다는 점에서 근본적으로 아이러니하기도 했다. 나는 확고한 자아에 대한 집착을 녹이기 위한 목적으로 불교신자로서의 정체성을 택했다. 어떤 사람은 지금의 내 생활에 대해 우리 문화에서 정의하는 진정한 독립을 달성하는 데 실패했다고 말할지도 모른다. 하지만 지금의 내 생활은 나에게 꼭 필요한 것, 아니 그 이상이었다. 지금의 나는 아기와 같았다. 나는 내 안에 있지만 결코 그 존재를 알지 못했던 나의 타고난 본성을 다른 사람들이 나에게 비춰주도록 다시 거울 단계를 지나야 했다. 우리는 많은 일들을—소망을 기도하고, 책을 읽고, 일어나고 있는 모든 일들에 주의를 기울이고, 깊이 호흡하는 연습을 하고, 차크라(chakras,

바퀴라는 의미의 산스크리트어로 인간 신체의 여러 곳에 있는 정신적 힘의 중심점—옮긴이)를 정화하고, 굶주린 이들에게 먹을 것을 주고, 가르침을 받는 등—할 수 있지만, 정신이 깨어 있기 위해 세상의 온갖 노력을 동원한다 하더라도 이 거울, 내 안에 거하시는 부처님을 볼 수 있는 사람이 없다면 소용이 없다. 오랫동안 나는 연인의 시선이 그처럼 내 모습을 비출 수 있다고 믿었으며, 그러므로 그들의 말 한마디 한마디, 관점 하나하나에 집착해 연인에게 내 모든 인생을 걸었었다. 그러나 이제 이런 거울들이 온 사방에 걸려 있으며, 완전히 다른 형태의 사랑을 구체적으로 보여주었다. 그러므로 이제 나에게 어려움이 있다면, 언제나 두 눈을 크게 뜨고 이 새로운 영상을 받아들일 수 있도록 깨어 있는 것뿐이었다.

그해 가을과 겨울, 그리고 다음 해 봄까지 나는 센터의 보호를 받으며 지냈다. 나는 물과 햇볕이 아주 많이 필요한 보디치타의 묘목이었다. 요즘 나는 내 승가의 한가운데에 뿌리를 박으면서 툭하면 우는 소리를 했다. 소남 라마승과 나는 자주 연못 주위를 산책했고, 나는 내가 얼마나 연인을 만나길 갈망하는지, 온전히 나 자신과 함께 하기를 얼마나 힘들어 하는지 그에게 이야기했다.

"마음을 맑게 하는 데 방해가 되는 삼독 가운데 가장 힘든 고통이 바로 집착입니다." 소남 라마승이 말했다. "그러므로 끊임없이 경계하지 않으면 마음이 온통 집착으로 가득 차게 될 겁니다."

"집착하지 않으면서 누군가를 사랑할 수 있을까요? 섹스도 하지 않고요?"

그가 미소를 지으며 답했다. "한 번에 하나씩 해보세요. 먼저 수행에 전념하세요. 그런 다음 어떤 일이 일어나는지 보세요."

알렉시스는 더욱 현실적으로 도움을 주었다. "남자란 남자는 네 근처에 얼씬도 못 하게 하겠어"라고 알렉시스는 말했다. 그리고 정말로 그렇게 했다. 나는 섹스를 하고 싶은 남자들을 만나려면 몰래 집을 빠져나와 스타벅스에 숨어야 했다. 육체적인 사랑이나 신체적인 접촉을 원할 때면 법당에 내려가 몸을 엎드려 귀의하는 기도를 암송하면서 부처님과 다르마와 승가에 귀의했다. 아니면 알렉시스를 찾아 그녀의 품에 파고들었다. 알렉시스는 컴퓨터의 리셋 버튼, 바른길로 안내하는 잣대 같았다. 그녀는 나하고 잠자리를 가지려고 하지는 않았지만, 자신이 양성애자라면 나를 제일 중요한 자리에 두겠다고 약속했다.

명상 수행 시간 내내 자리에 앉아 있기란 여전히 불가능하며 때로는 일주일 동안 명상을 하지 않으려 할 때도 있었다. 처음엔 수행을 하지 않으면 쫓겨날까봐 겁이 나서 내 방에 숨어 있었다. 간혹 내가 너무 오래 숨어 있으면 누군가 조심스럽게 문을 두드릴 때가 있었는데, 대개 메리앤이나 소피가 차를 가지고 와서 나에게 별일 없는지 확인하러 들르곤 했다. 내가 수행에 참여하지 않는 것과 그 때문에 생기는 죄책감은 내 것이라고 이해하면서도, 나는 여전히 나도 모르는 사이에 다른 사람들에게 그것을 투사했다. 한동안 나는 그들이 나를 진정한 불교신자로 여기지 않는다고 생각했다. 하지만 진정한 불교신자가 뭐지? 설사 부처님이 답을 주신다 해도 나는 알아듣지 못할 거다.

겨울을 보내는 동안 변증법적 행동치료에서와 똑같은 방식으로 내 이해에 변화가 일고 있다는 걸 알게 되었다. 혼란스러운 말과 생각과 수행에 하도 많이 노출되었더니 어느덧 기초적인 내용들을 이해하기 시작했다. 그리고 이 같은 자비의 온상에서 지낸다고 해서 내 분노와 자기혐오와 자기도취가 당장에 사라지는 건 아니더라도, 사물을 대하는 새로운 방식으로 나를 이끌고 다듬어갔다. 나는 그토록 간절하게 원했던 마음훈련을 시작했는데, 메리앤이 '이 집에서는 육류를 요리하거나 가지고 오면 안 됩니다. 우리는 의식을 할 줄 아는 우리의 근원과 같은 존재를 먹지 않습니다'라는 글을 주방에 붙인다든지 할 때 막연히 화가 나는 걸 인정해야 했다. 간혹 내가 알아서 어떤 일을 할 때마다 기본적으로 다른 사람들의 생각에 세뇌당하고 있는 것 같은 기분이 들었기 때문이다. 집안으로 벌레들이 들어오면 우리는 구조대를 편성해 벌레를 밖으로 내쫓았다. 이런 방식은 양쪽 모두에게 이로웠고, 내가 힘들어 엉엉 울면서 집에 돌아와 보살핌을 필요로 할 때 굳이 방에 숨거나 아무렇지 않은 척할 필요가 없었다. 사실상 다른 사람들의 연민을 필요로 한다는 건 그들에게 연민을 나눌 기회를 제공하는 것이기도 하다. 그러므로 벤앤제리 아이스크림 한 파인트를 나누어 먹는 게 아니라면 이런 식의 나눔은 양쪽 모두에게 이로웠다. 어쨌든 디저트의 세계에는 온갖 괴로움들이 깊이 뿌리박혀 있으니까.

이른 밤, 네팔에서 열 개의 커다란 나무 상자가 도착했다. 소남 라마승이 센터를 위해 의뢰한 조각상의 부품들이었다. 상자의 내용물을 조립하자 3미터 높이의 황금 불상이 보석을 박은 장신구와 양단, 실크로 번쩍번쩍 빛을 발했다. 이 불상은 그동안 라사(Lhasa, 티베트의 수도―옮긴이)에 보관되어 있던 티베트에서 가장 유명한 불상인 조워 린포체(Jowo Rinpoche)의 모형이었다. 티베트 사람들은 이 불상을 보기만 해도 깨달음에 한 걸음 가까이 다가간다고 믿었다. 그래서 간혹 수백 킬로미터 떨어진 곳에서부터 조위 린포체를 참배하기 위해 삼보(三寶), 즉 실재하는 부처님의 공덕, 현존하는 부처님의 가르침, 그리고 수행하는 이들의 공동체를 단언하는 의미로, 한 걸음 한 걸음마다 몸을 엎드려 절을 하면서 오는 사람들도 있다.

    소남 라마승은 티베트를 탈출하기 위해 히말라야 산맥을 두 차례 지나왔고, 두 번 모두 잡혀서 감옥에 갇혀 심하게 매질을 당했다. 하지만 이런 고난에도 불구하고 수행하려는 열망, 우리에게 불교의 핵심 교리를 가르치려는 열망을 막지 못했다. 아무리 모진 고통을 당할지라도 궁극적으로 더 큰 선으로 변화될 수 있다는 믿음을 꺾지 못했다. 그러므로 나는 이 불상 앞에 앉을 때마다 그가 이곳에 오기까지 얼마나 많은 걸음을 걸어야 했는지를—더불어 알렉시스와 나 역시 얼마나 많은 과정을 지나와야 했는지를—생각했다. 그 인내와 결코 끝이 없을 고통의 변화에 대해 생각했다. 내 경우 이것은 이제 어딘가에 도달해야 하는 문제도 탈출해야 하는 문제도 아니었다. 요즘 나는 경계성 인격장애로부터 회복되었느냐는 사람들의 질문을 받으면 그렇다고 대답하지 않았다. 요즘 같으면 증상들이 경계를 훌쩍 뛰어넘어 정상적인 고통의 범주 안에 들어섰음을 확연히 느끼지만, 이것들이 언제 또 슬며시 고개를 들지 모른다는 걸—치료가 필요한 병리적인 측면에서가 아니라 내 생활을 견딜 수 없게 만드는 일련의 문제들로—잘 알고 있기 때문이다. 그렇다 하더라도 경계성 인격장애라는 병명이 없었다면 이 질병을 초월하는 방법을 결코 배우지 못했을 것이다. 그리고 사실상 경계성 인격장애가 없었다면 지금처럼 깨어 있을 수 있는 기회도 갖지 못했을 것이다. 그러므로 경계성 인격장애가 사람을 파괴시킨다는 사실은 부인할 수 없지만, 우리를 자기 자신과 세상과 관계를 맺는 완전히 새로운 방식을 시작할 수 있게—경계성 인격장애가 있는 우리 자신과 우리를 아는 사람들 모두를 위해—해주는 것 또한 사실이다. 가령, 우리 엄마는 고통에 참여하는 능력이 일취월장해, 마침내 우리 모녀는 서로의 고통을 나눌 수 있을 정도가 됐다. 그리고 아빠는 자식이라면 열일을 제치는 부모가 되어 무한한 애정으로 내 이야기를 들어줄 뿐 아니라, 아빠가 정해놓은 틀을 뛰어넘어 나를 이해할 수 있게 된 덕분에 나에게 많은 통찰력을 제공해주기도 한다. 이처럼 경계성 인격장애는 우리의 스승이 되었다. 가족 심리치료나 자기계발서가 규정한 방식대로는 아닐지 몰라도, 치료를 위한 여정 자체와 우리 사이의 유대가, 서로를 위해 곁에 있어준다는 불가능하다고 생각했던 일을 가능하게 해주었다.

그나저나 내가 완전히 회복됐냐고? 이제는 자해나 자살 충동으로 몸부림치는 일은 없지만 스트레스를 받거나 누군가와 관계를 맺으려 할 때면 다른 증상들, 즉 충동성, 예민함, 죽 끓듯 변하는 기분, 내면의 심약함이 여전히 고개를 든다. 여전히 혼자 있는 시간이 힘들고, 안정감을 간절히 원하며, 지금 이대로의 상태에 만족하지 못하고 자신을 들볶는다. 증상이 없고 고통이 근절되면 회복된 걸까? 그런 거라면 나는 아직 회복되지 않았다. 혹은 다른 한편으로, 발전의 '진정한' 표시라며 자주 들먹여지는 현상들—탄탄한 자아의식을 지닌 모습이나 독립적인 모습 같은—은 사실상 미망으로 보일 수도 있다. 나와 다른 여자들이 크렙트리 박사와 함께 '이행 프로젝트'를 다시 시작했을 때, 우리는 우리의 탈출과 통합을 다른 방식으로 체계화할 필요가 있었다. 따라서 경계성 인격장애의 특징과 경험을 수용할 수 있는 공동체와 언어를 만들어야 했다. 이상은 우리가 이제 곧 시작하려는 과제다.

　오늘밤 사람들은 수요일 저녁 명상 수행을 위해 모였지만, 나에게는 깨달음을 얻은 사람 같은 모습은 눈곱만큼도 찾을 수 없다. 오늘은 회사에서 건강검진을 받는 날이라 나는 오늘 하루 종일 잠을 잤다. 샤워를 한 후 초록색 진흙 마스크 팩을 붙이고는 센터가 사용 중이라는 사실을 까맣게 잊은 채 아래층에 내려간 바람에 본의 아니게 수행을 방해하고 말았다. 나는 먹을 걸 찾아 냉장고를 뒤지면서 두툼하고 맛있는 스테이크를 구워 먹으면 얼마나 좋을까 생각했다. 그런 다음 명상 중인 남자들을 휘 둘러보았다. 흐음…. 살짝 열린 창문 사이로 꽃잎을 틔우려고 구근과 상의를 하고 있는 따뜻한 흙냄새가 났다. 나는 곧 다시 자리에서 일어나 공기가 얼마나 따뜻해졌는지 알아보고, 웅크렸던 몸을 펴고, 내 몸의 감각을 느낄 것이다.

　내 안의 여섯 살 아이가 나에게 하려는 말이 있다는 걸 알고 있다. 키키는 분장을 하고 억양을 바꾸어가며 여전히 나와 함께 있다. 나는 이제부터 그녀에게 더 많은 가면을 주어 가지고 놀게 하고, 더 흥미로운 역할을 주어 탐구하게 하며, 다시는 가짜라고 부르지 않기로 결심했다. 얼마든지 스스로 달라지고 바꿀 수 있는 키키는 나의 일부이고, 바즈라야나의 중요한 도구이며, 이 승가처럼 나로서는 어디로 향해야 할지 좀처럼 알기 힘든 에너지를 나르는 수단이다.

　경계성 인격장애가 회복됐는지에 대해서는 미심쩍은 부분들이 많지만, 나를 나 자신에게 인도할 또 다른 구원자를 더는 찾지 않으리라는 사실만큼은 확실하다. 내 정신 수련이 조금이라도 힘을 발휘했다면, 나를 이 길에 있게 한 가르침과 사람들과의 관계에 공을 돌려야 할 것이다.

　역설적이게도 '경계성'이라는 단어는 내 경험을—정신적 혼란과 완벽한 정신이라는 두 가지 상태를 동시에 경험하는—가장 완벽하게 표현하는 단어가 되었다. 부처와 경계성 인격장애는 따로 떨어져 있지 않으며, 하나가 없으면 나머지 하나도 드러날 수 없다. 이처럼 상반된 힘들에 어떻게 접근하느냐가 내 인생에서 여전히 중요한 열쇠가 되고 있다. 아, 나에게 도움과 지지를 준 사람들도 빠져서는 안 되지. 나와 마주앉아 소크라테스와 교신하는 에단, 어느 날 저녁 뜬금없이 나를 찾아와 지금 자기에게 경계성 인격장애 증상이 나타나고 있는데 사랑한다는 말로 자기를 안심시켜달라던 알렉시스, 드리쿵 승가, 이제 나를 아시람 사원에 살고 있는 사무실의 여신으로 불러주는 사무실 동료들.

　불성을 발견하는 길은 고통을 피함으로써가 아니라 고통 안에서 고통과 관계를 맺음으로써 가능하다. 그리하여 경계성 인격장애는 내 스승이 되었다. 나는 이제 이 질병을 부인하거나 나와 이 질병을 분리해서 생각하고 싶지 않다. 물론 그렇다고 나 자신을 경계성 인격장애와 동일시하고 싶지도 않다. 지금 내가 할 일은 내 안의 밝은 씨앗이 그 외피를 뚫고 나와 무럭무럭 자라게 해, 이제는 수치심을 느끼지도 구석에 숨어 있지도 않게 하는 것이다. 나는 장차 불교신자가 되고자 하는 모든 사람들에게 다가서서 그들의 참된 본성을 비추고 그들의 고통을 함께하기 위해 노력할 것이다.

감사의 인사

　아주 많은 사람들의 놀라운 헌신과 친절한 마음, 넓은 아량이 없었다면 결코 이 책을 쓸 수 없었을 것입니다. 편집자인 캐서린 수트커, 헤더 가노스, 제스 비브와, 이 책의 비전을 믿고 결실을 맺게 해준 뉴하빈저 출판사의 모든 관계자들, 그리고 내 격렬한 항의에도 불구하고 명료하고 우아한 문체로 내 글을 다듬어주고 책이 출판되기까지 시종일관 조용히 최선을 다해준 훌륭한 교열 편집자 재스민 스타에게 마음 깊이 무한한 감사를 드립니다.
　훌륭한 많은 임상의들, 특히 블레즈 아귀레 박사, 세스 액설로드 박사, 로렌 크렙트리 박사, 로이 크라위츠 박사의 우정과 용기, 당신들의 공동 연구에도 감사의 마음을 전합니다. 뉴잉글랜드 인격장애 협회, 경계성 인격장애를 위한 전국 교육연합, 정신질환 전국연합 보스턴권 소비자 옹호 네트워크, 트랜스포메이션 센터(특히, 하워드 트래치먼과 모에 암스트롱) 관계자들의 지도와 지원에도 감사드립니다.
　변증법적 행동치료 기술과 내적 사고체계 치료 기법을 가르쳐주고 나를 비롯한 수많은 경계성 인격장애 환자들에게 우리의 삶을 재정비하기 위한 수단을 제공해준 매튜 리즈 박사와 마사 스위지 박사에게 감사드립니다. 또한 변증법적 행동치료의 설립자인 마샤 리네한 박사에게 마음 깊이 감사와 존경을 바칩니다. 당신은 경계성 인격장애 환자들에게 연민을 느끼며 유용한 수단을 제공하기 위해 최선을 다하셨습니다.

나를 신출내기 접수 안내원에서 사무실의 여신으로 키워주었고, 이 책의 앞부분 절반가량을 쓸 수 있도록 배려하여 완벽한 '사무실 환경'을 제공해줌으로써 내 위치를 전속 예술가로 공식 인정해준 리처드 타보스, 게일 히키, TCA 친구들에게 감사드립니다. 보스턴에서 전망 좋은 사무실에서 일하는 유일한 접수 안내원으로 만들어주었으며, 내 온라인 데이트 계정을 쓰지 못하게 조치를 취한 것부터, 내가 '안거에 들어가겠다는 글을 남기고' 휑하니 휴가를 내고 떠났을 때 나에게 카드를 보내주고, 내가 문구를 고치느라 세 시간 동안 정신없이 바쁠 때 복사기에 종이를 채워준 일까지, GMA의 모든 팀원들에게도 감사드립니다. 여러분들처럼 따뜻한 동료들과 상사들은 다시 만날 수 없을 거예요. 이제 책도 모두 마쳤으니 스무디를 더 열심히 만들겠다고 약속할게요.

윌 투라노를 비롯한 투라노 가족 모두의 무조건적인 사랑에 감사드립니다. 내 재능에 대한 굳건한 믿음으로 아직도 《뉴요커》지에서 내 시를 찾고 있는 칼린 파비에와, 회고록의 힘은 그 솔직함에 달려 있다고 가르쳐주신 내 글쓰기 선생님이자 내게 영감을 주는 분, 잰 월드론에게도 감사드립니다.

꼭 필요한 순간에 내게 와준 친구들, 샬린, 라나, 그리고 집에서 만든 차를 주고 풋사랑을 알게 해준 로라 딕슨에게도 고맙다는 말을 전합니다. 피터 무뇨즈-베넷, 내가 묵을 숙소를 체크인해주고 나를 안전하게 차로 데려다 주어 고마워요. 크리스 마르티니아노, 노래와시, 재미있는 선물들로 세상에서 가장 긴 밤을 견디게 도와주어 고마워요. 그리고 캔달 메리어트의 스타벅스 직원들, 바버라, 시스코, 드라가나, 마르타, 샌드라, 매일 아침 나에게 활력과 미소를 주어 고마워요.

처음부터 끝까지 작가이자 편집자로서의 재능을 빌려준 나의 소중한 독자 섀넌 르메이-핀과 잭 라슨, 그리고 특히 그로턴 마을의 아주 작은 소녀였을 때부터 나에게 용기를 북돋아주었고 그때부터 이미 오늘 같은 날이 반드시 올 거라고 단언했던 로잔나 알파로에게 감사의 마음을 전합니다. 내 에이전트이자 안내자이며 현실을 직시하게 해준 스콧 에델스타인, 당신의 도움이 없었더라면 나는 손에 종이를 움켜쥔 채 혼자서 횡설수설 지껄이며 구석에 쭈그리고 앉아 있었을 거예요. 그리고 랜디 크레거, 당신은 이 책에 관심을 보이며 이 책이 세상의 빛을 볼 수 있도록 문을 활짝 열어주었고, 책이 출간될 때까지 나에게 충고와 격려와 위로를 아끼지 않았습니다. 당신의 지지는 더할 나위 없이 큰 도움이 되었습니다.

다이앤과 짐 홀, 경계성 인격장애로 고통받는 모든 이를 옹호하는 지칠 줄 모르는 당신들의 노력에 깊이 감사드립니다. 나의 멘토이자 친구이며 동료인 딕시앤 페니 박사, 만일을 대비해 베개 밑에 전화기를 넣어둘 정도로 영원히 내 편이 되어주어 정말 고맙습니다. 최전방에서 경계성 인격장애와 싸우는 용감한 내 자매들, A. J. 마하리, 리사 디츠, 아만다 왕, 타미 그린에게도 감사드립니다. 나만의 목소리를 소중하게 여기고 이러한 노출의 위험을 두려워하지 않게 된 건 모두 여러분들의 우정과 모범적인 행동 덕분입니다. 그리고 플로리다 경계성 인격장애 협회의 설립자이자 이사장이신 아만다 스미스, 당신은 이 책을 진행하는 매 순간 나의 시금석이며 벗이 되어, 매일 이따금씩 벼랑 끝에서 뒤로 물러나게 해주었습니다. 당신의 총명한 두뇌와 확고한 사랑이 없었다면 이 책은 물론 나 역시 지금까지 살아남지 못했을 겁니다.

내 마음의 진정한 본성에 눈을 뜨게 하고 드리쿵 명상센터에 나를 받아주신 샬파 린포체와 닝마 룽첸 닝티그 종파, 라마 꾼촉 소남 린포체, 켄포 최펠 린포체, 그리고 드리쿵 카규 종파에 무한한 감사를 드립니다. 또한 내 승가에 계신 모든 분들, 특히 메리 버크, 티아 해리슨, 바버라 크리머, 도티 스푸어, 당신들은 내게 공동체와 가정을 주셨고, 당신들의 지혜와 자비로 나를 품어주었습니다. 나에게 친절이라는 최상의 가치를 불어넣어 주고 나를 성장시키기 위해 사랑과 관심과 용기를 아낌없이 쏟아부은 내 가족들에게 깊은 감사를 전합니다. 그리고 드리쿵 명상센터의 회장이며 나로서는 도저히 따라갈 수 없는 대단한 인물이자 마음의 자매이며 우리의 보살님, 알렉시스 차파차리스. 나를 꼼짝 못 하게 만드는 당신의 놀라운 재능을 능가하는 건 당신의 바다처럼 깊은 자비심일 거예요.

레이먼드 하트먼과 르네 러쉬나비츠, 당신들의 너그러움과 사랑은 이 책과 나의 회복과 지금의 이 현실을 있게 한 큰 힘이 되었습니다. 당신들은 내 꿈속에서도 두 팔을 활짝 펼치고 나를 기다려주었습니다. 그리고 마지막으로 사울 로젠탈 박사님(이 모든 여정을 저와 함께해주셨으면서 당신의 공은 조금도 인정하려들지 않으시겠지요), 제가 당신의 은혜에 보답하는 길은 당신의 가르침대로 사는 것뿐일 거예요.

티베트력 2137년, 쇠-호랑이의 해, 로싸르(Losar, 티베트의 음력 설-옮긴이)에 이 책을 모두 마칩니다. 이 책이 모든 중생에게 도움이 되길 바라며!

추천 자료

지지 단체 및 교육 협회

Behavioral Tech
(dialectical behavior therapy training, referrals, and resources)
2133 Third Ave., Suite 205, Seattle, WA 98121
www.behavioraltech.com; email: information@behavioraltech.org
206-675-8588

National Alliance on Mental Illness (NAMI)
3803 N. Fairfax Dr., Suite 100, Arlington, VA 22203
www.nami.org; email: info@nami.org
Helpline: 1-800-950-6264

National Education Alliance for Borderline Personality Disorder (NEABPD)
P.O. Box 974, Rye, NY 10580
www.borderlinepersonalitydisorder.com; email: neabpd@aol.com
914-835-9011

경계성 인격장애 협회와 자료의 종합적인 목록은 아래 사이트에서 볼 수 있다.
www.BuddhaAndTheBorderline.com

경계성 인격장애에 관한 책들

- Aguirre, B. 2007. *Borderline Personality Disorder in Adolescents: A Complete Guide to Understanding and Coping When Your Adolescent Has BPD*. Beverly, MA: Fair Winds Press.
- Chapman, A. L., and K. L. Gratz. 2007. *The Borderline Personality Disorder Survival Guide: Everything You Need to Know About Living with BPD*. Oakland, CA: New Harbinger.
- Friedel, R. O. 2004. *Borderline Personality Disorder Demystified: An Essential Guide for Understanding and Living with BPD*. New York: Marlowe & Company.
- Krawitz, R., and W. Jackson. 2008. *Borderline Personality Disorder: The Facts*. Oxford, UK: Oxford University Press.
- Kreger, R. 2009. *The Essential Family Guide to Borderline Personality Disorder:*

New Tools and Techniques to Stop Walking on Eggshells. Center City, MN: Hazelden.
- Porr, V. 2010. *Overcoming Borderline Personality Disorder: A Family Guide for Healing and Change.* Oxford, UK: Oxford University Press.

변증법적 행동치료에 관한 책들

- Linehan, M. M. 1993. *Cognitive-Behavioral Treatment of Borderline Personality Disorder.* New York: Guilford.
- Linehan, M. M. 1993. *Skills Training Manual for Treating Borderline Personality Disorder.* New York: Guilford.
- McKay, M., J. C. Wood, and J. Brantley. 2007. *The Dialectical Behavior Therapy Skills Workbook: Practical DBT Exercises for Learning Mindfulness, Interpersonal Effectiveness, Emotion Regulation, and Distress Tolerance.* Oakland, CA: New Harbinger.
- Spradlin, S. E. 2003. *Don't Let Your Emotions Run Your Life: How Dialectical Behavior Therapy Can Put You in Control.* Oakland, CA: New Harbinger.

경계성 인격장애 자서전

- Cox, V., and L. Robinson (eds.). 2005. *Voices Beyond the Border: Living with Borderline Personality Disorder.* Brentwood, UK: Chipmunkapublishing.
- Johnson, M. L. 2010. *Girl in Need of a Tourniquet: Memoir of a Borderline Personality.* Berkeley, CA: Seal Press.
- Reiland, R. 2004. *Get Me Out of Here: My Recovery from Borderline Personality Disorder.* Center City, MN: Hazelden.
- Walker, A. 2003. *Siren's Dance: My Marriage to a Borderline.* Emmaus, PA: Rodale Books.

마음관찰 및 불교에 관한 책들

- Dzongsar Jamyang Khyentse Rinpoche. 2007. *What Makes You Not a Buddhist.* Boston: Shambhala Publications.
- Kabat-Zinn, J. 2005. *Wherever You Go, There You Are: Mindfulness Meditation in Everyday Life.* New York: Hyperion.
- Khenchen Konchok Gyaltsen Rinpoche, 2010. *A Complete Guide to the Buddhist*

Path. Ithaca, New York: Snow Lion Publications.
- Pema Chödrön. 1991. *The Wisdom of No Escape and the Path of Loving-Kindness*. Boston: Shambhala Publications.
- Thich Nhat Hanh. 1999. *The Miracle of Mindfulness*. Boston: Beacon Press.
- Yongey Mingyur Rinpoche. 2007. *The Joy of Living: Unlocking the Secret and Science of Happiness*. New York: Three Rivers Press.

멀티미디어

- *Back from the Edge: Living with and Recovering from Borderline Personality Disorder*. 2005. Produced by Lichtenstein Creative Media (www.lcmedia.com) and the Borderline Personality Disorder Resource Center (www.bpdresourcecenter.org). To view: www.LCMedia.com/BPD
  To order DVD: www.bpdresourcecenter.org

- *RethinkBPD: A Documentary on Borderline Personality Disorder*. Release date 2012. Produced by Amanda Wang and Jesse Sweet. For more information: www.rethinkbpd.com.

- *Living with Borderline Personality Disorder: A Guide for Families*. 2010. Produced by Dawkins Productions, Inc. To order: www.dawkins.tv.

- *From Chaos to Freedom: DBT Crisis Survival Skills*. 2008. Produced by Behavioral Tech, LLC featuring Dr. Marsha Linehan.
  To order: http://behavioraltech.org/products

참고 도서

- American Psychiatric Association. 2000. *Diagnostic and Statistical Manual of Mental Disorders*. 4th ed., text revision. Washington, DC: American Psychiatric Association.
- Bateman, A, and P. Fonagy. 2004. *Psychotherapy for Borderline Personality Disorder: Mentalization-Based Treatment.* Oxford, UK: Oxford University Press.
- Beck, A., D. D. Freeman, D. Davis, and associates. 2004. *Cognitive Therapy of Personality Disorders*, 2nd edition. New York: Guilford Press.
- Cook, J. (compiler). 2007. *The Book of Positive Quotations*, 2nd edition. Minneapolis, MN: Fairview Press.
- Knowlton, L. 1999. Marsha Linehan: Dialectical behavioral therapy. *Psychiatric Times* 16(7). Available online at www.psychiatrictimes.com/display/article/10168/49651. Accessed February 5, 2008.
- Linehan, M. M. 1993a. *Cognitive-Behavioral Treatment of Borderline Personality Disorder.* New York: Guilford Press.
- Linehan, M. M. 1993b. *Skills Training Manual for Treating Borderline Personality Disorder.* New York: Guilford Press.
- Linehan, M. M., H. E. Armstrong, A. Suarez, D. Allmon, and H. L. Heard. 1991. Cognitive-behavioral treatment of chronically suicidal borderline patients. *Archives of General Psychiatry,* 48(12):1060-1064.
- Linehan, M. M., H. Schmidt, L. A. Dimeff, J. W. Kanter, J. C. Craft, K. A. Comtois, and K. L. Recknor. 1999. Dialectical behavior therapy for patients with borderline personality disorder and drug-dependence. *American Journal on Addiction,* 8(4):279-292.
- Lis, E., B. Greenfield, M. Henry, J. M. Guilé, and G. Dougherty. 2007. Neuroimaging and genetics of borderline personality disorder: A review. *Journal of Psychiatry and Neuroscience* 32(3):162-173.
- Sanderson, C. 2008. DBT at a glance. Handout from Behavioral Tech LLC. Available at http://behavioraltech.org/downloads/DBT_FAQ.pdf. Accessed February 8, 2008.
- Schwartz, R. C. 1995. *Internal Family Systems Therapy.* New York: Guilford.
- Zanarini, M. C., F. R. Frankenburg, C. J. DeLuca, J. Hennen, G. S. Khera, and J. G. Gunderson. 1998. The pain of being borderline: Dysphoric states specific to borderline personality disorder. *Harvard Review of Psychiatry* 6(4):201-207.
- Zanarini, M. C., F. R. Frankenburg, J. Hennen, B. Reich, and K. R. Silk. 2006. Prediction of the 10-year course of borderline personality disorder. *American Journal of Psychiatry* 163(5):827-832.

옮긴이 후기

불교에 따르면 모든 일은 인연에 의해 이루어진다고 한다. 만나는 사람, 하는 일, 사소한 움직임까지 전생의 업과 인연에 따라 만들어지기 때문에, 좋은 인연이든 그렇지 않은 인연이든 여여(如如)한 마음으로 받아들이고 감사와 덕으로 풀어야 한다고 한다. 내 경우《키라의 경계성 인격장애 다이어리》를 만난 건 좋은 인연이었고 나에게 필요한 일이었다. 왜인지 모르지만 언젠가부터 쫓기는 듯한 기분이 들기 시작했고, 그런 기분은 어느새 오래된 습성으로 굳어지던 참이었다. 바쁘면 바쁜 대로 한가하면 한가한 대로 무언가를 하지 않으면 불안했고, 어떤 일이든 잘해내지 못하면 가치 없는 사람이 돼버린 것 같아 초조했다. 사람들과의 관계에서도 내가 상대방을 얼마나 진심으로 대하느냐를 염두에 두기보다 상대방이 나를 마음에 들어 하는지에 더 관심을 가졌다. 그런 태도는 정작 상대방과의 진실한 관계를 방해하는 것이었음에도, 그런 줄 모른 채 상대방의 욕구를 충족시키기 위해 신경을 썼고 그런 식이어서인지 사람을 만나고 오면 늘 피곤하고 공허했고 머리가 뒤숭숭했다. 이런 생활에 문제가 있는 것 같다는 생각이 문득문득 들었지만 달리 해결할 방법을 알지 못했다. 그런 채 세월만 갔다.

특히나 지난 겨울은 개인적으로 무척 힘든 시기였다. 이대로 일을 계속할 수 있을지 내 자신도 걱정스러울 만큼 마음이 지쳐 있었다. 어느 정도 정신을 수습한 후 《키라의 경계성 인격장애 다이어리》를 작업하기 시작했고, 그러는 동안 나는 줄곧 인연이라는 단어를 생각했다. 막막하다는 것이 이런 기분이구나, 하는 생각이 들 무렵이어서 그랬는지, 주인공 키라의 행보가 어쩐지 나를 보는 것 같아 그녀에게 동질감을 느꼈다. 경계성 인격장애나 우울증을 앓는 것도 아니고 키라처럼 자살 충동을 일으키고 극단적인 행동을 한 적도 없지만, 내 마음속 어딘가에는 그녀와 같은 심정을 느낄 때가 종종 있었던 것 같았다.

하긴, 누군들 세상이 그저 아름답기만 하겠는가. 누군들 세상이 마냥 안전하게만 여겨지겠는가. 이런저런 상처와 아픔들로 힘들어하고 지쳐하면서 나이가 들고, 그래서 딱딱해진 가슴으로 여린 속마음을 감춘 채 무표정하게 살아가는 것 아니겠는가. 나는 이른바 정신질환이란 그러한 내면을 얼마나 예민하게 느끼느냐에 따라 결정되는 것이 아닐까 생각한다. 그래서 키라의 경우를 경계성 인격장애 환자의 특별한 사례라고 여기지 않았다. 평범한 사람들 누구나 일정 부분 키라와 같은 마음을 지니고 있을 거라고 여겼다.

키라는 보통 사람들보다 조금 더 예민하고, 조금 더 많은 보호가 필요한 여자이지만, 누구보다 강하고 현명한 여자이다. 예민하고 여려서 조그마한 자극에도 크게 상처를 받으면서도, 어떻게든 자신의 문제를 해결해보려고 붙들고 늘어지는 키라의 삶의 태도를 따라가면서 나는 때때로 눈물을 찔끔거리지 않을 수 없었다. 진실하고 아름다운 삶을 살기 위해 안간힘을 쓰는 그녀를 보면서 내 안일한 삶의 태도에 고개를 숙이지 않을 수 없었다. 나는 내 삶을 아름답게 재단하기 위해 과연 얼마만한 노력을 기울였는지 깊이 반성했다. 힘들고 괴롭다고 투정부리고 불만스러워만 할 줄 알았지 문제를 해결해보려고 매달려본 적이 없었다는 걸 깨달았다. 부끄러웠다. 그래서 이 책을 번역하는 동안 나도 뭔가 시도해봐야겠다는 생각을 강하게 하게 됐다. 먼저 불교 사상에 관한 책들을 읽었고 명상을 시작했다. 키라가 시도한 치료 방법들을 흘끔거리면서 못난 내 모습을 자꾸만 떠올리기보다 내가 잘한 부분을 보듬어주기로 했다. '살 가치가 있는 삶'을 만들려면 어떻게 해야 할지 본격적으로 고민하기 시작했다. 나를 사랑하는 것이 무엇보다 중요하다는 사실을 깨닫고 그 방법들을 고민하기 시작했다. 책에서 소개한 변증법적 행동치료라든가 내적 가족체계 치료에 대해 공부하면서, 내 행동과 감정을 바라보는 법을 배웠고 내 안에 살고 있는 다양한 부분들을 인정하려 노력했다. 키라와 마찬가지로 변증법적 행동치료와 내적 가족체계 치료가 결국 불교 철학과 일맥상통하다는 걸 깨달았고, 그 사실이 신기하고 재미있었다. 키라나 키라의 심리치료사인 에단, 티베트 승려들의 말 한 마디 한 마디가 마치 나에게 해주는 말 같아서, 종종 작업 동작을 멈추고 가만히 눈을 감으며 그 말들을 마음에 담아두려 했다. 그러니까 한마디로 말해, 나는 이 책을 작업하는 동안 키라의 행보를 따라가면서 나 자신의 치유 과정을 밟고 있었던 것이다.

이 책을 작업할수록 나는 키라를 경계성 인격장애 환자로 보기보다, 나와 마찬가지로 '살 가치가 있는 삶'을 살고 싶어 하는 사람, 자신을 더욱 사랑하고 세상을 진실하게 마주하고 싶은 사람으로 생각하게 되었다. 그렇기 때문에 키라의 마음에 더욱 공감할 수 있었고, 독자들도 나와 같은 경험을 하리라 믿게 되었다. 더욱이 키라는 자신의 고통을 무겁게 묘사하지 않고 자신의 경험을 있는 그대로 솔직하게 드러냈으며, 자칫 어려울 수 있는 심리치료 과정을 쉽고 편안하게 기술했기 때문에, 우리는 재미있게 술술 책장을 넘기면서 키라의 경험을 거울삼아 자신의 내면의 고통을 들여다보고 문제를 개선하기 위해 노력하고 싶다는 생각을 하리라 믿는다. 그리고 포기하지 않고 문제를 해결하기 위해 매달린다면 키라처럼 각자의 인연에 따라 해결 방법을 만날 것이라 믿는다. 또한 마침내 경계성 인격장애라는 질병이 내면의 성숙을 위한 도구였다고 깨닫게 된 키라와 마찬가지로, 언젠가는 자신의 고통이 성숙을 위한 도구였음을 깨달을 날이 오리라 믿는다.

역자로서 이 책을 만나게 된 인연에 대해 감사하고 이 책을 번역할 수 있게 된 것에 감사한다. 내가 이 작업을 통해 얻은 도움을 독자들도 얻을 수 있길 진심으로 바란다.

2012년 7월 서민아

키라의 경계성 인격장애 다이어리

초판 1쇄 발행 | 2012년 8월 1일
개정판 1쇄 발행 | 2016년 2월 29일
개정2판 1쇄 발행 | 2021년 1월 10일
개정2판 2쇄 발행 | 2024년 6월 15일

지은이 | 키라 밴 겔더
옮긴이 | 서민아
펴낸이 | 이은성
펴낸곳 | 필로소픽
편 집 | 양윤주, 이채영, 김지은
디자인 | 드림스타트
주 소 | 서울시 창덕궁길 29-38, 4-5층
전 화 | (02) 883-9774
팩 스 | (02) 883-3496
이메일 | philosophik@naver.com
등록번호 | 제2021-000133호

ISBN 979-11-5783-204-0 03180

필로소픽은 푸른커뮤니케이션의 출판브랜드입니다.